# Neue Staatswissenschaften

herausgegeben von
Hermann-Josef Blanke †, Werner Jann und Holger Mühlenkamp

19

Nicola Rebecca Meier

# Kognitive Strategie der Systemregulierung

Ein Plädoyer für den reflexiven Umgang
mit Systemrisiken auf Finanzmärkten und im
Zeitalter der Digitalisierung

Mohr Siebeck

*Nicola Rebecca Meier*, geboren 1996; Studium der Rechtswissenschaften an der Bucerius Law School (Hamburg); 2018 Erstes juristisches Staatsexamen; wissenschaftliche Mitarbeiterin am Lehrstuhl für Öffentliches Recht, Wirtschafts- und Währungsrecht, Finanzmarktregulierung und Rechtstheorie der Universität Frankfurt/Main und am Lehrstuhl für Öffentliches Recht und Steuerrecht der Helmut-Schmidt-Universität/Universität der Bundeswehr Hamburg; Promotion (Frankfurt/Main); Rechtsreferendariat am Hanseatischen Oberlandesgericht Hamburg.

ISBN 978-3-16-162435-3/ eISBN 978-3-16-162453-7
DOI 10.1628/978-3-16-162453-7

ISSN 1860-2339 / eISSN 2569-4189 (Neue Staatswissenschaften)

Die Deutsche Nationalbibliothek verzeichnet diese Publikation in der Deutschen Nationalbibliographie; detaillierte bibliographische Daten sind über *http://dnb.dnb.de* abrufbar.

© 2023 Mohr Siebeck Tübingen. www.mohrsiebeck.com

Das Werk einschließlich aller seiner Teile ist urheberrechtlich geschützt. Jede Verwertung außerhalb der engen Grenzen des Urheberrechtsgesetzes ist ohne Zustimmung des Verlags unzulässig und strafbar. Das gilt insbesondere für die Verbreitung, Vervielfältigung, Übersetzung und die Einspeicherung und Verarbeitung in elektronischen Systemen.

Das Buch wurde von Gulde Druck in Tübingen auf alterungsbeständiges Werkdruckpapier gedruckt und dort gebunden.

Printed in Germany.

# Vorwort

Als dieses Dissertationsprojekt im Jahr 2019 begann, ließen sich die bevorstehenden systemischen Herausforderungen durch Pandemie, Inflation und Digitalisierung kaum erahnen. Zu einer Debatte, wie sich die Finanzmarktregulierung besser auf jene stets neuartigen Erscheinungsformen von Systemrisiken einstellen kann, möchte die Arbeit eigene Anregungen geben. Meinem Doktorvater, Herrn Professor Dr. Roland Broemel, danke ich herzlich für die Betreuung des Projekts sowie die Zeit als wissenschaftliche Mitarbeiterin an seinem Lehrstuhl an der Goethe-Universität Frankfurt. Gleichfalls danke ich Frau Professorin Dr. Katja Langenbucher für die zügige Erstellung des Zweitvotums sowie Herrn Professor Dr. Georg Hermes für die Übernahme des Prüfungsvorsitzes. Ein besonderer Dank gilt zudem Herrn Professor Dr. Ulrich Hufeld, der mich während der zweiten Hälfte dieses Dissertationsprojekts an seinem Lehrstuhl an der Helmut-Schmidt-Universität/Universität der Bundeswehr aufgenommen und in abwechslungsreiche Forschungsprojekte sowie den Hochschulalltag eingebunden hat.

Die Studienstiftung des deutschen Volkes e.V. hat das Projekt sehr großzügig unterstützt und mir einen einzigartigen Raum für den Austausch mit anderen Promovierenden eröffnet – für die erlebnisreiche Stipendiatenzeit möchte ich meinen großen Dank aussprechen. Ebenso danke ich der Stiftung Geld und Währung für die Gewährung eines Druckkostenzuschusses.

Das Buch ist Dr. Carsten Bork und unserer Familie, ganz besonders meinen lieben Eltern gewidmet. Sie haben mich während meiner Promotion bedingungslos unterstützt und mich auch in herausfordernden Phasen zum Durchhalten ermutigt. Schließlich danke ich Elisabeth Larissa Schemmer, Cora Sprengart, Dr. Ann-Christin Wolf, Dr. Anastasia Kotovskaia sowie meinen Kolleginnen und Kollegen an beiden Lehrstühlen, die mich während des Projekts begleitet und meine Promotionszeit sehr geprägt haben.

Hamburg, März 2023 *Nicola Rebecca Meier*

# Inhaltsverzeichnis

Vorwort .................................................. V

Abkürzungsverzeichnis ................................... XIII

Einführung ................................................ 1

Teil 1: Theoretische Grundlagen einer kognitiven Strategie ..... 13

§ 1 Regulierungsziele als Ausgangspunkte der Strategie ......... 15
A. *Systembezogene Ziele der Bankenregulierung* .................. 15
I. Funktionsfähigkeit und Stabilität der Finanzmärkte ............. 16
II. Marktfunktionsschutz ........................................ 21
III. Anlegerschutz ............................................... 23
IV. Zwischenergebnis ........................................... 24

B. *Zielbasierte Definition des Arbeitsauftrags* ..................... 24
I. Systemrisiko als Bezugsproblem der zu entwickelnden Strategie ... 25
II. Zusammenspiel mikro- und makroprudenzieller Instrumente ...... 26
III. Methodische Offenheit für
    interdisziplinäre Beschreibungsangebote ....................... 28

C. *Zwischenergebnis* ........................................... 30

§ 2 Systemrisiko als Bezugsproblem einer kognitiven Strategie ..... 33
A. *Systemrisiko als erkenntnistheoretisches Problem* ............... 33
B. *Herausbildung eines fallgruppenbezogenen Rechtsbegriffs mithilfe
   ökonomischer Heuristiken* ................................... 35
I. Ökonomische Heuristiken von Systemrisiken ................... 36
   1. Abgrenzung zu idiosynkratischen Risiken .................... 37
   2. Zeit- und Querschnittsdimension ............................ 38
   3. Ausgangsereignis und Ansteckungsszenarien .................. 39
   4. Verhaltensökonomische Heuristiken .......................... 41
   5. Zwischenergebnis .......................................... 42
II. Leistungsgrenzen eines heuristischen Rechtsbegriffs für die
    Bewältigung von Systemrisiken ............................... 42

| | | | |
|---|---|---|---|
| C. | Alternative Charakterisierung von Systemrisiken mithilfe von Schlüsselbegriffen und Herleitung einer kognitiven Strategie ........ | | 44 |
| I. | Systemrisiken als Kehrseite marktimmanenter Interaktionen und Komplexitäten ........................................... | | 45 |

    1. Entstehung von Systemrisiken in
sozialen Interaktionskontexten ........................... 46

        a) Unabdingbarkeit von Interaktionen für die
Funktionsfähigkeit der Finanzmärkte ................... 47

        b) Entstehung von Systemrisiken durch
verbreitetes Nichtwissen ............................. 48

        c) Folgerungen für den regulatorischen Umgang
mit Systemrisiken .................................. 52

    2. Komplexität als zusätzliches Wissensproblem ............... 52

        a) Gesellschaftliche Komplexität der Interaktionsordnung
auf Finanzmärkten .................................. 53

        b) Komplexität der Finanzprodukte ...................... 54

        c) Komplexitätsreduktionen als Umgangsmethode der
Marktakteure und Anleger ........................... 55

        d) Folgerungen für den regulatorischen Umgang
mit Systemrisiken .................................. 56

    3. Zwischenergebnis ....................................... 58

II. Übertragbarkeit risikoverwaltungsrechtlicher Mechanismen für den
Umgang mit Systemrisiken .................................... 59

    1. Abstrahierbarer Maßstab der Risikovorsorge? ............... 59

    2. Risikoverwaltungsrechtliche Instrumente für die Verminderung
von Fehlsteuerungsrisiken ................................ 62

        a) Beobachtungspflichten und reflexive Prozesse
der Exekutive ...................................... 63

        b) Sachverständigenrat ................................ 66

        c) Kooperativer Steuerungsmodus ....................... 67

        d) Notfallmechanismen ................................ 68

        e) Transparenz und Risikokommunikation zur Stärkung
der Entscheidungsakzeptanz .......................... 70

    3. Zwischenergebnis ....................................... 70

III. Zusammenführung: Grundrisse einer kognitiven Strategie ........ 70

D. Zwischenergebnis ................................................ 71

## Teil 2: Instrumente der Bankenregulierung aus Perspektive einer kognitiven Strategie ............................................. 73

## § 3 Institutsbezogene Vorschriften zur dezentralen Systemrisikobewältigung ... 75

- A. *Personeller Bezug der Bankenregulierung auf Institute* ............ 76
  - I. Institute als Adressaten der Bankenregulierung ................. 77
  - II. Systemrelevanz als Differenzierungskriterium ................... 79
  - III. Reflexion der akteursbezogenen Konzeption des Aufsichtsrechts ... 81
- B. *Quantitative Eigenmittel- und Liquiditätsregulierung zur Risikointernalisierung auf Institutsebene* ...................... 84
  - I. Risikobasierte Mindestanforderungen an Eigenmittel ............ 85
    1. Regelungssystematik ...................................... 85
       a) Standardansätze ...................................... 86
       b) Interne Bewertungsansätze ............................ 87
    2. Kreditrisiko ............................................ 88
       a) Risikogewicht als typisierende Ausfallprognose des Gesetzgebers und der Ratingagenturen .................. 88
       b) Individuelle Anpassungen über Wertberichtigungen des Risikopositionswerts ............................... 90
    3. Marktrisiko ............................................. 92
    4. Operationelles Risiko ................................... 94
  - II. Kapitalzuschläge ............................................ 96
  - III. Kapitalpuffer ............................................... 97
    1. Kapitalerhaltungspuffer ................................. 97
    2. Antizyklischer Kapitalpuffer ............................ 98
    3. Kapitalpuffer für systemische Risiken ................... 99
    4. A-SRI- und G-SRI-Puffer ................................. 100
  - IV. Verschuldungsquote .......................................... 101
  - V. Liquiditätsanforderungen .................................... 102
  - VI. Zwischenergebnis ............................................ 103
- C. *Organisatorische Anforderungen an das Risikomanagement zur institutsinternen Wissensgenerierung* .......................... 104
  - I. Institutionalisierung kognitiver Verfahren zur Optimierung institutsinterner Unsicherheitsverarbeitung .................... 105
  - II. Stellenwert systemischer Risiken ............................. 107
  - III. Interne Stresstests zur Reflexion von Unsicherheiten in Systemkontexten ........................................... 111
  - IV. Qualitative Prozesse zur Sicherstellung der Angemessenheit der Eigenkapital- und Liquiditätsausstattung ...................... 113
- D. *Fazit* .......................................................... 116

## § 4 Kognitive Strategie der Aufsicht ... 117

A. *Informationserhebung bei Instituten* ... 118
B. *Behördliches „Wissensnetzwerk" von Aufsichtsbehörden,*
   *Zentralbanken und Ausschüssen für Systemrisiken* ... 121
   I. Einheitlicher Aufsichtsmechanismus ... 122
   II. Europäische Aufsichtsbehörden ... 123
   III. Ausschüsse für Systemrisiken ... 125
   IV. Europäisches System der Zentralbanken ... 126
C. *Beobachtungsinstrumente der Aufsicht* ... 128
   I. Herkömmliche Stresstestinstrumente der Aufsicht ... 128
      1. SREP- und LSI-Stresstests ... 129
      2. EU-weite bzw. EBA-Stresstests ... 129
      3. Comprehensive Assessments ... 130
      4. Thematische Stresstests und Sensitivitätsanalysen ... 131
      5. Makroprudenzielle Stresstests der EZB ... 131
   II. Qualitative Stresstests ... 132
   III. Reflexion und fortlaufende Optimierung kognitiver Instrumente ... 133
D. *Anwendung des Systemwissens durch die Aufsichtsbehörden* ... 136
   I. Anwendung in individuellen Aufsichtsverhältnissen ... 136
   II. Warnungen und Empfehlungen ... 137
   III. Anpassung normativer Regulierungsvorgaben ... 138
E. *Fazit* ... 138

## Teil 3: Kognitive Strategie im Lichte einer Digitalisierung von Markt und Aufsicht ... 141

## § 5 Leistungsfähigkeit einer kognitiven Strategie im Zeitalter der Digitalisierung der Finanzmärkte ... 143

A. *Algorithmen im institutsinternen Risikomanagement* ... 144
   I. Regulatorische Herausforderungen ... 145
   II. Wissensgenerierende Prozesse in Instituten ... 149
   III. Kognitive Aufsichtsinstrumente zur Identifizierung
        von Systemrisiken ... 151
B. *Digitale Geschäftsmodelle* ... 153
   I. Systemische Fehlsteuerungsrisiken einer
      technikneutralen Beurteilung ... 154
   II. Kognitive Strategie zur Beurteilung systemischer Risiken ... 156
C. *Akteure der Digitalökonomie* ... 158
   I. Systemrelevanz einzelner Intermediäre ... 159

|   |   |   |
|---|---|---|
| | 1. Plattformunternehmen | 159 |
| | a) Anhaltspunkte für ihr systemisches Einflusspotenzial | 160 |
| | b) Verschränkung mit wettbewerbsrechtlichen und plattformspezifischen Regelungen | 161 |
| | c) Finanzmarktregulatorische Instrumente zur Erfassung von Systemrisiken | 163 |
| | 2. Mehrmandantendienstleister | 165 |
| | a) Anhaltspunkte für ihr systemisches Einflusspotenzial | 166 |
| | b) Regulatorische Anforderungen über die Auslagerungsvorschriften | 167 |
| II. | Entwicklungen auf Systemebene | 169 |
| D. | *Schlussfolgerung: Leistungsfähigkeit des Konzepts* | 171 |

## § 6 Chancen von Big Data und Algorithmen für eine kognitive Strategie der Aufsicht ... 173

|   |   |   |
|---|---|---|
| A. | *Mehrwert von Big Data und Algorithmen für die Aufsicht über Systemrisiken* | 175 |
| B. | *Rechtliche Funktionsbedingungen für den Einsatz von Big Data und Algorithmen durch die Aufsicht* | 178 |
| I. | Epistemische Maßstäbe für die Einbeziehung von Big Data und Algorithmen in hoheitliche Entscheidungen | 178 |
| II. | Anforderungen an die Programmierung von Algorithmen | 182 |
| | 1. Einbettung in behördeninterne Prozesse | 182 |
| | 2. Transparenz und Kontrollfähigkeit | 184 |
| III. | Anforderungen an die zugrundeliegenden Daten (Big Data) | 186 |
| IV. | Behördliche Überprüfung und Auswertung von Algorithmen | 189 |
| C. | *Fazit: Zukunftsperspektiven für eine kognitive Strategie* | 192 |

Forschungsergebnisse in Thesen ... 193

Literaturverzeichnis ... 199

Register ... 229

# Abkürzungsverzeichnis

| | |
|---|---|
| ABS | *Asset-Backed Securities* |
| AcP | Archiv für die civilistische Praxis |
| AFS | Ausschuss für Finanzstabilität |
| AIF | *Alternative Investment Fonds* |
| APUZ | Aus Politik und Zeitgeschichte |
| ASC | Beratender wissenschaftlicher Ausschuss des ESRB (*Advisory Scientific Committee*) |
| A-SRI | Anderweitig systemrelevante Institute (i. S. d. § 10g KWG) |
| ATC | Beratender Fachausschuss des ESRB (*Advisory Technical Committee*) |
| AQR | Prüfung der Aktiva-Qualität (*Asset Quality Review*) |
| BaFin | Bundesanstalt für Finanzdienstleistungsaufsicht |
| BAIT | BaFin Rundschreiben 10/2017 (BA) v. 16.08.2021 – Bankenaufsichtliche Anforderungen an die IT (BAIT) |
| BCBS | Basler Ausschuss für Bankenaufsicht (*Basel Committee on Banking Supervision*) |
| BDAI | Big Data und Künstliche Intelligenz (*Big Data and Artificial Intelligence*) |
| BIZ/BIS | Bank für Internationalen Zahlungsausgleich (*Bank for International Settlements*) |
| BKR | Zeitschrift für Bank- und Kapitalmarktrecht |
| BMWi | Bundesministerium für Wirtschaft und Energie |
| CCP | Zentraler Kontrahent (*Central Counterparty*) |
| CCyB | Antizyklischer Kapitalpuffer (*Countercyclical Capital Buffer*) |
| CDO | *Collateralized Debt Obligation* |
| CEBS | Ausschuss der Europäischen Aufsichtsbehörden für das Bankwesen (*Committee of European Banking Supervisors*) |
| CVA-Risiko | Risiko einer Anpassung der Kreditbewertung (*Credit Valutation Adjustment*) |
| DeFi | Dezentralisierte Finanzmärkte (*Decentralized Finance*) |
| DISC | *Data Intelligence Service Center* |
| DLT | *Distributed Ledger Technology* |
| DV | Die Verwaltung – Zeitschrift für Verwaltungsrecht und Verwaltungswissenschaft |
| DVO | Delegierte Verordnung |
| EaD | Risikopositionswert (*Exposure at Default*) |
| EBA | Europäische Bankenaufsichtsbehörde (*European Banking Authority*) |
| ECAI | Förmlich anerkannte externe Ratingagentur im Sinne von VO (EG) Nr. 1060/2009 (*External Credit Assessment Institution*) |

| | |
|---|---|
| ECL | Erwarteter Verlustbetrag bei Kreditrisiken (*Expected Credit Losses*) |
| EIOPA | Europäische Aufsichtsbehörde für das Versicherungswesen und die betriebliche Altersversorgung (*European Insurance and Occupational Pensions Authority*) |
| EL | Erwarteter Verlust (*Expected Loss*) |
| EL | Ergänzungslieferung |
| ErwG | Erwägungsgrund |
| ES | Erwartetes Verlustrisiko (*Expected Shortfall*) |
| ESA | Europäische Finanzaufsichtsbehörden (*European Supervisory Authorities*, bestehend aus EBA, ESMA und EIOPA) |
| ESFS | Europäisches Finanzaufsichtssystem (*European System of Financial Supervision*) |
| ESM | Europäischer Stabilitätsmechanismus (*European Stability Mechanism*) |
| ESMA | Europäische Wertpapier- und Marktaufsichtsbehörde (*European Securities and Markets Authority*) |
| ESRB | Europäischer Ausschuss für Systemrisiken (*European Systemic Risk Board*) |
| EZB | Europäische Zentralbank (*European Central Bank*, ECB) |
| FSB | Finanzstabilitätsrat (*Financial Stability Board*) |
| FSI | Institut für Finanzstabilität (*Financial Stability Institute*) |
| G-SRI | Global systemrelevante Institute (i. S. d. § 10f KWG) |
| IASB | *International Accounting Standards Board* |
| ICAAP | Interner Prozess zur Sicherstellung einer angemessenen Kapitalausstattung (*Internal Capital Adequacy Assessment Process*) |
| IDW | Institut der Wirtschaftsprüfer |
| IFRS | Internationale Rechnungslegungsvorschriften des IASB (*International Financial Reporting Standards*) |
| ILAAP | Interner Prozess zur Sicherstellung einer angemessenen Liquiditätsausstattung (*Internal Liquidity Adequacy Assessment Process*) |
| ILM | Interner Verlustmultiplikator für den neuen Standardansatz des operationellen Risikos (*Internal Loss Multiplier*) |
| IRB-Ansatz | Auf internen Ratings basierender Ansatz |
| IReF | Integrierter Melderahmen (*Integrated Reporting Framework*) |
| IWF | Internationaler Währungsfonds (*International Monetary Funds*, IMF) |
| JZ | JuristenZeitung |
| KSA | Kreditrisikostandardansatz |
| LGD | Verlustquote bei Ausfall (*Loss Given Default*) |
| LSI | *Less Significant Institutions* |
| LTV | Beleihungsauslauf (*Loan-to-Value Ratio*) |
| MaRisk | BaFin Rundschreiben 10/2021 (BA) v. 16.08.2021, zuletzt geändert am 07.09.2021 – Mindestanforderungen an das Risikomanagement |
| NCA | Nationale kompetente Behörde (*National Competent Authority*) |
| NJW | Neue Juristische Wochenschrift |
| NMRF | Nicht-modellierbare Risiken (*Non-modellable Risk Factors*) |
| NuR | Natur und Recht |
| OTC | Außerbörslicher Handel (*Over the Counter*) |

*Abkürzungsverzeichnis*

| | |
|---|---|
| PD | Ausfallwahrscheinlichkeit (*Probability of Default*) |
| SIEPR | *Stanford Institute for Economic Policy Research* |
| SIFIs | Systemrelevante Finanzinstitute (*Systemically Important Financial Institutions*) |
| SSM | Einheitlicher Aufsichtsmechanismus (*Single Supervisory Mechanism*) |
| SPACE | *Statistical Production and Compilation Environment* |
| SREP | Aufsichtlicher Überprüfungs- und Bewertungsprozess (*Supervisory Review and Evaluation Process*) |
| SRF | Einheitlicher Abwicklungsfonds (*Single Resolution Fund*, SRF) |
| SRM | Einheitlicher Bankenabwicklungsmechanismus (*Single Resolution Mechanism*, SRM) |
| TATuP | Zeitschrift für Technikfolgenabschätzung in Theorie und Praxis |
| TIBER | Bedrohungsgeleitete Penetrationstests (*Threat Intelligence-Based Ethical Red Teaming*) |
| WM | Zeitschrift für Wirtschafts- und Bankrecht (Wertpapier-Mitteilungen) |
| VaR | Risikokennzahl für Risikopositionen in Finanzportfolios (*Value at Risk*) |
| VerwArch | Verwaltungs-Archiv – Zeitschrift für Verwaltungslehre, Verwaltungsrecht und Verwaltungspolitik |
| VVDStRL | Veröffentlichungen der Vereinigung der Deutschen Staatsrechtslehrer |
| ZBB | Zeitschrift für Bankrecht und Bankwirtschaft |
| ZfgK | Zeitschrift für das gesamte Kreditwesen |
| ZfPW | Zeitschrift für die gesamte Privatrechtswissenschaft |
| ZG | Zeitschrift für Gesetzgebung |
| ZVglRWiss | Zeitschrift für Vergleichende Rechtswissenschaft |

*Gesetze, Verordnungen und Richtlinien*

*Nationale Gesetze und europäisches Primärrecht*

| | |
|---|---|
| AMG | Gesetz über den Verkehr von Arzneimitteln (Arzneimittelgesetz) |
| AnlEntG | Anlegerentschädigungsgesetz |
| BBankG | Gesetz der Deutschen Bundesbank |
| BGB | Bürgerliches Gesetzbuch |
| EinSiG | Einlagensicherungsgesetz |
| FinDAG | Finanzdienstleistungsaufsichtsgesetz |
| FinStabG | Finanzstabilitätsgesetz |
| FISG | Gesetz zur Stärkung der Finanzmarktintegrität (Finanzmarktintegritätstärkungsgesetz) vom 03. Juni 2021 (BGBl. I 2021, S. 1534) |
| GG | Grundgesetz für die Bundesrepublik Deutschland |
| GRCh | Grundrechtecharta |
| GWB | Gesetz gegen Wettbewerbsbeschränkungen |
| KWG | Gesetz über das Kreditwesen (Kreditwesengesetz) |
| SAG | Gesetz zur Sanierung und Abwicklung von Instituten und Finanzgruppen (Sanierungs- und Abwicklungsgesetz) |

| | |
|---|---|
| SolvV | Verordnung zur angemessenen Eigenmittelausstattung von Instituten, Institutsgruppen, Finanzholding-Gruppen und gemischten Finanzholding-Gruppen (Solvabilitätsverordnung) |
| VwVfG | Verwaltungsverfahrensgesetz |
| ZAG | Gesetz über die Beaufsichtigung von Zahlungsdiensten (Zahlungsdiensteaufsichtsgesetz) |

*Europäische Verordnungen und Richtlinien*

| | |
|---|---|
| Beschluss EZB/2014/39 | Beschluss der Europäischen Zentralbank vom 17. September 2014 über die Umsetzung der Trennung zwischen der geldpolitischen Funktion und der Aufsichtsfunktion der Europäischen Zentralbank (EZB/2014/39) |
| CRD | Richtlinie 2013/36/EU des Europäischen Parlaments und des Rates vom 26. Juni 2013 über den Zugang zur Tätigkeit von Kreditinstituten und die Beaufsichtigung von Kreditinstituten und Wertpapierfirmen, zur Änderung der Richtlinie 2002/87/EG und zur Aufhebung der Richtlinien 2006/48/EG und 2006/49/EG (*Capital Requirements Directive*), in konsolidierter Fassung vom 28. Juni 2021 (zuletzt geändert durch RL (EU) 2021/338) |
| CRD IV | Richtlinie 2013/36/EU des Europäischen Parlaments und des Rates vom 26. Juni 2013 über den Zugang zur Tätigkeit von Kreditinstituten und die Beaufsichtigung von Kreditinstituten und Wertpapierfirmen, zur Änderung der Richtlinie 2002/87/EG und zur Aufhebung der Richtlinien 2006/48/EG und 2006/49/EG (*Capital Requirements Directive IV*) |
| CRD V | Richtlinie (EU) 2019/878 des Europäischen Parlaments und des Rates vom 20. Mai 2019 zur Änderung der Richtlinie 2013/36/EU in Hinblick auf von der Anwendung ausgenommene Unternehmen, Finanzholdinggesellschaften, gemischte Finanzholdinggesellschaften, Vergütung, Aufsichtsmaßnahmen und -befugnisse und Kapitelerhaltungsmaßnahmen (*Capital Requirements Directive V*) |
| CRR | Verordnung (EU) Nr. 575/2013 des Europäischen Parlaments und des Rates vom 26. Juni 2013 über Aufsichtsanforderungen an Kreditinstitute und Wertpapierfirmen und zur Änderung der Verordnung (EU) Nr. 646/2012 (*Capital Requirements Regulation*), in konsolidierter Fassung vom 29. Juni 2021 (zuletzt geändert durch DVO (EU) 2021/1043) |
| CRR II | Verordnung (EU) 2019/876 des Europäischen Parlaments und des Rates vom 20. Mai 2019 zur Änderung der Verordnung (EU) Nr. 575/2013 in Bezug auf die Verschuldungsquote, die strukturelle Liquiditätsquote, Anforderungen an Eigenmittel und berücksichtigungsfähige Verbindlichkeiten, das Gegenparteiausfallrisiko, das Marktrisiko, Risikopositionen gegenüber zentralen Gegenparteien, Risikopositionen gegenüber Organismen für gemeinsame Anlagen, Großkredite, Melde- und Offenlegungspflichten und der Verordnung (EU) Nr. 648/2012 (*Capital Requirements Regulation II*) |

*Abkürzungsverzeichnis* XVII

| | |
|---|---|
| CRR „Quick fix" | Verordnung (EU) 2020/873 des Europäischen Parlaments und des Rates vom 24. Juni 2020 zur Änderung der Verordnungen (EU) Nr. 575/2013 und (EU) 2019/876 aufgrund bestimmter Anpassungen infolge der COVID-19-Pandemie |
| DSGVO | Verordnung (EU) 2016/679 des Europäischen Parlaments und des Rates vom 27. April 2016 zum Schutz natürlicher Personen bei der Verarbeitung personenbezogener Daten, zum freien Datenverkehr und zur Aufhebung der Richtlinie 95/46/EG (Datenschutz-Grundverordnung) |
| DVO (EU) Nr. 1222/2014 | Delegierte Verordnung (EU) Nr. 1222/2014 der Kommission vom 8. Oktober 2014 zur Ergänzung der Richtlinie 2013/36/EU des Europäischen Parlaments und des Rates durch technische Regulierungsstandards zur Festlegung der Methode zur Bestimmung global systemrelevanter Institute und zur Festlegung der Teilkategorien global systemrelevanter Institute, in konsolidierter Fassung vom 30. März 2021 (zuletzt geändert durch DVO (EU) 2021/539) |
| DVO (EU) Nr. 2015/61 | Delegierte Verordnung (EU) Nr. 2015/61 der Kommission vom 10. Oktober zur Ergänzung der Verordnung (EU) Nr. 575/2013 des Europäischen Parlaments und des Rates in Bezug auf die Liquiditätsdeckungsanforderung an Kreditinstitute, konsolidierte Fassung vom 30. April 2020 (einschließlich der Änderungen durch DVO (EU) 2018/1620) |
| EBA-VO | Verordnung (EU) Nr. 1093/2010 des Europäischen Parlaments und des Rates vom 24. November 2010 zur Errichtung einer Europäischen Aufsichtsbehörde (Europäische Bankenaufsichtsbehörde), zur Änderung des Beschlusses Nr. 716/2009/EG und zur Aufhebung des Beschlusses 2009/78/EG der Kommission, in konsolidierter Fassung vom 26. Juni 2021 (zuletzt geändert durch VO 2019/2175) |
| ESRB-VO | Verordnung (EU) Nr. 1092/2010 des Europäischen Parlaments und des Rates vom 24. November 2010 über die Finanzaufsicht der Europäischen Union auf Makroebene und zur Errichtung eines Europäischen Ausschusses für Systemrisiken, in konsolidierter Fassung vom 30. Dezember 2019 (zuletzt geändert durch VO (EU) 2019/2176) |
| Rating-VO | Verordnung (EG) Nr. 1060/2009 des Europäischen Parlaments und des Rates vom 16. September 2009 über Ratingagenturen, in konsolidierter Fassung vom 01. Januar 2019 (zuletzt geändert durch VO (EU) 2017/2402) |
| REACH-VO | Verordnung (EG) Nr. 1907/2006 des Europäischen Parlaments und des Rates vom 18. Dezember 2006 zur Registrierung, Bewertung, Zulassung und Beschränkung chemischer Stoffe (REACH), zur Schaffung einer Europäischen Chemikalienagentur, zur Änderung der Richtlinie 1999/45/EG und zur Aufhebung der Verordnung (EWG) Nr. 793/93 des Rates, der Verordnung (EG) Nr. 1488/94 der Kommission, der Richtlinie 76/769/EWG des Rates sowie der Richtlinien 91/155/EWG, 93/67/EWG, 93/105/EG und 2000/21/EG der Kommission, in konsolidierter Fassung vom 01.10.2021 (zuletzt geändert durch VO (EU) 2021/1297) |

SSM-VO　　　　　Verordnung (EU) Nr. 1024/2013 des Rates vom 15. Oktober 2013 zur Übertragung besonderer Aufgaben im Zusammenhang mit der Aufsicht über Kreditinstitute auf die Europäische Zentralbank

# Einführung

Die Banken- und Finanzmarktregulierung[1] widmet sich seit der Finanzkrise von 2008 mit besonderer Aufmerksamkeit der Frage, wie systemische Risiken effektiv verhindert werden können.[2] Diese sind besonders bedrohlich, da sie nicht nur schwerwiegende negative Auswirkungen auf das Finanzsystem zeitigen, sondern auch die Realwirtschaft in Mitleidenschaft ziehen können.[3] Eine problemorientierte, sicherheitsrechtliche Regulierung des Finanzsystems ist zugleich zu einem Kernanliegen der Gesetzgeber, Aufsichtsbehörden und auch der rechtswissenschaftlichen Forschung aufgestiegen.[4] Dieser Zielrichtung folgend will die Arbeit eine Regulierungsstrategie für Umgang mit Systemrisiken entwickeln.

Von anderen rechtswissenschaftlichen Arbeiten[5] soll sich das vorliegende Forschungsprojekt dadurch abheben, dass es die soziale Entstehungsdimension von Systemrisiken und die mit ihnen verbundenen Wissensprobleme in den Vordergrund stellt.[6] Den Ausgangspunkt der Untersuchung bildet die Erkenntnis, dass Finanzmärke spontane Ordnungen sind, in denen künftige Marktentwicklungen im Allgemeinen und Systemkrisen im Speziellen von einer Vielzahl dezentraler und individueller Risikoentscheidungen abhängen, welche über die sozialen Dynamiken in Interaktionskontexten entwicklungsoffen auf das Marktgeschehen einwirken.[7] Zukunftsprognosen sind angesichts der enormen Vielzahl der für die

---

[1] Im Folgenden wird von „Finanzmarktregulierung" als dem übergreifenden Begriff ausgegangen, wobei die Bankenregulierung als zentrale Komponente für die Untersuchung im Mittelpunkt stehen wird.

[2] Beigetragen haben zu einer Etablierung der Systemrisikoregulierung bislang insbesondere *Kaufhold*, Systemaufsicht 2016 mit einem Fokus auf den Rechtsbegriff des Systemrisikos und die Aufgaben der Aufsichtsbehörden; *Mendelsohn*, Systemrisiko und Wirtschaftsordnung im Bankensektor 2018; sowie jüngst die Arbeit von *Engel*, Systemrisikovorsorge 2020.

[3] Vgl. § 1 Abs. 33 KWG, Art. 3 Abs. 1 Nr. 10 CRD.

[4] Zu sicherheitsrechtlichen Aspekten im Kontext der Regulierungsziele ausführlich Teil 1, Kapitel § 1, Abschnitt A., I. und B., I.

[5] Vornehmlich von *Engel*, Systemrisikovorsorge 2020; *Kaufhold*, Systemaufsicht 2016; *Mendelsohn*, Systemrisiko und Wirtschaftsordnung im Bankensektor 2018.

[6] Ein Konnex von Wissensproblemen und Systemrisiken ist bislang fast ausschließlich in der Soziologie hergestellt worden, v. a. von *Willke*, Dystopia 2001. Aus der Rechtswissenschaft, soweit für die Verf. ersichtlich, zur der sozialen Entstehungsdimension von Systemrisiken bisher nur *Broemel*, Interaktionszentrierte Grundrechtstheorie 2020, 328.

[7] Grundlegend zu dezentralem Wissen als wettbewerbskonstituierende Eigenschaft *Hayek* The American Economic Review vol. 35, no. 4, 1945 (4), 519, 521 und passim; *Denahy* Griffith Law Review vol. 24, no. 2, 2015, 266 ff. Aus der Rechtswissenschaft im Kontext der

Systementwicklung relevanten Variablen hoch komplex und verbleibende Unsicherheiten praktisch nicht auszuräumen.[8] Das Regulierungswissen über Systemrisiken kann vor diesem Hintergrund nur dann eine neue Qualität annehmen, wenn die Komplexität und Unsicherheit der Marktentwicklungen selbst zum Anknüpfungspunkt für die Regulierung werden und Strategien für den Umgang mit diesen in den Vordergrund rücken.[9] Als Lösungsansatz plädiert die Arbeit für eine kognitive Strategie. In dieser soll die Regulierung einerseits die Rahmenbedingungen für die Marktakteure optimieren, damit diese selbst erfolgreicher mit Unsicherheiten und Nichtwissen umgehen.[10] Die Aufsichtsbehörden sollen andererseits kognitive Instrumente adaptieren, um die Funktionsweise der Finanzmärkte dynamisch zu untersuchen und dort zu einer Bewältigung der Wissensprobleme beizutragen, wo sie auf systemische Anfälligkeiten stoßen, die über die dezentrale Koordination der Marktakteure nicht aufgelöst, gar erst hervorgerufen oder verschlimmert werden.[11]

Der erste Teil der Untersuchung wird den Arbeitsauftrag definieren und zunächst in theoretischen Zusammenhängen eine kognitive Strategie für die Re-

---

Netzwirtschaften *Broemel*, in: Münkler (Hrsg.): Dimensionen des Wissens im Recht 2019, 139. Modifikationen im Zeitalter der „Wissens- und Informationsgesellschaft" reflektiert *Vesting*, in: Hoffmann-Riem/Schmidt-Aßmann/Voßkuhle (Hrsg.): Grundlagen des Verwaltungsrechts (Bd. II) 2012, § 20, Rn. 38. Mit ökonomischem Hintergrund vgl. *Haldane*, Rethinking the financial network, 1 ff., der interdisziplinäre netzwerktheoretische Ansätze anwendet und Finanzmärkte vergleichbar als „complex adaptive system" beschreibt: „Complex because these networks were a cat's-cradle of interconnections, financial and non-financial. Adaptive because behaviour in these networks was driven by interactions between optimising, but confused, agents." Systemrisiken werden dabei als strukturelle Probleme verortet (a. a. O., S. 2).

[8] *Hayek* Economica vol. 4, no. 13, 1937, 33, 45; ders., in: Vanberg (Hrsg.): Friedrich A. von Hayek: Wirtschaftstheorie und Wissen 2007, 99, 101. Zu dem *Hayek*'schen Verständnis instruktiv *Denahy* Griffith Law Review vol. 24, no. 2, 2015, 266, 272.

[9] Vgl. auch *Willke*, Dystopia 2001, 67 und passim, der es als Futurität von Wissen beschreibt, dass neben dem aus der Vergangenheit gewonnenen Wissen ein Wissen um den Umgang mit Unsicherheiten treten muss. Zu Umgangsmethoden mit Nichtwissen und Unsicherheit in der Verwaltungsrechtswissenschaft statt vieler *Spiecker gen. Döhmann*, in: Darnaculleta i Gardella/Esteve Pardo/Spiecker gen. Döhmann (Hrsg.): Strategien des Rechts im Angesicht von Ungewissheit und Globalisierung 2015, 43 ff., sowie ausführlich unten in Teil 1, Kapitel § 2, Abschnitt C., II., 2.

[10] In diesem Sinne der Vorschlag von *Hayek* The American Economic Review vol. 35, no. 4, 1945 (4), 519, 521 und passim, dass den Individuen für eine erfolgreiche dezentrale Planung über den Wettbewerb das zusätzliche Wissen vermittelt werden müsse, damit diese dazu fähig sind, ihre Pläne mit denen anderer abzugleichen. Dazu auch *Denahy* Griffith Law Review vol. 24, no. 2, 2015, 266, 278.

[11] Vgl. *Willke*, Dystopia 2001, 46, nach dessen Vorstellungen „Macht optimale Bedingungen der Möglichkeiten für die Generierung von Lernprozessen schafft und zugleich der Respekt vor dem implizierten Nichtwissen es zulässt, dass Macht dort stabilisierende Horizonte setzt, wo den Lernexpeditionen die Gefahr droht, über den Rand der Welt hinunterzustürzen."

gulierung von Systemrisiken konturieren. Kapitel § 1 analysiert die systembezogenen Regulierungsziele der Bankenregulierung und leitet aus ihnen den Untersuchungsrahmen und die Anforderungen an die zu entwickelnde Regulierungsstrategie ab. Kapitel § 2 widmet sich anschließend dem Systemrisiko, da dieses das Bezugsproblem der Regulierungsstrategie darstellen soll. Die rechtswissenschaftliche Aufarbeitung systemischer Risiken ist bisweilen stark von ökonomischen Beschreibungen und Handlungsvorschlägen geprägt. Infolgedessen ist das Systemrisiko zu einem ökonomisch verstandenen heuristischen Rechtsbegriff der Bankenregulierung gereift,[12] der nicht nur in Kauf nimmt, von etablierten verwaltungsrechtswissenschaftlichen Risikobegriffen und Dogmatiken weitgehend losgelöst zu sein, sondern auch Pfadabhängigkeiten im Umgang mit Systemrisiken hervorrufen kann, die den Blick für neuartige und daher unbekannte Phänomene verstellen.[13]

Demgegenüber gründet die hiesige Arbeit auf einer alternativen Beschreibung von Systemrisiken.[14] Sie knüpft an die Schlüsselbegriffe der Interaktion und der Komplexität an, um in interdisziplinären Zusammenhängen die Problematik um Systemrisiken aufzuarbeiten und eine Umgangsstrategie für die Regulierung von Systemrisiken auf Finanzmärkten zu entwickeln.[15] Systemrisiken offenbaren sich in dieser Perspektive als Kehrseite grundrechtlicher Freiheitsverwirklichung und natürlicher Wettbewerbsprozesse auf dem Finanzmarkt.[16] Sie entstehen vornehmlich dort, wo sich vermittelt durch das Interaktionsverhalten der Marktteilnehmer ein kollektives Wissen und Nichtwissen im Umgang mit Risiken bzw. Zukunftsunsicherheiten durchsetzt und homogene Anfälligkeiten entstehen lässt.[17] Das Wissen auf Finanzmärkten ist hierbei, wie für spontane Ordnungen

---

[12] Als „systemic regulation" ist die anglo-amerikanische Literatur in der Forschung schon fortgeschrittener, wobei dort fast ausschließlich ökonomisch angelehnte Ansätze vorherrschen, siehe *Goodhart et al.*, Financial regulation 2001, 8 ff.; *Tarullo*, Regulating Systemic Risk 2011, 8 (*Dodd-Frank-Act* als Richtungsweiser für die Systemregulierung). Die Beiträge fokussieren sich meist auf einzelne Aspekte der Systemregulierung, so beispielsweise die Risikoverteilung im System bei *Beale et al.* Proceedings of the National Academy of Sciences vol. 108, no. 31, 2011, 12647 ff. Spezifisch zu der Systemaufsicht zudem *Kaufhold*, Systemaufsicht 2016, die einen heuristischen Begriff in Orientierung an ökonomische Beschreibungsangebote entwickelt (siehe auch *dies.* Osaka University Law Review vol. 65, 2018, 47, 54: die „Bausteine" ihrer Begriffsheuristik verschränken mit ökonomischen Diskursen).
[13] Zu den Leistungsgrenzen eines heuristischen Rechtsbegriffs: Teil 1, Kapitel § 2, Abschnitt B., II.
[14] Dazu Teil 1, Kapitel § 2, Abschnitt C., I.
[15] Zu der methodischen Arbeit mit Schlüsselbegriffen in der Verwaltungsrechtswissenschaft siehe *Voßkuhle*, in: Hoffmann-Riem/Schmidt-Aßmann/Voßkuhle (Hrsg.): Grundlagen des Verwaltungsrechts (Bd. I) 2012, § 1, Rn. 40, sowie ausführlich in Teil 1, Kapitel § 2, Abschnitt C.
[16] Vgl. *Broemel*, Interaktionszentrierte Grundrechtstheorie 2020, 328: „systemische Risiken [entstehen] aus den Wechselwirkungen einer Vielzahl von Interaktionen der Marktteilnehmer" und „[...] bilden gewissermaßen die Kehrseite der wissensgenerierenden Funktion von Interaktionen."
[17] Ausführlich Teil 1, Kapitel § 2, Abschnitt C., I., 1., b), sowie instruktiv aus der Sozio-

charakteristisch, dezentral auf die Marktteilnehmer verteilt.[18] Die fragmentierten, ubiquitären Wissensbestände der Akteure sind stets unvollständig und mitunter in sich widersprüchlich, sodass sie sich nicht vollständig zentralisieren lassen.[19] Regulierer müssen Methoden finden, wie sie mit der Komplexität der Wissensordnungen auf Finanzmärkten umgehen können und wie das dezentrale Wissen für die Mitigation von Systemrisiken nutzbar wird.[20]

Eine kognitive Strategie möchte hierfür Lösungen bereitstellen. Sie will einerseits die Marktakteure zu einem selbstkritischen und diversen Umgang mit Unsicherheiten hinleiten, damit diese in Interaktionskontexten systemisches Nichtwissen noch produktiver aufarbeiten.[21] Soll die Bewältigung von Systemrisiken aber nicht vollständig der Koordination des Marktes überlassen werden, so müssen sich Regulatoren ebenfalls kognitive Instrumente zunutze machen. Die Aufsicht muss zu einer wissensgenerierenden Behörde avancieren, welche die Marktdynamiken sowie die Umstände der Wissensentstehung auf Finanzmärkten fortlaufend beobachtet und zur Aufarbeitung systemischen Nichtwissens beiträgt.[22]

---

logie u. a. *Willke*, Dystopia 2001, 35 und passim. Homogenitäten in Kombination mit Komplexitäten als Ursache für die Finanzkrise von 2008 ausmachend *Haldane*, Rethinking the financial network, 2, 3 und passim.

[18] Zu dezentralen Wissensstrukturen auf Märkten und der Entwicklungsoffenheit von Marktprozessen angesichts der Abhängigkeit von einer Vielzahl von Einzelentscheidungen *Hayek* The American Economic Review vol. 35, no. 4, 1945 (4), 519, 521 und passim; *Hayek*, Individualismus und wirtschaftliche Ordnung 1976, 123 ff. Anhand der Marktprozesse in den Netzwirtschaften *Broemel*, in: Münkler (Hrsg.): Dimensionen des Wissens im Recht 2019, 139; und im Kontext von Systemrisiken *Broemel*, Interaktionszentrierte Grundrechtstheorie 2020, 328. Nach *Vesting*, in: Hoffmann-Riem/Schmidt-Aßmann/Voßkuhle (Hrsg.): Grundlagen des Verwaltungsrechts (Bd. II) 2012, § 20, Rn. 38, sei für die „Informations- und Wissensgesellschaft" dagegen kennzeichnend, dass Wissen nicht mehr dezentral im Wettbewerb entstehe, sondern sich stattdessen in sich stattdessen „strategisch und netzwerkabhängig, inter- und intraorganisational" herausbildet. Zu dieser Veränderung der Wissensgenerierung im Zuge der Digitalisierung ausführlich in Teil 3, Kapitel § 5.

[19] *Hayek* The American Economic Review vol. 35, no. 4, 1945 (4), 519 f.: das gesellschaftliche Problem sei daher nicht bloß eines der Allokation der „gegebenen" Ressourcen, sondern stattdessen eines der effektiven Nutzung von Wissen, dass in seiner Vollständigkeit bei niemandem vorliegen könne.

[20] *Hayek* The American Economic Review vol. 35, no. 4, 1945 (4), 519 f.; *Denahy* Griffith Law Review vol. 24, no. 2, 2015, 266, 278. Auf der Erkenntnis dezentraler Wissensverteilung auf Finanzmärkten in der Rechtswissenschaft aufbauend auch *Voß*, Unternehmenswissen als Regulierungsressource 2019, 1 und passim, der daraus ableitet, dass das Wissen nicht als zentral für den Staat verfügbar unterstellt werden dürfe und die Relevanz des Unternehmenswissens für die Regulierung herausarbeitet; im generellen Kontext der „Informations- und Wissensgesellschaft" ferner *Vesting*, in: Hoffmann-Riem/Schmidt-Aßmann/Voßkuhle (Hrsg.): Grundlagen des Verwaltungsrechts (Bd. II) 2012, § 20, Rn. 38: Wissen sei hier weder zentral beim Staat verfügbar, noch werde es dezentral über Märkte verteilt, sondern stattdessen würde dieses in Netzwerken erzeugt. Zu dezentralem Wissen im Regulierungskontext schließlich auch *Wollenschläger*, Wissensgenerierung im Verfahren 2009, 34 f.

[21] In diesem Lichte insbesondere zu den organisatorischen Anforderungen an das Risikomanagement der Institute: Teil 2, Kapitel § 3, Abschnitt C.

[22] Zu den Anforderungen an die Aufsicht im Lichte einer kognitiven Strategie ausführlich:

Aber auch die staatlichen Regulierungsentscheidungen muss die Aufsicht kontinuierlich reflektieren, da die Folgereaktionen des Marktes angesichts seiner spontanen Ordnung nicht mit Sicherheit vorhersehbar sind und aus ihren Maßnahmen womöglich sogar neue Systemrisiken hervorgehen können.[23] In dem Bereich des Risikoverwaltungsrechts etablierte Mechanismen für den Umgang mit Unsicherheiten will die Arbeit nutzen, um eine kognitive Strategie mit Instrumenten für die Eindämmung hoheitlicher Fehlsteuerungsrisiken anzureichern.[24] Ebenso zentral wie die Beobachtungsprozesse und reflexives Verhalten der Aufsicht selbst ist dabei ihr kooperativer Austausch mit Expertengremien und Marktakteuren, da diese über Wissen verfügen, das bei der Aufsicht nicht vorhanden ist.[25]

Vor dem Hintergrund der in Teil 1 in theoretischen Zusammenhängen entwickelten Strategie stellt Teil 2 der Arbeit das normative Gerüst der Bankenregulierung auf den Prüfstand. Mikro- und makroprudenzielle Instrumente verschleifen bei diesen Betrachtungen, was Ausdruck des ganzheitlichen Ansatzes ist, den die Untersuchung verfolgt.[26] Kapitel § 3 analysiert die institutsbezogenen Eingriffsvorschriften daraufhin, wie die mit ihnen geschaffenen dezentralen Ri-

---

Teil 2, Kapitel § 4. Die Notwendigkeit einer Reflexivierung von Aufsichtsprozessen im Umgang mit Systemrisiken erkennt auch *Broemel*, Interaktionszentrierte Grundrechtstheorie 2020, 332 f., und zum Umgang mit staatlichem Nichtwissen allgemein *ders.*, in: Münkler (Hrsg.): Dimensionen des Wissens im Recht 2019, 139, 146, mit einem Fokus auf staatliches Nichtwissen über dynamische Marktentwicklungen, die durch dezentrale Wissensstrukturen, eine wechselseitige Beeinflussung der Marktteilnehmer und damit eine hohe Entwicklungsoffenheit geprägt sind; im Kontext von Innovationen und des durch sie entstehenden Nichtwissens siehe *Vesting*, in: Eifert/Hoffmann-Riem (Hrsg.): Digitale Disruption und Recht 2020, 9, 17 f.: angesichts der ex ante für den Gesetzgeber nicht vorhersehbaren Entwicklungen müsse das Recht „die Form einer laufenden „Gesetzes-Fertigung" annehmen, zu einem selbstlernenden System werden", wobei Gesetzgeber „normative Löcher" akzeptieren müssten und die Verwaltung sowie Private in die juristische Rechtsbildung einzubeziehen seien.

[23] Vgl. *Denahy* Griffith Law Review vol. 24, no. 2, 2015, 266, 279. Vor dem Hintergrund jener Prämisse zu den Katalogtatbeständen: Teil 2, Kapitel § 3, Abschnitt A., den quantitativen Eigenmittel- und Liquiditätsanforderungen: Teil 2, Kapitel § 3, Abschnitt B., und den Organisationsanforderungen: Teil 2, Kapitel § 3, Abschnitt C.

[24] Dazu Teil 1, Kapitel § 2, Abschnitt C., II.

[25] Zu dem fragmentierten Wissen auf Finanzmärkten: Teil 1, Kapitel § 2, Abschnitt C., I., 2., a). Grundlegend zu dem über das Wissen des Regulierers hinausgehenden wissenschaftlichen Wissen von Experten und dem orts- und zeitspezifischen Wissen der Marktakteure *Hayek* The American Economic Review vol. 35, no. 4, 1945 (4), 519, 521 f.

[26] Eingehend zur Verschränkung mikro- und makroprudenzieller Perspektive Teil 1, Kapitel § 1, Abschnitt B., II. Vergleichbare Versuche eines ganzheitlichen Ansatzes bei *Engel*, Systemrisikovorsorge 2020, der allerdings eine rechtsdogmatische Analyse anstrebt (a. a. O., S. 13); mit einem Fokus auf die Rolle der Aufsicht die Arbeiten von *Kaufhold*, Systemaufsicht 2016; *dies.* Die Verwaltung 2013 (46), 21 ff.; *dies.* ZVglRWiss 2017 (116), 151 ff.; *dies.* WM 2013, 1877 ff.; *dies.* Osaka University Law Review vol. 65, 2018, 47 ff., wobei *dies.* sich für eine „Systemaufsicht" als neue „eigenständige Grundform der Aufsicht" (siehe *dies.* Osaka University Law Review vol. 65, 2018, 47, 63) ausspricht.

sikobewältigungsmechanismen zu der Bekämpfung von Systemrisiken beitragen, aber auch, wie diese neue Systemrisiken hervorbringen können. Der personelle Bezug der Vorschriften auf Institute steht hierbei zunächst im Fokus. Er stellt eine Systemregulierung vor die Herausforderung, dass über institutsbezogene Steuerungsmaßnahmen systemische Steuerungseffekte für einen Markt erzielt werden müssen, der sich als „Interaktionsordnung"[27] zu einem globalen, weit größeren und komplexeren Netzwerk ausgebildet hat, als es die Institutsdefinitionen erfassen. Aufsichtsbehörden müssen angesichts der Entwicklungsdynamiken dafür sensibilisiert bleiben, dass auch von den normativen Vorschriften nicht oder nur rudimentär erfasste Akteure wie Schattenbanken, *FinTechs* oder *BigTechs* und sogar nicht-personelle Elemente und Aktanten, beispielsweise in Gestalt von Algorithmen, auf die Wissensentstehung auf Finanzmärkten einwirken können.[28] Sie müssen ihre kognitiven Mechanismen kontinuierlich ausbauen, um Wissenslücken entgegenzuwirken und die Interaktionsstrukturen auf Finanzmärkten in ihrer Gesamtheit zu erfassen.[29] Aber auch die Folgeeffekte etwaiger Regulierungslücken müssen sie reflektieren und diese schließen, sofern aus ihnen sonst neue Systemrisiken hervorgehen könnten.

Die Arbeit nimmt sodann die institutsbezogenen Eigenmittel- und Liquiditätsvorschriften sowie die Organisationsanforderungen unter die Lupe, da diese die wichtigsten Stellschrauben für die institutsinterne Risikoverarbeitung darstellen.[30] Die gesetzlichen Eigenmittel- und Liquiditätsanforderungen verpflichten die Institute zu einer angemessenen Absicherung für den Risikoeintritt, wobei sie finanzökonomische Berechnungsmodelle sogar materiell-rechtlich verankern.[31] Wissen, aber auch Nichtwissen im Umgang mit Risiken wird durch sie homogenisiert, was Nährboden für Systemrisiken schaffen kann. Entscheidungsspielräume der Institute können die Heterogenität der Wissensbestände auf Finanzmärkten steigern, was die Aufarbeitung von Systemrisiken im Wege der dezentralen Koordination theoretisch vorantreiben kann.[32] Eine praktisch geringe Diversität unter den Marktakteuren sowie ihre strategischen Eigeninteres-

---

[27] Vgl. *Preda* Journal of Economic Surveys vol. 21, no. 3, 2007, 506, 507; *Vormbusch*, Wirtschafts- und Finanzsoziologie 2019, 128; *Knorr Cetina/Bruegger* American Journal of Sociology vol. 107, no. 4, 2002, 905, 906.

[28] Zu dem Einfluss von Akteuren und Aktanten auf soziale Ordnungen aus der Soziologie *Latour* Soziale Welt 1996 (47), 369 ff.; mit Bezug auf Algorithmen *MacKenzie* Economy and Society vol. 48, no. 4, 2018, 501, 503 und passim.

[29] Dazu insbesondere Teil 2, Kapitel § 3, Abschnitt A., III.

[30] Unter Teil 2, Kapitel § 3, Abschnitt B.

[31] Vgl. zur Vorgabe von Unsicherheitsregeln als gesetzgeberisches Instrument zur Konstruktion von Gewissheit *Spiecker gen. Döhmann*, in: Darnaculleta i Gardella/Esteve Pardo/Spiecker gen. Döhmann (Hrsg.): Strategien des Rechts im Angesicht von Ungewissheit und Globalisierung 2015, 43, 53.

[32] Zur Beförderung von Heterogenität bei der Regulierung der Informationsökonomie unter Unsicherheitsbedingungen *Vesting*, in: Hoffmann-Riem/Schmidt-Aßmann/Voßkuhle (Hrsg.): Grundlagen des Verwaltungsrechts (Bd. II) 2012, § 20, Rn. 46.

sen erzeugen allerdings das Dilemma, dass sie ihre Entscheidungsspielräume weniger für die optimale Risikoevaluation und -absicherung, als vielmehr für die Steigerung der eigenen Profitabilität und Umgehung regulatorischer Anforderungen nutzen, sodass ihre dezentrale Koordination nicht stets auf Systemebene zu einer Verringerung von Nichtwissen und damit einer Eindämmung von Systemrisiken beiträgt oder gar konträre Effekte zeitigt.[33] Normativierte Unsicherheitsregeln wie die Risikomodelle im Rahmen der Eigenmittel- und Liquiditätsvorschriften[34] sind vor diesem Hintergrund unabkömmlich, um der dezentralen Koordinierung der Märkte Grenzen aufzuzeigen.[35] Jene regulatorischen Maßnahmen müssen jedoch eng mit reflexiven Prozessen verzahnt werden, um dem mit ihnen verbundenen Nichtwissen und etwaigen systemischen Anfälligkeiten entgegenzuwirken.[36] Auf Institutsebene können organisatorische Anforderungen an das Risikomanagement die Rahmenbedingungen für den internen Umgang mit Risiken optimieren. Die Marktakteure werden durch sie dazu angeregt, die institutsinternen Methodiken der Risikobewältigung stetig zu überprüfen und ihr Risikowissen reflexiv auszubauen.[37] Aus Perspektive einer kognitiven Strategie muss es dabei gerade darauf ankommen, dass sowohl in den individuellen Instituten als auch zwischen ihnen Diversität bei der Erforschung von Risiken vorherrscht, da nur so die dezentrale Koordination zur Aufarbeitung systemischen Nichtwissens angeregt wird.[38]

---

[33] Ausführlich dazu in theoretischen Kontexten: Teil 1, Kapitel § 2, Abschnitt C., I., 1., b), sowie im Zusammenhang mit den internen Risikomodellen: Teil 2, Kapitel § 3, Abschnitt B., I., 1., b). Zu dem Scheitern einer Selbstkoordinierung der Finanzmärkte am Beispiel der *subprime*-Krise instruktiv *Hellwig*, in: Hellwig/Höfling/Zimmer (Hrsg.): Finanzmarktregulierung 2010, E 20 ff.

[34] Zu diesen sog. Standardansätzen im Bereich der risikobasierten Mindestanforderungen an Eigenmittel: Teil 2, Kapitel § 3, Abschnitt B., I., 1., a).

[35] Vgl. zu der Aufgabe der Regulierung, der dezentralen Koordinierung dort Grenzen zu setzen, wo „den Lernexpeditionen die Gefahr droht, über den Rand der Welt hinunterzustürzen" *Willke*, Dystopia 2001, 46.

[36] Um den Begriff des „reflexiven Rechts" dreht sich vor allem in der (rechts-)soziologischen Literatur ein ausgeprägter Diskussionsstand, statt vieler *Teubner/Willke* Zeitschrift für Rechtssoziologie 1984, 4 ff. (im Sinne einer regulierten Selbstregulierung bzw. „regulierte[n] Autonomie" zur Komplementierung normativer Regulierungsvorgaben); ebenso *Teubner*, in: Maihofer (Hrsg.): Moi si mura 1986, 290, 323, 331; im Kontext von Systemrisiken auf Finanzmärkten *Jöstingmeier*, Governance der Finanzmärkte 2019, 180 ff.: das Modell der „dezentralen Kontextsteuerung" von *Teubner/Willke* ziele gerade auf eine Reflexivität der Regulierungsbehörden und eine produktive Verzahnung von Selbstregulierung und Fremdsteuerung. Kritisch jedoch *Luhmann* Zeitschrift für Rechtssoziologie 1985, 7 ff.: die Limitierungen der Steuerungsmöglichkeiten autopoietischer Systeme müssten von reflexivem Recht anerkannt werden.

[37] Hierzu Teil 2, Kapitel § 3, Abschnitt C.

[38] Siehe zu dem Mehrwert von Diversität für die dezentrale Marktkoordination: Teil 1, Kapitel § 2, Abschnitt C., I., 1., b).

Eine kognitive Aufsicht, die sich an der Aufarbeitung systemischer Anfälligkeiten beteiligt, ist für den hiesigen Lösungsansatz aber ebenso zentral. Die Aufgaben der Aufsichtsbehörden wird Kapitel § 4 entfalten. Die Aufsicht sollte nicht nur die fragmentierten Wissensbestände der Institute im Wege der Datenerhebung so weit wie möglich konsolidieren, sondern muss den Informationsaustausch mit Instituten vor allem als Startlinie nutzen, um gezielt die systemischen Dynamiken und die Wissensentstehung auf Finanzmärkten besser zu verstehen.[39] Aufsichtsbehörden, Zentralbanken und Ausschüsse für Systemrisiken bereichern ihr Wissen dabei in einem regelrechten „Wissensnetzwerk" gegenseitig.[40] Mithilfe eigener wissensgenerierender Instrumente, wie beispielsweise Stresstests, können sie ein vertieftes Wissen über die Funktionsweise des Systems sowie die Verbindungen der Marktakteure gewinnen.[41] Auch ihre eigenen kognitiven Instrumente sollten sie aber regelmäßig reflektieren und den sozialen Umständen auf Finanzmärkten anpassen.[42] Nur auf Basis eines derart dynamisch generierten Systemwissens über die Funktionsweise der Finanzmärkte sind die Aufsichtsbehörden dafür gewappnet, systemische Risiken frühzeitig zu erkennen und diesen adäquat entgegenzulenken.

Anhand der Digitalisierung von Markt und Aufsicht wird die Arbeit in Teil 3 die Leistungsfähigkeit einer kognitiven Strategie der Systemregulierung auf die Probe stellen.[43] Kapitel § 5 widmet sich herausgenommenen Phänomenen der Digitalisierung auf Finanzmärkten, um durch die Brille einer kognitiven Strategie auszumachen, wie die Regulierung mit diesen neuartigen, hoch unsicherheitsbehafteten Bedrohungen umgehen sollte. Im Zeitalter der Digitalisierung genügt es nicht mehr, allein das Wissen der Institute fruchtbar zu machen und deren soziale Beziehungen zu beobachten, da hier neue Akteure der Digitalökonomie wie Informations- und Kommunikationstechnologie (IKT)-Dienstleister, Plattformunternehmen, *BigTechs* und *FinTechs* auf die Bühne treten. Sie

---

[39] Dazu Teil 2, Kapitel § 4, Abschnitt A. Grenzen bei der Zentralisierung dezentralen Wissens ergeben sich hierbei daraus, dass Wissen stets kontext- und personengebunden ist, vgl. zum Wissensbegriff *Voß*, Unternehmenswissen als Regulierungsressource 2019, 7 ff. m. w. N. Nach *Hayek* The American Economic Review vol. 35, no. 4, 1945 (4), 519, 521, sei der Erfolg einer Planung von Wettbewerb davon abhängig, inwieweit es gelänge, das dezentrale Wissen bei einer Instanz zu zentralisieren oder die Akteure mit dem zusätzlichen Wissen auszustatten, das sie benötigen, um ihre Pläne mit denen anderer in Einklang zu bringen.

[40] Teil 2, Kapitel § 4, Abschnitt B.

[41] Zu eigenen wissensgenerierenden Instrumenten der Aufsicht, vor allem Stresstests: Teil 2, Kapitel § 4, Abschnitt C.

[42] Teil 2, Kapitel § 4, Abschnitt C, III.

[43] Die Digitalisierung beschreibt *Peuker*, Verfassungswandel durch Digitalisierung 2020, 2 als „Chiffre für einen umfassenden gesellschaftlichen und kulturellen Wandel" und visualisiert damit die besondere Eignung dieses Bereichs für die Überprüfung der Leistungsfähigkeit rechtstheoretischer Konzepte und Strategien. Eine stärkere Orientierung an der Zukunft verlangen auch *Dewatripont/Rochet/Tirole*, in: Dewatripont/Rochet/Tirole (Hrsg.): Balancing the banks 2010, Chapter 1, 8.

wirken auf die Wissensentstehung auf Finanzmärkten ein, indem sie neuartige Interaktionsbeziehungen untereinander, aber auch mit klassischen Finanzmarktakteuren eingehen.[44] Eine kognitive Strategie will in erster Linie mit einer Kombination wissenserzeugender Verfahren in Instituten, kognitiver Aufsichtsprozesse, aber auch neuartiger kooperativer Steuerungsformen den Aufbau von Wissen über Digitalisierungsprozesse auf Finanzmärkten vorantreiben. Die Aufsicht sollte schwerpunktmäßig erforschen, inwieweit sich die Wissensentstehung und die Interaktionsgefüge auf Finanzmärkten durch neuartige Phänomene, wie beispielsweise den Einsatz von Algorithmen im Risikomanagement, digitale Geschäftsmodelle oder Akteure der Digitalökonomie, verändern. Auch nicht-regulierte Akteure wie *FinTechs*, *BigTechs*, Plattformunternehmen und IKT-Dienstleister sind in eine kognitive Strategie einzubeziehen, da sie durch ihre branchenübergreifende Tätigkeit über besonderes Wissen verfügen, das der Aufsicht bislang mangels eines Informationsaustauschs mit diesen Akteuren fast vollständig verschlossen ist.[45] Kognitive Instrumente wie Reallabore (sog. *Sandboxes*) können dazu beitragen, im kooperativen Austausch Erfahrungswissen über Innovationen zu gewinnen, ihre Risiken aufzuarbeiten und Sicherheitsstandards für sie zu formulieren.[46] Systemische Risikopotenziale innovativer Geschäftsmodelle und neuer Akteure erschließen sich allerdings erst, wenn die Aufsicht auch die neuartigen Beziehungsgeflechte zwischen jenen Akteuren und den Finanzmärkten untersucht. Frühzeitige regulatorische Maßnahmen sind insbesondere bei Plattformunternehmen und Mehrmandantendienstleistern angebracht, da diese angesichts der zunehmenden Bedeutung ihrer „Wissenstechnologien"[47] bei Eintritt in den Finanzmarkt praktisch über Nacht eine bedeutende Rolle in der Wissensentstehung auf Finanzmärkten erlangen können.[48]

Die Digitalisierung eröffnet neben ihren Risikopotenzialen schließlich auch signifikante Chancen, um kognitive Instrumente der Aufsicht mithilfe von Big Data und Algorithmen zu optimieren (Kapitel § 6). Um jene Technologien für die Informationsgewinnung der Aufsichtsbehörden einsatzfähig zu machen, müssen jedoch rechtliche Maßstäbe entwickelt werden, welche die Bedingungen und die

---

[44] Zu der Veränderung der Wissensentstehung in der „Informations- und Wissensgesellschaft" instruktiv *Vesting*, in: Hoffmann-Riem/Schmidt-Aßmann/Voßkuhle (Hrsg.): Grundlagen des Verwaltungsrechts (Bd. II) 2012, § 20, Rn. 38.
[45] Dazu vornehmlich Teil 3, Kapitel § 5, Abschnitt B., II. im Kontext digitaler Geschäftsmodelle sowie zu den Akteuren der Digitalökonomie: Teil 3, Kapitel § 5, Abschnitt C. Zu den Besonderheiten bei Auslagerungen beachte insbesondere Teil 3, Kapitel § 5, Abschnitt C., I., 2. und II.
[46] Dazu im Kontext digitaler Geschäftsmodelle eingehend: Teil 3, Kapitel § 5, Abschnitt B., II.
[47] Zu dem Begriff siehe *Spinner*, Die Wissensordnung 1994, 53 und passim; *Broemel/Trute* Berliner Debatte Initial 2016 (27), 50; und ausführlich noch unter Teil 3, Kapitel § 5, Abschnitt C., I., 1.
[48] Siehe Teil 3, Kapitel § 5, Abschnitt C., I., 1, a) (mit einem Fokus auf Plattformunternehmen) bzw. 2., a) (mit einem Fokus auf Mehrmandantendienstleister).

Grenzen eines Einsatzes jener digitalen Anwendungen durch die Aufsicht abstecken. Die Arbeit stellt rechtliche Funktionsvoraussetzungen auf, die an einen Einsatz von Big Data und Algorithmen zu Zwecken der Systemrisikoprognose gestellt werden müssten.[49] Nur, wenn diese ihrerseits in Überprüfungsprozesse eingebettet sind, kann gewährleistet werden, dass die Potenziale von Big Data und Algorithmen für die Wissensgenerierung gewinnbringend genutzt werden und die ihnen anhaftenden Fehlsteuerungsrisiken keine neuen Systemrisiken hervorbringen.

Die Untersuchung wird von der Botschaft durchzogen, dass bei einer zu starken Orientierung der Bankenregulierung an ökonomischen Theoriebeschreibungen eine Engführung regulatorischer Bewältigungsmaßnahmen droht.[50] Auf-

---

[49] Teil 3, Kapitel § 6, Abschnitt B.

[50] Die Ökonomik erfüllt für die Rechtswissenschaft hier, mit den Worten von *Tontrup*, in: Engel (Hrsg.): Methodische Zugänge zu einem Recht der Gemeinschaftsgüter 1998, 41, 42, die Funktion eines „rechtspolitische[n] Konzeptionsinstrument[s]". Allgemein zu einer zunehmenden Abhängigkeit von ökonomischem Wissen im Regulierungsrecht *Morlok*, in: Engel/Morlok (Hrsg.): Öffentliches Recht als ein Gegenstand ökonomischer Forschung 1998, 1, der die „Ökonomisierung" des Verwaltungsrechts einleuchtend auch darauf zurückführt, dass die Lebensbereiche immer ökonomischer werden. Zur Ökonomisierung und einer zunehmenden „Vermessung" sozialer Bereiche *Mayntz* MPIfG Discussion Paper (Nr. 17/12) Juli 2012. Dies ist beispielhaft im Umweltrecht beobachtbar, siehe *Wolff/Gsell*, Ökonomisierung der Umwelt und ihres Schutzes; *Tietenberg* Oxford Review of Economic Policy vol. 6, no. 1, 1990, 17 ff.; *Breger/Stewart/Elliott/Hawkins* Yale Journal on Regulation vol. 8, 1991, 463 ff. Aus soziologischer Perspektive erklärt *Beck*, Risikogesellschaft 1986, 35, die Wissensabhängigkeit moderner Risiken damit, dass viele neuartige Risiken sich den "unmittelbaren menschlichen Wahrnehmungsformen" entziehen und daher „‚Wahrnehmungsorgane' der Wissenschaft" erforderlich sind, um Risiken überhaupt als solche zu erkennen. Zur Ökonomisierung des (Verwaltungs-)Rechts *Voßkuhle*, in: Hoffmann-Riem/Schmidt-Aßmann/Voßkuhle (Hrsg.): Grundlagen des Verwaltungsrechts (Bd. I) 2012, § 1, Rn. 11; *Magen* Preprints of the Max Planck Institute for Research on Collective Goods 2014/12, 9 ff. Dies hat Debatten um die „disziplinäre Identität" des Verwaltungsrechts befeuert und dazu veranlasst, das Verhältnis von Verwaltungsrecht und Interdisziplinarität zu erforschen. Wesentliche Beiträge aus der Wissenschaft zu dem Verhältnis und der Öffnung des Verwaltungsrechts zu anderen Disziplinen in dem Sammelband von Augsberg (Hrsg.), Extrajuridisches Wissen im Verwaltungsrecht 2013 sowie von *Gröpl* VerwArch 2002 (93), 459 ff.; *Czada*, in: Bizer/Führ/Hüttig (Hrsg.): Responsive Regulierung 2002, 23. In anderer Richtung von der Ökonomie auf das Recht blickend durch eine sog. Ökonomische Analyse des Rechts, die hinterfragt, wie sich Regelgebung auf das Verhalten des Marktes auswirkt und ob diese Einwirkung nach ökonomischen Grundsätzen erstrebenswert ist, aus der Chicagoer Schule *Posner* Texas Law Review vol. 53, no. 4, 1975, 757 ff.; *Polinsky/Shavell* SIEPR Discussion Paper (Nr. 05–05) November 2005, und mit weiteren Informationen zu der *Chicago School* das Werk von *Veljanovski*, The economics of law 2006, 30 ff. Zu einer Ökonomischen Analyse des Öffentlichen Rechts siehe auch das Kompendium von *Rodi*, Ökonomische Analyse des Öffentlichen Rechts 2014. Spezifisch mit einem Blick auf das Verwaltungsverfahren zu einer „Ökonomisierung" unter Anwendung einer ökonomischen Analyse *Voßkuhle* DV 2001 (34), 347 ff.; zu der Bedeutung extrajuridischen Wissens für Verwaltungsgerichte schließlich auch *Guckelberger* VerwArch 2017 (108), 143 ff. Aus einer wieder anderen Perspektive abstrakt die ökonomischen Methoden *im* Recht untersuchend Petersen/Towfigh (Hrsg.), Ökonomische Me-

sichtsbehörden könnten dadurch in Pfadabhängigkeiten versetzt und infolgedessen geneigt sein, für Wissensprobleme sowie neue Erscheinungsformen von Systemrisiken, beispielsweise im Kontext der Digitalisierung, nicht empfänglich zu sein. Mithilfe einer kognitiven Strategie will die Arbeit die Systemrisikobekämpfung strategisch breiter aufstellen und vornehmlich für die Entstehung systemischer Risiken in sozialen Interaktionskontexten sensibilisieren. Insoweit begibt sich die Untersuchung in interdisziplinäres Fahrwasser, aus dem Erkenntnisgewinne für den Umgang mit Systemrisiken auf Finanzmärkten geschöpft werden sollen.

---

thoden im Recht 2012. Die mannigfaltigen Dimensionen des Zusammenspiels von Ökonomik und Recht sind damit noch nicht annähernd abgedeckt, dieser verkürzte Literaturüberblick zeigt aber doch die Vielfältigkeit der Interaktionen und Verknüpfungsmöglichkeiten zwischen den beiden Disziplinen auf.

*Teil 1*

# Theoretische Grundlagen einer kognitiven Strategie

Die Sicherstellung der Funktionsfähigkeit und Stabilität der Finanzmärkte[1] ist vorrangiges Ziel nationaler und unionaler Bankenregulierung.[2] Auf diesem systembezogenen Ziel baut die Arbeit auf, um eine Strategie für den Umgang mit Systemrisiken zu entwickeln. Kapitel § 1 wird zunächst auf die Regulierungsziele eingehen und anhand dieser den Untersuchungsauftrag ausformulieren. Das Systemrisiko erwächst zum Bezugsproblem der zu erarbeitenden Lösungsstrategie, da dieses als potenzieller Auslöser von Systemkrisen die größte Bedrohung für das Regulierungsziel der Funktionsfähigkeit und Stabilität der Finanzmärkte darstellt. In Kapitel § 2 spürt die Arbeit dem Begriff des Systemrisikos nach und beschreibt Systemrisiken als marktimmanente Phänomene. Vor dem Hintergrund dieses konzeptionellen Verständnisses entwickelt die Arbeit eine kognitive Regulierungsstrategie, die auf eine Verbesserung des institutsinternen Umgangs mit Wissen und Nichtwissen, kognitive Aufsichtsprozesse sowie einen kooperativen Austausch mit den Marktakteuren setzt, um Systemrisiken dynamisch zu mitigieren.[3]

---

[1] Zu den Regulierungszielen ausführlich sogleich: Teil 1, Kapitel § 1, Abschnitt A.
[2] Durch den nationalen Gesetzgeber explizit in § 6 Abs. 2 KWG zum Ausdruck gebracht, siehe ebenso *Wirtschaftsausschuss des Bundestages (16. Ausschuss)*, Schriftlicher Bericht zu Drs. 2563 über den von der Bundesregierung eingebrachten Entwurf eines Gesetzes über das Kreditwesen (Drs. 1114, 2563) und den vom Bundesrat eingebrachten Entwurf eines Gesetzes über Zinsen, sonstige Entgelte und Werbung der Kreditinstitute (Drs. 884, 2563), 2. Auslegungsrelevant für das Unionsrecht u. a. ErwG (47) CRD.
[3] Zu den theoretischen Grundlagen der kognitiven Strategie: Teil 1, Kapitel § 2, Abschnitt C.

# § 1 Regulierungsziele als Ausgangspunkte der Strategie

Die systembezogenen Ziele der Bankenregulierung (Abschnitt A.) sollen der zu entwickelnden Strategie ihre Zielrichtung vorgeben. Aus ihnen leitet die Arbeit ihren Untersuchungsauftrag ab und formuliert abstrakte Anforderungen an die zu erarbeitende Lösungsstrategie im Umgang mit Systemrisiken (Abschnitt B.).

## A. Systembezogene Ziele der Bankenregulierung

Die Funktionsfähigkeit der Finanzmärkte ist aus öffentlich-rechtlicher Perspektive das Primärziel der Bankenregulierung, dem sich andere Ziele wie der Marktfunktionsschutz und ein kollektiver Anlegerschutz unterordnen.[1] Die Ziele sind insbesondere vor dem Hintergrund ökonomischer Wettbewerbsleitbilder evolviert, was sich heute noch in ihrer verbreiteten Lesart im Lichte ökonomischer Theorien wiederspiegelt.[2] Demgegenüber rücken im öffentlich-rechtlichen Kontext zunehmend die staatliche Gewährleistungsaufgabe, die sozialen Funktionen der Finanzmärkte[3] und sicherheitsrechtliche Aspekte in den Vordergrund.[4] Un-

---

[1] Diese Primärziele erkennen *Röhl*, in: Fehling/Ruffert (Hrsg.): Regulierungsrecht 2010, § 18 Rn. 12; *Ohler*, in: Ruffert (Hrsg.): Enzyklopädie Europarecht (Bd. 5): Europäisches sektorales Wirtschaftsrecht 2013, § 10, Rn. 76 ff. (Systemstabilität und „Funktionsfähigkeit essentieller Finanzdienstleistungen"); einen anderen Begriff der „Sicherung der Funktionsfähigkeit", der im Ergebnis auf Systemstabilität und Marktfunktionsschutz hinausläuft, wählt *Niethammer*, Die Ziele der Bankenaufsicht in der Bundesrepublik Deutschland 1990, 167 ff. Die Systemstabilität bildet eine Ausprägung des allgemeineren Funktionsschutzes nach *Almhofer*, Die Haftung der Europäischen Zentralbank für rechtswidrige Bankenaufsicht 2018, 32 m.w.N. in Fn. 98; *Lepsius*, in: Fehling/Ruffert (Hrsg.): Regulierungsrecht 2010, § 19, Rn. 23. Zum Regulierungsziel des Funktionsschutzes auch BVerfG, Beschl. v. 16.09.2009 – 2 BvR 852/07, BVerfGE 124, 235, 245–247 („Erhaltung eines funktionsfähigen Finanzmarktes"); dazu *Heun* JZ 2012, 235, 236.

[2] So auch in der rechtswissenschaftlichen Literatur sehr verbreitet, siehe nur *Schwarcz* Wisconsin Law Review no. 1, 2019, 1, 4 (Korrektur von Marktversagen als Regulierungsziel); *Cremer*, in: Fehling/Ruffert (Hrsg.): Regulierungsrecht 2010, § 5, Rn. 94 ff.; im Lichte der Finanzintermediationstheorie *Kreft*, Bankenstrukturreformen in Deutschland und dem Vereinigten Königreich 2019, 9 ff.; *Egidy*, Finanzkrise und Verfassung 2019, 87; *Thiele*, Finanzaufsicht 2014, 109 ff.

[3] Zu der sozialen Zielrichtung und Gemeinwohlorientierung der Regulierungsziele, die ein Spannungsfeld zu marktwirtschaftlichen Zielen bilden, *Lepsius*, in: Fehling/Ruffert (Hrsg.): Regulierungsrecht 2010, § 19, Rn. 29.

[4] Sicherheitsrechtliche Aspekte neben staatlichen Gewährleistungsfunktionen erkennend

abhängig von der genauen Interpretation der systembezogenen Ziele, die weder durch den nationalen noch den europäischen Gesetzgeber verbindlich konkretisiert sind, liefern jene Systemziele die Existenzberechtigung für eine Regulierungsstrategie, die auf eine Eindämmung von Systemrisiken abzielt.

### I. Funktionsfähigkeit und Stabilität der Finanzmärkte

Das Ziel der Funktionsfähigkeit der Finanzmärkte, terminologisch synonym verstanden mit dem Ziel der Systemstabilität, gilt als Primärziel der Bankenregulierung.[5] Im Grundgesetz sind diese Ziele nicht explizit benannt,[6] sie werden im nationalverfassungsrechtlichen Kontext aber überwiegend als Ausformung des gesamtwirtschaftlichen Gleichgewichts in Art. 109 Abs. 2 GG verortet.[7] Die Funktionsfähigkeit bzw. Stabilität der Finanzmärkte wird dabei als öffentliches Gut und Interesse des Gemeinwohls[8] interpretiert.[9] Die Finanzmärkte erfüllen essentielle Funktionen zugunsten der Volkswirtschaft;[10] diese sei insbesondere auf einen funktionierenden Kreditmarkt, Einlagengeschäfte und einen ungestörten Zahlungsverkehr[11] oder abstrakter, eine Absicherung von Unternehmen und

---

*Ohler*, in: Ruffert (Hrsg.): Enzyklopädie Europarecht (Bd. 5): Europäisches sektorales Wirtschaftsrecht 2013, § 10, Rn. 2.

[5] Vgl. normativen Verankerung vgl. § 6 Abs. 2 KWG sowie im Unionsrecht ErwG (7), (14) CRR; ErwG (47) CRD. Zur Finanzstabilität als Ziel der europäischen Integration: ErwG (2) SSM-VO. Dieses Ziel verfolgt primär auch *High-Level Group on Financial Supervision in the EU, chaired by Jacques de Larosière*, Report („De Larosière Bericht") 2009, 13, No. 38). Zu der Systemstabilität als Regulierungsziel in der rechtswissenschaftlichen Literatur u. a. *Kaufhold*, in: Augsberg (Hrsg.): Extrajuridisches Wissen im Verwaltungsrecht 2013, 151, 156 ff. („Systemschutz als Grund und Grenze staatlicher Aufsicht"); Systemstabilität als „Topos" des Schutzes der Funktionsfähigkeit der Finanzmärkte *Ohler*, in: Ruffert (Hrsg.): Enzyklopädie Europarecht (Bd. 5): Europäisches sektorales Wirtschaftsrecht 2013, § 10 Rn. 80; *Egidy*, Finanzkrise und Verfassung 2019, 84 ff.; die „Finanzstabilität" von der „Finanzmarktstabilität" abgrenzend *Bauerschmidt* ZHR 2019 (183), 476 ff.

[6] *Egidy*, Finanzkrise und Verfassung 2019, 84.

[7] So u. a. *Ohler*, in: Ehlers/Fehling/Pünder/Achterberg/Augsberg (Hrsg.): Besonderes Verwaltungsrecht (Band 1) 2019, § 32 Rn. 16.

[8] Zum verfassungsrechtlichen Verständnis des Gemeinwohls grundlegend *Isensee*, in: Isensee/Kirchhof (Hrsg.): Handbuch des Staatsrechts (Bd. IV) 2006, § 71.

[9] *Klingenbrunn*, Produktverbote zur Gewährleistung von Finanzmarktstabilität 2017, 17 ff., 283; *Egidy*, Finanzkrise und Verfassung 2019, 91; *Ohler*, in: Ruffert (Hrsg.): Enzyklopädie Europarecht (Bd. 5): Europäisches sektorales Wirtschaftsrecht 2013, § 10, Rn. 2 (öffentliches Interesse und kein individuelles Rechtsgut); ähnlich *Thiele*, Finanzaufsicht 2014, 92 (Belang von öffentlichem Interesse).

[10] ErwG (1) ESRB-VO: „Die Finanzmarktstabilität ist eine unerlässliche Voraussetzung für die Schaffung von Arbeitsplätzen, die Bereitstellung von Krediten und das Erzeugen von Wachstum in der Realwirtschaft"; siehe zudem *Egidy*, Finanzkrise und Verfassung 2019, 88 (m. w. N. in Fn. 66); *Schoenmaker*, in: Schoenmaker (Hrsg.): Macroprudentialism 2014, 1, 3, betrachtet die Finanzstabilität daher als Zwischenziel für das gesamtökonomische Endziel des stabilen und nicht-inflationären Wachstums.

[11] So insbesondere im Rekurs auf die Finanzintermediationstheorie (bzw. Banktheorie),

Privaten gegen finanzielle Risiken von Zahlungsversprechen[12] angewiesen. Mitunter werden dem Finanzmarkt so auch „dienende" Aufgaben gegenüber der Realwirtschaft zugesprochen, deren Erfüllung im Sinne einer Gewährleistungsverantwortung regulatorisch abgesichert werden müsse.[13] Auf welche Funktionen des Bankensektors, welchen „Output" es allerdings konkret ankommt, fällt zunehmend schwer zu beschreiben.[14] Die Vielzahl der Finanzprodukte und Dienstleistungen geht schon lange über klassische ökonomische Markt- und Transformationsfunktionen hinaus.[15] Zahlreiche innovative Finanzprodukte erfüllen eigendynamische Funktionen in der Finanzbranche[16] und sind dabei oft besonders risikoträchtig und stabilitätsgefährdend.[17] Ob Finanzintermediäre noch „dienend" tätig sind, lässt sich angesichts dieser Eigendynamiken der Finanzmärkte[18] ebenso kritisch hinterfragen,[19] wie die Reichweite einer staat-

---

die ökonomische Gründe für die Existenzberechtigung von Banken und Finanzintermediären anhand ihrer Markt- und Transformationsfunktionen liefert, dazu *Hartmann-Wendels/ Pfingsten/Weber*, Bankbetriebslehre 2019, 4 ff.; theorieprägend insbesondere *Diamond* The Review of Economic Studies vol. 51, no. 3, 1984, 393 ff., hierzu *Bhattacharya/Thakor* Journal of Financial Intermediation vol. 3, no. 1, 1993, 2 ff. Bezugnehmend spezifisch auf die Regulierungsbedürftigkeit von Banken anhand der Theorie *Bhattacharya/Boot/Thakor* Journal of Money, Credit and Banking vol. 30, no. 4, 1998, 745 ff.; *Rosengren*, Defining Financial Stability, and Some Policy Implications of Applying the Definition; *Kashyap/Tsomocos/Vardoulakis*, in: Schoenmaker (Hrsg.): Macroprudentialism 2014, 21, 22. An diese ökonomischen Funktionsbeschreibungen auch in der Rechtswissenschaft anknüpfend u. a. *Kaufhold*, in: Augsberg (Hrsg.): Extrajuridisches Wissen im Verwaltungsrecht 2013, 156 ff., insbes. 159; *Paraschiakos*, Bankenaufsicht zwischen Risikoverwaltung und Marktbegleitung 2017, 85 ff.; *Thiele*, Finanzaufsicht 2014, 109 ff.

[12] So aus soziologischer Perspektive Baecker (Hrsg.), Womit handeln Banken? 1991, 17; *Windolf*, in: Windolf (Hrsg.): Finanzmarkt-Kapitalismus 2005, 20, 25 und passim.

[13] Zur „dienenden" Funktion der Finanzmärkte auch *Engel*, Systemrisikovorsorge 2020, 4; aus unionsrechtlicher Perspektive: *Müller*, Wettbewerb und Unionsverfassung 2014, 604.

[14] Baecker (Hrsg.), Womit handeln Banken? 1991, 15: auch ökonomische Theorien lieferten auf die Funktion der Banken im Zusammenhang der Gesamtwirtschaft keine befriedigende Antwort.

[15] Vgl. *Thiele*, Finanzaufsicht 2014, 76, immer weitergehendere Abkopplung der Finanzbranche von Bedürfnissen der Realwirtschaft. Grundlegend kritisch zur Realitätstauglichkeit der Finanzintermediationstheorie Baecker (Hrsg.), Womit handeln Banken? 1991, 18: Banken erbringen nicht trivialmaschinenartig Transformationsfunktionen.

[16] Zu den Zwecken von Finanzinnovationen im Zuge der Eigendynamiken der Finanzmärkte Baecker (Hrsg.), Womit handeln Banken? 1991, 31, sowie unter Teil 1, Kapitel § 2, Abschnitt C., I., 2., b).

[17] So beispielsweise in der Finanzkrise von 2008 durch *CDOs* und andere risikoträchtige Produktportfolien, dazu *High-Level Group on Financial Supervision in the EU, chaired by Jacques de Larosière*, Report („De Larosière Bericht") 2009, Rn. 10, 11; *Haldane*, Rethinking the financial network, 9.

[18] *Kirchhof*, in: Isensee/Kirchhof (Hrsg.): Handbuch des Staatsrechts (Bd. VIII) 2010, § 169, Rn. 15: sei der Finanzmarkt in seiner Ursprungsidee noch als ein Instrument für die Bedarfsbefriedigung des Einzelnen gedacht, mehre dieser nun „das Geld um seiner selbst willen".

[19] Skeptisch zu der „dienenden Funktion" auch *Bontrup*, Volkswirtschaftslehre 2004, 809;

lichen Gewährleistungsverantwortung[20] für die Funktionsfähigkeit der Finanzmärkte.[21]

In steigendem Maße rücken demgegenüber sicherheitsrechtliche Aspekte in den Vordergrund,[22] wonach eine Abwehr von Funktionsstörungen erstrebt ist, da diese kollektiv betrachtet die Grundrechtsverwirklichung in der Gesellschaft und die hoheitliche Aufgabenwahrnehmung behindern würde.[23] Die individuelle Grundrechtsverwirklichung, einschließlich der Sicherstellung eines menschenwürdigen Existenzminimums, ist ebenso von der grundlegenden Funktionsfähigkeit der Finanzmärkte abhängig,[24] wie die staatliche Finanzierung hoheitlicher Aufgabenwahrnehmung,[25] die es über den Schutz der Funktionsfähigkeit der Finanzmärkte zu bewahren gilt.

Auf grundlegende Schwierigkeiten stößt ein darüber hinausgehender Versuch, die Funktionsfähigkeit als Zielvorgabe qualitativ einem konkreten Wettbewerbsleitbild zuzuordnen bzw. dieses als positive Zielvorstellung im Sinne optimaler Bedingungen und Effekte wettbewerblicher Koordination auszuformulieren.[26]

---

*Ohler*, in: Hufeld/Ohler (Hrsg.): Enzyklopädie Europarecht (Bd. 9): Europäische Wirtschafts- und Währungsunion 2022, § 3, Rn. 45.

[20] Zum Umgang staatlicher Aufgaben und damit die Reichweite der Gewährleistungsverantwortung ausführlich *Egidy*, Finanzkrise und Verfassung 2019, 82 ff.

[21] Für eine Gemeinwohlverantwortung *Höfling*, in: Hellwig/Höfling/Zimmer (Hrsg.): Finanzmarktregulierung 2010, F 9 f.; eine Gemeinwohlbindung des Gesetzgebers, die Funktionsfähigkeit „essentieller Finanzdienstleistungen" zu gewährleisten, nimmt zudem *Ohler*, in: Ruffert (Hrsg.): Enzyklopädie Europarecht (Bd. 5): Europäisches sektorales Wirtschaftsrecht 2013, § 10 Rn. 64, 79, an.

[22] *Ohler*, in: Ruffert (Hrsg.): Enzyklopädie Europarecht (Bd. 5): Europäisches sektorales Wirtschaftsrecht 2013, § 10, Rn. 2 (mit einer Betonung des allgemeinen Schutzes der Anleger und Kunden und nicht eines individuellen Rechtsgüterschutzes); für eine weitere Ausgestaltung der Finanzaufsicht als Gefahrenabwehr plädierend *Siekmann* IMFS Working Paper Series (Nr. 41) 2010, 35.

[23] Zu der Bewältigung „marktspezifischer Risiken" als Ziel der Bankenregulierung BVerfG, Beschl. v. 16.09.2009 – 2 BvR 852/07, BVerfGE 124, 235, 246 f.: „Charakteristisch für den Finanzmarkt ist, dass Fehlentwicklungen, denen die Aufsicht vorbeugen soll, nicht nur das einzelne Unternehmen, sondern in besonderem Maße den Markt insgesamt betreffen. Es handelt sich um ein vernetztes Marktsystem wechselseitiger Abhängigkeiten, das in besonderem Maß vom Vertrauen der Marktteilnehmer in hinreichende Kontrollmechanismen abhängig ist. [...] Außerdem wirken sich ernstere Schwierigkeiten im Finanzmarkt wegen dessen volkswirtschaftlich zentraler Stellung erfahrungsgemäß auch auf andere Wirtschaftszweige aus. Wie bereits die Erfahrungen im Zusammenhang mit der Bankenkrise 1931 gezeigt haben, kann der Zusammenbruch eines Großinstituts das Wirtschaftsgefüge eines ganzen Landes in schwere Gefahr bringen. Die Aufsicht dient der Bewältigung dieser marktspezifischen Risiken und bildet eine wesentliche Rahmenbedingung desjenigen Marktes, auf dem die in Anspruch genommenen Unternehmen tätig sind."

[24] *Egidy*, Finanzkrise und Verfassung 2019, 85.

[25] *Thiele*, Finanzaufsicht 2014, 91.

[26] *Ohler*, in: Hufeld/Ohler (Hrsg.): Enzyklopädie Europarecht (Bd. 9): Europäische Wirtschafts- und Währungsunion 2022, § 3, Rn. 45: Die Divergenzen der wettbewerbspolitischen Leitbilder und der von ihnen präsentierten Bedingungen und Wirkungen einer Koordination

Wettbewerbspolitische Leitbilder sind vielfältig, wobei die Modelle mitunter stark divergierende Marktgestaltungsvorschläge präsentieren.[27] Abhängig von dem konkreten Qualitätsverständnis wären dabei auch die Regulierungsinstrumente und die Regelungsdichte unterschiedlich auszugestalten.[28] So ergäben sich wesentlich engere Zielvorgaben, wenn die Stabilität positiv im Sinne eines statischen oder dynamischen Gleichgewichtszustandes interpretiert würde,[29] wobei auch hier die einzelnen Theorieansätze enorm vielgestaltig sind.[30] Indem der Verfassungsgeber normativ keine bestimmte wettbewerbspolitische Leitvorstellung verfestigt und sich an daraus resultierende programmatische Gestaltungsvorgaben gebunden hat,[31] hält er im Rahmen der verfassungsrechtlichen Grenzen –

---

des Wettbewerbs hervorhebend *Broemel*, Strategisches Verhalten in der Regulierung 2010, 7 ff., 30 ff. Auch *Mayntz* MPIfG Discussion Paper (Nr. 17/12) Juli 2012, 1, 15, weist auf wissensbezogene Probleme bei der Erfassung von „Stabilität" hin und warnt, dass ohne eine hinreichende Wissensbasis die Finanzmarktpolitik zum „Spielball von Partikularinteressen" verkommen könnte.

[27] Zu diesen *Knieps*, Wettbewerbsökonomie 2008, 67 ff.; *Kerber*, in: Apolte/Erlei/Göcke/Menges/Ott/Schmidt (Hrsg.): Kompendium der Wirtschaftstheorie und Wirtschaftspolitik III 2019, 115 ff. Für die Begründung von Regulierung spalten sich die unterschiedlichen ökonomische Leitbilder insbesondere in den Strömungen der positiven und normativen Regulierungstheorie bzw. Theorie des Marktversagens auf, dazu *Leschke*, in: Fehling/Ruffert (Hrsg.): Regulierungsrecht 2010, § 6.

[28] Spezifisch im Kontext der Bankenregulierung *Ohler*, in: Hufeld/Ohler (Hrsg.): Enzyklopädie Europarecht (Bd. 9): Europäische Wirtschafts- und Währungsunion 2022, § 3, Rn. 45; allgemein *Broemel*, Strategisches Verhalten in der Regulierung 2010, 7.

[29] Zu den unterschiedlichen Wettbewerbsmodellen und ihren divergierenden „Hypothesen über Regelungsstrukturen" umfassend *Broemel*, Strategisches Verhalten in der Regulierung 2010, 7 ff. An einen Gleichgewichtszustand anlehnend die positive Definition bei *Klingenbrunn*, Produktverbote zur Gewährleistung von Finanzmarktstabilität 2017, 14: Systemstabilität als ein „Kontinuum von Zuständen". Ausschlaggebend für die Marktoptimierung nach *Hecker*, Marktoptimierende Wirtschaftsaufsicht 2012, 4, sei dagegen ein „anhand wirtschaftstheoretischer Überlegungen entwickelte(s) ideale(s) Funktionsmodell", umschrieben als die „*Systemrationalität des Marktes*".

[30] Unter den stark variierenden Gleichgewichtsdefinitionen und -modellen dominiert für den Gegenstandsbereich der Finanzmärkte verkürzt dargestellt einerseits das Verständnis von *Adam Smith* und *Walras*, dass Märkte stets zu einem Rückfall in den Gleichgewichtszustand tendieren (*Smith*, The wealth of nations 2012, 445). Demgegenüber stehen vor allem Vertreter des (Post-)Keynesianismus, die in (Finanz-)Märkten eine strukturelle Instabilität erkennen (auch als „instability hypothesis" bezeichnet), *Keynes*, General theory of employment, interest and money 2017, 271 ff.; *Kindleberger/Aliber*, Manias, Panics and Crashes 2005, 1; *Minsky*, Instabilität und Kapitalismus 2011, 68, 70 passim; *Friedman*, Capitalism and freedom 2002, 37. Zu der Bedeutung des Gleichgewichts in der Volkswirtschaftslehre *Heine/Herr*, Volkswirtschaftslehre 2013, 7 ff.

[31] Zur wirtschaftspolitischen Neutralität des Grundgesetzes grundlegend BVerfG, Urt. v. 20.07.1954 – 1 BvR 459 u. a., BVerfGE 4, 7, 17 f.: „Das Grundgesetz garantiert weder die wirtschaftspolitische Neutralität der Regierungs- und Gesetzgebungsgewalt noch eine nur mit marktkonformen Mitteln zu steuernde ‚soziale Marktwirtschaft'; Die ‚wirtschaftspolitische Neutralität' des Grundgesetzes besteht lediglich darin, daß sich der Verfassungsgeber nicht ausdrücklich für ein bestimmtes Wirtschaftssystem entschieden hat. Dies ermöglicht

insbesondere der Grundrechte[32] – gesetzgeberische Folgeentscheidungen für unterschiedlichste Gestaltungsvorschläge offen, die situativ angepasst an die konkreten Marktbedürfnisse und Interessen der Betroffenen einbezogen werden können.[33] Die einfachgesetzlichen Regelungen des Bankenaufsichtsrechts bleiben gegenüber positiven Zielvorstellungen ebenfalls unverbindlich, sprechen nur negativ von drohenden Störungen der Funktionsfähigkeit, „Missständen", „erhebliche[n] Nachteile[n] für die Gesamtwirtschaft"[34] oder Gefahren für die Finanzmarktstabilität, die es abzuwenden gelte.[35] Gar noch weiter stellen sich die unionsrechtlichen Ziele dar, die von dem „Schutz und der Förderung der Finanzstabilität",[36] von „Risiken für die Stabilität des Finanzsystems"[37] oder der „Sicherstellung der Systemstabilität"[38] sprechen, ohne den Stabilitätszustand positiv zu definieren.

Im Sinne der damit zugleich vordergründlich werdenden sicherheitsrechtlichen Aspekte schwenkt der Fokus auf die System*in*stabilität und die Verhinderung von Systemkrisen. Das Regulierungsziel wird hierbei in Negativabgrenzung zu seinem Contrarium der Systeminstabilität bzw. der Funktionsunfähigkeit be-

---

dem Gesetzgeber die ihm jeweils sachgemäß erscheinende Wirtschaftspolitik zu verfolgen, sofern er dabei das Grundgesetz beachtet."; sowie BVerfG, Urt. v. 01.03.1979 – 1 BvR 532, 533/77 u. a., BVerfGE 50, 290, 336 f.; dazu *Isensee*, in: Isensee/Kirchhof (Hrsg.): Handbuch des Staatsrechts (Bd. XII) 2014, § 268, Rn. 56; *Lepsius*, in: Fehling/Ruffert (Hrsg.): Regulierungsrecht 2010, § 4, Rn. 13 ff.

[32] BVerfG, Urt. v. 01.03.1979 – 1 BvR 532, 533/77 u. a., BVerfGE 50, 290, 337 f.: „[...] Dabei kommt den Einzelgrundrechten die gleiche Bedeutung zu wie in anderen Zusammenhängen [...] [Die Frage nach der Verfassungsmäßigkeit wirtschaftsordnender Gesetze] ist unter dem Gesichtspunkt der Grundrechte primär eine solche der Wahrung der Freiheit des einzelnen Bürgers, die der Gesetzgeber auch bei der Ordnung der Wirtschaft zu respektieren hat. Nicht ist sie Frage eines ‚institutionellen Zusammenhangs der Wirtschaftsverfassung', der durch verselbständigte, den individualrechtlichen Gehalt der Grundrechte überhöhende Objektivierungen begründet wird, oder eines mehr als seine grundgesetzlichen Elemente gewährleistenden ‚Ordnungs- und Schutzzusammenhangs der Grundrechte'." Zur Grundrechtsbindung und grundrechtlichen Grenzen wirtschaftspolitischer Entscheidungen des Gesetzgebers auch *Lepsius*, in: Fehling/Ruffert (Hrsg.): Regulierungsrecht 2010, § 4, Rn. 45 ff.; *Isensee*, in: Isensee/Kirchhof (Hrsg.): Handbuch des Staatsrechts (Bd. XII) 2014, § 268 Rn. 56: insbesondere die Abwehrrechte zeichnen einer wirtschaftspolitischen Neutralität Grenzen auf, das Grundgesetz sei daher kein „Passepartout", das alle wirtschaftspolitischen Systemvorstellungen zulasse.
[33] Zur Einbeziehung wirtschaftspolitischer Leitbilder als „Hypothesen über Regelungsstrukturen" in gesetzgeberische Entscheidungen auch *Broemel*, Strategisches Verhalten in der Regulierung 2010, 29 und passim.
[34] Siehe § 6 Abs. 2 KWG.
[35] So an zahlreichen Stellen im Kreditwesengesetz, vgl. §§ 10 Abs. A S. 1 Nr. 1, S. 2, § 48u Abs. 1 S. 1 KWG; § 53b Abs. 12 S. 1 KWG („Vermeidung von Nachteilen für die Funktionsfähigkeit oder die Stabilität der Finanzmärkte"); undeutlicher („Auswirkungen auf die Stabilität"): § 6 Abs. 4 KWG.
[36] ErwG (67) CRD IV.
[37] ErwG (81) CRD IV.
[38] ErwG (14) CRR.

stimmt.³⁹ Es wird als ein Optimierungsgebot interpretiert,⁴⁰ bei dem entweder Störungen so weit wie möglich abzuwenden seien⁴¹ oder der Gleichgewichtszustand schon von vornherein als unerreichbar gilt, sodass der Markt nur so stabil wie möglich gehalten werden könne.⁴² Die Eindämmung des Systemrisikos avanciert dabei unerheblich von der konkreten Lesart des Regulierungsziels zu einem Hauptanliegen der systemorientierten Regulierung. Störungen sind überdies als reale Ereignisse wahrnehmbar, in ihrer Erscheinung kognitiv beschreibbar⁴³ und erzeugen dadurch auch breiteren Konsens: wohl die meisten wettbewerbspolitischen Leitbilder ließen sich auf den kleinsten gemeinsamen Nenner bringen, dass jedenfalls Systemkrisen der Finanzmärkte abzuwenden sind.⁴⁴

## II. Marktfunktionsschutz

Das Ziel des Marktfunktionsschutzes adressiert Verhaltensstandards, um unzulässigen Verhaltensweisen im Interesse der Gesellschaft und des Staates entgegenzuwirken und eine „ordnungsgemäße Durchführung" der Geschäfte sicher-

---

³⁹ Es herrsche bei dem Begriff der Systemstabilität noch „fuzziness" nach *Borio/Drehmann* BIS Working Papers (Nr. 284) Juni 2009, iii, 2. Die Grenze zwischen den beiden Zuständen von Systemstabilität zur Instabilität sei fließend nach *Niethammer*, Die Ziele der Bankenaufsicht in der Bundesrepublik Deutschland 1990, 160. Das Systemrisiko dagegen als „fundamental underlying concept for the study of financial instability" begreifend *Brandt/Hartmann*, in: Goodhart/Illing (Hrsg.): Financial crises, contagion, and the lender of last resort 2003, 254; negativ formuliert schließlich auch *Bauerschmidt* ZHR 2019 (183), 476, 487. Dagegen entwickeln positive Definitionen *Bernanke/Gertler* The Quarterly Journal of Economics vol. 105, no. 1, 1990, 87, 88; *Kaufhold* Die Verwaltung 2016 (49), 339, 344 und *Klingenbrunn*, Produktverbote zur Gewährleistung von Finanzmarktstabilität 2017, 283: "Als stabil bezeichnet man ein Finanzmarkt, der über einen längeren Zeitraum eine effiziente Ressourcenallokation durchführt, Finanzkrisen relativ genau erkennt und vernünftig bewertet." Kritisch zu den negativen Definitionen schließlich auch *Ohler*, in: Hufeld/Ohler (Hrsg.): Enzyklopädie Europarecht (Bd. 9): Europäische Wirtschafts- und Währungsunion 2022, §3, Rn. 45f.
⁴⁰ Allgemein zu dem häufigen Charakter von Regulierungszielen als Optimierungsgebote *Hellgardt*, Regulierung und Privatrecht 2016, 441. Mit Blick auf die Ziele der Finanzmarktregulierung statt vieler *Wundenberg*, Compliance und die prinzipiengeleitete Aufsicht über Bankengruppen 2012, 42.
⁴¹ So wohl der Ausgangspunkt heuristischer Beschreibungen, die in Teil 1, Kapitel §2, Abschnitt B., näher erläutert werden.
⁴² So der Ausgangspunkt der hiesigen Strategie, s. noch Teil 1, Kapitel §2, Abschnitt C.
⁴³ So visualisierend *Minsky* Hyman P. Minsky Archive (Nr. Paper 282) 1982, 13: „Financial instability and crises are facts of economic life. Precise definitions are not necessary, for major episodes of instability [...] can be identified by pointing."
⁴⁴ Vgl. *Broemel*, Strategisches Verhalten in der Regulierung 2010, 22, nach dem selbst einem liberalen Konzept der Wettbewerbsfreiheit entnehmbar sei, dass in negativer Betrachtung „per-se wettbewerbsinkonform[e]" Verhaltensweisen zu unterbinden seien, auch wenn eine liberale Perspektive im Übrigen positiven Vorgaben an Märkte ablehnend gegenüber stünde.

zustellen.[45] Es wird in ökonomischer Perspektive häufig über „marktliche Funktionsmängel" – im Sinne von Marktunvollkommenheiten – begründet, denen es regulatorisch entgegenzuwirken gelte.[46] Durch Verhaltensstandards soll vor allem eine Vertrauenswürdigkeit des Marktes gestärkt werden,[47] sodass der kollektive Anlegerschutz sowie der Vertrauensschutz in dem Funktionsschutz als Unterziele aufgehen.[48] Derartige Standards, die die Zuverlässigkeit der Marktakteure sicherstellen sollen, umfassen vor allem qualitative Standards an die Leistungen, aber auch technische Standards und eine Rechtssicherheit.[49] Die Markttransparenz ist ebenfalls eng mit dem Marktfunktionsschutz verbunden, da Transparenzvorschriften die Marktdisziplin fördern sollen.[50] Vor allem im Kapitalmarktrecht ist diese Zielsetzung stark ausgeprägt.[51] Eine systemische Di-

---

[45] Vgl. § 6 Abs. 2, 2. Var. KWG, zu diesem Ziel *Röhl*, in: Fehling/Ruffert (Hrsg.): Regulierungsrecht 2010, § 18 Rn. 15; *Ohler*, in: Ehlers/Fehling/Pünder/Achterberg/Augsberg (Hrsg.): Besonderes Verwaltungsrecht (Band 1) 2019, § 32 Rn. 19; *Blaurock* JZ 2012, 226 f.; *Wundenberg*, Compliance und die prinzipiengeleitete Aufsicht über Bankengruppen 2012, 29; *Thiele*: Finanzaufsicht (2014), 91. Dagegen interpretiert *Paraschiakos*, Bankenaufsicht zwischen Risikoverwaltung und Marktbegleitung 2017, 99, das Ziel als eines der Funktionsförderung und somit als „Chancenermöglichung".

[46] In der Linie *Kumpan*, Die Regulierung außerbörslicher Wertpapierhandelssysteme im deutschen, europäischen und US-amerikanischen Recht 2006, 51 f.; *Hellgardt*, Regulierung und Privatrecht 2016, 441: im Sinne der ökonomischen Regulierungstheorie sei das Ziel der Sicherung der Marktfunktionsfähigkeit eine typische Folge identifizierter Marktversagen.

[47] Zu der Vertrauensintensität des Finanzmarkts BVerfG, Beschl. v. 16.09.2009 – 2 BvR 852/07, BVerfGE 124, 235, 246: „[...] der Finanzmarkt [hat] wie kaum ein anderer Wirtschaftszweig für seine Tätigkeit das uneingeschränkte Vertrauen der Öffentlichkeit in die Sicherheit und das solide Geschäftsgebaren des gesamten Gewerbes zur Voraussetzung [...]".

[48] *Thiele*, Finanzaufsicht 2014, 98, m. w. N. in Fn. 194.; ebenso i. Erg. *Paraschiakos*, Bankenaufsicht zwischen Risikoverwaltung und Marktbegleitung 2017, 72; Marktfunktionsschutz als „Oberziel" im Verhältnis zum Gläubigerschutz bei *Niethammer*, Die Ziele der Bankenaufsicht in der Bundesrepublik Deutschland 1990, 159; spezifisch zu dem Vertrauensschutz als Unterziel des Funktionsschutzes *Klingenbrunn*, Produktverbote zur Gewährleistung von Finanzmarktstabilität 2017, 38 (m.w.N.). A. A. *Kumpan*, Die Regulierung außerbörslicher Wertpapierhandelssysteme im deutschen, europäischen und US-amerikanischen Recht 2006, 47 ff., 51 (m.w.N. in Fn. 255) und passim: zwischen Anlegerschutz und Funktionsschutz bestehe zwar eine Wechselwirkung, beides seien aber dennoch separate Regulierungsziele.

[49] *Ohler*, in: Ehlers/Fehling/Pünder/Achterberg/Augsberg (Hrsg.): Besonderes Verwaltungsrecht (Band 1) 2019, § 32 Rn. 19.

[50] *Ohler*, in: Ruffert (Hrsg.): Enzyklopädie Europarecht (Bd. 5): Europäisches sektorales Wirtschaftsrecht 2013, § 10 Rn. 18.

[51] *Mülbert* ZHR 2013 (177), 160, 171 (das Ziel stehe im Kapitalmarktrecht „ganz außer Streit"); *Ohler*, in: Ruffert (Hrsg.): Enzyklopädie Europarecht (Bd. 5): Europäisches sektorales Wirtschaftsrecht 2013, § 10 Rn. 5; ausführlich zu den Regulierungszielen im Kapitalmarktrecht *Kumpan*, Die Regulierung außerbörslicher Wertpapierhandelssysteme im deutschen, europäischen und US-amerikanischen Recht 2006, 47 ff., die Regulierungsziele des Funktions- und Anlegerschutzes seien für das Kapitalmarktrecht verfestigt (siehe die weiteren Nachweise in a. a. O., Fn. 236).

mension erlangt das Ziel des Marktfunktionsschutzes dadurch, dass es auf die Funktionsfähigkeit des Systems und nicht einzelner Akteure abstellt.[52] Es konkretisiert damit letztlich das Ziel der Funktionsfähigkeit der Finanzmärkte.[53]

### III. Anlegerschutz

Der Anlegerschutz wird teilweise als dem Primärziel der Funktionsfähigkeit der Finanzmärkte gleichrangiges Ziel eingeordnet.[54] Er gründet auf dem Gedanken einer Fürsorgepflicht des Staates zugunsten dieser Kundengruppen, da diese auf die Sicherheit ihrer Einlagen und Investitionen vertrauen und ein Verlust für sie existenzbedrohend sein könnte.[55] Das Ziel des Anleger-, Einleger- oder Investorenschutzes lässt allerdings sowohl eine kollektive als auch eine individuelle Interpretation zu.[56] Der kollektive Anlegerschutz geht in dem Ziel, die Funktionsfähigkeit der Finanzmärkte sicherzustellen, als spezifische Ausformung auf und wird darüber bereits reflexartig mitbefördert.[57] Vereinzelt stellt die Finanzmarktregulierung jedoch auch individuelle Schutznormen zur Verfügung, soweit sie zielgerichtete, individuelle Ansprüche über das Vertragsrecht hinaus begründet.[58]

---

[52] *Mülbert* ZHR 2013 (177), 160, 172: soziale Nutzenmaximierung; auch wenn im Vergleich zur Netzwerkregulierung die durch die staatliche Daseinsvorsorge bedingte Leistungspflicht im Bereich der Finanzmarktregulierung deutlich zurückgestellt ist, siehe *Tieben*, Das Drei-Säulen-System des Bankenmarktes als regulierungsrechtliche Steuerungsressource 2012, 79 f.

[53] Fließend BVerfG, Beschl. v. 16.09.2009 – 2 BvR 852/07, BVerfGE 124, 235, 245–247.

[54] Vgl. § 6 Abs. 2, 1. Var. KWG. So u. a. *Thiele*, Finanzaufsicht 2014, 91 ff.; *Ohler*, in: Ruffert (Hrsg.): Enzyklopädie Europarecht (Bd. 5): Europäisches sektorales Wirtschaftsrecht 2013, § 10 Rn. 76 („Schutz der Fremdkapitalgläubiger"); *Neus/Riepe*, in: Binder/Glos/Riepe (Hrsg.): Handbuch Bankenaufsichtsrecht 2018, § 6, Rn. 23 f. Daher von *Taylor* als Twin-Peaks-Modell benannt, siehe *Taylor*, „Twin peaks" revisited 2009, 10. A. A. *Niethammer*, Die Ziele der Bankenaufsicht in der Bundesrepublik Deutschland 1990, 159.

[55] *Hartmann-Wendels/Pfingsten/Weber*, Bankbetriebslehre 2019, 326; *Waschbusch*, Bankenaufsicht 2000, 12.

[56] Zu der Diskussion um ein funktionales Verständnis des Anlegerschutzes oder ein individuelles Verständnis instruktiv *Gläßner*, Die Beschränkung des Vertriebs von Finanzprodukten 2017, 159 ff.

[57] Für die „institutionelle", d. h. kollektive Interpretation des Kundenschutzes *ders.*, in: Ruffert (Hrsg.): Enzyklopädie Europarecht (Bd. 5): Europäisches sektorales Wirtschaftsrecht 2013, § 10 Rn. 76; *Röhl*, in: Fehling/Ruffert (Hrsg.): Regulierungsrecht 2010, § 18 Rn. 23; *Thiele*, Finanzaufsicht 2014, 101: Individualschutz sei nicht notwendig, da dieser über den Funktionsschutz miterreicht würde. Klarstellend die *Bundesregierung*, Antwort auf eine Kleine Anfrage der Fraktionen der SPD und FDP v. 09.07.79 (BT-Drs. 8/3047), 4: eine Ausrichtung des KWG auf den Verbraucherschutz wäre mit „der gesamtwirtschaftlichen Zielsetzung" inkompatibel. Relativierend mit dem Verbraucherschutz durch § 4b FinDAG *Fischer/Boegl*, in: Schimansky/Bunte/Lwowski (Hrsg.): Bankrechts-Handbuch 2017, § 125 Rn. 27–30. Zu der Nachrangigkeit des individuellen Gläubigerschutzes schließlich auch *Niethammer*, Die Ziele der Bankenaufsicht in der Bundesrepublik Deutschland 1990, 20 und passim.

[58] Zu den rechtlichen Voraussetzungen unter denen bankenaufsichtsrechtliche Normen

Jene individuelle Schutzdimension steht vor allem bei privatrechtlichen Untersuchungen im Mittelpunkt.[59] Für eine systemorientierte Perspektive ist demgegenüber der kollektive, im Lichte des Marktfunktionsschutzes zu interpretierende Anlegerschutz relevant.

### IV. Zwischenergebnis

Die Sicherstellung der Funktionsfähigkeit der Finanzmärkte soll für die Ausrichtung der Strategie im folgenden Abschnitt die Grundlage bieten. Jenes Regulierungsziel vereint auch einen Marktfunktionsschutz und einen kollektiven Anlegerschutz in sich. Weitere Ziele, die als Nebenziele keine systematische Verbindung zu dem Primärziel aufweisen,[60] rücken in dieser Systemperspektive genauso in den Hintergrund wie der vor allem im Privatrecht bedeutsame individuelle Anlegerschutz.

## B. Zielbasierte Definition des Arbeitsauftrags

Ausgehend von jenen systemischen Regulierungszielen will die Arbeit ihren Untersuchungsauftrag definieren. Diesen verortet sie darin, eine Handlungsstrategie für den Umgang mit Systemrisiken zu entwickeln (unter I.). Mikro- und makroprudenzielle Instrumente tragen aus Perspektive des Konzepts gleichermaßen zu einer Verwirklichung der Systemziele bei, weshalb eine Strategie für den Umgang mit Systemrisiken diese Regulierungsinstrumente ganzheitlich umspannen soll (unter II.). In methodischer Hinsicht begünstigen die typischerweise ökonomisch verstandenen Regulierungsziele die Etablierung ökonomischer Lösungsstrategien im Umgang mit Systemrisiken und stoßen gewisse Pfadabhängigkeiten an. Aus Perspektive des Konzepts sind dem Gesetzgeber allerdings keine methodischen Grenzen im Umgang mit Systemrisiken gesetzt (unter III.). Hierüber legitimiert die Arbeit ihre interdisziplinäre Methodik, welche der Entwicklung einer kognitiven Strategie zugrunde liegen soll.

---

eine individuelle Schutzdimension entfalten können BGH, Versäumnisurteil v. 21.04.2005 – III ZR 238/03, NJW 2005, 2703 f. und BGH, Urt. v. 15.02.1979 – III ZR 108/76, NJW 1979, 1354.

[59] Im Kontext von Systemrisiken dabei nur *Engel*, Systemrisikovorsorge 2020, 140 ff.

[60] Zur systematischen Unverbundenheit von Nebenzielen wie der Geldwäscheprävention und dem Datenschutz mit den Kernzielen *Röhl*, in: Fehling/Ruffert (Hrsg.): Regulierungsrecht 2010, § 18 Rn. 15.

## I. Systemrisiko als Bezugsproblem der zu entwickelnden Strategie

Regulierungs- und steuerungstheoretischen Leitbildern folgend, aber auch aufgrund der verfassungsrechtlichen Legitimationsanforderungen bei Grundrechtseingriffen, die mit regulierenden Marktinterventionen zumeist einhergehen,[61] hat sich eine staatliche Regulierung nach ihren Regulierungszielen auszurichten.[62] Regulierungsstrategien und Instrumente dürfen zumindest nicht konträr oder zusammenhanglos zu den Zielen stehen und die Funktionalität gesetzgeberischer Regulierungskonzepte untergraben.[63] Regulierungstheoretische Ansätze[64] definieren den Zusammenhang zwischen regulatorischen Instrumenten und Zielen gar noch enger als staatliche „*Einflußnahme* im Interesse bestimmter – regelmäßig rechtspolitisch aufgeladener – *Schutzziele*".[65] Für eine rechtswissenschaftliche Strategie läge es in diesem Sinne nahe, die Regulierungsziele unmittelbar als Maßstab zugrunde zu legen. Allerdings sind positive Definitionen der Funktionsfähigkeit und Stabilität, wie bereits gesehen,[66] nicht normiert und die unter-

---

[61] Zu den Legitimationsanforderungen bei Eingriffen in die Berufs- und Eigentumsfreiheit sowie Gleichheitsgrundsätze durch Regulierung im Detail *Lepsius*, in: Fehling/Ruffert (Hrsg.): Regulierungsrecht 2010, § 4, Rn. 45 ff.

[62] Die Regulierung sei regelmäßig final und durch Regulierungsziele „überprogrammiert" nach *Schmidt-Aßmann*, Das allgemeine Verwaltungsrecht als Ordnungsidee 2006, 196, Kapitel 4 Rn. 30. Siehe zudem *Thiele*, Finanzaufsicht 2014, 50 (Zweck „sowohl als Grund als auch als Grenze" hoheitlichen Handelns).

[63] Richtungsweisend zur Folgerichtigkeit das Nichtraucherschutz-Urteil des BVerfG, Urt. v. 30.07.2008 – 1 BvR 3262/07 u. a., BVerfGE 121, 317, 357 ff. Zur Folgerichtigkeit auf Grundlage von Art. 3 Abs. 1 GG zudem *Kirchhof*, in: Maunz/Düring (Hrsg.): Grundgesetz Kommentar (Bd. I), GG Art. 3 Abs. 1, Rn. 417–419. Zugunsten der Funktionalität regulatorischer Konzepte eine gewisse Folgerichtigkeit einverlangend *Tontrup*, in: Engel (Hrsg.): Methodische Zugänge zu einem Recht der Gemeinschaftsgüter 1998, 41, 53: „Wird die teleologische Geschichte der Normen durch den Bezug auf ihre jeweiligen Konzeptionen wachgehalten, kann man viel leichter verhindern, daß die Norminhalte sich funktionell blockieren." Kritisch zu der vom BVerfG im Nichtraucher-Urteil etablierten Konzeptbefolgungspflicht dagegen *Lepsius*, in: Fehling/Ruffert (Hrsg.): Regulierungsrecht 2010, § 4 Rn. 83: Dass ein Gestaltungsspielraum des Gesetzgebers seitens des BVerfG nur für die Auswahl der Schutzzwecke und nicht auch die der Mittel zugebilligt wurde, führe zu einer „Gängelung des Gesetzgebers", die eine „gesetzliche Regelungsradialität" im Sinne einer „alles-oder-nichts-Lösung" befördere. Aus rechtsdogmatischer Perspektive ist der Rechtsanwender durch den *ratio-scripta*-Grundsatz gezwungen, die Auslegung an den Zielen auszurichten, vgl. *Tontrup*, in: Engel (Hrsg.): Methodische Zugänge zu einem Recht der Gemeinschaftsgüter 1998, 41, 64.

[64] Zu den Regulierungszielen als leitgebender Maßstab für Regulierungsinstrumente spezifisch im Bereich der Finanzmarktregulierung auch *Paraschiakos*, Bankenaufsicht zwischen Risikoverwaltung und Marktbegleitung 2017, 64 ff.

[65] Nach der *regulation theory* ergibt sich der Stellenwert der Regulierungsziele v. a. unter Effizienzgesichtspunkten, die es erfordern, dass alle Regulierungsinstrumente die Regulierungsziele befördern oder einen Beitrag zu deren Erreichung liefern, siehe *Binder*, Regulierungsinstrumente und Regulierungsstrategien im Kapitalgesellschaftsrecht 2012, 38 (mit zahlreichen Nachweisen aus der anglo-amerikanischen Literatur der *regulation theory* in Fn. 12).

[66] S. o. Abschnitt A., I.

schiedlichen Leitbilder geben insoweit variierende Gestaltungsmöglichkeiten und hoheitliche Handlungsaufträge vor. Die Strategie soll sich stattdessen auf die Bewältigung komplexer Probleme konzentrieren. Eine positive Definition der Systemstabilität wird hierbei entbehrlich.[67] Systemrisiken haben das Potenzial, erhebliche Funktionsstörungen und Dysfunktionalitäten der Finanzmärkte auszulösen.[68] Sie bilden damit die wesentliche Herausforderung für eine systemorientierte Finanzmarktregulierung.[69] Das Systemrisiko wird so zum Bezugsproblem der zu entwickelnden Regulierungsstrategie.

## II. Zusammenspiel mikro- und makroprudenzieller Instrumente

Anhand der Regulierungsziele ist ebenfalls zu klären, wie sich die zu entwickelnde Regulierungsstrategie zu mikro- und makroprudenziellen Instrumenten zu verhalten hat. Während in einem neoklassischen Ansatz als wesentliches Unterscheidungsmerkmal mikro- und makroprudenzieller Instrumente ihre operationellen Wirkungsmechanismen gelten,[70] über die sie auf das gemeinsame Regulierungsziel hinsteuern,[71] werden derartige Differenzierungen vor den Prämissen der hiesigen Arbeit gänzlich hinfällig.

Aus Perspektive der neoklassischen Theorie adressiert die mikroprudenzielle Regulierung Risiken auf Einzelinstitutsebene (sog. idiosynkratische Risiken),[72] um die mit einem Individualversagen verbundenen Kosten zu vermeiden.[73] Zu der Bewältigung von Systemrisiken könnten mikroprudenzielle Instrumente daher nur mittelbar beitragen, indem die Resilienz des Systems durch eine individuelle Stärkung der Institute automatisch mitverbessert werde.[74] Die Regulie-

---

[67] So auch *Engel*, Systemrisikovorsorge 2020, 21 f.

[68] Siehe auch *Kohtamäki*, Die Reform der Bankenaufsicht in der Europäischen Union 2012, 18. Anders der Ansatz von *Nicolò/Favara/Ratnovski*, Externalities and Macroprudential Policy, 11: Marktversagen sei die Quelle des Systemrisikos.

[69] Die Bedeutung des Systemrisikos im Bankenregulierungsrecht betonend *Kaufhold* Osaka University Law Review vol. 65, 2018, 47, 49 f.

[70] *Borio* BIS Working Papers (Nr. 128) Februar 2003, 1: „‚macroprudential' perspective as a kind of looking-glass".

[71] Zu dem rein analytischen Perspektivwechsel zwischen mikro- und makroprudenziell *Padoa-Schioppa*, Regulating Finance 2004, 116 ff.: „The distinction focuses on the activities and the analytical approaches to measure risks, rather than questioning the commonality of their ultimate common objective of financial stability."

[72] *Boissay/Cappiello* ECB Financial Stability Review Mai 2014, 135. *Enriques/Romano/Wetzer* ecgi Law Working Paper (Nr. 451/2019) Mai 2019: wählen aufgrund des Individualfokus auch die Bezeichnung „Atomistic Microprudential Regulation".

[73] *Enriques/Romano/Wetzer* ecgi Law Working Paper (Nr. 451/2019) Mai 2019, 8; *Hanson/Kashyap/Stein* Journal of Economic Perspectives vol. 25, no. 1, 2011, 3: die mikroprudenzielle Regulierung sei somit konzeptionell nur ein Partialmodell, da allgemeine Gleichgewichtseffekte des Finanzmarktes nicht berücksichtigt würden.

[74] Diese sog. neoklassischen Prämissen bereits im Ruland-Bericht zu BT-Drs. 3/2563, abgedruckt in Reischauer/Kleinhans (Hrsg.), Kreditwesengesetz 2019, Kennzahl 580). Kritisch

rung von Systemrisiken konzentriert sich vor dieser Prämisse häufig auf den Bereich der makroprudenziellen Regulierungsinstrumente,[75] da diese spezifisch darauf ausgerichtet seien, Systemrisiken zu beobachten und diese unmittelbar zu bekämpfen.[76]

Werden Systemrisiken dagegen unter Prämissen der hiesigen Arbeit als inhärente Marktphänomene ausgemacht, die aus der Einbettung der individuellen Risikoentscheidungen in Interaktionskontexten und den sozialen Strukturen der Finanzmärkte selbst hervorgehen,[77] so verliert eine Differenzierung zwischen mittelbaren und unmittelbaren Wirkungen ihre Existenzberechtigung. Die dualistische Unterscheidung der Instrumente[78] offenbart sich als methodische Komplexitätsreduktion,[79] die die komplexen Zusammenhänge bei der Entste-

---

zu dem neoklassischen Ansatz u. a. *Thiemann/Aldegwy*, in: Maeße/Pahl/Sparsam (Hrsg.): Die Innenwelt der Ökonomie 2017, 472; *Kaufhold* Die Verwaltung 2013 (46), 24: die Überwachung der Marktakteure wäre „(unausgesprochen) in eins gesetzt [worden] mit der Kontrolle des Finanzsystems". Allerdings beschränkt sich die im Zuge der Finanzkrise von 2008 laut gewordene Kritik an neoklassischen Annahmen weitgehend darauf, dass mikroprudenzielle Instrumente allein als unzureichend betrachtet wurden, während die grundsätzliche Zweckmäßigkeit der Mikroprudenz nicht in Frage gestellt wurde, so beispielsweise *BCBS*, Basel III, Rn. 6: „[…] eine erhöhte Widerstandskraft einzelner Banken verringert das Risiko systemweiter Schocks."; *High-Level Group on Financial Supervision in the EU, chaired by Jacques de Larosière*, Report („De Larosière Bericht") 2009, Rn. 145), 146): die mikroprudenzielle Aufsicht sei genauso notwendig wie die makroprudenzielle (Rn. 145), S. 3) und auch wenn diese für sich genommen nicht ausreichend sind, wirkt die Mikroaufsicht über die Verhinderung von Ausfällen individueller Marktteilnehmer „darauf hin, das Risiko eines Übergreifens auf andere Institute und die damit verbundenen volkswirtschaftlichen Konsequenzen für das Vertrauen in das Finanzsystem insgesamt abzuwenden (oder zumindest abzuschwächen)" (Rn. 146), S. 3.

[75] Vgl. *Engel*, Systemrisikovorsorge 2020, insbesondere S. 30: „Systemrisiken sind tatbestandlicher Ausgangspunkt der Makroprudenz", weshalb die Makroprudenz ein „eigenständiges Regelungsregime innerhalb des Aufsichtsrechts" zur Bekämpfung von Systemrisiken sei (a. a. O., S. 17). *Ders.* führt dieses Strukturverständnis auf die in der Ökonomie verbreitete Ausdifferenzierung in Mikro- und Makroökonomik zurück (a. a. O., S. 31).

[76] *EZB* ECB Financial Stability Review Juni 2010, 129, 130: kennzeichnend für die makroprudenzielle Regulierung sei die „general equilibrium perspective". Die Systemstabilität als unmittelbares Schutzgut der makroprudenziellen Regulierung betonend *Engel*, Systemrisikovorsorge 2020, 3.

[77] Ausführlich zu diesen Annahmen noch in Teil 1, Kapitel § 2, Abschnitt C., I.

[78] Auch sog. „Zwei-Säulen Modell" genannt (*Gören*, Der Einheitliche Aufsichtsmechanismus bei der Europäischen Zentralbank (Single Supervisory Mechanism) 2019, 65), wobei diese Bezeichnung jedoch Missverständnisse zu dem Drei-Säulen-Modell von Basel aufkommen lassen könnte. In eine ähnliche Richtung gehend *Kohtamäki*, Die Reform der Bankenaufsicht in der Europäischen Union 2012, 11, die als gemeinsamen Nenner die prudenzielle, auf Systemstabilität ausgerichtete, Aufsicht erkennt und dieser der mikro- und makroprudenziellen Aufsicht überordnet (unter Verweis auf die Definition der prudenziellen Aufsicht von *Expertenkommission Zimmerli*, Integrierte Finanzmarktaufsicht, I. Teilbericht der vom Bundesrat eingesetzten Expertenkommission, 20 (Fn. 19).

[79] Insoweit orientiert sich die Unterscheidung an jener zwischen Mikro- und Makroökonomik, vgl. *Ogden*, in: Schoenmaker (Hrsg.): Macroprudentialism 2014, xi (Makroprudenz

hung von Systemrisiken auszublenden droht. Die zu entwickelnde Strategie will sich daher von der Differenzierung mikro- und makroprudenzieller Instrumente lösen und wird diese ganzheitlich umspannen.

### III. Methodische Offenheit für interdisziplinäre Beschreibungsangebote

Bisher stellen ökonomische Beschreibungsangebote in der Rechtswissenschaft den wohl beliebtesten analytischen Rahmen für die Wirtschaftsregulierung allgemein[80] sowie Finanzmärkte und dortige Systemrisiken im Besonderen dar.[81] Die Untersuchungsfragen ökonomischer Forschung sind mit den sich für die Regulierung stellenden Fragen nach den Steuerungsbedürfnissen des Marktes und Handlungsoptionen meist deckungsgleich, sodass sie Lösungen zugeschnitten auf die rechtlichen Fragen präsentieren.[82] Zudem setzt eine Regulierung komplexer Finanzmärkte ein detailliertes Verständnis für die Marktprozesse voraus, das ökonomische Beschreibungen darbieten.[83] Die Normen des Bankenaufsichtsrechts greifen aus diesen Motiven ökonomische Lösungsvorschläge besonders häufig auf.[84] Das Bankenaufsichtsrecht wird durch zahlreiche Rezeptionen[85] gar zum Präzedenzfall „ökonomisierter" Regulierung.[86] In der rechtswissenschaftli-

---

als „new toolkit" der Makroökonomie); eine Anlehnung makroprudenzieller Regulierung an die Makroökonomik aufzeigend auch *Bergk*, Makroprudentielle Aufsicht 2018, 40 f.

[80] Zu der Beliebtheit der Ökonomik im Wirtschaftsverwaltungsrecht *Lüdemann*, in: Augsberg (Hrsg.): Extrajuridisches Wissen im Verwaltungsrecht 2013, 121; *Voßkuhle*, in: Hoffmann-Riem/Schmidt-Aßmann/Voßkuhle (Hrsg.): Grundlagen des Verwaltungsrechts (Bd. I) 2012, § 1 Rn. 39; *Gröpl* VerwArch 2002 (93), 459 ff.; *Lepsius* DV 1999 (32), 429, 430 (auf der „Beliebtheitsskala" der Rechtswissenschaft würden Soziologie und Ökonomik konkurrieren); *Voßkuhle* DV 2001 (34), 347 ff.; *Fehling/Brinkschmidt* JURA 2020, 110 ff.

[81] Siehe insbesondere *Schwarcz* The George Washington Law Review vol. 97, no. 1, 2008, 193, 204; *Kaufhold*, Systemaufsicht 2016, 21 und passim; *Engel*, Systemrisikovorsorge 2020, 19 ff. (allerdings zugleich mit einem Blick auf das Risikoverwaltungsrecht).

[82] Vgl. auch *Engel*, Systemrisikovorsorge 2020, 22. Nach *Broemel*, Strategisches Verhalten in der Regulierung 2010, 24, seien die Möglichkeiten und Grenzen hoheitlicher Steuerung häufig bereits in den Wettbewerbsleitbildern eingestellt, sodass sie dem Gesetzgeber konkrete Handlungshilfen bieten können.

[83] So zur sektorspezifischen Regulierung *Broemel*, Strategisches Verhalten in der Regulierung 2010, 25.

[84] Eingehend dazu noch Teil 1, Kapitel § 2, Abschnitt B.

[85] Zur Rezeption als Medium der Interdisziplinarität des Öffentlichen Rechts *Lüdemann* Preprints of the Max Planck Institute for Research on Collective Goods 2007/07.

[86] Zu dem Begriff der Ökonomisierung des Rechts *Wittig*, in: Boulanger/Rosenstock/Singelnstein (Hrsg.): Interdisziplinäre Rechtsforschung 2019, 275. *Wolff/Gsell*, Ökonomisierung der Umwelt und ihres Schutzes, 10, weisen darauf hin, dass es keine handhabbaren Kriterien dafür gibt, ab wann von einer „Ökonomisierung" eines Bereichs ausgegangen werden kann. Zu der Bedeutung der ökonomischen Analyse im Bereich der Finanzmarktregulierung *Ohler*, in: Ruffert (Hrsg.): Enzyklopädie Europarecht (Bd. 5): Europäisches sektorales Wirtschaftsrecht 2013, § 10, Rn. 8: eine Betrachtung der Rechtsgrundlagen im Bereich des Finanzmarktrechts müsse „mit einer ökonomischen Analyse in dem Sinne einhergehen, dass ohne ein

## B. Zielbasierte Definition des Arbeitsauftrags

chen Auseinandersetzung mit jener Regulierungsaufgabe erfahren vor allem Theoriebeschreibungen von Marktunvollkommenheiten bzw. einem Marktversagen großen Zuspruch.[87] Auch das Systemrisiko wird in der Rechtswissenschaft häufig in jener Linie reflektiert.[88] Faktisch begünstigt dies für gesetzgeberische Folgeentscheidungen ebenso wie für rechtswissenschaftliche Untersuchungen den Rückgriff auf ökonomische Theorien und löst gewisse Pfadabhängigkeiten aus, die zur Folge haben, dass sich die Rechtswissenschaft aus dem ökonomischen Fahrwasser nur selten herausbewegt.[89]

Eine methodische Einengung droht jedoch, konzeptionelle Schwächen der ökonomischen Beschreibungsangebote zu übersehen.[90] Gerade diese Schwächen und Pfadabhängigkeiten, so die These dieser Arbeit, können Systemrisiken verdecken und ihre Entstehung sogar begünstigen. In methodischer Hinsicht sind

---

Verständnis für den Ist-Zustand der Märkte und die Praxis der Unternehmen die juristische Aufarbeitung das Ziel der Ordnung und Regelbildung verfehlen würde".

[87] Beispielhaft: *Klingenbrunn*, Produktverbote zur Gewährleistung von Finanzmarktstabilität 2017, 31. Allgemein zur normativen Marktversagenstheorie *Blankart*, Öffentliche Finanzen in der Demokratie 2017, 47 ff. Auf das Marktversagen als tragendes Leitbild der Wirtschaftsregulierung im anglo-amerikanischen Rechtskreis hinweisend *Lepsius*, in: Fehling/Ruffert (Hrsg.): Regulierungsrecht 2010, §1, Rn. 2. Entsprechend sind anglo-amerikanische Auseinandersetzungen mit dem Systemrisiko noch häufiger von diesen Leitbildern geprägt, beispielhaft *Schwarcz* The George Washington Law Review vol. 97, no. 1, 2008, 193, 198 ff.

[88] Infolgedessen ist das Systemrisiko zu einem ökonomisch verstandenen Rechtsbegriff erwachsen, ausführlich Teil 1, Kapitel §2, Abschnitt B. Beispiele aus der Literatur für eine ökonomische Interpretation von Systemrisiken u. a. *Sheldon/Maurer* Swiss Journal of Economics and Statistics vol. 134, no. 4 (2), 1998, 685, 686; *Klingenbrunn*, Produktverbote zur Gewährleistung von Finanzmarktstabilität 2017, 33 (Systemrisiko als negative Externalität); *Kaufhold*, Systemaufsicht 2016, 110 ff.; vgl. auch *Ohler*, in: Ruffert (Hrsg.): Enzyklopädie Europarecht (Bd. 5): Europäisches sektorales Wirtschaftsrecht 2013, §10 Rn. 29: hinter Systemrisiken stehe Marktversagen. Mit einem Fokus auf *moral hazards Mendelsohn*, Systemrisiko und Wirtschaftsordnung im Bankensektor 2018, 160 ff. Im Hinblick auf die Aufarbeitung des Systemrisikos auf einen gegenseitigen Lernprozess und beispiellose Parallelen zwischen Aufsicht und Ökonomik hinweisend *Engel*, Systemrisikovorsorge 2020, 22.

[89] Im Umgang mit außerjuristischen Erkenntnissen weist *Appel*, in: Hill/Schliesky (Hrsg.): Management von Unsicherheit und Nichtwissen 2016, 113, 139, kritisch darauf hin, dass einmal getroffene Festlegungen auf außerjuristische Beschreibungsangebote meist „konserviert" und von der Rechtspraxis zu selten dynamisch hinterfragt werden.

[90] Auf die Problematik der Einengung auf bestimmte Risikomodelle in Bereich der Finanzmarktregulierung hinweisend *Thiele* ZG 2010, 127, 142. Kritisch betrachtet die Einengung des interdisziplinären Diskurses der Verwaltungsrechtswissenschaften auf die Ökonomik auch *Winter* Kritische Justiz 2001, 300, 304 f.: „»Inter«-disziplinarität ist es nicht, wenn eine einzelne Wissenschaft sich der anderen bemächtigt". *Morlok*, in: Engel/Morlok (Hrsg.): Öffentliches Recht als ein Gegenstand ökonomischer Forschung 1998, 1, beschreibt den Nutzen und die Gefahren der ökonomischen Theorie im Recht als „ökonomische Herausforderung des Rechts". Allgemein zu den Verflechtungen von Ökonomik und Recht *Veljanovski*, The economics of law 2006, 27 ff., 145 (die Interaktion zwischen Politik, Ökonomik und Recht, wie sie die Regulierung prägt, sei ein „volatile cocktail by any measure").

der Ausarbeitung von Regulierungsstrategien und -instrumenten zudem keine Beschränkungen auferlegt. Extrajuridische Lösungsvorschläge präsentieren dem Gesetzgeber Handlungsoptionen, die politische Wertentscheidungen bei konkreten Entscheidungsfragen anleiten können, aber nicht müssen.[91] Wenn auch der parlamentarische Gesetzgeber ökonomische Handlungsvorschläge im Bereich der Bankenregulierung zahlreich aufgreift, ist er in seiner Zielsetzung dennoch nicht programmatisch auf ökonomisches Gedankengut begrenzt.[92] Die Theorieangebote bilden eben nur Angebote, eine „Formel mittlerer Abstraktionshöhe"[93] bzw. „vertypte Hypothesen über Regelungsstrukturen",[94] die in konkreten Entscheidungssituationen unterschiedliche Lösungsangebote und Perspektiven zur Verfügung stellen. Entscheidet sich der Gesetzgeber für eine Ausgestaltung von Regulierungsinstrumenten nach einem konkreten Leitbild, so folgt daraus auch kein Kohärenzgebot, welches eine Perspektivänderung bei gesetzgeberischen Folgeentscheidungen verbieten würde.[95] Ein ständiger Wechsel der Modellprämissen darf die normativen Instrumente nur nicht inkonsistent werden lassen.[96] Vor diesem Hintergrund will die Arbeit über interdisziplinäre Schlüsselbegriffe einen alternativen Blickwinkel für Probleme bei der Mitigation von Systemrisiken eröffnen, bei denen ökonomische Lösungsangebote an ihre Leistungsgrenzen stoßen, und eine Strategie für den Umgang mit diesen Problemen präsentieren.

## C. Zwischenergebnis

Die systembezogenen Regulierungsziele richten die Aufmerksamkeit der zu entwickelnden Regulierungsstrategie auf das Systemrisiko. Eine der Bewältigung jener Systemrisiken gewidmete Strategie, die im folgenden Untersuchungsverlauf zu entwickeln ist, soll ganzheitlich mikro- wie auch makroprudenzielle Instru-

---

[91] *Lepsius*, in: Fehling/Ruffert (Hrsg.): Regulierungsrecht 2010, § 1, Rn. 99; zur Abhängigkeit der ökonomischen Modelle von politischen Wertentscheidungen; zu den Stärken von Wettbewerbsmodellen *Broemel*, Strategisches Verhalten in der Regulierung 2010, 24 f.: diese transportieren „durch ihre Modellierungen des strategischen Verhaltens weitreichende Aussagen über Modalitäten der gesetzlichen Regelbarkeit von Marktprozessen und ihre Grenzen. Die Rolle und das Steuerungspotenzial des Gesetzgebers sind in die Wettbewerbsmodelle zumindest implizit bereits eingeschrieben."
[92] *Tontrup*, in: Engel (Hrsg.): Methodische Zugänge zu einem Recht der Gemeinschaftsgüter 1998, 41, 59.
[93] *Lepsius*, in: Fehling/Ruffert (Hrsg.): Regulierungsrecht 2010, § 1, Rn. 99.
[94] *Broemel*, Strategisches Verhalten in der Regulierung 2010, 25.
[95] Strenger zu der Kohärenz in der Risikoregulierung *Scherzberg* VVDStRL 2004 (63), 214, 249: Kohärenz verpflichte dazu, Regulierungsinstrumente auf langfristige Ziele auszurichten und hierbei „eine in Konzepten formalisierte oder in Einzelentscheidungen fortgebildete administrative ‚Risikopolitik'" zu etablieren.
[96] *Broemel*, Strategisches Verhalten in der Regulierung 2010, 25.

mente umfassen. Methodisch will die Arbeit mithilfe interdisziplinärer Erkenntnisbestände eine Lösungsstrategie ausarbeiten. Die Arbeit möchte auf diese Weise die Leistungsgrenzen einer verbreiteten ökonomischen Lesart von Systemrisiken ausmachen[97] und einen alternativen Lösungsvorschlag[98] unterbreiten.

---

[97] Vor allem unter Teil 1, Kapitel § 2, Abschnitt B., II.
[98] Teil 1, Kapitel § 2, Abschnitt C.

# § 2 Systemrisiko als Bezugsproblem einer kognitiven Strategie

Systemrisiken konfrontieren zahlreiche wissenschaftliche Disziplinen und so auch die Rechtswissenschaft mit epistemischen Herausforderungen (unter A.).[1] Die Rechtswissenschaft hilft sich bei der Regulierung von Systemrisiken auf Finanzmärkten bisher typischerweise mit einem Rückgriff auf ökonomische Heuristiken ab (unter B.). Basierend auf einer abweichenden Interpretation von Systemrisiken möchte die Arbeit eine alternative Regulierungsstrategie für den Umgang mit Systemrisiken auf Finanzmärkten präsentieren. Mithilfe der „Schlüssel- bzw. Scharnierbegriffe" der Interaktion und der Komplexität stimmt die Arbeit auf Terminologien ein, die interdisziplinäre Anschlussmöglichkeiten, insbesondere für soziologische Wissensbestände, eröffnen (unter C.). Systemrisiken werden in diesem interdisziplinären Diskurs nicht als exogene Störungen, sondern als dem Markt immanente Phänomene offenbar, zu deren Bewältigung eine kognitive Strategie beitragen soll.

## A. Systemrisiko als erkenntnistheoretisches Problem

Systemrisiken können in den unterschiedlichsten Lebensbereichen entstehen. Ihre konkreten Auslöser sind zahllos, sie sind in ihrer Makrodimension schwer messbar und vor dem Kriseneintritt meist unscheinbar.[2] Ihre systemischen Verbreitungswege und Folgeeffekte könnten vielgestaltiger nicht sein. Eine präzise Begriffsdefinition wird angesichts dieser Vielfältigkeit und der Erkenntnisun-

---

[1] Zu den disziplinübergreifenden Schwierigkeiten phänomenologischer Beschreibungen von Systemrisiken *Ohler*, in: Kirchhof/Korte/Magen (Hrsg.): Öffentliches Wettbewerbsrecht 2014, § 7, Rn. 7; *Voßkuhle*, in: Hoffmann-Riem/Schmidt-Aßmann/Voßkuhle (Hrsg.): Grundlagen des Verwaltungsrechts (Bd. I) 2012, § 1, Rn. 32, weist auf grundsätzliche erkenntnistheoretische und forschungspraktische Schwierigkeiten der Rechtswissenschaft bei der Folgenprognose von Entscheidungen hin.

[2] Systemrisiken werden angesichts ihrer häufigen Präzedenzlosigkeit auch häufig als „black swan" beschrieben, in Anlehnung an *Taleb*, The black swan 2007; kritisch *Beunza/Stark* Economy and Society vol. 41, no. 3, 2012, 383, 386 (das „black swan"-Modell würde die sozialen Faktoren von Modellrisiken nicht hinreichend berücksichtigen). Anschaulich zudem die Beispiele von *Kaufhold* Osaka University Law Review vol. 65, 2018, 47 f.

sicherheiten, die Systemrisiken anhaften,³ zu einer epistemischen Herausforderung.⁴

Zahlreiche Disziplinen gehen zum Teil sehr divers auf systemische Risiken ein und thematisieren unterschiedliche Phänomenologien.⁵ In Bereichen wie der Biologie,⁶ im Seuchen- und Katastrophenschutz⁷ sowie in der Medizin werden Systemrisiken als Pandemien oder Epidemien verstanden.⁸ Eine allgemeingültige Begriffsdefinition für Systemrisiken wäre nur auf hohem Abstraktionsniveau und mittels weitreichender hypothetischer Induktionsschlüsse formulierbar. Systemrisiken könnten so beispielsweise über eine globale oder zumindest erweiterte Verbreitungsdimension von Risiken, ihre Vernetzungen mit anderen Risiken, ihre nicht-linearen Wirkungsfolgen als Sekundärfolge des Ursprungsereignisses und ihre häufige Unterschätzung charakterisiert werden.⁹ Der hohe Abstraktionsgrad ebenso wie der stets nur hypothetische Charakter einer induktiven Regelbildung¹⁰ ginge jedoch zulasten des Erkenntniswerts und der Aussagekraft allgemeingütiger Begriffsdefinitionen. Um Steuerungsinstrumente und Gestaltungsmodelle zu entwickeln, ist ein detailliertes evidenzbasiertes Wissen über Systemrisiken, ihre Entstehensbedingungen und Wirkungen notwendig.¹¹

---

³ Zur den Unsicherheiten bei Systemrisiken noch Teil 1, Kapitel § 2, Abschnitt C., I.

⁴ Zu den erkenntnistheoretischen Problemen im Umgang mit sozialen Makrophänomenen *dies*. MPIfG Discussion Paper (Nr. 17/12) Juli 2012, 5. Ferner *Sheldon/Maurer* Swiss Journal of Economics and Statistics (4.2) 134 (1998), 685: „Systemic risks are for financial market participants what Nessie, the monster of Loch Ness, is for the Scots (and not only for them): Everyone knows and is aware of the danger. Everyone can accurately describe the threat. Nessie, like systemic risk, is omnipresent, but nobody knows when and where it might strike. There is no proof that anyone has really encountered it, but there is no doubt that it exists."

⁵ Auf die Unterschiede der Phänomenologien in der Realwirtschaft und auf Finanzmärkten hinweisend *Ohler*, in: Kirchhof/Korte/Magen (Hrsg.): Öffentliches Wettbewerbsrecht 2014, § 7, Rn. 7.

⁶ Spezifisch zum Umweltschutz und systemischen Risiken an der Schnittstelle zu sozialer Nachhaltigkeit *Renn/Dreyer/Klinke/Schweizer*, in: Beckenbach/Hampicke/Leipert/Meran/Minsch/Nutzinger et al. (Hrsg.): Soziale Nachhaltigkeit 2007, 157 ff.

⁷ Zu Pandemierisiken und den sie kennzeichnenden Ansteckungseffekten aus verwaltungsrechtswissenschaftlicher Perspektive *Klafki*, Risiko und Recht 2016, 161 ff.

⁸ Zu dem Vergleich *Brandt/Hartmann*, in: Goodhart/Illing (Hrsg.): Financial crises, contagion, and the lender of last resort 2003, 249, 251; vgl. auch *Kaufhold*, Systemaufsicht 2016, 1 f.

⁹ So die Abstraktion der Merkmale systemischer Risiken aus soziologischer Perspektive von *Renn*, Das Risikoparadox 2014, 331 ff.; *Renn/Dreyer/Klinke/Schweizer*, in: Beckenbach/Hampicke/Leipert/Meran/Minsch/Nutzinger et al. (Hrsg.): Soziale Nachhaltigkeit 2007, 157, 161. Weitere Abstraktionsversuche des Systemrisikos bei *Beck*, Risikogesellschaft 1986, 103: Risiken in Zeiten der Modernisierung kennzeichnen sich dadurch, dass diese „Nebenfolgen der Nebenfolgen", sog. Modernisierungsrisiken, auslösen. Abstraktionsversuche auch bei *Kaufhold* Osaka University Law Review vol. 65, 2018, 47, 48 f., die strukturelle Parallelen von Systemrisiken herausarbeitet.

¹⁰ In Anlehnung an *Hume* zu induktiven Kausalhypothesen: *Mayntz*, Sozialwissenschaftliches Erklären 2009, 12.

¹¹ Vgl. auch *Mayntz* MPIfG Discussion Paper (Nr. 17/12) Juli 2012, 1: Wissen und evi-

Gerade im bankenregulatorischen Umgang mit Systemrisiken auf Finanzmärkten ist der Wissensbedarf besonders ausgeprägt.[12] Die Rechtswissenschaft kann sich die Komplexität der Finanzmarktdynamiken und der durch sie ausgelösten Probleme nicht selbst erklären, weshalb sie im besonderen Maße darauf angewiesen ist, interdisziplinäre Erkenntnisse hinzuzuziehen.[13] Da ökonomische Theorieangebote spezifische, empirisch abgesicherte Begründungen für Systemrisiken auf Finanzmärkten liefern und maßgeschneiderte Gestaltungsvorschläge für ihre Eindämmung unterbreiten, befasst sich die rechtswissenschaftliche Suche nach Umgangsstrategien mit Systemrisiken im Bereich der Bankenregulierung fast ausschließlich mit ihnen. In Konsequenz bildet sich ein bereichsspezifischer Rechts- aber auch Verbundbegriff des „Systemrisikos" heraus,[14] der von vorhandenen rechtswissenschaftlichen Dogmatiken wie dem Risikoverwaltungsrecht weitgehend losgelöst ist[15] und stattdessen den bankenregulatorischen Diskurs mit ökonomischen Wissensbeständen verkoppelt.

## B. Herausbildung eines fallgruppenbezogenen Rechtsbegriffs mithilfe ökonomischer Heuristiken

Der Rechtsbegriff des „Systemrisikos" hat sich angesichts der beschriebenen Verschränkung rechtswissenschaftlicher Diskurse mit ökonomischen Theorieangeboten[16] als ein heuristischer herausgebildet.[17] Dieser Abschnitt wird zunächst in

---

denzbasiertes Handeln als Voraussetzung politischer Problembewältigung und sozioökonomischer Wirtlichkeitsgestaltung. An dem Mehrwert eines hoch abstrakten Systemrisikobegriffs für die Rechtswissenschaft zweifelt auch *Kaufhold* Osaka University Law Review vol. 65, 2018, 47, 53, wobei *dies.* dann jedoch selbst auf „mittlerer Abstraktionsebene" sog. „Bausteine" anhand ökonomischer Theorieangebote entwickelt, die induktiv als allgemeingültige Regeln für den rechtswissenschaftlichen Umgang mit Systemrisiken gelten sollen.

[12] Vgl. auch zu dem Stellenwert des Systemrisikos *Ohler*, in: Ehlers/Fehling/Pünder/Achterberg/Augsberg (Hrsg.): Besonderes Verwaltungsrecht (Band 1) 2019, § 32 Rn. 16.

[13] *Lüdemann*, in: Augsberg (Hrsg.): Extrajuridisches Wissen im Verwaltungsrecht 2013, 121, 125.

[14] Zu den Eigenschaften von Verbundbegriffen *Kaiser*, in: Augsberg (Hrsg.): Extrajuridisches Wissen im Verwaltungsrecht 2013, 99, 103 (m. w. N. in Fn. 39); *Voßkuhle*, in: Hoffmann-Riem/Schmidt-Aßmann/Voßkuhle (Hrsg.): Grundlagen des Verwaltungsrechts (Bd. I) 2012, § 1 Rn. 40; *Schaefer*, Die Umgestaltung des Verwaltungsrechts 2016, 4.

[15] Zu der von der Arbeit erstrebten Einbindung risikoverwaltungsrechtlicher Mechanismen in eine kognitive Strategie für die Bewältigung von Systemrisiken sogleich Teil 1, Kapitel § 2, Abschnitt C., II., 2.

[16] Zu der Verschränkung von Ökonomie und Bankenregulierungsrecht neben den Ausführungen in dem hiesigen Abschnitt auch schon Teil 1, Kapitel § 1, Abschnitt B., III., und Kapitel § 2, Abschnitt A.

[17] Zu der Begriffsheuristik und einem Definitionsvorschlag für das finanzmarktspezifische Systemrisiko *Kaufhold*, Systemaufsicht 2016, 20 ff., 124 ff.; *dies.* Osaka University Law Review vol. 65, 2018, 47, 54 ff.; das „Systemrisiko" als ökonomischen Begriff begreifend

die Vielfalt ökonomischer Beschreibungen von Systemrisiken einführen und die jeweilige Reichweite ihrer Rezeption durch den Gesetzgeber und die Aufsicht visualisieren (unter I.). Sodann werden die Leistungsgrenzen eines heuristischen Rechtsbegriffs für die Regulierung von Systemrisiken aufgezeigt (unter II.).

### I. Ökonomische Heuristiken von Systemrisiken

Ökonomische Beschreibungen von Systemrisiken in der Wirtschaft und auf Finanzmärkten im Speziellen sind sehr vielfältig. Ihrem Facettenreichtum kann eine hiesige stark verkürzende Darstellung von Kernaussagen und Themenbereichen kaum gerecht werden. Die Bandbreite geht weniger auf divergierende theoretische Konzepte zurück,[18] als vielmehr darauf, dass sich die unzähligen Modelle und Theorien jeweils auf selektive Facetten systemischer Risiken konzentrieren. Ihnen liegen typischerweise Prämissen der allgemeinen Gleichgewichtstheorie zugrunde, sodass sie Systemrisiken in Abgrenzung zu idiosynkratischen Risiken als Folge oder Auslöser negativer Externalitäten auffassen (unter 1.).[19] Die zahlreichen Modelle und Theorien, die auf dieser Prämisse aufbauend Ursachenverläufe und Auslöser von Systemrisiken beschreiben (unter 2.–4.), nutzen vereinfachend gesprochen empirische Datengrundlagen und Erfahrungsschätze, um sowohl deduktiv Kausalitätsketten in vergangenen Krisenszenarien zu plausibilisieren als auch induktiv Szenarien und Kausalitätshypothesen als mehr oder weniger abstrahierbare Regeln zu generalisieren.[20] Als Heuristiken[21]

---

*Schwarcz* The George Washington Law Review vol. 97, no. 1, 2008, 193, 204. Kritisch zu der ökonomischen Interpretation des Begriffs *Levitin* The George Washington Law Review vol. 99, no. 2, 2011, 435, 438: „Systemic risk is ultimately a political, rather than an economic matter". Zu der Gegensätzlichkeit der beiden Begriffsinterpretationen *Rostásy/Becker/Willke*, Systemic Risk 2013, 7.

[18] Zu den theoretischen Wettbewerbsleitbildern in der Ökonomie bereits anhand der Regulierungsziele unter Teil 1, Kapitel § 1, Abschnitt A., I.

[19] Zu einer Kritik an diesem Verständnis von Systemrisiken *Kessler* Review of International Studies vol. 38, 2012, 275, 276; *Denahy* Griffith Law Review vol. 24, no. 2, 2015, 266, ihrerseits basierend auf dem alternativen Verständnis von Finanzmärkten als spontane Ordnungen im Sinne von *Hayek* Economica vol. 4, no. 13, 1937, 33 ff.; *ders.* The American Economic Review vol. 35, no. 4, 1945 (4), 519 ff.; *ders.*, in: Vanberg (Hrsg.): Friedrich A. von Hayek: Wirtschaftstheorie und Wissen 2007, 99 ff.

[20] Auf die unterschiedlichen theoretischen Methodenverständnisse in der Ökonomie und den Stellenwert deduktiver und induktiver Methodik hinweisend *Knight*, Risk, Uncertainty and Profit 1921, 5 ff.

[21] Allgemein zu der Funktion der Heuristik in der Rechtswissenschaft als ein Instrument zur Komplexitätsbewältigung *Hoffmann-Riem*, Innovation und Recht, Recht und Innovation 2016, 72 f. (m. w. N. in Fn. 34 und 37): „Heuristiken sind ‚Daumenregeln', Routinen, Klugheitsregeln bzw. Strategien im Umgang mit Komplexität, insbesondere beim Handeln unter Ungewissheit. Mit ihrer Hilfe bewältigen Menschen komplexe/schwierige Entscheidungen durch vereinfachende Annahmen. […] Bei Heuristiken kann es sich um bloße Praktiken bei der Informationssuche handeln; möglich ist aber auch ihre Verfestigung zu Regeln, gegebenenfalls sogar zu rechtlich verbindlichen Regeln". Beispiele für heuristische Beschrei-

fügen sie sich wie Puzzleteile erst in ihrer Gesamtheit zu einem umfassenderen Bild von Systemrisiken auf Finanzmärkten zusammen, das diese als Folge gewisser Störungen eines eigentlich effizienten Marktgefüges interpretiert.[22] Auch die rechtswissenschaftliche Literatur, Gesetzgeber und Aufsichtsbehörden greifen die Heuristiken selektiv auf, womit sich ein heuristischer Rechtsbegriff des „Systemrisikos" herausgebildet hat.

*1. Abgrenzung zu idiosynkratischen Risiken*

Systemrisiken werden von ökonomischen Theorieangeboten typischerweise in Abgrenzung zu sog. idiosynkratischen Risiken reflektiert. Letztere sollen jene individuellen Risiken beschreiben, denen sich ein Institut durch interne Risikoentscheidungen aussetzt und die sich in ihrer Wirkung auf dieses Institut beschränken.[23] Systemrisiken werden dagegen überwiegend in den Kontext negativer Externalitäten gestellt und entweder selbst als negative Externalität mit Auswirkungen auf weite Teile des Finanzmarkts[24] und die Realwirtschaft beschrieben[25] oder als Folge von Marktunvollkommenheiten[26] charakterisiert.

Hinter dieser Interpretation von Systemrisiken verbergen sich Prämissen ökonomischer Gleichgewichtsannahmen sowie der Markteffizienzhypothese,[27] die das Systemrisiko als eine durch Marktunvollkommenheiten hervorgerufene Störung eines im Grunde effizienten Marktes erscheinen lassen.[28] Jene Grundannahme unterscheidet sich fundamental von dem in Abschnitt C. noch näher

---

bungen von Systemrisiken in der Ökonomie u. a. Risikokategorien bei *Allen/Carletti* Journal of Money, Credit and Banking vol. 45, no. 1, 2013, 121 ff. (differenzierend zwischen vier verschiedenen Systemrisiken: Bankenpaniken, Preisverfall, Ansteckung und Ungleichgewichte von Wechselkursen). Ökonomische Heuristiken für eine finanzmarktspezifische Definition des Systemrisikos fruchtbar machend u. a. *Kaufhold*, Systemaufsicht 2016, 20 f. und passim.

[22] Zur Kritik an dieser Grundannahme der Markteffizienzhypothese u. a. *Kessler* Review of International Studies vol. 38, 2012, 275, 276 und passim, sowie unter II.
[23] So der Definitionsansatz von *Engel*, Systemrisikovorsorge 2020, 24.
[24] Beispielsweise *Scott* Harvard Journal of Law & Public Policy vol. 33, no. 2, 2011, 671, 673, beschreibt als Systemrisiko nur die von einzelnen Akteuren oder wirtschaftlichen Entwicklungen ausgehenden Externalitäten auf Finanzmarktakteure („risk within the system").
[25] Für einen die gesamtökonomischen und politischen Effekte umschließenden Blickwinkel *Levitin* The George Washington Law Review vol. 99, no. 2, 2011, 435, 438; *Rostásy/Becker/Willke*, Systemic Risk 2013, 34; *Brunnermeier/Gorton/Krishnamurthy*, in: Brunnermeier/Krishnamurthy (Hrsg.): Risk Topography 2014, 99.
[26] *Nicolò/Favara/Ratnovski*, Externalities and Macroprudential Policy, 11: Externalitäten lösen Systemrisiko aus; *Schwarcz* Washington University Law Review vol. 87, no. 2, 2009, 211, 226: „the justification for macroprudential regulation thus should be to correct market failures that could trigger and transmit systemic risk, which could disrupt financial stability."
[27] Vgl. im allgemeinen Kontext negativer Externalitäten *Mankiw/Taylor*, Grundzüge der Volkswirtschaftslehre 2018, 323.
[28] Kritisch zu diesen Prämissen der Markteffizienzhypothese *Kessler* Review of International Studies vol. 38, 2012, 275 ff.

darzustellenden Begriffsverständnis von Systemrisiken, welches die Arbeit für die Entwicklung einer kognitiven Strategie zugrunde legt. Die Interpretation von Systemrisiken im Lichte negativer Externalitäten wird allerdings bisher verbreitet auch in der rechtswissenschaftlichen Literatur aufgegriffen, um die sehr weit formulierten gesetzlichen Begriffsdefinitionen von Systemrisiken[29] zu konkretisieren. Eine dualistische Unterscheidung zwischen idiosynkratischen Risiken und Systemrisiken hat sich so auch im rechtswissenschaftlichen Diskurs verfestigt.[30]

*2. Zeit- und Querschnittsdimension*

Einen Themenschwerpunkt ökonomischer Beschreibungen von Systemrisiken, die das Systemrisiko als Störung eines prinzipiell effizienten Marktes auffassen, bilden die verschiedenen Dimensionen der Aggregation von Systemrisiken.[31] Modelle, die sich in ihrem Ausschnitt auf eine Querschnittsdimension (sog. *cross-sectional dimension*) von Systemrisiken fokussieren, adressieren die Verteilung aggregierter Risiken im Finanzsystem zu einem bestimmten Zeitpunkt.[32] In der Zeitdimension (sog. *time dimension*) wird dagegen das stetige Anhäufen von Risiken über die Zeit aufgrund der Prozyklizität (*procyclicality*) des Finanzsystems untersucht.[33] Prozyklizität beschreibt dabei den Effekt, dass sich konjunkturelle Auf- und Abschwünge im Wirtschaftskreislauf des Bankensektors verstärken.[34] Zwar überschneiden sich diese Beschreibungen insoweit mit der hiesigen Interpretation von Systemrisiken, als auch sie Systemrisiken als Ergebnis der Marktgefüge auf Finanzmärkten selbst anerkennen. Mit dem Bestreben, zyklische Be-

---

[29] Die rechtliche Legaldefinition des § 1 Abs. 33 KWG umschreibt Systemrisiken weit als „das Risiko einer Störung im Finanzsystem, die schwerwiegende negative Auswirkungen für das Finanzsystem und die Realwirtschaft haben kann", deckungsgleich die unionsrechtliche Definition in Art. 3 Abs. 1 Nr. 10 CRD, die nach Art. 4 Abs. 1 Nr. 11 CRR auch im Rahmen der CRR gilt. Zu jenen Legaldefinitionen *Schäfer*, in: Boos/Fischer/Schulte-Mattler (Hrsg.): KWG, CRR-VO 2016, § 1 Rn. 395 f.

[30] So beispielsweise *Engel*, Systemrisikovorsorge 2020, 24; Systemrisiken über negative Externalitäten charakterisierend *Kohtamäki*, Die Reform der Bankenaufsicht in der Europäischen Union 2012, 17; *Hellwig*, in: Duwendag (Hrsg.): Finanzmärkte im Spannungsfeld von Globalisierung, Regulierung und Geldpolitik. Johann-Heinrich-von-Thünen-Vorlesung 1998, 123 f.

[31] U. a. *Caruana*, Financial regulation, complexity and innovation 2014.

[32] Statt vieler *Borio* Banque de France, Financial Stability Review (Nr. 13) September 2009, 31.

[33] *Deutsche Bundesbank*, Makroprudenzielle Überwachung in Deutschland: Grundlagen, Institutionen, Instrumente, Monatsbericht April 2013, 41.

[34] *Borio/Furfine/Lowe*, Procyclicality of the financial system and financial stability: issues and policy options, 1; *Clement* BIS Quarterly Review März 2010, 59, 64. Grundlegend beschrieb die Schwankung im Wirtschaftskreislauf (auch sog. *booms and busts*) *Keynes*, General theory of employment, interest and money 2017, 271 ff. mit dem „trade cycle". Bezugnehmend auf Zyklizitäten des Bankenmarkts auch das Modell von *Allen/Gale* The Journal of Finance vol. LIII, no. 4, 1998, 1245 ff.

wegungen des Marktes als berechenbare Routinen zu erfassen, weichen sie allerdings grundlegend von der Vorstellung des vorliegenden Forschungsprojekts ab, dass sich Marktdynamiken gerade nicht mechanisch verhalten und steuern lassen, sondern aus der spontanen Ordnung der Märkte entwicklungsoffen ergeben.[35]

Die ökonomischen Beschreibungsangebote zu den beiden Entstehungsdimensionen von Systemrisiken sind dennoch beliebte Anknüpfungspunkte für regulatorische Vorschriften.[36] Vor allem der Kapitalerhaltungspuffer[37] und der antizyklische Kapitalpuffer[38] gehen auf die Prozyklizitäten ein. Die Prozyklizität von Systemrisiken wird dabei durch die normativen Regelungen implizit vom Gesetzgeber bestätigt, die Entscheidung für ein bestimmtes Berechnungsmodell zur Ermittlung prozyklischer Entwicklungen allerdings auf die Aufsichtsebene verlagert.[39] Die Querschnittsdimension wird dagegen namentlich in institutsübergreifenden Stresstests adressiert, die mithilfe von Simulationen die Verteilung von Risiken durch aggregierte Betrachtung der Marktakteure ausmachen sollen.[40] Auch hier überträgt der Gesetzgeber die Wahl des konkreten Berechnungsmodells den Aufsichtsbehörden, wobei er regelmäßige Aktualisierungen der Berechnungsmodelle vorsieht und die Umgangsmethoden so entwicklungsoffen hält.[41]

### 3. Ausgangsereignis und Ansteckungsszenarien

Als Ausgangsereignisse stehen endogene, d. h. von Finanzmarktteilnehmern ausgehende Schocks,[42] oder exogene Schocks, typischerweise ausgehend von der Realwirtschaft, im Fokus der ökonomischen Modellierungen. Endogene

---

[35] Vgl. zu diesem grundlegenden Verständnis von Finanzmärkten als spontane Ordnungen noch unter Teil 1, Kapitel § 2, Abschnitt C., I., 2., a), sowie aufbauend auf dem Konzept spontaner Ordnungen nach *Hayek* u. a. *Denahy* Griffith Law Review vol. 24, no. 2, 2015, 266, 274 f.; *Kessler* Review of International Studies vol. 38, 2012, 275, 289.
[36] Vgl. in der Rechtswissenschaft *Engel*, Systemrisikovorsorge 2020, 24, der diese Dimensionen in den Systemrisikobegriff aufnimmt. Zu der Relevanz einer Unterscheidung zwischen dem Szenario der Ansteckung („systemic risk in the narrow sense") und einem simultanen Schock („broad sense") für die Regulierung auch, *Brandt/Hartmann* ECB Working Paper (Nr. 35) November 2000, 11. Berechtigt weisen *Favara/Ratnovski* aber darauf hin, dass die beiden Dimensionen aus regulatorischer Sicht noch keinen Eingriff rechtfertigen, siehe *Favara/Ratnovski*, in: Schoenmaker (Hrsg.): Macroprudentialism 2014, 137, 138.
[37] § 10c KWG, Art. 129, 160 CRR. Dazu Teil 2, Kapitel § 3, Abschnitt B., III., 1.
[38] § 10d KWG, Art. 130, 136 f. CRD. Dazu Teil 2, Kapitel § 3, Abschnitt B., III., 2.
[39] Teil 2, Kapitel § 3, Abschnitt B., III., 2.
[40] Zu den Defiziten dieser aggregierten Betrachtung aus Perspektive des hiesigen Konzepts: Teil 2, Kapitel § 4, Abschnitt C., III. Anders nur bei makroprudenziellen Stresstests, die zumindest vereinzelte Folgeeffekte aufgrund von Interdependenzen unter Instituten einkalkulieren, siehe Teil 2, Kapitel § 4, Abschnitt C., I., 5.
[41] Vgl. Teil 2, Kapitel § 4, Abschnitt C., III.
[42] Auf endogene Schocks konzentrierend u. a. das Modell von *Rochet/Tirole* Journal of Money, Credit and Banking (28) vol. 28, no. 4(2), 1996, 733 ff., mit einem Fokus auf eine Übertragung von Systemrisiken über den Interbankenmarkt.

Schocks seien sequenzielle Ansteckungsprozesse (*contagion*) ausgehend von einem Finanzintermediär,[43] zu denen es beispielsweise infolge eines Vertrauensverlusts und eines Ansturms der Kunden auf ihre Einlagen (sog. *bank run*)[44] oder eines Verkaufs von Vermögenswerten unter Marktpreis durch den Akteur (sog. *fire sale*)[45] kommen könne. Gegenseitige Verbindlichkeiten auf dem Interbankenmarkt stehen als Transmissionskanal meist im Vordergrund.[46] Modellierungen systemrelevanter Institute knüpfen daran an, dass bestimmte Akteure besonders prädestiniert dafür sind, negativen Externalitäten anzustoßen und dadurch Systemkrisen auszulösen.[47] Auf jenen Annahmen bauen die besonderen regulatorischen Anforderungen an global und anderweitig systemrelevante Institute implizit auf, wobei die Konkretisierung der gesetzlich vorgegebenen Beurteilungskriterien abermals der Aufsicht übertragen ist.[48]

Andere ökonomische Beschreibungen fokussieren sich auf simultane Krisenverläufe auf dem Finanzmarkt.[49] Als Auslöser werden hierbei typischerweise exogene Schockereignisse ausgemacht, die von der Realwirtschaft wie beispielsweise dem Immobilienmarkt ausgehen, und mehrere Institute zeitgleich beeinträchtigen.[50] Die Anfälligkeit der Institute für simultane Schocks steht vornehmlich bei

---

[43] Zu Ansteckungseffekten *Allen/Gale* Journal of Political Economy vol. 108, no. 1, 2000, 1 ff.

[44] Dazu *Diamond/Dybvig* The Journal of Political Economy vol. 91, no. 3, 1983, 401 ff.

[45] *Fire sales* beschreiben den krisenbedingten, gezwungenen Verkauf eines Vermögengenstandes zu einem Preis unter dem Marktwert durch ein Institut, dazu *Shleifer/Vishny* NBER Working Paper (Nr. 16642) Dezember 2010, 3. Als eigene Kategorie werden Externalitäten durch *fire sales* auch als pekuniäre Externalitäten bezeichnet, so z. B. *Kenç* BIS Papers (Nr. 86) September 2016, 5.

[46] U. a. *Kaufman* Cato Journal vol. 16, no. 1, 1996, 17, 35; *Rochet/Tirole* Journal of Money, Credit and Banking (28) vol. 28, no. 4(2), 1996, 733 ff.

[47] Vor diesem Hintergrund beispielsweise zu dem Ausmaß der Externalitäten, die von *too big to fail*-Instituten ausgehen, *Taleb/Tapiero* Physica A vol. 389, no. 17, 2010, 3505 ff.

[48] Dazu Teil 2, Kapitel § 3, Abschnitt A., II.

[49] Vgl. *Acharya/Philippon/Richardson*, in: Hufeld/Koijen/Thimann (Hrsg.): The economics, regulation, and systemic risk of insurance markets 2016, 100, 101: Risiken von simultanen Krisenverläufen entstehen beispielsweise, wenn Akteure ähnliche Risikopositionen halten (*common exposures*), gleiche Geschäftsmodelle verfolgen oder gleiche Investitionsentscheidungen getroffen haben, sodass sie unter den gleichen Vulnerabilitäten und insbesondere Abhängigkeiten von der Realwirtschaft oder wirtschaftlichen Entwicklungen leiden. *Hufeld*, in: Hufeld/Koijen/Thimann (Hrsg.): The economics, regulation, and systemic risk of insurance markets 2016, 193, 195, beschreibt diesen simultanen Verlauf in Hinblick auf Systemrisiken im Versicherungssektor als „indirect systemic risk". *Schwarcz* The George Washington Law Review vol. 97, no. 1, 2008, 193, 204, differenziert an dieser Stelle zwischen systemischen Risiken und – in der Linie der Portfoliotheorie von *Markovitz* The Journal of Finance vol. 7, no. 1, 1952, 77 ff. – ‚systematischen Risiken', wobei letztere Risiken erfassen, die zahlreiche Marktakteure zeitgleich betreffen und nicht diversifizierbar sind; ebenso von „systematischen Schocks" sprechend *Brandt/Hartmann* ECB Working Paper (Nr. 35) November 2000, 31 ff.

[50] Bezogen auf den Finanzmarkt bezeichnet ein exogener Schock einen solchen der aus der Realwirtschaft herrührt, *EZB* ECB Financial Stability Review Dezember 2009, 134. Kritisch

institutsübergreifenden Stresstests im Vordergrund aufsichtlicher Beobachtungsprozesse.[51]

### 4. Verhaltensökonomische Heuristiken

Verhaltensökonomische Beschreibungen thematisieren den Einfluss von Verhaltensfehlanreizen (sog. *moral hazards*) der Institute[52] und Vertrauensverlusten von Anlegern[53] auf die Entstehung von Systemrisiken. Sie sollen die Prämisse untermauern, dass Systemrisiken durch gewisse Marktunvollkommenheiten hervorgerufen werden.[54] Die Beschreibungsangebote unterbreiten vor allem anreiz- bzw. verhaltenssteuernde Handlungsvorschläge, die sich auf die Überbrückung von Informationsdefiziten bzw. Informationsasymmetrien fokussieren.[55] Beispielsweise mit der im Einlagensicherungsgesetz kodifizierten Einlagensicherung folgte der Gesetzgeber implizit verhaltensökonomischen Gestaltungsvorschlägen, um das Vertrauen der Anleger zu stabilisieren.[56] Dagegen zielen die regulatorischen Anforderungen an systemrelevante Institute, insbesondere an ihre Sanierung und Abwicklung, darauf, Fehlanreize bei Instituten zu vermindern, die aufgrund ihrer Größe, ihrer Verknüpfung oder ihrer Komplexität auf staatliche Rettungsmaßnahmen hoffen könnten (sog. *too big to fail*).[57] Auch der Errichtung eines Einheitlichen Abwicklungsmechanismus (SRM) mit den Anforderungen

---

zu dieser Externalisierung der Ursachen von Systemrisiken: *Kessler* Review of International Studies vol. 38, 2012, 275, 276.

[51] Zu diesen: Teil 2, Kapitel § 4, Abschnitt C., I. Besonderheiten sind bei makroprudenziellen Stresstests zu beachten, da diese zumindest vereinzelte Folgeeffekte aufgrund von Interdependenzen unter Instituten einkalkulieren und daher nicht nur auf simultane Schocks konzentriert sind: Teil 2, Kapitel § 4, Abschnitt C., I., 5.

[52] Siehe aus der ökonomischen Literatur zu Fehlanreizen auf Finanzmärkten nur *Dowd* Cato Journal vol. 29, no. 1, 2013, 141 ff.; *Jolls/Sunstein* The Journal of Legal Studies vol. 35, no. 1, 2006, 199; zur Informationsasymmetrie *Akerlof* Quarterly Journal of Economics vol. 84, no. 3, 1970, 488 ff.; zum *too big to fail* siehe *Stern/Feldman*, Too Big to Fail 2004.

[53] Zur Vertrauensabhängigkeit der Finanzmärkte in der Rechtswissenschaft u. a. *Mülbert/Sajnovits* ZfPW 2016, 1 ff.; *Engel*, Systemrisikovorsorge 2020, 7 f.

[54] Zu dieser Grundannahme schon oben unter 1., sowie *Kessler* Review of International Studies vol. 38, 2012, 275, 276, der kritisch darauf hinweist, dass vor allem asymmetrische Informationen vor den Prämissen der Gleichgewichtstheorie meist als Marktunvollkommenheit für Systemrisiken verantwortlich gemacht werden.

[55] Verhaltensökonomische Betrachtungen für rechtswissenschaftliche Analysen nutzend u. a. *Gläßner*, Die Beschränkung des Vertriebs von Finanzprodukten 2017.

[56] *Sethe/Gurlit*, in: Assmann/Schütze/Buck-Heeb (Hrsg.): Handbuch des Kapitalanlagerechts 2020, § 26, Rn. 3: eine „funktionsadäquate Ausgestaltung" des EinSiG sei auf verhaltensökonomische Beschreibungen angewiesen. Zu dem Vorschlag einer europäischen Einlagensicherung zur Vermeidung von *moral hazard*: *Winterfeld/Rümker*, in: Schimansky/Bunte/Lwowski (Hrsg.): Bankrechts-Handbuch 2017, § 125a, Rn. 150.

[57] *Moral hazards* als Begründung für die Regulierung systemrelevanter Institute benennend u. a. *Engel*, Systemrisikovorsorge 2020, 27; spezifisch zum Bail-In-Instrument *Fiedler/Schneider/Thöne* BaFin Journal Februar 2019 (1), 9.

an die Sanierungs- und Abwicklungsplanung und einem Einheitlichen Abwicklungsfonds (SRF) liegen indirekt ökonomische Theoriebeschreibungen von moralischen Fehlanreizen und Szenarien des *too big to fail* zugrunde.[58]

### 5. Zwischenergebnis

Ökonomische Heuristiken beschreiben fallgruppenartig und selektiv Eigenschaften von Systemrisiken. Der Gesetzgeber orientiert sich an jenen Beschreibungsangeboten in bankenaufsichtsrechtlichen Regelungen an zahlreichen Stellen. Fremddisziplinäre Theorieangebote bleiben allerdings häufig im Bereich des Außerrechtlichen, indem sie nur gestalterisch als Orientierungspunkt für den Gesetzgeber dienen und in den Normtexten nicht verbindlich sedimentiert werden. Insbesondere die Entscheidung zugunsten konkreter ökonomischer Berechnungsmodelle wird auf die Aufsichtsebene verlagert und damit entwicklungsoffen gehalten. Vor diesem Hintergrund hat sich der Rechtsbegriff des „Systemrisikos" als ein fallgruppenartiger herausgebildet, mit dem sich der Gesetzgeber nicht auf einen abschließenden Kanon theoretischer Beschreibungen versteift,[59] sondern den Begriff vielmehr entwicklungsoffen hält.[60]

## II. Leistungsgrenzen eines heuristischen Rechtsbegriffs für die Bewältigung von Systemrisiken

Auch wenn der Gesetzgeber und die Aufsichtsbehörden fallgruppenartig und entwicklungsoffen auf ökonomische Beschreibungen von Systemrisiken zurückgreifen, sind mit dem heuristischen Vorgehen gewisse Leistungsgrenzen verbunden, die gerade bei der Regulierung von Systemrisiken erhebliche Schwierigkeiten bereiten.

Eine wohl grundlegende methodische Schwäche ökonomischer Heuristiken liegt darin, dass die Modelle typischerweise auf Grundlage historischer Daten und Ursachenverläufe arbeiten und anhand dieser Kausalitätshypothesen deduzieren oder theoretische Annahmen empirisch belegen.[61] Da sich Erfahrungs-

---

[58] Siehe auch *Tröger/Friedrich*, in: Hufeld/Ohler (Hrsg.): Enzyklopädie Europarecht (Bd. 9): Europäische Wirtschafts- und Währungsunion 2022, § 18, Rn. 1 ff., zu dem Regelungsintergrund der Sanierungs- und Abwicklungsvorschriften.

[59] Vgl. zu den Gefahren von „dysfunktionalen Konstitutionalisierung[en]" im institutionellen und normativen Hierarchiegefüge im Verfassungsrecht *Broemel*, Interaktionszentrierte Grundrechtstheorie 2020, 149: „Die Gefahr einer dysfunktionalen Konstitutionalisierung im Verhältnis des Bundesverfassungsgerichts zu den Fachgerichten und im Verhältnis des Verfassungsrechts zur Dogmatik des einfachen Rechts liegt insbesondere in der impliziten Vorgabe außerjuridischer Prämissen, die den jeweiligen Lebensbereich kennzeichnen."

[60] Zu der Offenheit des Rechtsbegriffs für unbekannte Szenarien auch *Engel*, Systemrisikovorsorge 2020, 30, mit der Konsequenz, dass dies eine Beschränkung auf Heuristiken ausschließe.

[61] Siehe auch *Knight*, Risk, Uncertainty and Profit 1921, 204: die Zukunft werde nach der

wissen jedoch nicht mechanisch in der Zukunft wiederholt, tragen darauf gründende Kausalitätsannahmen stets das Risiko in sich, dass sie sich als nicht allgemeingültig herausstellen oder durch Veränderungen an Aussagekraft verlieren. Die annahmebasierten ökonomischen Heuristiken leiten ein schematisches Denken über Systemrisiken an, das es vor diesem Hintergrund erschwert, neue Phänomene konzeptionell aufzuarbeiten.[62] Systemrisiken zeichnen sich gerade durch ihre besonders hohe Diversität aus, sodass die Folgeereignisse nie ganz stimmig mit vorhandenen Typologien sind.[63] Gerade die für die Entstehung von Systemrisiken ausschlaggebenden Interaktionskontexte vermögen ökonomische Heuristiken nur ausschnittartig abzubilden, indem sie Situationen mit begrenzter Anzahl an Teilnehmern modellieren und dabei Annahmen über das Verhalten der Akteure aufstellen.[64] So schematisieren sie beispielsweise bestimmte Beziehungstypen wie auf dem Interbankenmarkt, deren Einflusspotenzial auf die Systemrisikoentstehung empirisch nachweisbar ist. Nicht nur sind Interaktionskontexte aber stetiger Veränderung unterworfen,[65] sondern insbesondere im Kontext der Digitalisierung verändern sich diese so grundlegend, sodass sich neue Konstellationen von Systemrisiken ergeben, die nicht mit den vorhandenen Heuristiken erfassbar wären.[66]

Für die Prävention von Systemkrisen muss die Rechtswissenschaft daher ergänzende Methoden finden, wie sie mit Systemrisiken umgehen kann, die von empirischen Befunden sowie vorhandenen Heuristiken abweichen und daher besonders unsicherheitsbehaftet sind oder gar im Bereich des Nichtwissens liegen. Eine kognitive Strategie will hierbei weiterhelfen, indem sie sich gerade der Verarbeitung jener Wissensprobleme um die Entstehung künftiger Systemrisiken annimmt.[67] Auch ein realbereichsübergreifender, verwaltungsrechtswissen-

---

Vergangenheit auf Grundlage von Annahmen über Verbindungen oder Assoziationen von Phänomenen beurteilt.

[62] Grundlegend zu der Kritik an den Methodiken der Wirtschaftswissenschaften am Beispiel der Figur des *homo oeconomicus*: *Beckert* Theory and Society vol. 25, 1996, 803, 804, der das Modell nicht per se kritisiert, sondern die ihm zugrundeliegende gleichgewichtstheoretische Annahme, dass Marktakteure in unsicherheitsbehafteten Situationen überhaupt ihre Präferenzen determinieren können.

[63] Vgl. auch *Sachverständigenrat Wirtschaft*, Jahresgutachten 2014/2015: Kapitel 5, 195, Rn. 363: Erfahrungswissen über den Einfluss von Finanzkrisen auf die Realwirtschaft lässt sich nicht in Zielgrößen herunterbrechen, sodass eine „Systematisierung systemischer Risiken" erfolgt.

[64] Eine Vereinfachung auf 2-Personen-Konstellationen sei für die Ökonomik typisch, aber stoße für die Rechtswissenschaft auf Schwierigkeiten, da dies gesellschaftlich komplexe Geflechte ‚unterkomplexisiere', siehe *Morlok*, in: Engel/Morlok (Hrsg.): Öffentliches Recht als ein Gegenstand ökonomischer Forschung 1998, 1, 11. Kritisch vor diesem Hintergrund zu der Figur des *homo oeconomicus* in der Finanzsoziologie u. a. *Beckert* Theory and Society vol. 25, 1996, 803, 804 ff.

[65] Dazu sogleich unter Teil 1, Kapitel § 2, Abschnitt C., I., 2., a).

[66] Beispielhaft Teil 3, Kapitel § 5, anhand des Einflusspotenzials von Algorithmen, digitalen Geschäftsmodellen und Akteuren der Digitalökonomie.

[67] Zu Systemrisiken im Lichte der Wissensgesellschaft so auch *Willke*, Dystopia 2001, 180

schaftlicher Begriff des Systemrisikos[68] konnte sich angesichts der heuristischen Konturierung des Systemrisikos noch nicht herauswickeln. Eine höhere Abstrahierung des Problems mithilfe von Schlüsselbegriffen kann dazu beitragen, die sozialen Auslöser von Systemrisiken besser zu verstehen und Methodiken des Risikoverwaltungsrechts für den Umgang mit Systemrisiken fruchtbar zu machen.[69]

## C. Alternative Charakterisierung von Systemrisiken mithilfe von Schlüsselbegriffen und Herleitung einer kognitiven Strategie

Zentrale These der Arbeit ist, dass Systemrisiken aus den Interaktionsordnungen und Komplexitäten auf Finanzmärkten hervorgehen. Ein Fokus auf Interaktionen und Komplexitäten ist Türöffner zu interdisziplinären Diskursen, indem dortige Problemstellungen terminologisch anschlussfähig und für abstrakte Strukturvergleiche zugänglich werden.[70] Jene Methode der Problemaufarbeitung mithilfe von „Schlüssel- bzw. Scharnierbegriffen" ist vor allem in der „Neuen Verwaltungsrechtswissenschaft" verbreitet.[71] Der fremddisziplinäre Erkenntnisstand über die für die Arbeit auserkorenen Schlüsselbegriffe ist schon wesentlich fortgeschrittener als die bereichsspezifischen Diskussionen um das Systemrisiko der Finanzmärkte,[72] weshalb eine durch sie vermittelte Perspektiverweiterung

---

und passim: die Regulierung müsse „systembedrohender Ignoranz" entgegenwirken und Rahmenbedingungen für die Nutzung von Wissen schaffen, um Systemrisiken zu vermeiden.

[68] So die Zielsetzung der Untersuchungen von *Kaufhold*, Systemaufsicht 2016. Eine Analogie von Systemrisiken im Bereich des Finanzmarkts zu der Verbreitung von Seuchen und ökologischen Nahrungsketten stellen *Haldane/May* Nature vol. 469, 2011, 351 ff., an.

[69] Auf die bereichsspezifischen Besonderheiten des Systemrisikos weisen auch *Bartle/Laperrouza* 2009, 14, hin, wenn auch *dies.* einige „key features" des Systemrisikos ausmachen, die sektorübergreifend Systemrisiken kennzeichnen.

[70] Zu Methodiken der Herstellung interdisziplinärer Anschlussfähigkeiten im Kontext einer interaktionszentrierten Perspektive *Broemel*, Interaktionszentrierte Grundrechtstheorie 2020, 38.

[71] *Voßkuhle*, in: Hoffmann-Riem/Schmidt-Aßmann/Voßkuhle (Hrsg.): Grundlagen des Verwaltungsrechts (Bd. I) 2012, § 1, Rn. 40.

[72] Ungewissheit, Risiken und Interdependenzen erkennt als für Systemrisiken kennzeichnend auch *Mendelsohn*, Systemrisiko und Wirtschaftsordnung im Bankensektor 2018, 18 und passim; zur Komplexität und Interaktion als Auslöser von Systemrisiken in der Ökonomie *Plosser*, Redesigning Financial System Regulation 2009, 1 ff.; *Acemoglu/Ozdaglar/Tahbaz-Salehi* NBER Working Paper (Nr. 20931) Februar 2015, 1. Eine Interaktionsperspektive macht *Broemel*, Interaktionszentrierte Grundrechtstheorie 2020, im Kontext grundrechtstheoretischer Untersuchungen und auch spezifisch im Kontext von Systemrisiken (a. a. O., S. 328 ff.) fruchtbar. Im Übrigen wird die Interaktionsperspektive im spezifischen Zusammenhang mit Systemrisiken bislang fast ausschließlich in der soziologischen Literatur eingenommen, u. a. *Willke*, Dystopia 2001, 35 und passim zu einer Entstehung von Systemrisiken durch Dynamiken sozialer Systeme. Zu den Faktoren der Komplexität, der gesellschaftlichen

instruktiv für den Umgang mit Systemrisiken sein kann.[73] Die Untersuchung wird zunächst die Entstehungshintergründe von Systemrisiken in den Interaktionsgefügen und Komplexitäten auf Finanzmärkten lokalisieren (unter I.). Hierbei werden nicht nur Ambivalenzen zwischen der Systemrisikobekämpfung einerseits und natürlichen Marktprozessen andererseits sichtbar. Auch stellt sich heraus, dass hoheitliche Regulierungsentscheidungen über Systemrisiken selbst einer hohen Komplexität und Unsicherheit unterworfen sind. Um Fehlsteuerungsrisiken zu vermeiden, die ihrerseits Systemrisiken hervorrufen können, sind eine Komplexitätsaufarbeitung seitens der Regulierer sowie kooperative Steuerungsformen in besonderem Maße notwendig. Risikoverwaltungsrechtliche Mechanismen will eine kognitive Strategie übernehmen, um von diesen zu lernen, wie der Gesetzgeber und die Aufsichtsbehörden mit Unsicherheiten und Fehlsteuerungsrisiken bei der Regulierung von Systemrisiken umgehen können (unter II.).[74]

## I. Systemrisiken als Kehrseite marktimmanenter Interaktionen und Komplexitäten

Die Ursachen der Entstehung von Systemrisiken werden erst greifbar, wenn die Risikoentscheidungen der Marktakteure in Interaktionen kontextualisiert werden (unter 1.). Systemrisiken treten in dieser Perspektive als Schattenseite marktimmanenter sozialer Interaktionen zutage, in denen Wissen und Nichtwissen auf Finanzmärkten entsteht und weitergegeben wird.[75] Die spontane Ordnung der

---

Vernetzung und der Kausalitätsproblematik, welche die wesentlichen erkenntnistheoretischen Kritikpunkte am Gesetz von Seiten der Steuerungstheorie ausmachen, *Lepsius*, Steuerungsdiskussion, Systemtheorie und Parlamentarismuskritik 1999, 30–34.

[73] Vergleichbare Anstrengungen, das Systemrisiko über Schlüsselbegriffe auf höherer Abstraktionsebene zu charakterisieren, wobei sich Arbeiten bislang allerdings an ökonomischen Begriffen und Heuristiken orientiert haben, bei *Schwarcz* Wisconsin Law Review no. 1, 2019, 1, 26: differenzierend zwischen sechs Auslösern von Marktversagen (Komplexität, Konflikte, Verhaltensgrenzen, Veränderungen, 'der Tragödie des Gemeingutes' (*tragedy of the commons*) und Fristentransformation) sowie drei Transmissionsmechanismen für Systemrisiken (Vernetzungen, Größe und Interdependenzen); *Kaufhold*, Systemaufsicht 2016, 133 ff., 140 ff.: Unterscheidung zwischen „fünf Charakteristika" (Transgressivität, Konnexität, Relationalität, Potentialität, Komplexität) und „drei Transmitter[n]" (Märkte, Informationen, direkte Verbindungen); *Martínez-Jaramillo/Pérez Pérez/Avila Embriz/López Gallo Dey* Journal of Economic Dynamics & Control vol. 34, 2010, 2358, 2359: „contagion mechanisms".

[74] Nach *Lepsius* VVDStRL 2004 (63), 264, 267, bestehe die Leistungsfähigkeit des Risikobegriffs für die Rechtswissenschaft darin, dass dieser „höchst unterschiedliche Fragestellungen als Problem komplexer Kausalität (…) verallgemeinern und als disziplinübergreifendes Erkenntnisproblem […] formulieren" kann. Treffend auch *Voß*, Unternehmenswissen als Regulierungsressource 2019, 23: Risikobegriff als „Bezugspunkt" und „problemerschließender Begriff" des Risikoverwaltungsrechts.

[75] Zu systemischen Risiken als „Kehrseite […] entwicklungsoffene(r) Interaktionszusammenhänge" vgl. *Broemel*, Interaktionszentrierte Grundrechtstheorie 2020, 328, 392, 64, spe-

Finanzmärkte, die in diesen Interaktionen entwicklungsoffen und dynamisch evolviert, ist hoch komplex und verursacht Steuerungsprobleme (unter 2.). Die Untersuchung zieht aus diesen Erkenntnissen Rückschlüsse, wie eine kognitive Strategie für den Umgang mit Systemrisiken aussehen sollte (unter 3.).

### 1. Entstehung von Systemrisiken in sozialen Interaktionskontexten

Aus soziologischer Perspektive bildet der Finanzmarkt eine „Interaktionsordnung" mit global verknüpften Interaktionsbeziehungen,[76] in der Vernetzungen noch wesentlich weiter reichen, als es heuristische Beschreibungen von Systemrisiken taxonomisch erfassen.[77] Erst im Kontext jener Interaktionsstrukturen auf Finanzmärkten lässt sich nachvollziehen, weshalb sich Risiken auf Systemebene ausweiten können.[78] Indem soziologische Theorieangebote die Verbreitung von Wissen und Wissensproblemen in den Interaktionsgefügen auf Finanzmärkten ergründen, bringen sie eine Ambivalenz von Interaktionen zum Vorschein: diese sind einerseits für die Funktionsfähigkeit und Stabilität der Märkte konstitutiv (unter a)), lassen aber andererseits Systemrisiken entstehen (unter b)).[79]

---

zifisch zur Ambivalenz zwischen der freiheitsgewährleistenden Dimension von Interaktionen und ihrer Ausgestaltungsbedürftigkeit: „Interaktionszusammenhänge bringen die wissensgenerierende Dynamik hervor, die den beteiligten Grundrechtsträgern neue Handlungsoptionen erschließt, zugleich aber durch die dezentralen Auswahlentscheidungen die Beteiligung an wechselseitigen Interaktionen restringiert. Unter Umständen entwickeln sich Interaktionszusammenhänge durch die nicht-intendierten Effekte dezentraler Entscheidungen sogar in einer Weise, die eine weitere Teilnahme schlechthin ausschließt, etwa im Fall der Realisierung systemischer, durch Interaktionen hervorgebrachter Risiken auf Finanzmärkten. Sowohl die aus den Interaktionszusammenhängen resultierenden Voraussetzungen und Restriktionen der individuellen Teilnahme als auch ihre Stabilitätsrisiken bilden Gründe für gesetzliche Ausgestaltungen, die allerdings auch den Zusammenhang zwischen den einschränkenden und den Handlungsspielräume erweiternden Effekten dezentraler Auswahlentscheidungen in Rechnung zu stellen haben."

[76] *Preda* Journal of Economic Surveys vol. 21, no. 3, 2007, 506, 507 („financial markets as webs of social interactions"); *Vormbusch*, Wirtschafts- und Finanzsoziologie 2019, 128: Finanzmärkte „stellen gegenwärtig den globalsten Zusammenhang organisierter menschlicher Interaktion dar, den wir kennen", siehe auch *Knorr Cetina/Bruegger* American Journal of Sociology vol. 107, no. 4, 2002, 905, 906 („global social systems"); *Kette*, Bankenregulierung als Cognitive Governance 2009, 18: Banken bilden ein „Organisationsnetzwerk, das der Finanzökonomie als Suprastruktur der eigenen Reproduktion dient". Vgl. aus der Ökonomie *Haldane*, Why banks failed the stress test, 9.

[77] Zu den ökonomischen Heuristiken von Systemrisiken bereits oben, Abschnitt B., I., zu den Leistungsgrenzen Abschnitt B., II.

[78] Daher auch *Broemel*, Interaktionszentrierte Grundrechtstheorie 2020, 60: die Bekämpfung von systemischen Risiken diene der Stabilisierung von „Interaktionszusammenhängen".

[79] *Rostásy/Becker/Willke*, Systemic Risk 2013, 19: Systemrisiko als „completely normal, regular operational mode of the system, as it is, [that] can lead to the self-destruction of the system." Ferner *Broemel*, Interaktionszentrierte Grundrechtstheorie 2020, 328: Systemrisiken als „Kehrseite der wissensgenerierenden Funktion von Interaktionen", die auf einer „interaktionsbasierten Korrelation von Risiken" beruhe.

## a) Unabdingbarkeit von Interaktionen für die Funktionsfähigkeit der Finanzmärkte

Ausgangspunkt und grundlegende Prämisse ist zunächst, dass Institute ihre Risikoentscheidungen in Interaktionskontexten treffen und in diesen ihre Präferenzen festlegen, sodass institutsinterne Entscheidungsprozesse nicht außerhalb von Interaktionszusammenhängen gedacht werden können.[80] In Interaktionen verständigen sich die Marktakteure unter anderem über ihre Zukunftserwartungen und Risikoeinschätzungen. Sie können diese über soziale Konventionen und Praktiken wie beispielsweise Traditionen, Gewohnheiten, Routinen, Normen und Institutionen, im spezifischen Kontext der Finanzmärkte vornehmlich über Preise[81] und Risikomodelle,[82] kommunizieren.[83] Die sozialen Konventionen und Praktiken geben den Marktteilnehmenden Entscheidungskriterien an die Hand, schaffen mit anderen Worten „Gewissheitsäquivalente",[84] die es ihnen auch unter ungewissen Umständen ermöglichen, ihre Präferenzen zu determinieren und handlungsfähig zu bleiben.[85] Die Aussagekraft eben jener Erwartungsstrukturen

---

[80] Vertreter dieses „Embeddedness"-Ansatzes u. a.: *Granovetter* American Journal of Sociology vol. 91, no. 3, 1985, 481 ff.; *Callon* The Sociological Review vol. 46, 1998, 1 ff.; vgl. auch *Knorr Cetina*, in: Vormbusch/Kalthoff (Hrsg.): Soziologie der Finanzmärkte 2014, 31 (m. w. N.); *Preda* Journal of Economic Surveys vol. 21, no. 3, 2007, 506, 512. Zur „Embeddedness-Perspektive" und dem daraus in der Soziologie geschaffenen Leitbild, dass Akteure ihre strategischen Präferenzen in Interaktionskontexten – abweichend von dem ökonomischen Konstrukt des *homo oeconomicus* – festlegen (sog. „institutionalized rational man"): *Senge/Beyer*, in: Beyer/Senge (Hrsg.): Finanzmarktsoziologie 2018, 10 f. Mit einem systemtheoretischen Ansatz Baecker (Hrsg.), Womit handeln Banken? 1991, 123, nach dem angesichts der Selbstreferenz der Risiken auf dem Finanzmarkt die Risikoverarbeitung generell nicht mehr „*in* den Banken, sondern nur noch in den Beziehungen *zwischen* den Banken und der übrigen Wirtschaft" zu verorten sei; vergleichbar auch von *Willke*, Dystopia 2001, 35 und passim. Aus der Rechtswissenschaft *Broemel*, in: Münkler (Hrsg.): Dimensionen des Wissens im Recht 2019, 139: „Dynamischer Wettbewerb ist durch eine permanente, wechselseitige Beeinflussung aller aktuellen und potentiellen Marktteilnehmer gekennzeichnet", womit die Interaktionsintensität dynamischer Märkte hervorgehoben ist.

[81] Zu der Signalwirkung von Preisen und ihrer Funktion bei der Wissensvermittlung im Rahmen des Wettbewerbs auch *Broemel*, Strategisches Verhalten in der Regulierung 2010, 197, aufbauend auf dem Verständnis von *Hayek* The American Economic Review vol. 35, no. 4, 1945 (4), 519 ff.

[82] Vgl. *Willke*, Dystopia 2001, 70: die Leistung von Risikomodellen liege darin, dass diese „einen wissensbasierten Umgang mit Nichtwissen [...] forcieren, der in hochgradig volatilen Umwelten trotz nicht auflösbarer Ungewissheiten *Gewissheitsäquivalente* schafft". Zur performativen Wirkung des Modells *Value at Risk* (VaR) *Lockwood* Review of International Political Economy vol. 22, no. 4, 2015, 719 ff.

[83] Zur Funktion sozialer Konventionen statt vieler *Biggart/Beamish* Annual Review of Sociology vol. 29, 2003, 443 ff., die diese als meist stille Übereinkünfte beschreiben, welche Handlungen in vorhersehbarer Weise organisieren und strukturieren.

[84] *Willke*, Dystopia 2001, 70.

[85] *Beckert* Theory and Society vol. 25, 1996, 803, 827 und passim: „social devices for the reduction of uncertainty".

wird bestärkt, wenn auch andere Marktteilnehmende bestimmte Erwartungshaltungen adaptieren, da sich die hypothetischen Annahmen bestimmter Erwartungsstrukturen durch ihre Anwendung selbst bestätigen.[86] Diese performativen Effekte ermöglichen es prinzipiell erst, dass unter Zukunftsunsicherheiten Erwartungen gefestigt werden können und sich Märkte stabilisieren können.[87]

*b) Entstehung von Systemrisiken durch verbreitetes Nichtwissen*

Anknüpfend an jene Prämisse der Einbettung individueller Entscheidungen in Interaktionen lässt sich aber auch ergründen, wie systemische Anfälligkeiten entstehen können.[88] Indem den Erwartungsstrukturen stets ein bestimmtes Wissen anhaftet, wird auch das ihnen innewohnende Nichtwissen verbreitet. Vorausgesetzt, dass dieses eine systemische Reichweite erlangt, kann es systemische Anfälligkeiten und damit Systemrisiken schaffen.[89] Die in den Erwartungsstrukturen nicht adäquat abgebildeten Risiken werden nach soziologischen Beschreibungen in Interaktionskontexten dissimuliert und können sich bei einer verbrei-

---

[86] Eingehend auf die Performativität ökonomischer Modelle u. a. *MacKenzie/Millo* American Journal of Sociology vol. 109, no. 1, 2003, 107 ff.; *dies.* Economy and Society vol. 41, no. 3, 2012, 418 ff.; *MacKenzie* Review of International Political Economy (4) 12 (2005), 555, 559 ff.; *MacKenzie* Journal of the History of Economic Thought vol. 28, no. 1, 2006, 29 ff.; *Beckert* Theory and Society vol. 25, 1996, 803, 804 ff. Zur Funktion ökonomischer Modelle als Konventionen und der durch sie ermöglichten Koordination auch: *ders.* Theory and Society vol. 38, 2009, 245, 246; *MacKenzie* Review of International Political Economy vol. 12, no. 4, 2005, 555, 559 ff. Grundlegende Definition der sozialen Konventionen bei *Callon* The Sociological Review vol. 46, 1998, 1, 6: eine Konvention habe die Funktion, als gemeinsame Vorstellung die Koordination von Akteuren unter Bedingungen der Unsicherheit zu koordinieren. Die auf dieser Prämisse gründende soziologische Strömung der sog. „Économie des conventions" erläutert *Diaz-Bone* Universität Luzern, Soziologisches Seminar (Nr. WP 02/09).
[87] Vgl. *Willke*, Dystopia 2001, 44 f.
[88] Nach *Jöstingmeier*, Governance der Finanzmärkte 2019, 9 f., sei auch die Krise von 2008 durch wechselseitige Beobachtungen der Marktakteure entstanden, allerdings sei das Modell von *White* American Journal of Sociology vol. 87, no. 3, 1981, insoweit allein nicht geeignet, um die übergreifende Dimension von Systemrisiken „jenseits" der Organisationen zu erfassen, sondern es müsse die „weitergehende" gesellschaftliche Einbettung der Finanzmärkte durch Konventionen und Praktiken sowie Regulierung mit eingestellt werden.
[89] Nach *Willke*, Dystopia 2001, 30, sei das Systemrisiko in der Wissensgesellschaft dadurch gekennzeichnet, dass sich über „normale" Risiken, die aus dem „normalen" Wissen und dem damit einhergehenden Nichtwissen resultieren und für üblich durch ihr vereinzelbares Auftreten dissimuliert werden können, eine „Ebene des systemischen Nichtwissens schiebt, welche ein Systemrisiko erzeugt, sobald Entscheidungen diese Ebene erreichen. Systemisches Nichtwissen bezeichnet ein Nichtwissen, das die Logik, die Operationsweise, die Dynamik, die emergente Qualität, die Ganzheit eines selbstreferentiell geschlossenen Zusammenhangs von Operationen betrifft." *Jöstingmeier*, Governance der Finanzmärkte 2019, 20, beschreibt das soziale Phänomen als „Verlagerung" von Unsicherheiten, bei der Mechanismen zur Reduktion von Entscheidungsunsicherheiten (wie Erwartungsstrukturen durch Praktiken, Normen, etc.) zugleich neue Unsicherheiten auf Systemebene schaffen.

teten Modellanwendung zu Systemrisiken aufbauen.[90] Auch ökonomische Risikomodelle, von denen die Marktakteure besonders intensiv Gebrauch machen, um ihre Risikobewertungen zu rationalisieren, schaffen dabei keine absolute Sicherheit.[91] Stattdessen heben sie Zukunftsunsicherheiten implizit auf,[92] indem sie durch Zuschreibung von Wahrscheinlichkeiten auf Grundlage empirischer Da-

---

[90] Baecker (Hrsg.), Womit handeln Banken? 1991, 31: Was sich einer „Beobachtung mit dem ‚Auge der Vergangenheit' nicht fügt, wird über Diffusion der Konsequenzen dissimuliert – und baut sich im Unbeobachtbaren zum ‚systemischen Risiko' auf." (m. w. N. a. a. O., Fn. 30); *Dempfle* ÖBA 1988, 135 ff. Die Entstehung von Systemrisiken in ökonomischen Risikomodellen und der reflexiven Verhaltensweise der Marktakteure verortend *Beunza/Stark*, Reflexivity and Systemic Risk in Quantitative Finance, 3 und passim. Vgl. auch *Thiele*, in: Scharrer/Dalibor/Rodi/Fröhlich/Schächterle (Hrsg.): Risiko im Recht – Recht im Risiko 2011, 225, 227: Risikomodelle hätten das sich in der Systemkrise verwirklichte Risiko gar nicht wahrgenommen und dadurch nicht nur unsichtbar werden lassen, sondern sogar verharmlost.

[91] Zu dem ökonomischen Trugschluss der Beherrschbarkeit von Risiken auf Finanzmärkten u. a. *Kalthoff/Vormbusch*, in: Vormbusch/Kalthoff (Hrsg.): Soziologie der Finanzmärkte 2014, 10 f. Kritisch zur Rationalisierung durch ökonomische Kalkulationen ferner *Nelson/Katzenstein* International Organization vol. 68, 2014, 361, 362: Die Rationalitätsannahmen seien zu simplifizierend und würden die Entscheidungsprozesse unter Bedingungen der Unsicherheit nur unvollständig erfassen. Zu dem Paradigma einer „Risikoaversion" und der Risikobewältigung in den Wirtschaftswissenschaften Baecker (Hrsg.), Womit handeln Banken? 1991, 117 f.

[92] In der Ökonomie für eine kritische Differenzierung von Unsicherheit und Risiko dagegen auch *Knight*, Risk, Uncertainty and Profit 1921, 224 f., 233 ff., der Risiken, die auf empirischer Grundlage oder anhand von Erfahrungssätzen kalkulierbar seien, von nicht mathematisch berechenbaren „Unsicherheiten" unterschied. Die Unsicherheit zeichne sich dadurch aus, dass entscheidungsrelevante Faktoren ungewiss sind, sodass die Wahrscheinlichkeit ihres Eintrittsszenarios nicht quantifizierbar und keine rationalen Entscheidungskriterien formulierbar sind. Auf dieser Binarität von Unsicherheit und Risiko aufbauend *Keynes*, General theory of employment, interest and money 2017, 127 ff.; *Minsky*, Instabilität und Kapitalismus 2011, 13: Krise und Systeminstabilität seien „facts of economic life"; ebenso *Friedman*, Capitalism and freedom 2002, 37. An die von *Keynes* hervorgehobenen methodischen Grenzen von ökonomischen Berechnungen der Unsicherheit knüpfen auch Finanzsoziologen an, insbesondere *Lüde*, in: Engels/Knoll (Hrsg.): Wirtschaftliche Rationalität 2012, 129, 149 f.; *Windolf*, in: Windolf (Hrsg.): Finanzmarkt-Kapitalismus 2005, 20, 29 ff. Zu den Überschneidungen von *Keynes* Ansatz mit der Finanzsoziologie *Senge/Beyer*, in: Beyer/Senge (Hrsg.): Finanzmarktsoziologie 2018, 23 f.; *Beckert* Theory and Society vol. 25, 1996, 803, 807 ff.; *ders*. Theory and Society vol. 38, 2009, 245, 262; und in die Richtung auch *Keßler*, Finanzaufsicht und Finanzmarktwächter 2013, 57: "Das freie Spiel der Marktkräfte führte auf den Finanzmärkten nicht zu einem stabilen Gleichgewicht, sondern zur Herausbildung eines Kasinokapitalismus […]". Zur Kritik an der ökonomischen Gleichgewichtstheorie aus der Soziologie ferner *Kalthoff/Vormbusch*, in: Vormbusch/Kalthoff (Hrsg.): Soziologie der Finanzmärkte 2014, 13; *Beckert* Theory and Society vol. 25, 1996, 503, 504 ff., 508 ff., 514 ff., welcher die Tragweite seiner Kritik mit der Aussage vor Augen führt, dass die Unsicherheit wesentlich mehr als nur eine fundamentale Herausforderung für die ökonomische Theorie sei, da es nicht nur Entscheidungsprozesse verkomplizierte, sondern sogar die optimierende Annahme für sich infrage stelle (a. a. O., S. 515).

ten oder Erfahrungswerte „fiktionale" Erwartungen für Zukunftsereignisse verbreiten.[93] An ihre Leistungsgrenzen stoßen diese Methoden der Wahrscheinlichkeitskalkulation vor allem dann, wenn sie künftige Entwicklungen prognostizieren sollen, die angesichts erheblicher Veränderungen der Rahmenbedingungen in den Modellen empirisch nicht repräsentiert sind.[94] Die der Berechnung zugrundeliegenden Hypothesen über Kausalbeziehungen erweisen sich in diesen neuen Situationen womöglich nicht mehr als realitätsgetreu.[95] Finanzinnovationen wie neue Finanzprodukte sind besonders prädestiniert für Fehleinschätzungen, da sie stets mit besonders großen Unsicherheiten einhergehen:[96] für sie liegen meist keine Erfahrungswerte vor und spezifische Eigenschaften der Innovationen können die Vergleichsgrundlage für die Wahrscheinlichkeitshypothesen entfallen lassen sowie die Aussagekraft der Prognosen der Marktteilnehmer schwächen.[97]

---

[93] *Beckert* Theory and Society vol. 42, 2013, 219; *Kalthoff/Vormbusch*, in: Vormbusch/Kalthoff (Hrsg.): Soziologie der Finanzmärkte 2014, 9, 14. Vgl. zum Versagen der rechtlichen Risikomodelle der Finanzmarktregulierung in Hinblick auf die vergangenen Krisen auch *Thiele*, in: Scharrer/Dalibor/Rodi/Fröhlich/Schächterle (Hrsg.): Risiko im Recht – Recht im Risiko 2011, 225, 226: Das Gesetz habe auf ein „letztlich unzutreffendes Risikomodell" rekurriert und damit falsche Sicherheit suggeriert. Diese Risiken der Fehlsteuerung werden als „Risiken zweiter Ordnung" reflektiert von *Hoffmann-Riem* DV 2005 (38), 145, 148: Solche Risiken sind „Irrtumskosten rechtlicher Regulierung oder ihres Unterlassens"; *Klafki*, Risiko und Recht 2016, 40 f. Vor diesem Hintergrund kritisiert *Rochet*, in: Dewatripont/Rochet/Tirole (Hrsg.): Balancing the banks 2010, Chapter 3, 80, das Rahmenwerk *Basel I*, da die dort festgelegten Risikokennzahlen nicht den auf dem Markt beobachteten Risikomaßnahmen der Investoren entsprochen hätten.

[94] Vgl. aus dem Bereich der Ökonomie nur *Knight*, Risk, Uncertainty and Profit 1921, 224 f., 233 ff.; und *Keynes*, General theory of employment, interest and money 2017, 127 ff., die insoweit ontologische Besonderheiten von Unsicherheiten im Kontrast zu Risiken herausarbeiten. Zu der Problematik von quantitativen Berechnungsmethoden und den ihnen zugrundeliegenden Kausalitätsannahmen aus der Soziologie ferner *Mayntz* MPIfG Discussion Paper (Nr. 17/12) Juli 2012, 13, 16; Kritik an dem Erfahrungswissen der Banken als Grundlage der Risikobewältigung auch mitschwingend bei Baecker (Hrsg.), Womit handeln Banken? 1991, 21; des Weiteren *Beunza/Stark* Economy and Society vol. 41, no. 3, 2012, 383, 386. Zu den Schwächen von Berechnungsverfahren auch *Taleb*, The black swan 2007, 135 und passim; *Bookstaber*, The End of Theory 2017, 59 ff.;. aus rechtlicher Perspektive *Thiele*, in: Scharrer/Dalibor/Rodi/Fröhlich/Schächterle (Hrsg.): Risiko im Recht – Recht im Risiko 2011, 225, 235; *Sanio*, in: Schäfer (Hrsg.): Risikomanagement und kapitalmarktorientierte Finanzierung 2009, 15, 22; *Ohler*, in: Ruffert (Hrsg.): Enzyklopädie Europarecht (Bd. 5): Europäisches sektorales Wirtschaftsrecht 2013, § 10 Rn. 19.

[95] Vgl. *Mayntz* MPIfG Discussion Paper (Nr. 17/12) Juli 2012, 13, 16.

[96] Daher betonen u. a. *Jöstingmeier*, Governance der Finanzmärkte 2019, 3, 19; *Beckert* MPIfG Discussion Paper (Nr. 07/6) Mai 2007, 18 f., den Zusammenhang von Innovationen und der Entstehung von Systemrisiken auf Finanzmärkten.

[97] Baecker (Hrsg.), Womit handeln Banken? 1991, 148. Zum rechtlichen Umgang mit Innovationen im Kontext von Risiken auch *Hoffmann-Riem* DV 2005 (38), 145, 146: Risikorecht und Innovationsrecht führen zu der Paradoxie, dass Folgen in Risikobewertungen einzustellen sind, die oftmals noch ungewiss sind; siehe auch *Jaeckel*, Gefahrenabwehrrecht und Risikodogmatik 2012, 16 ff. *Rochet*, in: Dewatripont/Rochet/Tirole (Hrsg.): Balancing

Die Aufarbeitung jenes systemischen Nichtwissens gelingt in Wirtschaftsordnungen prinzipiell im Wege einer dezentralen Marktkoordination.[98] Marktteilnehmende verhalten sich hierbei reflexiv, d. h. sie beobachten das Verhalten ihrer Mitbewerber und ermitteln deren Erwartungen, um die zu erwartenden Reaktionen ihrer Mitbewerber vorausschauend in das eigene Verhalten einzukalkulieren sowie bewusst und strategisch im Eigeninteresse eigene Signale an den Markt freizusetzen.[99] Dissonante Verhaltensstragien, mit denen einzelne Marktteilnehmer sich gerade konträr zu verbreiteten Erwartungsstrukturen verhalten wollen, um Informations- und Wettbewerbsvorsprünge gegenüber ihrer Konkurrenz zu erlangen,[100] treiben grundsätzlich die Aufarbeitung des systemischen Nichtwissens voran.[101] Auf Finanzmärkten hat allerdings auch jenes dissonante Verhalten nicht stets den gewünschten Effekt, dass das Wissen für den Umgang mit vorhandenen Risiken optimiert und Anfälligkeiten aufgearbeitet werden. Ursächlich dafür ist zum einen, dass sich Marktakteure bei zu geringer Diversität untereinander auch in ihrem dissonanten Verhalten gegenseitig bestätigen und ihre reflexiven Prozesse durch eine damit erzeugte vermeintliche Sicherheit ausgebremst werden.[102] Gehemmt wird die Marktkoordination wohl aber nicht zuletzt auch dadurch, dass die strategischen Eigeninteressen und antizipierten Endkundenpräferenzen, an denen die Marktakteure ihr Verhalten ausrichten, nicht disziplinierend zu einer Risikoaufarbeitung und -minimierung anhalten, sondern

---

the banks 2010, Chapter 3, 82, beschreibt dies als „static ‚engineer's' approach" und kritisiert, dass Dynamiken der Institutionen und endogene Risiken dabei vollkommen ausgeblendet werden.

[98] Grundlegend zu der Aufarbeitung von Wissen im Wege der Marktkoordination *Hayek* The American Economic Review vol. 35, no. 4, 1945 (4), 519 ff.

[99] *Beunza/Stark* Economy and Society vol. 41, no. 3, 2012, 383 ff.; *Beckert* Theory and Society vol. 25, 1996, 803, 826, beschreibt Situationen unter Unsicherheit als Situationen ‚doppelter Kontingenz' in sozialen Ordnungen, bei denen eine Handlungsfähigkeit der Akteure erst dadurch ermöglicht wird, dass Akteure gegenseitige Erwartungen aufbauen, anhand derer das Verhalten der anderen antizipiert werden kann.

[100] Baecker (Hrsg.), Womit handeln Banken? 1991, 31. Zur Schaffung von Inkohärenzen als Strategie der Marktakteure, um Wettbewerbsvorteile zu erzielen, *ders.* Journal of Economic Surveys vol. 21, no. 3, 2007, 506, 510 und passim: Finanzmärkte seien strukturell und kognitiv inkohärent, da die Suche nach Informationsvorsprüngen den Akteuren Anreize setzt, ihre Perspektiven ständig zu ändern um so einen Vorsprung gegenüber Mitbewerbern zu erlangen. Dass Akteure auf dem Finanzmarkt bewusst Innovationsprozesse anstoßen und Dissonanzen erzeugen, um wettbewerbsfähig zu bleiben, beschreiben *Beunza/Stark* Economy and Society vol. 41, no. 3, 2012, 383 ff.

[101] Mit Blick auf die positiven Effekte von Dissonanz und Möglichkeiten, wie diese unternehmensintern, aber auch mit systemischer Reichweite bestärkt werden können, v. a. *Beunza/Stark*, in: Knorr Cetina/Preda (Hrsg.): The Oxford handbook of the sociology of finance 2014, 203 ff.

[102] *Beunza/Stark* Economy and Society vol. 41, no. 3, 2012, 383 ff. Zu dieser Bedrohung am Beispiel eines Einsatzes von Algorithmen im institutsinternen Risikomanagement noch Teil 3, Kapitel § 5, Abschnitt A.

vielmehr finanzielle Gewinnstreben und die Suche nach neuen rentablen Risikogeschäften befeuern.[103]

### c) Folgerungen für den regulatorischen Umgang mit Systemrisiken

Eine kognitive Strategie will diese Erkenntnisse über die Wissensentstehung auf Finanzmärkten nutzen. Zum einen folgt aus der prinzipiellen Produktivität des Wissensaustauschs in Interaktionen, dass die Regulierung die Institute zu einem kritischeren und diverseren Umgang mit Risiken anhalten sollte, um die Aufarbeitung des Nichtwissens im Wege der dezentralen Koordination anzutreiben.[104] Soll die Aufklärung systemischer Anfälligkeiten allerdings nicht vollständig dem Markt überlassen werden, weil die dezentrale Koordination aufgrund zu starker Homogenität oder der strategischen Eigeninteressen der Marktakteure nicht stets die Aufklärung des Nichtwissens gewährleistet, so können auch Regulatoren an der Aufarbeitung systemischen Nichtwissens mitwirken. Ein solches Vorgehen setzt zunächst voraus, dass Regulatoren verstehen, wie Wissen auf Finanzmärkten entsteht.[105] Sie müssen verbreitete Erwartungsstrukturen identifizieren und das ihnen anhaftende Nichtwissen aufarbeiten. Soll dieses sodann aufgeklärt werden, so ist zu berücksichtigen, dass imperative Vorgaben neue Erwartungshorizonte setzen, denen nebst neuen Erkenntnissen auch neues Nichtwissen anhaftet.[106] Vor diesem Hintergrund sollten Regulatoren ihre Maßnahmen, die auf die Beseitigung systemischen Nichtwissens zielen, selbst kontinuierlich dahingehend reflektieren, welche neuen Anfälligkeiten und Systemrisiken sie schaffen.

### 2. Komplexität als zusätzliches Wissensproblem

Die globale und hoch vernetzte Interaktionsordnung auf Finanzmärkten bringt eine enorme Komplexität hervor (unter a)).[107] Gesteigert wird die Komplexität

---

[103] Zu einer ausbleibenden disziplinierenden Wirkung über Endkundenpräferenzen im Rückblick auf die *subprime*-Krise *Hellwig*, in: Hellwig/Höfling/Zimmer (Hrsg.): Finanzmarktregulierung 2010, E 21. Vgl. ferner zu der prinzipiell disziplinierenden Wirkung der antizipierenden Endkundenpräferenz auf Wettbewerbsmärkten *Broemel*, Strategisches Verhalten in der Regulierung 2010, 195. Aus soziologischer Perspektive zu dem besonderen Gewicht finanzieller Eigeninteressen auf Finanzmärkten instruktiv *Mayntz* MPIfG Discussion Paper (Nr. 13/2) Februar 2013, 8 f., und 12, zu den zwar am Kundeninteresse orientierten Handlungen der Marktakteure, die jedoch ebenfalls auf „Kredite, Anlagemöglichkeiten und eine Risikostreuung" ausgerichtet waren und daher nicht disziplinierend auf eine systemische Risikobegrenzung hinwirken konnten.
[104] Zu dem Mehrwert von Diversität im unternehmensinternen Umgang mit Risiken *Beunza/Stark*, in: Knorr Cetina/Preda (Hrsg.): The Oxford handbook of the sociology of finance 2014, 203, 204 und passim.
[105] So auch *Denahy* Griffith Law Review vol. 24, no. 2, 2015, 266, 272.
[106] Konkret zu den daraus für die qualitativen Anforderungen an das Risikomanagement resultierenden Folgen: Teil 2, Kapitel § 3, Abschnitt C.
[107] Zur Ausdifferenzierung der Finanzmärkte und der hierbei entstehenden Komplexität aus der Soziologie u. a. *Mayntz* MPIfG Discussion Paper (Nr. 10/8) 2010, 6. Zur Komplexität

der Finanzmärkte aber auch durch einen Innovationsdrang und die diversen und komplexen Ausgestaltungen der Finanzprodukte (unter b)). Um trotz der Komplexitäten handlungsfähig zu bleiben, verlassen sich Marktakteure und Anleger typischerweise auf Komplexitätsreduktionen (unter c)). Sie gehen damit Nichtwissen ein, das sie allein nicht auflösen können. Will die Aufsicht dazu beitragen, dass systemisches Nichtwissen und Anfälligkeiten ausgeräumt werden, so muss sie Methoden finden, wie sie die meist hinter den Komplexitäten verborgenen Systemrisiken erkennen kann (unter d)).

*a) Gesellschaftliche Komplexität der Interaktionsordnung auf Finanzmärkten*

Die für die spontane Ordnung der Finanzmärkte charakterbildende dezentrale Wissensverteilung und das hohe Maß der Vernetzung der Marktakteure haben zur Folge, dass vielfältige und kleinteilige Einzelentscheidungen durch eine wechselseitigen Beeinflussungen der Marktteilnehmer in Interaktionen über die künftigen Marktentwicklungen bestimmen – womit eine hohe gesellschaftliche Komplexität entsteht.[108] Da sich das dezentrale Wissen der Marktakteure, das sich auf die besonderen Umstände von Raum und Zeit bezieht und dabei zwangsläufig auch voneinander abweicht,[109] praktisch nicht zentralisieren lässt, ist es für Einzelne ausgeschlossen, die Komplexität gänzlich nachzuvollziehen und künftige Marktentwicklungen vorherzusagen.[110] Nichtsdestotrotz ist die Komplexität der Finanzmärkte ein grundsätzlich gewünschter Effekt und schließt angesichts der dezentralen Koordinationsmöglichkeiten über Interaktionen die Stabilität von Märkten nicht aus, sondern ist für diese sogar notwendig.[111] Die Beziehungen unter den Marktakteuren und ihre sozialen Verflechtungen sind dabei enorm vielzählig und mannigfaltig. Sie können sich nicht nur über gegenseitige Verbindlichkeiten, sondern auch andere Formen der Interaktion herausbilden und wer-

---

gesellschaftlicher Phänomene *Hayek*, in: Vanberg (Hrsg.): Friedrich A. von Hayek: Wirtschaftstheorie und Wissen 2007, 188, 192 f.: der Komplexitätsgrad ergebe sich hier durch die Vielzahl der Kombinationen einzelner Elemente.

[108] Zu dezentralen Wissensstrukturen als Eigenschaft von Märkten *Hayek* The American Economic Review vol. 35, no. 4, 1945 (4), 519, 521 und passim; sowie grundlegend zu Wettbewerb als sozialen Prozess und dem dabei verteilten Wissen *Hayek*, Individualismus und wirtschaftliche Ordnung 1976, 123 ff. Anhand der Marktprozesse in den Netzwirtschaften *Broemel*, in: Münkler (Hrsg.): Dimensionen des Wissens im Recht 2019, 139.

[109] *Hayek* The American Economic Review vol. 35, no. 4, 1945 (4), 519, 521.

[110] *Hayek* The American Economic Review vol. 35, no. 4, 1945 (4), 519, 524.

[111] Zu den dezentralen Koordinationsmöglichkeiten in Interaktionen schon oben unter 1. Instruktiv zudem *Broemel*, in: Münkler (Hrsg.): Dimensionen des Wissens im Recht 2019, 139, 140: „Die Leistungsfähigkeit von Marktprozessen besteht darin, mit der Koordination der Marktteilnehmer permanent eine entwicklungsoffene Komplexität zu erzeugen, an die jeder einzelne Marktteilnehmer trotz seines jeweils begrenzten Wissens sinnvoll anschließen kann."

den durch die Internationalität der Finanzgeschäfte und die globale Reichweite der Verflechtungen weiter verstärkt.[112]

Allerdings haben die auf Finanzmärkten erzeugte Komplexität und die Ubiquität des Wissens zugleich den negativen Effekt, dass sie die Marktdynamiken für Regulierungsinstanzen, aber auch für die Marktteilnehmenden undurchsichtig machen und so einer unentdeckten Entstehung systemischer Risiken Vorschub leisten.[113] Soziologische Theorieangebote beschreiben diesen Effekt der Opazität gesellschaftlicher Systeme als „Entbettung" der Wirtschaft,[114] „Entfesselung" der Finanzmärkte oder Exempel einer „Entgrenzung" der modernen Risikogesellschaft.[115] *Ulrich Beck* betrachtet die Entfesselung von Risiken als einen Prozess, bei dem Risiken zwar auf individuelle Entscheidungen rückführbar sind, durch soziale Dynamiken in ihrer Wirkkraft durch das Individuum allerdings unvermeidbar werden.[116] Systemtheoretisch wird eine „Entfesselung" von Risiken an der funktionalen Ausdifferenzierung des Finanzmarkts festgemacht, durch die sich dieser kognitiv zunehmend von seiner Umwelt abgrenze und Regulierern den Überblick über die Funktionsweisen des Systems erschwere.[117] Andere Beschreibungsangebote interpretieren eine funktionale Differenzierung der Finanzmärkte gerade nicht als Verselbstständigung und Desintegration seiner Teilsysteme, sondern als eine komplexe Interdependenz und innige Verklammerung von Finanzmärkten, Wirtschaft und Politik.[118]

*b) Komplexität der Finanzprodukte*

Weitere Komplexitätssteigerungen resultieren aus dem permanenten Innovationsdrang der Finanzintermediäre, der stetig neue Produkte und Geschäftsmo-

---

[112] Zur Transnationalisierung der Finanzmärkte *Mayntz* MPIfG Discussion Paper (Nr. 10/8) 2010, 6.

[113] *Kette*, Bankenregulierung als Cognitive Governance 2009, 17. Im ökonomischen Kontext von Netzwerkexternalitäten *Haldane*, Why banks failed the stress test, 9. Vgl. zudem im Kontext der Netzwirtschaften *Broemel*, in: Münkler (Hrsg.): Dimensionen des Wissens im Recht 2019, 139, 140.

[114] Zur These der Entbettung der Wirtschaft aus der Gesellschaft grundlegend *Polanyi*, The Great Transformation 1978; darauf bezugnehmend im Kontext der Finanzmärkte *Jöstingmeier*, Governance der Finanzmärkte 2019, 7 f., der Systemrisiken als Bestätigung der Entbettung der Finanzmärkte betrachtet.

[115] Zur „Entfesselung" der Finanzmärkte aus soziologischer Perspektive das Kompendium Kraemer/Nessel (Hrsg.), Entfesselte Finanzmärkte 2012, siehe vor allem *Langenohl/Wetzel*, in: Kraemer/Nessel (Hrsg.): Entfesselte Finanzmärkte 2012, 63 ff.

[116] *Beck*, Risikogesellschaft 1986, 17 und passim; hierzu auch *Brock* Zeitschrift für Soziologie 1991, 12 ff.

[117] *Mayntz* MPIfG Discussion Paper (Nr. 10/8) 2010, 7; in diesem Lichte der Theorie einer funktionalen Differenzierung die Finanzmarktkrise von 2008 untersuchend *dies.* Kölner Zeitschrift für Soziologie und Sozialpsychologie 2014 (66), 1, 7 ff.; *Langenohl/Wetzel*, in: Kraemer/Nessel (Hrsg.): Entfesselte Finanzmärkte 2012, 63, 65 ff.

[118] So *Mayntz* Kölner Zeitschrift für Soziologie und Sozialpsychologie 2014 (66), 1, 16.

delle hervorbringt und dabei stets neue Unsicherheiten schafft.[119] Die stetige Produktion neuer Innovationen trägt zur Verarbeitung vorheriger Unsicherheiten bei, indem Risiken variiert werden.[120] Allerdings bringen diese auch immer neues Nichtwissen mit sich und erhöhen die Komplexität der Finanzmärkte unaufhaltsam weiter.[121] Komplexe Risikokonstrukte und Portfoliostrukuren wie beispielsweise *Collateralized Debt Obligations* (*CDOs*), die eine Summe von einzelnen Finanzprodukten zu einem Portfolio bündeln, überformen über Standardisierungen der Einzelpositionen deren individuelle Komplexität.[122] Jene Standardisierungen erleichtern prinzipiell die Organisation des Marktes, indem sie es Marktteilnehmern ermöglichen, an dem Wissen anderer teilzuhaben, ohne sich selbst kostenintensive Detailkenntnisse aneignen zu müssen.[123] Allerdings können sie mit ihrer Komplexitätsreduktion und dem durch sie verbreiteten Nichtwissen auch intransparente Risikokaskaden erzeugen. Zugleich steigern die innovativen Finanzprodukte mitunter auch die gesellschaftliche Komplexität, indem sie neue Verknüpfungen unter den Marktakteuren herstellen.[124]

*c) Komplexitätsreduktionen als Umgangsmethode der Marktakteure und Anleger*

Um die Komplexität der Finanzmärkte zu verarbeiten und dennoch effizient zu bleiben, bedienen sich die Marktakteure und Anleger kognitiver Hilfsmittel. Komplexitätsreduktionen offerieren insbesondere die unter Marktakteuren verbreiteten ökonomischen Berechnungsmodelle, indem sie die hinter einer Risikoevaluation verborgenen Komplexitäten auf Ziffern reduzieren und damit

---

[119] Zu der Komplexitätssteigerung durch digitale Entwicklungen auf dem Finanzmarkt, insbesondere durch BDAI und einem steigenden Vernetzungsgrad *BaFin*, Studie – Big Data trifft auf künstliche Intelligenz, 50, 142. Vgl. zu der Änderungsdynamik als Auslöser von Marktversagen auf dem Finanzmarkt: *Schwarcz* Wisconsin Law Review no. 1, 2019, 1, 32 f.

[120] Zu der Paradoxie, dass mit Innovationen einerseits die Unsicherheitsverarbeitung erstrebt werde und andererseits nur neue Unsicherheiten entstehen *Beckert* MPIfG Discussion Paper (Nr. 07/6) Mai 2007, 20; *Luhmann*, in: Baecker (Hrsg.): Womit handeln Banken? 1991, 12.

[121] Den Zusammenhang von Innovationen und der Entstehung von Systemrisiken auf Finanzmärkten betonen u. a. *Jöstingmeier*, Governance der Finanzmärkte 2019, 3, 19; *Beckert* MPIfG Discussion Paper (Nr. 07/6) Mai 2007, 18 f.; beispielhaft im Kontext der *subprime*-Krise *Hellwig*, in: Hellwig/Höfling/Zimmer (Hrsg.): Finanzmarktregulierung 2010, E 12 ff.

[122] *Hellwig*, in: Hellwig/Höfling/Zimmer (Hrsg.): Finanzmarktregulierung 2010, E 18.

[123] Zu Ersparnissen von Informationskosten bei standardisierten Produkten *Gale* Review of Economic Studies vol. 59, no. 4, 1992, 731 ff., daran angelehnt *Hellwig*, in: Hellwig/Höfling/Zimmer (Hrsg.): Finanzmarktregulierung 2010, E 18.

[124] *Jöstingmeier*, Governance der Finanzmärkte 2019, 5. Nach *Willke*: Dystopia (2001), 31 f.: korrespondiert dem mit komplexen Risikoprodukten wie Derivaten „hoch getriebenen Wissen […] ein gestiegenes Nichtwissen, das nicht nur die Voraussetzungen und Folgen der einzelnen Finanzierungsinstrumente und -formen betrifft, sondern eben auch in besonderer Schärfe die aus der Operationsweise des Weltfinanzsystems insgesamt resultierenden Dynamiken."

handhabbarer machen.[125] Simplifizierungen mithilfe von Risikokategorien und Modellstandardisierungen bestechen zudem mit Einheitlichkeit, was die Kommunikation institutsintern und auch gegenüber der Aufsichtsbehörde erleichtert.[126] Allerdings sind diese Komplexitätsreduktionen auch stets damit verbunden, dass Informationsverluste und Nichtwissen in Kauf genommen werden und Fehleinschätzungsgefahren entstehen können.[127] Sie schaffen systemische Anfälligkeiten,[128] wenn sich mehrere Marktteilnehmer gewisser Komplexitätsreduktionen bedienen und sich über sie ein bestimmtes Nichtwissen verbreitet. Noch irrtumsanfälliger und fragiler[129] ist die von Anlegern und Investoren typischerweise adaptierte Methode der Komplexitätsbewältigung. Sie überbrücken die für sie oftmals nicht anders zu bewältigende Komplexität in der Regel, indem sie Vertrauen entgegenbringen und hoffnungsvolle Expektanzen für ihre Entscheidungen ausschlaggebend machen,[130] womit sie ein besonders hohes Maß an Nichtwissen eingehen.

*d) Folgerungen für den regulatorischen Umgang mit Systemrisiken*

Soll die Aufarbeitung von Systemrisiken aus den bereits in Interaktionskontexten erläuterten Gründen[131] nicht der wettbewerblichen Koordination der Markt-

---

[125] *Paraschiakos*, Bankenaufsicht zwischen Risikoverwaltung und Marktbegleitung 2017, 3, 24: ein Rückgriff auf „Konzepte und Modelle der Risikokonstruktion, die Risiken erkennen und messbar machen", sei „für Finanzinstitute unumgänglich". Überaus passend insofern auch *Thiele*, in: Scharrer/Dalibor/Rodi/Fröhlich/Schächterle (Hrsg.): Risiko im Recht – Recht im Risiko 2011, 225, 226: das Recht müsse, wo ein natürlicher Risikoreflex des Menschen versagt, an dessen Stelle treten und „durch klare Regeln versuchen, das Risiko aufzunehmen und sichtbar zu machen."
[126] Vgl. *Paraschiakos*, Bankenaufsicht zwischen Risikoverwaltung und Marktbegleitung 2017, 24.
[127] Die Ökonomik leide nach *Morlok*, in: Engel/Morlok (Hrsg.): Öffentliches Recht als ein Gegenstand ökonomischer Forschung 1998, 1, 10 f. an „Unterkomplexität". Kritisch auch aus der Wirtschaftssoziologie *Mikl-Horke*, in: Mikl-Horke (Hrsg.): Historische Soziologie – Sozioökonomie – Wirtschaftssoziologie 2011, 210, 213, im Zusammenhang mit Risikomanagementverfahren in der Finanzmarktregulierung *Ohler*, in: Ruffert (Hrsg.): Enzyklopädie Europarecht (Bd. 5): Europäisches sektorales Wirtschaftsrecht 2013, § 10 Rn. 19: „Illusion der Beherrschbarkeit von Risiken" durch Komplexitätsreduktionen auf Berechnungsmodelle.
[128] *Schwarcz* Washington University Law Review vol. 87, no. 2, 2009, 211, 223.
[129] *Schwarcz* Wisconsin Law Review no. 1, 2019, 1, 26; *ders.* Washington University Law Review vol. 87, no. 2, 2009, 211, 236 ff. Zu dem Vertrauen als Methode der Komplexitätsreduktion auch *Mülbert/Sajnovits* ZfPW 2016, 1, 6.
[130] *Luhmann*, Vertrauen 2014, 27 f.: Vertrauen bei Komplexität als „riskante [...] Vorleistung". Die Konfrontation mit nicht zu bewältigender Komplexität von Risikoentscheidungen sei „Schicksal" von Beobachtern des strukturdeterminierten Finanzsystems, Baecker (Hrsg.), Womit handeln Banken? 1991, 18; *Schimank* Leviathan 2011, 499 ff., beschreibt das Phänomen pessimistischer als „Hilflosigkeit" der Kleinanleger. Zu dem Vertrauen auf Finanzmärkten aus rechtswissenschaftlicher Perspektive *Mülbert/Sajnovits* ZfPW 2016, 1 ff.
[131] S. o. unter 1., b).

akteure überlassen werden,[132] so sind Regulierer gleichermaßen mit den epistemischen Herausforderungen der Komplexität der Finanzmärkte konfrontiert. Auch sie sind für den Umgang mit jener Komplexität notwendig auf gewisse Komplexitätsreduktionen angewiesen,[133] da sich das dezentral verteilte Wissen praktisch nicht in einem solchen Ausmaß zentralisieren lässt, dass Regulatoren die Komplexität der Finanzmärkte vollständig überblicken könnten.[134] Komplexitätsreduktionen dürfen von ihnen aber angesichts des einhergehenden Nichtwissens, hinter dem sich gerade ein besonders hohes Systemrisiko verbergen kann, nicht als beständige Hilfskonstruktionen akzeptiert werden. Insbesondere statische Annahmen würden die komplexen und dynamischen Interaktionszusammenhänge vernachlässigen, die für die Entstehung von Systemrisiken ausschlaggebend sind.[135] Lässt sich der Staat auf die Regulierung von Systemrisiken ein, so muss er sich demnach auch auf die Entwicklungsoffenheit der sozialen Dynamiken selbst einlassen und die für sie relevanten Variablen fortlaufend aufarbeiten.[136] Aus der Komplexität der Finanzmärkte lässt sich schließlich

---

[132] Anders insoweit die Auffassung von *Hayek* The American Economic Review vol. 35, no. 4, 1945 (4), 519 ff.; dazu auch *Denahy* Griffith Law Review vol. 24, no. 2, 2015, 266, 272, nach dem eine zentrale Steuerung angesichts der unerwarteten Folgereaktionen spontaner Ordnungen gänzlich ausgeschlossen sei und nur dann erfolgen dürfe, wenn das System in eine Organisation umstrukturiert und den Charakter als spontane Ordnung verlieren würde.

[133] Vgl. *Fehling*, in: Hill/Schliesky (Hrsg.): Management von Unsicherheit und Nichtwissen 2016, 203, 231: „Gradwanderung zwischen Über- und Unterkomplexität" im Umgang mit Unsicherheit; spezifisch dem Verweis auf den „Stand der Wissenschaft" im Gentechnikgesetz *Ladeur* NuR 1992, 254, 255. Vgl. aus der Soziologie zudem *Willke*, Dystopia 2001, 106: die eigentliche Herausforderung im kompetenten Umgang mit organisierter Komplexität liege darin, „*bestimmte Reduktionen* [zu] leisten und gleichzeitig zu stark einschneidende Vereinfachungen [zu] vermeiden."

[134] Zu der These, dass das dezentrale Wissen nicht zentralisierbar ist, *Hayek* The American Economic Review vol. 35, no. 4, 1945 (4), 519 f.

[135] Zu den Komplexitätseliminierungen der Statistik *Hayek*, in: Vanberg (Hrsg.): Friedrich A. von Hayek: Wirtschaftstheorie und Wissen 2007, 188, 197: diese würde auf der Annahme gründen, dass „eine Information über die numerischen Häufigkeiten der verschiedenen Elemente einer statistischen Masse zur Erklärung der Phänomene genügt und daß keine Information darüber benötigt wird, wie die Elemente miteinander verknüpft sind. [...] Sie ist jedoch aus diesem Grunde irrelevant für die Lösung von Problemen, bei denen es gerade die zwischen den Elementen mit verschiedenen Merkmalen bestehenden Beziehungen sind, auf die es ankommt."

[136] Vgl. auch im allgemeinen Kontext der Regulierung gesellschaftlicher Systeme *Teubner/Willke* Zeitschrift für Rechtssoziologie 1984, 4, 6: das Recht müsse sich „sowohl auf hohe Eigenkomplexität der gesellschaftlichen Teilsysteme (interne Komplexität) [...] einstellen [...], als auch auf hohe Komplexität der Beziehungen zwischen den Teilen (externe Komplexität)." Im Kontext der Bankenregulierung *Kette*, Bankenregulierung als Cognitive Governance 2009, 92: eine kognitive Steuerung dürfe nicht auf eine Komplexitätsausblendung abzielen, „sondern eher auf ein ‚Nachvollziehen' der banksystemischen Komplexitätsverhältnisse". Die Notwendigkeit wissensgenerierender Verfahren zur Bewältigung von Komplexität anhand staatlicher Schutzpflichten begründend *Ladeur* KritV 1991 (74), 241, 255: eine hohe Komplexität und Undurchsichtigkeit der Kausalzusammenhänge zwischen Schädiger und

aber auch die Erkenntnis gewinnen, dass regulatorische Maßnahmen mit dem Folgeproblem einhergehen, dass die Reaktionen der spontanen Ordnung auf jene Maßnahmen nicht mit Sicherheit vorhersehbar sind. Regulatoren gehen das Fehlsteuerungsrisiko ein, dass sie mit ihren Maßnahmen womöglich nur neue systemische Risiken auslösen.[137] Gewinnbringende Vorschläge, wie Regulierer mit Fehlsteuerungsrisiken umgehen sollen und eine kognitive Strategie konkret ausgestaltet sein kann, könnte das Risikoverwaltungsrecht liefern, welches im Folgenden Abschnitt in den Fokus der Untersuchungen rücken soll.[138] Ferner verspricht die Digitalisierung noch in Kapitel §6 dieser Arbeit zu erforschende neue Hilfestellungen und Chancen, um die komplexen Interaktionsstrukturen noch umfassender aufzuarbeiten und auszuwerten.[139]

*3. Zwischenergebnis*

Im Lichte der Interaktionsordnungen und Komplexitäten auf Finanzmärkten offenbaren sich Systemrisiken als marktinhärentes Phänomen. Um diese einzudämmen, kann die Regulierung einerseits die Marktakteure zur Aufarbeitung des Nichtwissens anregen und eine Diversität ihrer Perspektiven unterstützen. Sofern die Bewältigung von Systemrisiken den Marktakteuren aber dennoch nicht allein überlassen werden soll, sondern Regulatoren zu der Verminderung systemischer Anfälligkeiten aktiv beisteuern wollen, müssen sich selbst auf die Komplexitäten der Finanzmärkte, die daraus für sie notwendig hervorgehende Unsicherheit und ihre eigenen Fehlsteuerungsrisiken einstellen. Sie müssen dynamisch erforschen, wie sich Wissen und Nichtwissen in Interaktionen verbreitet und die Komplexitäten bestmöglich aufarbeiten, damit sie das dahinter verborgene systemische Nichtwissen und die daraus resultierenden Systemrisiken erkennen können. Regulatorische Folgemaßnahmen, die sodann darauf abzielen, die gewonnenen Erkenntnisse zu verbreiten und systemische Anfälligkeiten auszuräumen, müssen ebenso sorgfältig im Lichte der Marktdynamiken reflektiert werden, da auch ihnen stets neues systemisches Risikopotenzial anhaften kann. Beobachtungs- und Reflexionsprozesse sollen daher im Zentrum einer kognitiven Strategie stehen.

---

Geschädigtem im Bereich des Umweltrechts bewirke eine „Entgrenzung des Abwehrrechts", die privatrechtliche Regelungen nicht mehr ausreichen lasse und stattdessen dem Staat Schutzpflichten auferlege.

[137] Zu dieser Kritik an zentralen Steuerungsversuchen in spontanen Ordnungen *Hayek* The American Economic Review vol. 35, no. 4, 1945 (4), 519, 520 und passim.

[138] Sogleich unter II.

[139] Nach *Nassehi*, Muster 2019, 28 und passim, ist das Bezugsproblem, welches die Digitalisierung zu bewältigen sucht, das der gesellschaftlichen Komplexität. Zu den Einsatzpotenzialen von Big Data und Algorithmen für eine kognitive Aufsicht: Teil 3, Kapitel §6, Abschnitt A., sowie den damit verbundenen Funktionsvoraussetzungen: Teil 3, Kapitel §6, Abschnitt B.

## II. Übertragbarkeit risikoverwaltungsrechtlicher Mechanismen für den Umgang mit Systemrisiken

Vor dem Hintergrund der Komplexitäten und Unsicherheiten, mit denen Regulatoren bei der Systemrisikobewältigung auf Finanzmärkten konfrontiert sind, drängt sich die Frage auf, inwieweit die Dogmatiken des Risikoverwaltungsrechts für die Regulierung von Systemrisiken auf Finanzmärkten instruktiv sein können.[140] Während aus dem Vorsorgeprinzip für die Regulierung von Systemrisiken nach überzeugenderer Auffassung kein starres Gebot einer bestmöglichen Systemrisikovorsorge ableitbar ist, sondern stattdessen eine staatliche Abwägungsentscheidung über die Verhältnismäßigkeit der Risikovorsorge im Einzelfall entscheiden muss (unter 1.), können aus dem Risikoverwaltungsrecht vor allem Mechanismen für die Verminderung von Fehlsteuerungsrisiken im Kontext von Systemrisiken als Vorbild dienen (unter 2.).

### 1. Abstrahierbarer Maßstab der Risikovorsorge?

Im Bereich des Umweltrechts hat sich das sog. Vorsorgeprinzip entwickelt,[141] welches auch auf andere Bereich des öffentlichen Rechts, einschließlich den Bereich der Finanzmarktregulierung,[142] zunehmend als allgemeines Rechtsprinzip

---

[140] *Augsberg*, in: Hill/Schliesky (Hrsg.): Management von Unsicherheit und Nichtwissen 2016, 71, 74: beschreibt die verwaltungsrechtliche Aufarbeitung von Unsicherheiten als epistemische Rechtsanalyse. Zur allgemeinen Anerkennung einer Methodik des Risikoverwaltungsrechts in den Verwaltungsrechtswissenschaften u. a. *Beutin*, Die Rationalität der Risikoentscheidung 2007, 98 (Risikoverwaltung als „andere[r] Verwaltungstyp" als das Polizeirecht). Nach *Wollenschläger*, Wissensgenerierung im Verfahren 2009, 62, erfülle der rechtliche Risikobegriff die „Funktion als Modus rationalitätsstiftender Ungewissheitsverarbeitung" und bewirke eine Rationalisierung des Umgangs mit Unsicherheiten durch verfahrensrechtliche Anforderungen (a. a. O., S. 69). Nach *Lepsius* VVDStRL 2004 (63), 264, 267, werde erst durch die Entindividualisierung der Zurechnung das Risiko zu einem Rechtsproblem, da es dogmatische Grundsätze, die auf Kausalitäten rekurrieren, an ihre Grenzen stoßen lasse. Zur Einordnung der Bankenregulierung als Sicherheitsrecht siehe schon anhand der Regulierungsziele unter Teil 1, Kapitel § 1, Abschnitt A., I. Die Bankenregulierung ebenfalls als risikoverwaltungsrechtliche Materie einordnend *Voß*, Unternehmenswissen als Regulierungsressource 2019, 121 f. (m. w. N. in Fn. 268); im Kontext von Systemrisiken *Engel*, Systemrisikovorsorge 2020.

[141] Den Begriff des Vorsorgeprinzips nach nationalem und europäischem Verständnis erläuternd u. a. *Lepsius* VVDStRL 2004 (63), 264, 275 ff. (mit zahlreichen weiterführenden Nachweisen); *Scherzberg* VVDStRL 2004 (63), 214, 217 f., 238; *ders.*, in: Hill/Schliesky (Hrsg.): Management von Unsicherheit und Nichtwissen 2016, 43 ff. (im Rechtsvergleich zu dem angloamerikanischen „scientific approach"); *Beutin*, Die Rationalität der Risikoentscheidung 2007, 114 ff.; *Wolf* Leviathan 1987, 357, 363 und passim; *Calliess* VVDStRL 2012 (71), 113, 140; *Spiecker gen. Döhmann*, in: Darnaculleta i Gardella/Esteve Pardo/Spiecker gen. Döhmann (Hrsg.): Strategien des Rechts im Angesicht von Ungewissheit und Globalisierung 2015, 43, 57.

[142] U. a. *Paraschiakos*, Bankenaufsicht zwischen Risikoverwaltung und Marktbegleitung 2017, 193 ff.; *Calliess* VVDStRL 2012 (71), 113, 140 und passim; *Engel*, Systemrisikovorsorge 2020.

übertragen wird.[143] Aus staatlichen Schutzpflichten und dem Untermaßverbot wird eine Legitimation des Gesetzgebers zur Abwehr von Risiken hergeleitet.[144] Von dem Gefahrenbegriff wird der innerhalb der Verwaltungsrechtswissenschaften unterschiedlich interpretierte Risikobegriff[145] überwiegend über das ihm anhaftende Unsicherheitsmoment differenziert.[146] Dem Vorsorgeprinzip wird darüber hinaus mitunter aber auch die Funktion einer „Beweislastumkehr" zugesprochen, wonach dem Gesetzgeber eine vorausschauende Risikovorsorge schon

---

[143] Im Kontext des Atomrechts zu behördlichen Unsicherheitsentscheidungen BVerwG, Urt. v. 19.12.1985 – 7 C 65/82, BVerwGE 72, 300, 315: „Vorsorge i. S. der in Rede stehenden Vorschrift [(§ 7 Abs. 2 Nr. 3 AtomG] bedeutet daher nicht, daß Schutzmaßnahmen erst dort zu beginnen brauchen, wo ‚aus gewissen gegenwärtigen Zuständen nach dem Gesetz der Kausalität gewisse andere Schaden bringende Zustände und Ereignisse erwachsen werden'", wie es dem klassischen Gefahrenbegriff entspreche. Vorsorge bedeute vielmehr, dass auch jenseits des ingenieurmäßigen Erfahrungswissens „[…] Schutzmaßnahmen auch anhand ‚bloß theoretischer' Überlegungen und Berechnungen in Betracht gezogen werden müssen, um Risiken aufgrund noch bestehender Unsicherheiten oder Wissenslücken hinreichend zuverlässig auszuschließen." Am Beispiel des Gentechnikrechts *Appel* NuR 1996, 227, 228: die Risikovorsorge bilde einen Maßstab, der es ausreichen lasse, nach praktischer Vernunft und dem wissenschaftlichen Erkenntnisstand vermeidbare Schäden auszuschließen. Für eine Regulierung von Algorithmen macht ferner *Martini*, Blackbox Algorithmus – Grundfragen einer Regulierung Künstlicher Intelligenz 2019, 120 f., 126, das Vorsorgeprinzip fruchtbar.

[144] Eingehend *Isensee*, in: Isensee/Kirchhof (Hrsg.): Handbuch des Staatsrechts (Bd. IX) 2011, § 191, Rn. 235.

[145] Auf die Vielfalt der Risikobegriffe in der Rechtswissenschaft hinweisend *Ladeur* KritV 1991 (74), 241; vgl. auch *Scherzberg* VVDStRL 2004 (63), 214, 258. In Bezug auf alle anderen Wissenschaften: *Romeike/Erben* Risknews 2004 (01), 44. *Lepsius* VVDStRL 2004 (63), 264, 267, beschreibt die Leistungsfähigkeit des Risikobegriffs wie folgt: „Die Leistung des Risikobegriffs ist es, höchst unterschiedliche Fragestellungen als Problem komplexer Kausalität zu verallgemeinern und als disziplinenübergreifendes Erkenntnisproblem zu formulieren", *Isensee*, in: Isensee/Kirchhof (Hrsg.): Handbuch des Staatsrechts (Bd. IX) 2011, § 191, Rn. 235: beschreibt den Risikobegriff als „untechnisch" und kontrastiert diesen mit dem rechtlichen Gefahrenbegriff.

[146] Zu dem für Risiken charakteristischen Unsicherheitsmoment u. a. *Beutin*, Die Rationalität der Risikoentscheidung 2007, 99. In der Debatte um den verwaltungsrechtlichen Risikobegriff haben sich verschiedene Modelle herausentwickelt, wobei grundlegend jedoch zwei Strömungen konkurrieren, die den „komplexen Ausgangstatbestand" des Risikos unterschiedlich interpretieren: das sog. „Dreistufenmodell" mit einer Abgrenzung von der Gefahr und dem Restrisiko nach Wahrscheinlichkeitsgraden und das sog. „Zweistufenmodell" mit einer Abgrenzung von der Gefahr nach der Möglichkeit des Schadenseintritts. Zu dem Diskussionsstand *Lepsius* VVDStRL 2004 (63), 264, 267 ff.: Insoweit sei der Risikobegriff ein Rechtsbegriff, „der zwischen Möglichkeit und Wahrscheinlichkeit changiert" (a. a. O., S. 277). Differenzierend zu den verschiedenen den Risikobegriffen in der Rechtswissenschaft auch *Di Fabio*, Risikoentscheidungen im Rechtsstaat 1994, 115 ff.; *Wollenschläger*, Wissensgenerierung im Verfahren 2009, 62 ff.; *Scherzberg*, in: Hill/Schliesky (Hrsg.): Management von Unsicherheit und Nichtwissen 2016, 31, 48 ff. *Appel* NuR 1996, 227, 230, weist darauf hin, dass der Gesetzgeber die Modelle je nach Sachbereich changieren und unterschiedliche Konzepte angepasst an die jeweiligen Besonderheiten des Regelungsbereichs verfolgen könne.

dann abverlangt sei, wenn eine hohe Unsicherheit vorherrsche und Kausalitäten nicht mit epistemischer Sicherheit ermittelbar seien.[147]

Das Vorsorgeprinzip auf eine solche Vorrangregel zugunsten der Risikovorsorge zu reduzieren und gar staatliche Handlungspflichten über das Untermaßverbot herzuleiten,[148] würde allerdings die damit verbundenen Grundrechtseingriffe[149] ebenso wie etwaigen die Restrisiken und Fehlsteuerungsrisiken bzw. „Risiken zweiter Ordnung", die regulatorische Maßnahmen selbst hervorrufen können, zu stark ausblenden.[150] Eine umfassende Risikovorsorge könnte beispielsweise im Bereich der Bankenregulierung nur mit einer Untersagung der Geschäftstätigkeit[151] und einer grundlegenden Reformierung der spontanen Ordnung hin zu einer zentralisierten Planwirtschaft einhergehen, da die Regulierung der spontanen Ordnung stets mit Fehlsteuerungsrisiken verbunden ist und neue Systemrisikopotenziale birgt.[152] Überzeugender ist es daher, dem Vorsorgeprin-

---

[147] Mit spezifischem Fokus auf das Umweltrecht *Di Fabio* JURA 1996, 566, 570 ff.: Das Vorsorgeprinzip bedeute mit der Erstreckung hoheitlicher Maßnahmen auf eine Risikovorsorge eine Anpassung mit grundrechtlichen Schutzpflichten einhergehender Schutzprinzipien.

[148] Zu diesem Gehalt des Vorsorgeprinzips *Calliess* VVDStRL 2012 (71), 113, 140.

[149] Das Spannungsverhältnis zwischen Vorsorge und Untermaßverbot einerseits sowie Grundrechtseingriffen und dem Übermaßverbot andererseits beleuchtet instruktiv *Beutin*, Die Rationalität der Risikoentscheidung 2007, 124 ff.

[150] Zu diesen „Risiken zweiter Ordnung", die durch die hoheitliche Risikobewältigung eigens erzeugt werden und meist noch schwerer zu prognostizieren seien als die Ursprungsrisiken, *Scherzberg*, in: Hill/Schliesky (Hrsg.): Management von Unsicherheit und Nichtwissen 2016, 31, 51. Am Beispiel des Umweltrechts *ders.*, in: Hijikata/Nassehi (Hrsg.): Riskante Strategien 1997, 201, 212: durch Risikovermeidungsstrategien ausgelöste Risiken müsse der Entscheidungsträger berücksichtigen, da dies die Fähigkeiten und Ressourcen für eine spätere Risikobewältigung binde und Rückwirkungen auf verfestigte Technologien habe. *Willke*: Dystopia (2001), 15: beschreibt das unweigerlich entstehende Nichtwissen, das der Steuerung von Systemen anhaftet, da diese auf zukunftsbezogene Systemzustände zielen und damit auf „Hypothesen, Projektionen, Simulationen und Unterstellungen" angewiesen sind, als Kernproblem der Wissensgesellschaft, mit der Folge, dass sich Niemand auf Wissen verlassen könne, „solange das komplementäre Nichtwissen nicht in gleicher Weise zur Kenntnis genommen und handhabbar gemacht ist wie das Wissen selbst". Zu den durch Risikosteuerungsmaßnahmen ausgelösten Risiken („Risk Tradeoffs") *Graham/Wiener*, in: Graham/Wiener (Hrsg.): Risk versus risk 1995, 1 ff.

[151] Zu dem Konnex von Systemrisiken und den Risikogeschäften auf Finanzmärkten bereits anhand der Einbettung von individuellen Entscheidungen in Interaktionskontexte oben unter I., 1., a). Im Bereich des Umweltrechts spricht sich *Leisner*, in: Isensee/Kirchhof (Hrsg.): Handbuch des Staatsrechts (Bd. VIII) 2010, § 173, Rn. 193, mit vergleichbaren Argumenten gegen ein pauschales Verständnis des Vorsorgeprinzips aus, da dies, wenn es als Generalvorbehalt an die Stelle einer Abwägung im Einzelfall gestellt würde, die von den Regulierungsmaßnahmen betroffenen Individuen zu undifferenziert in ein „probatio diabolica ihres Grundrechts" drängen würde.

[152] Vgl. oben unter I., 2., d), sowie *Hayek* The American Economic Review vol. 35, no. 4, 1945 (4), 519 und passim; *Denahy* Griffith Law Review vol. 24, no. 2, 2015, 266, 273 ff.: nur bei einer Umgestaltung spontaner Ordnungen in eine Organisation sei eine Zentralisierung

## § 2 Systemrisiko als Bezugsproblem einer kognitiven Strategie

zip kein Gebot zur bestmöglichen Risikovorsorge zu entnehmen, sondern dem Gesetzgeber stattdessen eine bereichsspezifische Abwägungsentscheidung am Maßstab des Verhältnismäßigkeitsprinzips abzuverlangen, die mit Mechanismen zu untermauern ist, welche den Unsicherheiten der hoheitlichen Entscheidung selbst Rechnung tragen.[153]

### 2. Risikoverwaltungsrechtliche Instrumente für die Verminderung von Fehlsteuerungsrisiken

Die risikoverwaltungsrechtlichen Dogmatiken können für die Regulierung von Systemrisiken demnach nur weiterführend sein, soweit sie Mechanismen für den hoheitlichen Umgang mit Unsicherheiten und Fehlsteuerungsrisiken anbieten.[154] Irrtumsgefahren erzeugen Spannungsverhältnisse zu dem grundsätzlichen Anspruch des Rechts, eine Rationalität staatlicher Entscheidungen sicherzustellen.[155] Prozedurale Anforderungen an Entscheidungsprozesse und Regeln für den

---

des Wissens und eine zentrale Steuerung denkbar. Dies außer Acht lassend *Engel*, Systemrisikovorsorge 2020, 79 und passim, der das Vorsorgeprinzip auf die Bewältigung von Systemrisiken auf Finanzmärkten anwendet und daraus ein „Gebot der Verwaltung zur optimalen Systemrisikovorsorge bei der behördlichen Entscheidungsfindung" abliest.

[153] Zu dieser Auffassung im Bereich des Risikoverwaltungsrechts auch *Beutin*, Die Rationalität der Risikoentscheidung 2007, 125: eine „bestmögliche Risikovorsorge" und die „vollkommene Freiheit von Risiken" könne nicht gefordert werden, stattdessen sollte: „[e]ine juristische Risikoentscheidung […] bei Vorliegen eines entsprechenden Besorgnispotentials unter Beachtung des Über- wie Untermaßverbotes (soweit möglich) jene Maßnahmen entwickeln, die zwischen den Polen der vollständigen Untersagung und unbeschränkten Zulassung angesiedelt sind." Zu der Grenzziehung zwischen reguliertem Risiko und zu vernachlässigendem Restrisiko als gesetzgeberische Wertungsentscheidung *Appel* NuR 1996, 227, 229: eine „normativ-wertende Entscheidung" müsse über die Grenzziehung zwischen Risiko und Restrisiko entscheiden, wobei der Gesetzgeber sich sachbereichsspezifisch für unterschiedliche Modelle entscheiden könne. Instruktiv im Hinblick auf den Stellenwert der Unsicherheit *Scherzberg*, in: Albers (Hrsg.): Risikoregulierung im Bio-, Gesundheits- und Medizinrecht 2011, 35, 38: „Wenn die tradierte Dogmatik vorschlägt, den zur Vorsorge berechtigenden Gefährlichkeitsverdacht bei hohen, potentiell irreversiblen Schäden bereits bei schwacher Prognosegrundlage zu bejahen, verkennt dies, dass auch das Urteil der Irreversibilität selbst auf dieser Prognoseschwäche beruht: ein klassischer Zirkelschluss. Solange das Gefahrenpotential nicht näher bekannt ist, kann nicht dieses, sondern muss die Ungewissheit zum Ausgangspunkt für die Risikosteuerung genommen werden."

[154] *Scherzberg* VVDStRL 2004 (63), 214, 219 (m. w. N. in Fn. 25 f.); *ders.*, in: Hill/Schliesky (Hrsg.): Management von Unsicherheit und Nichtwissen 2016, 31, 50, weist darauf hin, dass die verwaltungsrechtliche Risikosteuerung angesichts der Irrtumsgefahren und Restrisiken selbst eine riskante „Risikosubstitution" ist. Vgl. im Kontext des Bio-, Medizin- und Gesundheitsrechts *Albers*, in: Albers (Hrsg.): Risikoregulierung im Bio-, Medizin- und Gesundheitsrecht 2011, 9: mit dem Risikoverwaltungsrecht seien „Mechanismen für den Umgang mit Ungewissheit entwickelt worden".

[155] Die Rationalität sei nach *Beutin*, Die Rationalität der Risikoentscheidung 2007, 35 ff., ein Verfassungsgebot. Zu dem Dilemma zwischen Nichtwissen und Rationalitätserwartungen an staatliche Entscheidungen des Weiteren *Jaeckel*, in: Pünder/Klafki (Hrsg.): Risiko und

adäquaten Umgang mit Unsicherheit und Nichtwissen können diese Spannungen auflösen, indem sie zumindest die Rationalität staatlicher Entscheidungsprozesse gewährleisten.[156] Eine kognitive Strategie für die Bewältigung von Systemrisiken will sich diese Mechanismen zu Eigen machen.

*a) Beobachtungspflichten und reflexive Prozesse der Exekutive*

Den Unsicherheiten und Fehlsteuerungsrisiken bei der Risikoregulierung kann zunächst mit einer fortlaufenden Beobachtung der Regulierungsentscheidung entgegnet werden, da dies die Regulierungsentscheidungen für künftige Entwicklungen und Erkenntnisfortschritte offen halten kann.[157] Beobachtungsprozesse werden typischerweise auf die agilere und wissensüberlegenere Exekutive übertragen.[158] Der Gesetzgeber gibt der Exekutive hierfür weite Entscheidungs- und Prognosespielräume und mitunter kognitive Instrumente an die Hand, sodass ihre Beobachtungen in regulatorische Maßnahmen münden können.[159]

---

Katastrophe als Herausforderung für die Verwaltung 2016, 11, 20 f.; *Scherzberg* VVDStRL 2004 (63), 214, 217, m. w. N. Fn. 14: Rationalität müsse unter Bedingungen der Ungewissheit umdefiniert werden; zur begrenzten Rationalität schließlich auch *Ladeur*, in: Hijikata/Nassehi (Hrsg.): Riskante Strategien 1997, 201, 219: die Wissensgrenzen seien offenzulegen und es seien „Stopp-Regeln" zu definieren, welche der begrenzten Rationalität und der Zeitabhängigkeit einer modellbildenden Regulierung unter Ungewissheitsbedingungen Rechnung tragen.

[156] Grundlegend zu Beobachtungspflichten des Gesetzgebers bei Unsicherheitsentscheidungen BVerfG, Beschl. v. 08.08.1978 – 2 BvL 8/77, BVerfGE 49, 89, 90, 130: „Hat der Gesetzgeber eine Entscheidung getroffen, deren Grundlage durch neue, im Zeitpunkt des Gesetzeserlasses noch nicht abzusehende Entwicklungen entscheidend in Frage gestellt wird, kann er von Verfassungs wegen gehalten sein zu überprüfen, ob die ursprüngliche Entscheidung auch unter den veränderten Umständen aufrecht zu erhalten ist." Vgl. auch *Beutin*, Die Rationalität der Risikoentscheidung 2007, 49 (m. w. N. in Fn. 186): eine Risikoregulierung könnte nur dann als rational gelten, „wenn die die künftige Auflegungs-, Anpassungs- und Handlungsfähigkeit des Rechts kommunikativ gewährleistet und prozedural bewirkt" werde.

[157] Instruktiv *Albers*, in: Albers (Hrsg.): Risikoregulierung im Bio-, Gesundheits- und Medizinrecht 2011, 15: die Risikoregulierung müsse begleitet werden mit einer „Neugestaltung der gesamten Entscheidungsprozesse: Risikoregulierung wird eingebettet in die Konzeption eines lernfähigen Rechts, das sich durch reflexive Verfahren und ein entsprechend umfangreiches Instrumentarium auszeichnet."

[158] Zu der Verantwortungsverlagerung auf die Exekutive im Risikoverwaltungsrecht statt vieler *Klafki*, Risiko und Recht 2016, 74; *Albers*, in: Albers (Hrsg.): Risikoregulierung im Bio-, Gesundheits- und Medizinrecht 2011, 9, 19; beispielhaft anhand des Atomrechts BVerwG, Urt. v. 19.12.1985 – 7 C 65/82, BVerwGE 72, 300, 316.

[159] Zum Ermessensspielraum der Exekutive bei gesetzgeberischen Entscheidungen unter Unsicherheit BVerfG, Beschl. v. 08.08.1978 – 2 BvL 8/77, BVerfGE 49, 89, 135: „Um die Erkenntnisse und Entwicklungen von Wissenschaft und Technik im Wege einer Normgebung, die damit Schritt hält, rechtlich verbindlich werden zu lassen, stehen dem Gesetzgeber grundsätzlich mehrere Möglichkeiten zur Verfügung. Sie haben, trotz der zwischen ihnen bestehenden Unterschiede, eines gemeinsam: Durch die Verwendung unbestimmter Rechtsbegriffe werden die Schwierigkeiten der verbindlichen Konkretisierung und der laufenden

Auch der Bankenaufsicht sind weite Entscheidungs- und Konkretisierungsspielräume verliehen,[160] die von den Aufsichtsbehörden genutzt werden sollten, um in einem stetigen Lernprozess die Funktionsweise der Finanzmärkte sowie die bestehenden systemischen Risikopotenziale zu erforschen und Regulierungsmaßnahmen anzupassen.[161] Ein Beobachtungsinstrument, das der Aufsicht hierbei zur Verfügung steht, sind Stresstests, anhand derer sie die Notwendigkeit neuer Schutzmaßnahmen auf Grundlage von Simulationen ermitteln kann.[162] In anderen Realbereichen sind beispielsweise Träume bzw. Reallabore (sog. *Sandboxes*) als kognitive Instrumente für die überwachte Erprobung innovativer Produkte im Gespräch.[163] Die im Bereich der Arzneimittelregulierung vorgesehene klinische Prüfung erfüllt bereits vergleichbare Testfunktionen.[164] Die Testräume könnten Prognosen über die Risiken innovativer, aber besonders unsicherheitsbehafteter Produkte vorantreiben, die mit bestehenden Regulierungsstandards nicht oder nur schwer vereinbar wären.[165] Unter Vorgabe bestimmter gesetzlicher Rahmenbedingungen (sog. Experimentierklauseln) sollen diese getestet und die Entwicklung adäquater Schutzstandards vorangetrieben werden.[166] Gerade für den Umgang mit digitalen Finanzinnovationen böte sich dieses In-

---

Anpassung an die wissenschaftliche und technische Entwicklung mehr oder weniger auf die administrative und – soweit es zu Rechtsstreitigkeiten kommt – auf die judikative Ebene verlagert." Ferner *Jaeckel*, in: Pünder/Klafki (Hrsg.): Risiko und Katastrophe als Herausforderung für die Verwaltung 2016, 11, 24: Unsicherheit als „Grund und zugleich Grenze des administrativen Beurteilungsspielraums".

[160] Zu den weiten Entscheidungsspielräumen und Normierungsbefugnissen der Aufsicht im Bereich der Finanzmarktregulierung u. a. *Röhl*, in: Fehling/Ruffert (Hrsg.): Regulierungsrecht 2010, § 18, Rn. 121 ff. Konkret zu den Möglichkeiten, wie die Aufsicht über diese ihr dynamisch generiertes Wissen in Einsatz bringen kann: Teil 2, Kapitel § 4, Abschnitt D.

[161] Die Rahmenbedingungen einer kognitiven Aufsicht zu Zwecken der Systemregulierung entfaltet Teil 2, Kapitel § 4 vor dem Hintergrund der vorhandenen institutionellen Strukturen der Bankenaufsicht.

[162] Zu diesen noch ausführlich in Teil 2, Kapitel § 4, Abschnitt C.

[163] Zur Funktion von Testverfahren und Reallaboren bei staatlichen Prognoseentscheidungen *Ruf*, Die legislative Prognose 2020, 27. Die verschiedenen Einsatzmöglichkeiten von Reallaboren und die an sie zu stellenden Anforderungen beleuchtet *BMWi*, Freiräume für Innovationen. Ein Konzept für ein Reallabore-Gesetz präsentierte jüngst *BMWi*, Neue Räume, um Innovation zu erproben. Zu der Debatte um *Sandboxes* im Bereich der Finanzmarktregulierung noch unter Kapitel § 5, Abschnitt A., III. und Abschnitt B., II, sowie *Ringe/Ruof* EBI Working Paper Series (Nr. 26) 2018.

[164] §§ 40 ff. AMG. Instruktiv zur Funktion klinischer Erprobungen für die Risikoprävention, wenn auch auf Grundlage des § 49 AMG a.F., *Di Fabio*, Risikoentscheidungen im Rechtsstaat 1994, 211 ff.

[165] *BMWi*, Neue Räume, um Innovation zu erproben, 1.

[166] Zu der Notwendigkeit von Experimentierklauseln *BMWi*, Neue Räume, um Innovation zu erproben, 4 f.: eine „Blanko-Erprobungs-Befugnis" sei unzulässig und stattdessen müssten sowohl übergreifende Standards als auch konkrete fachgesetzliche Erprobungsklauseln vorgeschrieben werden.

strumentarium auch in dem Bereich der Bankenregulierung an.[167] Als kognitive Beobachtungsinstrumente könnten des Weiteren aber auch innovative Technologien wie Big Data und Algorithmen großen Mehrwert liefern.[168]

Die staatlichen Beobachtungspflichten dürfen sich indes nicht darauf beschränken, Möglichkeiten zu weitergehenden Schutzmaßnahmen auszuloten.[169] Vor dem Hintergrund von Fehlsteuerungsrisiken müssen Regulierer auch die Auswirkungen hoheitlicher Steuerungsmaßnahmen und die durch sie selbst produzierten Risiken zweiter Ordnung im Blick behalten.[170] Ihre Lernfähigkeit muss sich mit anderen Worten auch auf das Recht selbst beziehen, womit normative Vorgaben ihre Stabilität und Dauerhaftigkeit verlieren und stattdessen flexibel, entmaterialisiert und temporalisiert werden.[171] Da auf Finanzmärkten die Folgereaktionen der spontanen Ordnung auf regulatorische Eingriffe besonders unvorhersehbar sind und hohe Fehlsteuerungsrisiken bergen, ist eine Reflexivierung regulatorischer Maßnahmen bei der Systemrisikobewältigung in besonderem Maße geboten.[172] Konkret muss die Aufsicht nicht nur die systemischen

---

[167] Zu den Einsatzpotenzialen im Umgang mit Algorithmen und digitalen Geschäftsmodellen ausführlich in Teil 3, Kapitel § 5, Abschnitt A., III., bzw. Abschnitt B., II.

[168] Zu dem Mehrwert sowie den Voraussetzungen eines Einsatzes von Big Data und künstlicher Intelligenz seitens der Aufsicht noch ausführlich Teil 3, Kapitel § 6.

[169] Vgl. *Bieback* Zeitschrift für Rechtssoziologie 2018, 60, 62 zu BVerfG, Nichtannahmebeschluss v. 28.02.2002 – 1 BvR 1676/01, NJW 2002, 1638, 1639.

[170] Eine kontinuierliche Überprüfung der Risikoentscheidung im Umgang mit Systemrisiken auf Finanzmärkten von der Aufsicht abverlangend auch *Thiele* ZG 2010, 127, 141. Zur reflexiven Risikoregulierung *Scherzberg* VVDStRL 2004 (63), 214, 225 ff.; instruktiv auch *ders.*, in: Hill/Schliesky (Hrsg.): Management von Unsicherheit und Nichtwissen 2016, 31, 62: „Risikosteuerung ist […] als fortlaufend reflektiertes und kontrolliertes Verfahren von Versuch und Irrtum zu betreiben, das die Selektion von Risiken zum Gegenstand hat und damit die Festlegung einer – vorläufigen – Risikopräferenz". Das Eingeständnis des Risikos werde dabei zu einer „Basiskompetenz" (a. a. O., mit Verweis auf *Willke*, Dystopia 2001, 45). Zur Notwendigkeit dynamischer Überprüfung von Risikoentscheidungen ebenfalls *Klafki*, Risiko und Recht 2016, 34: neben der Risikoprävention gewinnen angesichts der verbleibenden Restrisiken und Irrtumsgefahren auch staatliche Maßnahmen an Bedeutung, die sich auf die Risikoverwirklichung einstellen und Vorbereitungen für den Risikoeintritt im Sinne eines Katastrophenrechs treffen. Im Zusammenhang mit Innovationstechnologien nach einem „intensive[n] wissensgenerierende[n] Folgenmanagement" verlangend *Wollenschläger*, Wissensgenerierung im Verfahren 2009, 67 f.: diese wissensgenerierenden Prozesse müssen insbesondere im Umgang mit innovativen Technologien Fehleinschätzungsrisiken entgegentreten. Zu der Verschiebung hoheitlicher Steuerungsaufgaben von einer imperativen Steuerung zu einer responsiven, kooperativen Regulierung auch *Bizer/Führ*, in: Bizer/Führ/Hüttig (Hrsg.): Responsive Regulierung 2002, 1 ff.

[171] *Albers*, in: Albers (Hrsg.): Risikoregulierung im Bio-, Gesundheits- und Medizinrecht 2011, 9, 19 f.: die Lernfähigkeit müsse nicht nur den außerrechtlichen Wandel, sondern auch „das Recht selbst, also die Mitbeobachtung der Wirkungen rechtlicher Entscheidungen und die Selbstreflexivität unter der Perspektive der Kontingenz und Änderbarkeit des Rechts" einschließen.

[172] Zu der Entwicklungsoffenheit s. o. unter I., 2., a), sowie instruktiv im Kontext der Netzwirtschaften zu dem Einfluss dezentraler Entscheidungsprozesse auf Marktentwicklun-

Effekte und etwaige Systemrisikopotenziale ihrer eigenen Risikoentscheidungen überprüfen, sondern auch die Effekte normativ gefestigter Risikovermeidungsstrategien – wie beispielsweise der Katalogtatbestände,[173] der gesetzlichen Berechnungsmodelle für die Eigenmittelanforderungen[174] oder statisch geregelter Eigenkapital- und Liquiditätsquoten[175] – in wissensgenerierende Überprüfungsverfahren einbeziehen. Nur so kann sichergestellt werden, dass Fehlsteuerungsrisiken adäquat überprüft und ggf. im Dialog mit dem Gesetzgeber[176] eingedämmt werden können.

*b) Sachverständigenrat*

Um staatliche Entscheidungen unter Ungewissheitsbedingungen zu rationalisieren, kann ferner die Konsultation von Fachkreisen und wissenschaftlichen Expertengruppen zielführend sein.[177] Mit ihrer Unterstützung kann der aktuelle Stand der Forschung berücksichtigt und eine ständige Fortentwicklung der Forschung in den für die Aufsichtstätigkeit relevanten Fragestellungen angeregt werden.[178] Im Bereich der Finanzmarktregulierung sind Expertengremien bereits vereinzelt vorgesehen, um die Aufsichtsbehörden mit Sachverstand zu versorgen.[179] Ihr Mehrwert ist im Kontext von Systemrisiken allerdings dadurch relativiert,

---

gen *Broemel*, in: Münkler (Hrsg.): Dimensionen des Wissens im Recht 2019, 139. Zur Unkenntnis über soziale Tatsachen am Beispiel von Finanzmärkten *Spiecker gen. Döhmann*, in: Darnaculleta i Gardella/Esteve Pardo/Spiecker gen. Döhmann (Hrsg.): Strategien des Rechts im Angesicht von Ungewissheit und Globalisierung 2015, 43, 47.

[173] Dazu Teil 2, Kapitel § 3, Abschnitt A., III.

[174] Zu den gesetzlich vorgeschriebenen Berechnungsverfahren zu Ermittlung der Mindestanforderungen an das Eigenkapital in Teil 2, Kapitel § 3, Abschnitt B., I.

[175] So bei dem Kapitalerhaltungspuffer (Teil 2, Kapitel § 3, Abschnitt B., III., 1), aber auch der Verschuldungsquote (Teil 2, Kapitel § 3, Abschnitt B., IV.) und den quantitativen Liquiditätsinstrumenten (Teil 2, Kapitel § 3, Abschnitt B., V.)

[176] Vgl. Teil 2, Kapitel § 4, Abschnitt D., III.

[177] *Thiele* ZG 2010, 127, 141; visualisierend anhand des Arzneimittelrechts und den zu Zwecken der Risikobewältigung institutionalisierten Kommunikationsinfrastrukturen zwischen Behörde und Organisationen *Wollenschläger*, Wissensgenerierung im Verfahren 2009, 73. Im angloamerikanischen Recht legt der sog. „scientific approach" für den Umgang mit Risiken einen Fokus auf die wissenschaftliche Fundierung der Regulierungsmaßnahmen, dazu *Scherzberg*, in: Hill/Schliesky (Hrsg.): Management von Unsicherheit und Nichtwissen 2016, 31, 43 ff. im Rechtsvergleich zu dem europäischen „Vorsorgeprinzip".

[178] Nach *Appel*, in: Hill/Schliesky (Hrsg.): Management von Unsicherheit und Nichtwissen 2016, 113, 144, könne der Rekurs auf extrajuridische Erkenntnisbestände sicherstellen, dass das Recht seine Funktionen bei der Risikobewältigung erfüllen könne, wobei allerdings über Verfahrensvorkehrungen bei der Einbindung außerjuridischen Wissens sicherzustellen sei, dass sich die extrajuridischen Wissensbestände „nicht [im Sinne von richtigen Entscheidungen nach den Maßstäben der außerrechtlichen Disziplin] verselbstständigen". Auf Grenzen und Gefahren einer Einbindung der Wissenschaft in die Risikoverwaltung hinweisend auch *Ladeur*, in: Hijikata/Nassehi (Hrsg.): Riskante Strategien 1997, 201, 218 ff.

[179] Insbesondere bei dem ESRB, vgl. Teil 2, Kapitel § 4, Abschnitt B., III.

dass es nicht bloß an punktuellem, wissenschaftlich aufgearbeitetem Erfahrungswissen fehlt, das Expertengruppen erhellen könnten.[180] Stattdessen entstehen Wissensprobleme gerade aus der Ubiquität des Wissens und der Dynamik der spontanen Ordnung der Finanzmärkte,[181] die von Einzelnen nicht aufzuklären ist und eine zu starke Fixierung von Erfahrungswissen verbietet.[182] Zu berücksichtigen ist schließlich auch, dass wissenschaftliche Expertengremien vor Irrtumsgefahren nie gefeit sind, sodass auch ihre Empfehlungen stets kritisch von den Aufsichtsbehörden reflektiert werden müssen.[183]

Diese Vorbehalte sollten allerdings nicht zu dem Schluss führen, dass wissenschaftliches Expertenwissen bei der Bewältigung von Systemrisiken auf Finanzmärkten vollständig zu vernachlässigen wäre.[184] Stattdessen sollte sich der Umgang mit Sachverständigen dahingehend verändern, dass diese nicht als schlichte Wissensressource Einsatz finden, sondern ihre Diversität und stetige Selbstreflexionen befördert werden sollten, um den Diskurs voranzutreiben.[185] Gerade für die Bewältigung dynamischer Wissensprobleme um Systemrisiken, die aus der Wissensubiquität und der Entwicklungsoffenheit der Finanzmärkte resultieren, könnte wissenschaftliche Expertise zudem Erkenntnisse beisteuern, wie die aufsichtliche Beobachtung und Analyse der sozialen Interaktionsdynamiken auf Finanzmärkten verbessert werden könnte.[186]

*c) Kooperativer Steuerungsmodus*

Zur Rationalisierung von Risikoentscheidungen bietet sich ferner ein Governance-Modus als Alternativprogramm zu einer imperativen Steuerung an, um Aufsichtsobjekte und das bei ihnen verfügbare Wissen für die Risikoregulierung zu aktivieren.[187] Angesichts der Entwicklungsdynamiken der Finanzmärkte und des

---

[180] Zu diesem Einwand gegen Sachverständigenmodelle in dynamischen Regulierungsbereichen, die durch eine hohe Wissensdiversifizierung geprägt sind, *Wollenschläger*, Wissensgenerierung im Verfahren 2009, 19f. Im Kontext der „Wissensgesellschaft" zu der Notwendigkeit, Sachverständige anders als früher einzusetzen: *Ladeur*, in: Hoffmann-Riem/Schmidt-Aßmann/Voßkuhle (Hrsg.): Grundlagen des Verwaltungsrechts (Bd. II) 2012, § 21, Rn. 67–69.

[181] Dazu schon oben unter I., 2., a).

[182] So in allgemeinem Kontext der Verwaltungsrechtswissenschaften *Wollenschläger*, Wissensgenerierung im Verfahren 2009, 19 f.

[183] *Beutin*, Die Rationalität der Risikoentscheidung 2007, 209.

[184] Vgl. *Wollenschläger*, Wissensgenerierung im Verfahren 2009, 20.

[185] Vgl. im Kontext der Wissensgesellschaft zu der notwendigen Veränderung des Umgangs mit Sachverständigen *Ladeur*, in: Hoffmann-Riem/Schmidt-Aßmann/Voßkuhle (Hrsg.): Grundlagen des Verwaltungsrechts (Bd. II) 2012, § 21, Rn. 69.

[186] In diesem Lichte zu dem Mehrwert von Expertengremien bei der Auswertung algorithmischer Outputs noch Teil 3, Kapitel § 6, Abschnitt B., IV.

[187] Vgl. *Albers*, in: Albers (Hrsg.): Risikoregulierung im Bio-, Gesundheits- und Medizinrecht 2011, 9, 16: Die Formen ihrer Einbeziehung seien vielgestaltig und könnten, „sei es durch Formen der kontinuierlichen, überprüfbaren und überprüften Wissensgenerierung mittels Beobachtungs- und Informationspflichten, sei es durch die Veranlassung von Selbstreflektions- und Selbstregulierungsprozessen wie etwa mittels Konzeptentwicklungspflichten

besonderen orts- und zeitspezifischen Wissens der Marktakteure, welches die Aufsicht nicht bei sich bündeln kann,[188] ist es auch für die Regulierung von Systemrisiken auf Finanzmärkten elementar, das dezentrale Wissen für die Bewältigung von Systemrisiken nutzbar zu machen. Regulatoren sollten sich hierfür in die Selbststeuerungsprozesse der Marktakteure aktiv einbinden und diesen Rahmenbedingungen vorgeben,[189] um zu gewährleisten, dass die Aufarbeitung des potenziell systemgefährdenden Nichtwissens vorangetrieben wird und strategische Eigeninteressen der Marktakteure die dezentrale Koordination nicht fehlleiten.[190] Strukturvorgaben an Institute, insbesondere die organisatorischen Anforderungen an das Risikomanagement,[191] können diese stetig zu der Generierung neuen Wissens antreiben, wobei eine permanente „Irritation" innovative, den Status Quo des institutsinternen Wissens vorantreibende Lernprozesse ermöglicht.[192] Eine stärkere Diversität sollte aber nicht nur unternehmensintern, sondern auch unter den Akteuren befördert werden, da diese positiv zu ihrer dezentralen Koordinierung beiträgt.[193]

*d) Notfallmechanismen*

Aber auch Notfallvorkehrungen und spezifische Regelungen für den Eintritt der Katastrophe können zur Rationalisierung von Risikoentscheidungen beisteuern.[194] Die vorsorgende Bereitstellung von Ressourcen für den Risikoeintritt

---

oder der Pflicht zur Bestellung von Betriebsbeauftragten, sei es durch Kennzeichnungspflichten, sei es durch Formen der Öffentlichkeitspartizipation", erfolgen.

[188] Vgl. zu dem spezifischen Wissen der Marktakteure *Hayek* The American Economic Review vol. 35, no. 4, 1945 (4), 519, 521.

[189] Zu einer sog. regulierten Selbstregulierung als Baustein des Risikoverwaltungsrechts *Albers*, in: Albers (Hrsg.): Risikoregulierung im Bio-, Gesundheits- und Medizinrecht 2011, 9, 21.

[190] Zu der Problematik strategischer Eigeninteressen im Kontext der dezentralen Koordination auf Finanzmärkten bereits oben unter I., 1., b). Im Kontext des Einflusses von Algorithmen auf die Finanzmarktdynamiken Teil 3, Kapitel § 5, Abschnitt A., III., sowie der Veränderung der sozialen Ordnung auf Finanzmärkten durch digitale Geschäftsmodelle: Teil 3, Kapitel § 5, Abschnitt B., II.

[191] Dazu Teil 2, Kapitel § 3, Abschnitt C.

[192] Zum Bedarf einer „Irritation" durch Lernprozesse im Umgang mit Unsicherheiten, angelehnt an *Luhmann, Ladeur* KritV 1991 (74), 241, 252; und einer „Proceduralisierung zweiter Ordnung" für eine Risikoregulierung im Umweltrecht *ders.*, in: Hijikata/Nassehi (Hrsg.): Riskante Strategien 1997, 201, 213. Zu der Funktion organisatorischer Anforderungen als Strukturvorgaben für die institutsinterne Risikobewältigung im Gemeinwohlinteresse instruktiv *Voß*, Unternehmenswissen als Regulierungsressource 2019, 40 ff. Am Beispiel der Ökonomik erläutert *Fehling*, in: Hill/Schliesky (Hrsg.): Management von Unsicherheit und Nichtwissen 2016, 203, 207, den Bedarf einer „Irritation" der Rechtswissenschaft durch andere soziale Systeme.

[193] S. o. unter I., 1., b).

[194] Zur Relevanz des Katastrophenrechts für die Risikoregulierung *Klafki*, Risiko und Recht 2016, 43 und passim.

kann etwaige Schadensfolgen abmildern.[195] Im Bereich der Bankenregulierung sind derartige Notfallmechanismen bereits besonders intensiv ausgeprägt. Vornehmlich die noch im weiteren Untersuchungsverlauf zu beleuchtenden qualitativen Eigenmittel- und Liquiditätsanforderungen fallen in jene Kategorie.[196] Sie verpflichten die Institute dazu, Mindestreserven an Eigenmitteln bzw. Liquidität vorzuhalten, um sich individuell auf den Risikoeintritt vorzubereiten. Ergänzende Notanker im Falle einer Bankenabwicklung bieten zudem der Einheitliche Abwicklungsfonds (*Single Resolution Fund*, SRF), seinerseits abgesichert mit dem „backstop" des Europäischen Stabilitätsmechanismus (ESM).[197]

Allerdings kann auch eine Antizipation des Risikoeintritts und Vorbereitung auf den Katastrophenfall mithilfe von Notfallmechanismen mit erheblichen Unsicherheiten verbunden sein. Gerade bei der Errichtung von Notfallmechanismen für den Eintritt von Systemrisiken erschweren die unkalkulierbaren Entwicklungsdynamiken der Finanzmärkte eine Beurteilung des zu erwartenden Schadensausmaßes sowie der voraussichtlichen Effektivität der Notfallmechanismen.[198] Soweit Maßnahmen der Notfallvorsorge zudem in die Grundrechte der Institute eingreifen, ist die Angemessenheit jener Eingriffe nur gewährleistet, wenn auch die Notfallmechanismen ihrerseits dynamischen Anpassungen und reflexiven Prozessen unterliegen, die den Unsicherheiten Rechnung tragen.[199] Zahlreiche quantitative Eigenmittelanforderungen zielen in diesem Sinne auf die verhältnismäßige und risikobasierte Notfallvorsorge, indem sie die Berechnung der Eigenmittelreserven mit dynamischen Überprüfungen verkoppeln.[200] Risikounabhängige Sicherheitsvorkehrungen wie die Verschuldungsquote[201] oder der Kapitalerhaltungspuffer[202] erlangen demgegenüber eine komplementierende Funktion, indem sie einen statischen Notfallmechanismus bereithalten und damit gerade den verbleibenden Unsicherheiten und dem Nichtwissen Rechnung tragen, welche über die risikobasierten Notfallmechanismen womöglich nicht berücksichtigt werden.

---

[195] So im Kontext des Risikoverwaltungsrechts *Klafki*, Risiko und Recht 2016, 153.
[196] Ausführlich in Teil 2, Kapitel § 3, Abschnitt B.
[197] *Hufeld*, in: Hufeld/Ohler (Hrsg.): Enzyklopädie Europarecht (Bd. 9): Europäische Wirtschafts- und Währungsunion 2022, § 2, Rn. 85.
[198] Die Effektivität für die Beurteilung der Notfallmechanismen als Maßstab zugrunde legend *Klafki*, Risiko und Recht 2016, 270 ff.
[199] Zu der Funktion dynamischer Überprüfungen und reflexiver Prozesse bei Risikoentscheidung bereits soeben unter a).
[200] Insbesondere die risikobasierten Mindestanforderungen an Eigenmittel (Teil 2, Kapitel § 3, Abschnitt B., I.), die Kapitalzuschläge (a. a. O., II.), der antizyklische Kapitalpuffer (a. a. O., III., 2.), der Systemrisikopuffer (a. a. O., III., 3.) sowie die G-SRI- und A-SRI-Puffer (a. a. O., III., 4.).
[201] Ausführlich zu diesem Instrument in Teil 2, Kapitel § 3, Abschnitt B., IV.
[202] Dazu Teil 2, Kapitel § 3, Abschnitt B., III., 1.

*e) Transparenz und Risikokommunikation zur Stärkung der Entscheidungsakzeptanz*

Eine Risikokommunikation kann schließlich für die Unsicherheitsimmanenz der Regulierungsentscheidungen sensibilisieren und die gesellschaftliche Akzeptanz der Risikoentscheidung erhöhen.[203] In der REACH-VO hat sich eine Institutionalisierung von Kommunikationsprozessen mit „interessierten Kreisen" als gewinnbringend erwiesen.[204] Im Bereich der Finanzmarktregulierung erfolgt eine Öffentlichkeitsbeteiligung vor allem über Konsultationspapiere, die Normsetzungsprozessen der Aufsicht meist vorgeschaltet sind.[205]

*3. Zwischenergebnis*

Eine kognitive Strategie für die Bewältigung von Systemrisiken auf Finanzmärkten kann dem Risikoverwaltungsrecht nach überzeugenderer Auffassung keinen abstrahierbaren Maßstab bestmöglicher Risikovorsorge entnehmen. Als Vorbild können indes risikoverwaltungsrechtliche Mechanismen dienen, welche Entscheidungen unter Unsicherheit und Fehlsteuerungsrisiken rationalisieren können. Wie noch Teil 2 der Untersuchungen veranschaulichen wird, sind diese Mechanismen im Bankenregulierungsrecht teilweise bereits implementiert, auch wenn die weitere Untersuchung Optimierungsmöglichkeiten ausmachen wird.

*III. Zusammenführung: Grundrisse einer kognitiven Strategie*

Die Arbeit geht von der Prämisse aus, dass Systemrisiken inhärente Phänomene der Interaktionsordnungen und Komplexitäten auf Finanzmärkten sind. Als Lösungsstrategie präsentiert sie eine kognitive Strategie. Diese zielt zum einen darauf, die Institute zu einer diverseren Aufarbeitung des Nichtwissens anzuregen und damit die dezentrale Koordinierung zu fördern. Zum anderen will sie die Regulatoren mit kognitiven Instrumenten ausstatten, sodass auch sie adäquat zu der Aufarbeitung systemischer Anfälligkeiten beitragen können. Mechanismen des Risikoverwaltungsrechts will eine kognitive Strategie nutzen, um hoheitliche Entscheidungen auf die mit der Systemrisikoregulierung verbundenen Unsicherheiten und Fehlsteuerungsrisiken einzustellen. Der Aufsicht kommt hierbei die Rolle eines dynamischen Marktbeobachters zu. Sie muss neben den Möglichkeiten zu weitergehenden Schutzmaßnahmen auch die Folgeeffekte eigener Regulierungsentscheidung fortlaufend reflektieren. Über einen kooperativen Austausch mit Marktakteuren und die Hinzuziehung von Expertenwissen kann sie

---

[203] Zu dem Mehrwert einer Risiko- und Katastrophenkommunikation im Kontext des Risikoverwaltungsrechts *Klafki*, Risiko und Recht 2016, 156 f.

[204] Hierzu und zu weiteren Beispielen aus bereichsspezifischen Gebieten des Risikoverwaltungsrechts *Scherzberg*, in: Hill/Schliesky (Hrsg.): Management von Unsicherheit und Nichtwissen 2016, 31, 59.

[205] Dazu unter Teil 2, Kapitel § 3, Abschnitt D., III.

die Weiterentwicklung des Wissens über Systemrisiken vorantreiben. Nach dem Vorbild des Risikoverwaltungsrechts können schließlich Notfallmechanismen Rettungsanker für den Eintritt des Systemrisikos bereitstellen und eine Risikokommunikation die gesellschaftliche Akzeptanz der unsicherheitsbehafteten Regulierungsentscheidungen erhöhen.

## D. Zwischenergebnis

Das Systemrisiko wird in der Rechtswissenschaft bisweilen fast ausschließlich im Lichte ökonomischer Heuristiken interpretiert. Die Arbeit will neue Perspektiven auf Systemrisiken eröffnen, indem sie diese als immanentes Phänomen der Interaktionen und Komplexitäten auf Finanzmärkten begreift. Für den Umgang mit Systemrisiken erwächst daraus eine kognitive Lösungsstrategie. Aufbauend auf jenem theoretischen Fundament wird Teil 2 der Arbeit untersuchen, inwieweit sich eine kognitive Strategie bisher in den Vorschriften der Bankenregulierung wiederfindet und wie letztere optimiert werden können, um Systemrisiken noch besser zu entgegnen.

*Teil 2*

# Instrumente der Bankenregulierung aus Perspektive einer kognitiven Strategie

Die Risikoverarbeitung auf Finanzmärkten erfolgt bislang schwerpunktmäßig dezentral über die Institute.[1] Eine kognitive Strategie will zum einen die Institute auf einen reflexiven Umgang mit Risiken hinleiten und so die dezentrale Aufarbeitung von Systemrisiken unterstützen. Vor diesem Hintergrund wird Kapitel § 3 die vorhandenen institutsbezogenen Vorschriften unter die Lupe nehmen und Optimierungspotenziale untersuchen. Allerdings kann die Aktivierung des Wissens der Institute für die Bewältigung von Systemrisiken allein nicht genügen, da Homogenitäten und von Eigeninteressen geleitete Verhaltensweisen zur Folge haben können, dass systemische Anfälligkeiten im Wege der dezentralen Koordination nicht beseitigt werden und sich diese gar weiter verschärfen.[2] Eine kognitive Aufsicht muss daher zu einer elementaren Funktionsbedingung erfolgreicher Systemregulierung avancieren (Kapitel § 4). Sie hat in Kooperation mit den Aufsichtsobjekten und Expertengremien eigenes Wissen über die Funktionsweise der Finanzmärkte zu generieren. Dieses muss über die bloße Kumulation von Daten der Marktakteure hinausgehen und sich spezifisch auf soziale Dynamiken und die Aufklärung systemischen Nichtwissens ausrichten.[3] Nur ein derartiges, stetig aktualisiertes Systemwissen und die fortlaufende Reflexion der Folgewirkungen eigener regulatorischer Instrumente befähigt die Aufsicht dazu, Systemrisiken adäquat zu mitigieren und nicht gar selbst neue Systemrisiken anzustoßen.

---

[1] Vgl. aus soziologischer Perspektive Baecker (Hrsg.), Womit handeln Banken? 1991, 171: „internale, eigenkapitalbezogene Zurechnung der Risiken des Bankgeschäfts auf die Bank, in der diese Geschäfte getätigt werden."
[2] Dazu bereits in Teil 1, Kapitel § 2, Abschnitt C., I., 1., b).
[3] Zu dem Bedarf der Generierung von Wissen über systemische Dynamiken vgl. *Willke*, Dystopia 2001, 35 und passim, sowie ausführlich: Teil 1, Kapitel § 2, Abschnitt C., I., 1., c) und 2., d).

# § 3 Institutsbezogene Vorschriften zur dezentralen Systemrisikobewältigung

Um aufzuklären, inwieweit die dezentrale Risikoverarbeitung durch die Institute zu der Bewältigung von Systemrisiken beitragen kann,[1] die vorhandenen institutsbezogenen Vorschriften der Bankenregulierung dabei mitunter aber auch neue Systemrisiken hervorbringen können, wird die Untersuchung zunächst die „Institute" als Regulierungsobjekte in den Blick nehmen. Hierbei werden grundlegende Schwierigkeiten manifest, die aus der individualistischen Konzeption des Aufsichtsrechts für die Systemrisikobekämpfung resultieren (Abschnitt A.). Sodann wird sich die Arbeit den Eigenmittel- und Liquiditätsanforderungen zuwenden (Abschnitt B.). Normativ vorgeschriebene ökonomische Berechnungsmodelle[2] weisen den Umgang mit Unsicherheiten in Instituten an und sollen gewährleisten, dass die Institute angemessene Notfallreserven für den etwaigen Eintritt von Risiken bereithalten. Die Modelle zeitigen allerdings den paradoxen Effekt, dass sie durch ihre homogene Adaption systemische Anfälligkeiten bestärken können. Um diese erkennen und beheben zu können, fordert eine kognitive Strategie sowohl Institute als auch Aufsichtsbehörden dazu auf, die ökonomischen Risikomodelle kritisch zu reflektieren, um das ihnen anhaftende Nichtwissen dynamisch aufzuarbeiten.[3] Organisatorische Anforderungen bilden

---

[1] Zur dezentralen Risikobewältigung im Bankenaufsichtsrecht als Ausprägung einer risikoverwaltungsrechtlichen Methodik *Voß*, Unternehmenswissen als Regulierungsressource 2019, 32, 121 f. (m. w. N. in Fn. 268).

[2] Neben Annahmen der klassischen Ökonomik, die sich unter anderem auf den Kreis der Regulierungsobjekte (sogleich Teil 2, Kapitel § 3, Abschnitt A.) niederschlagen, berücksichtigt das Finanzmarktregulierungsrecht überwiegend finanzmathematische Lösungsstrategien, die vor allem bei Eigenmittelanforderungen zu Zwecken der Risikobewältigung (zum Kreditrisiko Art. 107 ff. CRR, zum operationellen Risiko Art. 312 ff. CRR, zum Marktrisiko Art. 325 ff. CRR) normativen Gehalt erlangen, sowie auch solche aus der Verhaltensökonomik (sog. *Behavioural Economics*), welche Normwirkungszusammenhänge erklären und damit im nicht-normativen, deskriptiven Bereich operieren. Ökonomische Theorieannahmen sind hierbei abstrakt gesprochen in Normtexten direkt (vor allem in den Bewertungsvorschriften der CRR) oder indirekt integriert oder kommen jedenfalls in rechtswissenschaftlichen Fragen um die Auslegung der Normen (vgl. allgemein *Posner* Texas Law Review vol. 53, no. 4, 1975, 757, 758) oder deren Verhältnismäßigkeit argumentativ zum Tragen.

[3] Kritik an der finanzökonomischen Vorgehensweise bei der Risikobewältigung von Banken u. a. von *Bookstaber*, The End of Theory 2017, 12 und passim; *Rochet*, in: Dewatripont/Rochet/Tirole (Hrsg.): Balancing the banks 2010, Chapter 3, 85, 91, 93 und passim; *Para-*

für eine Systemregulierung die wesentliche Schaltstelle, um Institute für die Unsicherheiten zu sensibilisieren und Lernprozesse anzuregen (Abschnitt C.). Aus Perspektive einer kognitiven Strategie gilt es, sie zu einem möglichst diversen Umgang mit Unsicherheiten anzuhalten, da dies die dezentrale Koordinierung über systemisches Nichtwissen voranbringen kann.

## A. Personeller Bezug der Bankenregulierung auf Institute

Die bankenaufsichtsrechtlichen Eingriffsinstrumente des KWG sowie auf Unionsebene der CRD[4] und der CRR[5] beschränken sich in personeller Hinsicht auf Institute.[6] Die Katalogtatbestände normieren typisierende Wertungsentscheidungen des Gesetzgebers über das Risikopotenzial bestimmter Geschäftstätigkeiten und die Zugehörigkeit bestimmter Akteure zu dem Finanzsystem (Abschnitt I.). Durch die besonderen Anforderungen an systemrelevante Institute werden die Wertungsentscheidungen über das systemische Risikopotenzial bestimmter Akteure weiter ausdifferenziert (Abschnitt II.). Nicht nur muss die Aufsicht ihre jeweils bestehenden Beurteilungs- und Ermessensspielräume nutzen, um den tatsächlichen Umständen auf den Finanzmärkten Rechnung zu tragen. Insbesondere im Umgang mit atypischen und digitalen Geschäftsmodellen,[7] die nicht unter die Katalogtatbestände fallen oder deren systemisches Einflusspoten-

---

*schiakos*, Bankenaufsicht zwischen Risikoverwaltung und Marktbegleitung 2017, 40 ff. Die „Strukturprägekraft ökonomischer Gleichungen, Modelle und Zahlen bei Kalkulationen und Praktiken" auf die Finanzmärkte aus wirtschaftssoziologischer Perspektive hinterfragend *Kessler*, in: Maeße (Hrsg.): Ökonomie, Diskurs, Regierung 2013, 57 f.: „Ökonomische Modelle sind keine neutralen Abstraktionen bestehender Praktiken, sondern konstituieren und legitimieren bestehende Praktiken und damit verbundene Unsicherheiten. Ebenso ist die Ökonomik kein neutraler Beobachter der aktuell vor unseren Augen sich entfaltenden Dynamiken, sondern ein Teil des zu verstehenden Phänomens. Für eine Aufarbeitung der eigenen Geschichte und ihrer eigenen Performativität fehlt ihr jedoch das entsprechende sozialtheoretische Rüstzeug."

[4] Zuletzt geändert durch die CRD V (Richtlinie (EU) 2019/878).

[5] Jüngst geändert durch die CRR II (VO (EU) 2019/876) und die CRR „Quick fix"-Änderung anlässlich der COVID-19-Pandemie (VO (EU) 2020/873) – im Folgenden wird mit dem Verweis auf die CRR auf die konsolidierte Fassung (veröffentlicht am 27. Juni 2020) verwiesen.

[6] Siehe die Legaldefinitionen in § 1 KWG bzw. Art. 4 Abs. 1 Nrn. 1–3 CRR, sowie Art. 3 CRD IV (RL 2013/36/EU. Vgl. auch *Binder*, in: Binder/Glos/Riepe (Hrsg.): Handbuch Bankenaufsichtsrecht 2018, § 3, Rn. 1 (Erlaubnispflicht als „eine Art Eingangsbestimmung für das materielle Aufsichtsrecht"); und *Thiele*, Finanzaufsicht 2014, 63, der von einer „Finanzinstitutsaufsicht" spricht. Der starke Akteursbezug in den Basel-Rahmenwerken stößt auf Kritik bei *Rochet*, in: Dewatripont/Rochet/Tirole (Hrsg.): Balancing the banks 2010, Chapter 3, 94: die Integrität des Finanzmarktes sei dabei nicht hinreichend berücksichtigt.

[7] Mit spezifischem Fokus auf digitale Geschäftsmodelle noch Teil 3, Kapitel § 5, Abschnitt B.

zial über die Regelungen für systemrelevante Institute nicht erfassbar ist, offenbaren sich Fehlsteuerungsrisiken, die auch einer Entstehung von Systemrisiken Vorschub leisten können. Die Aufsicht muss aber auch noch grundlegender die Konsequenzen einer akteursbezogenen Konzeption des Aufsichtsrechts hinterfragen und reflektieren, inwieweit diese für eine Bewältigung von Systemrisiken Hindernisse stellt und wie jene überbrückt werden können (Abschnitt III.).

## I. Institute als Adressaten der Bankenregulierung

Die Adressaten der Bankenregulierung (zusammengefasst „Institute")[8] sind schwerpunktmäßig Banken, daneben aber auch andere Institute, die finanzmarktspezifische Dienstleistungen erbringen und keine Infrastruktur oder ein Markt sind.[9] Der Katalog der erlaubnispflichtigen Geschäfte des KWG ist weiter gefasst als jener des europäischen Sekundärrechts.[10] So umfasst die gesetzlich abschließende Definition des KWG als „Institute" sowohl Kreditinstitute als auch Finanzdienstleistungsinstitute.[11] Die gesetzlichen Katalogtatbestände normativieren vom Gesetzgeber typologisch getroffene Wertungen über die systemische Bedeutsamkeit bestimmter Geschäftstätigkeiten. Zugleich reduzieren sie die Komplexitäten des Systems auf bestimmte Geschäfte und die sie betreibenden Akteure.[12] Alle übrigen Intermediäre, die keines der normierten Geschäfte betreiben, sind keine Adressaten der an Institute gerichteten bankenregulatori-

---

[8] Zweigliedrig *Schwarcz* The George Washington Law Review vol. 97, no. 1, 2008, 193 ff. (Märkte und Finanzinstitute), dreigliedrig dagegen die Interpretation der Systemelemente von *Kaufhold*, Systemaufsicht 2016, 142 (Finanzinstitute, Marktinfrastrukturen und Finanzmarkt), die sich dabei jedoch nicht an dem existierenden regulatorischen Rahmenwerk, sondern systemanalytischen Faktoren orientiert; funktional die Differenzierung bei *Thiele*, in: Paal/Poelzig (Hrsg.): Effizienz durch Verständigung 2015, 107 ff.

[9] Vergleichbar die (wenn auch nur duale) Typologie von *Schwarcz* The George Washington Law Review vol. 97, no. 1, 2008, 193, 198 ff. Einem weiten, funktionellen Begriffsverständnis folgend *Thiele*, Finanzaufsicht 2014, 107: Finanzinstitutionen sind „alle in der Finanzwirtschaft tätigen Marktakteure".

[10] *Binder*, in: Binder/Glos/Riepe (Hrsg.): Handbuch Bankenaufsichtsrecht 2018, § 3, Rn. 6. Über § 1 Abs. 35 KWG ist die Definition des Art. 4 CRR in den Anwendungsbereich des KWG einbezogen.

[11] Vgl. § 1 Abs. 1b KWG. Die Tatbestände des Bankgeschäfts erfassen mit dem Schwerpunkt auf das Einlagen- und Kreditgeschäft (§ 1 Abs. 1 S. 2 Nrn. 1, 2 KWG) und damit zusammenhängende Tätigkeiten (§ 1 Abs S. 2 Nrn. 3–9 KWG) vor allem klassische Banktätigkeiten und solche weiteren Tätigkeiten, die historisch und erfahrungswertebasiert regulierungsbedürftig erscheinen (vor allem § 1 Abs. 1 S. 2 Nrn. 1a, 10, 12 KWG). Finanzdienstleistungen umfassen Bereiche des Investmentbankings, Vermittlungs- und Beratungstätigkeiten und sind deutlich vielfältiger als die enumerierten Bankgeschäfte. Ausführlich zu den einzelnen Tatbeständen *Binder*, in: Binder/Glos/Riepe (Hrsg.): Handbuch Bankenaufsichtsrecht 2018, § 3, Rn. 12 f., 48 ff.

[12] Zu der Problematik um Komplexitätsreduktionen der Aufsicht bereits Teil 1, Kapitel § 2, Abschnitt C., I., 2., d).

schen Anforderungen und können auch bislang nicht mittels der vorhandenen aufsichtlichen Beobachtungsinstrumente wie über Stresstests in wissensgenerierende Prozesse einbezogen werden.[13]

An ihre Grenzen stoßen die Katalogtatbestände vor allem bei innovativen Geschäftsmodellen wie jenen der Schattenbanken[14] und bei digitalen Geschäftsmodellen,[15] da diese meist sehr heterogen sind und sich zum Teil nicht den gesetzlichen Regelungen unterordnen lassen. Eine kognitive Aufsicht muss jenen in ihren Beobachtungsprozessen besonderen Stellenwert einräumen und unter Berücksichtigung der sozialen Dynamiken auf Finanzmärkten reflektieren,[16] ob auch diese Akteure an der Entstehung von Systemrisiken beteiligt sein könnten.[17] Nur so kann sie feststellen, ob etwaige Lücken zu einer Flucht vor regulatorischen Vorgaben Anreiz bieten und daraus neue Systemrisiken entstehen könnten.[18]

Anpassungen der gesetzlichen Katalogtatbestände könnte sodann der Gesetzgeber vornehmen, was wenig Flexibilität bietet und gerade angesichts der steigenden Heterogenität der Geschäftsmodelle in eine noch weitergehende Hypertrophie der Katalogtatbestände münden würde.[19] Zielführender erschiene es angesichts der Entwicklungsdynamiken der Finanzmärkte, den Aufsichtsbehörden weite Beurteilungs- und Konkretisierungsspielräume zuzusprechen und es ihnen so zu ermöglichen, dass sie auf ihre dynamischen Beobachtungen auch gegenüber neuen und heterogenen Geschäftsmodellen unmittelbar reagieren können.[20] Dies gelänge zum einen über eine noch offenere Ausgestaltung der Katalogtatbe-

---

[13] Besonderheiten sind allerdings im Falle von Auslagerungen im Verhältnis zu dem Dienstleister zu berücksichtigen, dazu noch Teil 3, Kapitel § 5, Abschnitt C., II.

[14] Hier orientiert an der funktionalen Begriffsdefinition der Schattenbanken von *Tröger* SAFE Working Paper Series (Nr. 68), 12: Schattenbanken etablieren eine disaggregierte Wertschöpfungskette der Kreditintermediation, welche die traditionellen Funktionen der Kreditinstitute, Liquidität für die Realwirtschaft bereitzustellen, übernimmt. Zu der Heterogenität der Geschäftsmodelle von Schattenbanken und den daraus resultierenden Schwierigkeiten einer adäquaten Regulierung *Bankenverband*, Die Regulierung des Schattenbankensektors 2014, 23.

[15] Zu der Problematik um digitale Geschäftsmodelle noch Teil 3, Kapitel § 5, Abschnitt B.

[16] Zu dem methodischen Vorgehen einer responsiven Aufsicht bereits abstrakt Teil 1, Kapitel § 2, Abschnitt C., II., 2., a).

[17] Im Kontext der Entstehung digitaler Geschäftsmodelle noch ausführlich Teil 3, Kapitel § 5, Abschnitt B.

[18] Zu jenem Fehlsteuerungsrisiko rückblickend auf die Finanzkrise von 2008 und beispielhaft anhand der Rolle von Hedge Funds *Hellwig*, in: Hellwig/Höfling/Zimmer (Hrsg.): Finanzmarktregulierung 2010, E 42 f.

[19] Vgl. zu diesen Bedenken *Tröger* SAFE Working Paper Series (Nr. 68), 2 f.

[20] Zu einer Verlagerung von Entscheidungskompetenzen auf die Exekutive als Mechanismus des Risikoverwaltungsrechts schon in theoretischen Zusammenhängen in Teil 1, Kapitel § 2, Abschnitt C., II., 2., a). Zu dem Mehrwert weiter behördlicher Konkretisierungs- und Ermessensspielräume im Kontext von Schattenbanken und innovativen Geschäftsmodellen *Tröger* SAFE Working Paper Series (Nr. 68).

stände durch den Gesetzgeber oder gar die Übertragung eine Normsetzungsbefugnis an die Exekutive.[21] Abhilfe könnte aber auch bereits eine stärkere teleologische Auslegung des existierenden Regelwerkes schaffen, welche die normativen Erwägungen noch weiter in den Vordergrund stellt und anhand funktionaler Vergleiche die Reichweite vorhandener Tatbestände weit interpretiert.[22] Gerade im Zusammenhang mit digitalen Geschäftsmodellen, die noch in Kapitel § 5 im Fokus stehen sollen,[23] böten jene Optionen Handlungsmöglichkeiten für die Aufsicht, um den zahlreichen und heterogenen digitalen Geschäftsmodellen frühzeitig mit regulatorischen Anforderungen zu entgegnen. Allerdings laufen funktionale Vergleiche stets auch Gefahr, die Komplexitäten der neuen Geschäftsmodelle auszublenden. Die Aufsicht muss daher – wie im weiteren Untersuchungsverlauf anhand digitaler Geschäftsmodelle noch zu sehen sein wird – stets die Aufarbeitung jener Komplexitäten vorantreiben.[24]

## II. Systemrelevanz als Differenzierungskriterium

Die grundlegende Wertungsentscheidung des Gesetzgebers über das Risikopotenzial bestimmter Geschäftstätigkeiten wird dadurch weiter ausdifferenziert, dass Aufsichtsbehörden bestimmte Institute unter Berücksichtigung ihrer besonderen Eigenschaften als global systemrelevante Institute (G-SRI) und anderweitig systemrelevante Institute (A-SRI) einstufen können.[25] Jenen sind unter anderem höhere Anforderungen an die Eigenmittelausstattung[26] als den übrigen Instituten auferlegt. Aber auch in kognitive Aufsichtsprozesse sind systemrelevante Institute besonders intensiv eingebunden, indem sie an diversen Stresstests partizipieren.[27] Sie prägen daher in besonderem Ausmaß das aufsichtsbehördliche Wissen über die Funktionsweise der Finanzmärkte.

---

[21] Ein Vorbild könnten insoweit die Regelungen des Arzneimittelgesetzes bilden, nach denen in § 5 Abs. 1 AMG das Verbot „bedenklicher Arzneimittel" denkbar weit gefasst ist und die Konkretisierung des unbestimmten Rechtsbegriffes anhand des Standes wissenschaftlicher Erkenntnisse erfolgen soll (§ 5 Abs. 2 AMG). § 6 Abs. 2 AMG legitimiert ferner das Bundesministerium, in Rechtsverordnungen Verbote zu konkretisieren. Allerdings zu den mit einer Verlagerung der Normgebungsprozesse auf die Exekutive verbundenen Legitimationsproblemen im Kontext des Risikoverwaltungsrechts *Klafki*, Risiko und Recht 2016, 74 ff.
[22] Zu zweiterem Vorschlag: *Tröger* SAFE Working Paper Series (Nr. 68), 5 und passim.
[23] Dazu Teil 3, Kapitel § 5, Abschnitt B.
[24] Eingehend Teil 3, Kapitel § 5, Abschnitt B., I. anhand der technikneutralen Auslegungsregel des „same business, same risks, same rules", die sich im Umgang mit digitalen Geschäftsmodellen bei der Aufsicht durchgesetzt hat.
[25] *Engel*, Systemrisikovorsorge 2020, 28: „Instituts- und Systemperspektive" seien hierbei verzahnt. Zu Bedeutung des Begriffs der „Systemrelevanz" im Rahmen der Finanzmarktstabilisierungsgesetze *Günther* WM 2010, 825 ff.
[26] Vgl. Art. 131 CRD. Zu den Anforderungen an G-SRI: Art. 6 Abs. 1–5 DVO (EU) Nr. 1222/2014. Den A-SRI kann ein zusätzlicher Kapitalpuffer auferlegt werden, vgl. § 10g KWG.
[27] Zu den verschiedenen Stresstests und der Rolle systemrelevanter Institute bei diesen Stresstests noch Teil 2, Kapitel § 4, Abschnitt C.

§ 3 Vorschriften zur dezentralen Systemrisikobewältigung

Um sicherzustellen, dass hierbei tatsächlich diejenigen Intermediäre im Fokus stehen, welche für die Entstehung von Systemrisiken besonders relevant sein können, erfolgt die Einstufung der Aufsichtsobjekte als global oder anderweitig systemrelevant seitens der Aufsicht normativ-wertend.[28] Die Gesetzeskataloge geben für die aufsichtliche Beurteilung gewisse Indikatoren an die Hand,[29] wonach es für die Einstufung als G-SRI auf die Gruppengröße, die Verflechtungen mit dem Finanzsystem, die Ersetzbarkeit der Dienstleistungen oder der bereitgestellten Infrastruktur, die Komplexität der Gruppe und die grenzüberschreitende Tätigkeit ankommt.[30] Für die Einstufung als A-SRI sind dagegen die Größe, die wirtschaftliche Relevanz für den Mitgliedstaat oder die Union, die Bedeutung grenzüberschreitender Aktivitäten und die Vernetztheit des Instituts mit dem Finanzsystem als Beurteilungskriterien vorgegeben.[31] Da die normierten Indikatoren allerdings in hohem Maße unbestimmt und konkretisierungsbedürftig sind, belassen sie zugleich weite Beurteilungsspielräume.[32] Über jene kann die Aufsicht aus Perspektive einer kognitiven Strategie besonders flexibel den Unsicherheiten Rechnung tragen, welche mit den Einschätzungen zu Systemrisiken und den für sie relevanten Variablen einhergehen.[33] Zu einer Rationalisierung der Entscheidung trägt aber in prozeduraler Hinsicht auch eine Verzahnung mit kognitiven Verfahren bei. Normativ ist jene dadurch abgesichert, dass die Aufsichtsbehörden dazu verpflichtet sind, ihre Einschätzungen jährlich mithilfe quantitativer Analysen zu aktualisieren.[34]

Trotz der weiten Beurteilungs- und Ermessensspielräume können die normativen Vorgaben vor allem im Umgang mit neuen Akteuren der Digitalökonomie wie Plattformbetreibern, *BigTechs* und Mehrmandantendienstleistern an ihre

---

[28] *Günther* WM 2010, 825, macht auf die Schwierigkeiten der Bewertung der Systemrelevanz von Akteuren aufmerksam, die „noch am Beginn der Forschung" stehe.

[29] Art. 131 CRD, wobei Abs. 2 die Kriterien für die Einstufung als G-SRI und Abs. 3 jene für A-SRI festlegt. Allgemein zu den Kriterien der Bestimmung der Systemrelevanz von Instituten und Märkten (wesentliche drei Kriterien: Größe, Ersetzbarkeit, Interkonnektivität) auch ErwG (9) der VO (EU) Nr. 1092/2010.

[30] Art. 131 Abs. 2 UAbs. 1 lit. a)–e) CRD, Art. 6 Abs. 1–5 DVO (EU) Nr. 1222/2014; *ESRB*, The ESRB Handbook on Operationalising Macroprudential Policy in the Banking Sector 2014, 85.

[31] Art. 131 Abs. 3 UAbs. 1 lit. a)–d) CRD; *BaFin/Deutsche Bundesbank*, Grundzüge der Methode zur Bestimmung anderweitig systemrelevanter Institute (A-SRI), 3 f., aufbauend auf *EBA*, Leitlinien EBA/GL/2014/10, Titel II, Rz. 6.

[32] *Günther* WM 2010, 825, 826, hält angelehnt an *FSB/IMF/BIS*, Guidance to Assess the Systemic Importance of Financial Institutions, Markets and Instruments: Initial Considerations, 2, schematisierte Entscheidungskriterien nur für begrenzt aussagekräftig, da „unter entsprechenden Umständen" – die nicht näher ausgeführt werden – denkbar sei dass „alle Teilnehmer des Finanzsektors systemrelevant sein können".

[33] Zu einer Verlagerung von Beobachtungsprozessen auf die Exekutive als Baustein des Risikoverwaltungsrechts bereits in theoretischen Zusammenhängen bereits Teil 1, Kapitel § 2, Abschnitt C., II., 2., a).

[34] Vgl. für die Einstufung als G-SRI § 10f Abs. 2 KWG, für die Einstufung als A-SRI auch hilfsweise mit qualitativen Analysen, § 10g Abs. 2 KWG.

Grenzen stoßen.[35] Anders als klassische Finanzmarktakteure erlangen Akteure der Digitalökonomie ihren Einfluss auf Finanzmärkten nicht stets unmittelbar über den Interbankenmarkt und die Erbringung klassischer Bankgeschäfte und Finanzdienstleistungen, sondern vornehmlich über wissensbezogene Ressourcen wie Daten und IT-Dienstleistungen sowie digitale Infrastrukturen.[36] Grundlegende Probleme entstehen, wo die betroffenen Akteure gar nicht erst als Institut im Sinne der bankenaufsichtsrechtlichen Regelungen qualifizieren.[37] Aber auch die normativen Kriterien zur Einstufung als A-SRI oder G-SRI und die mit ihnen verbundenen besonderen Kapitalanforderungen können zwar bilanzbezogene Verknüpfungen unter Instituten abfedern, sind allerdings nicht darauf zugeschnitten, die besonderen Bedrohungspotenziale vorausschauend zu adressieren[38] oder Ansteckungen über andere Formen der Interaktion, wie beispielsweise bei Abhängigkeiten in operationellen Prozessen, zu verhindern.[39] Auch jene Defizite der normativen Kriterien sollten die Aufsichtsbehörden stets kritisch im Lichte systemischer Entwicklungen reflektieren und ggf. im Dialog mit dem Gesetzgeber ihre Beobachtungs- und Regulierungsinstrumente nachrüsten, um den systemischen Veränderungen zu entsprechen.[40]

### III. Reflexion der akteursbezogenen Konzeption des Aufsichtsrechts

Die Aufsicht sollte aus Perspektive einer kognitiven Strategie darüber hinaus aber auch noch grundlegender die Folgen einer individuumsbezogenen Konzeption der bankenaufsichtsrechtlichen Vorschriften für die Systemregulierung reflektieren. Schon die der Bankenregulierung als Vorbild dienende Gewerbeaufsicht ist traditionellerweise an den Verhaltensweisen einzelner Akteure orientiert[41] und erklärt über diese kollektive Verhaltensweisen.[42] Die Bankenaufsicht

---

[35] Zu einer kognitiven Strategie für den Umgang mit diesen Akteuren in Teil 3, Kapitel § 5, Abschnitt C.
[36] Siehe noch Teil 3, Kapitel § 5, Abschnitt C., I.
[37] Dazu im Kontext von Plattformunternehmen: Teil 3, Kapitel § 5, Abschnitt C., I., 1., c).
[38] Zu einer Anpassung der Kriterien nach dem Vorbild des § 19a GWB, um Plattformunternehmen vorausschauend als systemrelevant einzustufen: Teil 3, Kapitel § 5, Abschnitt C., I., 1., c).
[39] Zu dieser Problematik noch im Kontext von Mehrmandantendienstleistern (Teil 3, Kapitel § 5, Abschnitt C., I., 2., b)).
[40] Vor diesem Hintergrund zu dem Regulierungsbedarf bei Plattformunternehmen (Teil 3, Kapitel § 5, Abschnitt C., I., 1., c)) und Mehrmandantendienstleistern (Teil 3, Kapitel § 5, Abschnitt C., I., 2., b)).
[41] Von einem institutsbezogenen Zugriffsgegenstand des KWG sprechend auch *Röhl*, in: Fehling/Ruffert (Hrsg.): Regulierungsrecht 2010, § 18, Rn. 6, 17.
[42] So zum methodologischen Individualismus *Kirchgässner*, in: Engel/Morlok (Hrsg.): Öffentliches Recht als ein Gegenstand ökonomischer Forschung 1998, 49,51. Innerhalb des methodologischen Individualismus wird von einer Strömung jedoch auch vertreten, dass neben einzelnen Akteuren auch deren Relationen untereinander relevant sind, *Udehn* Annual Review of Sociology vol. 28, 2002, 479 ff.

über Institute ist insofern ein Rechtsverhältnis, wie es klassischen aufsichtsrechtlichen Vorstellungen entspricht.[43] Die neue Institutionenökonomik impliziert ebenfalls einen regulatorischen Fokus auf Institutionen.[44] Jene akteursbezogene Konzeption des Aufsichtsrechts verleitet allerdings zu individuumsbezogenen Reflexionen außerhalb sozialer Interaktionskontexte und blendet soziale Entstehensbedingungen von Systemrisiken aus.[45] Die individuumsbezogene Konzeption der Bankenregulierung steht insoweit in einem Spannungsfeld zu dem Umstand, dass es bei der Bekämpfung von Systemrisiken gerade darauf ankommt, systemische Dynamiken zu erfassen.[46] Denn Systemrisiken sind mit so vielen Ereignissen verkettet, dass sie gerade nicht auf ein individuelles Verhalten rückführbar sind und in ihrer Reichweite Verantwortlichkeiten diffundieren lassen.[47] Sie sind daher nur über eine Steuerung des Systems zu bewältigen.

---

[43] Vgl. zu dem traditionellen Verständnis von Aufsicht als Rechtsverhältnis *Thiele*, Finanzaufsicht 2014, 161, und das umfassende Werk von *Gröschner*, Das Überwachungsrechtsverhältnis 1992, das das Aufsichtsverhältnis zu charakterisieren sucht.

[44] Zu dem Institutionenfokus der Ökonomik *ders.* Journal of Economic Perspectives (3) 1989 (2), 115, 117; Engel/Morlok (Hrsg.), Öffentliches Recht als ein Gegenstand ökonomischer Forschung 1998, Vorwort: die Ökonomik „wandelt sich zu einer Wissenschaft, die soziale Phänomene umfassend aus der Perspektive von Individuen denkt, die ihren Nutzen mehren wollen". Zum Facettenreichtum der unter dem Stichwort der „Finanzintermediationstheorie" zusammengefassten ökonomischen Theorieangebote und dem Versuch, aus der Theorie einen Begriff der „Bank" abzuleiten *Kreft*, Bankenstrukturreformen in Deutschland und dem Vereinigten Königreich 2019, 9 ff.

[45] Kritisch u. a. *Willke* TATuP 2011 (20), 33, 34; *Willke*, Dystopia 2001, 107 f. Der neoklassische Ansatz wird in Hinblick auf die Finanzkrise von 2008 inzwischen aber auch von zahlreichen Autoren kritisiert, die insbesondere eine unzureichende Beachtung systemischer Entwicklungen monieren, *Rochet*, in: Dewatripont/Rochet/Tirole (Hrsg.): Balancing the banks 2010, 88 ff., 92 ff.; *Bookstaber*, The End of Theory 2017, 20 und passim (gegen neoklassische Ansätze und für ein „agent-based modeling").

[46] Zur Erforderlichkeit einer Beobachtung des Interaktionsverhaltens zur Bewältigung von Systemrisiken schon: Teil 1, Kapitel § 2, Abschnitt C., I., 1., c). Kritik zu der „Dominanz des Subjekts" in Regulierungsvorhaben übt *Willke*, Dystopia 2001, 107 f.: Die „Logik sozialer Systeme" werde mit dem individualistischen Denken ausgeblendet. Auf die Spannungslage zwischen Systemrisiken, die durch systemische Dynamiken entstehen, und die individuumsbezogenen Regulierungsvorschriften weist aus soziologischer Perspektive ferner *ders.* TATuP 2011 (20), 33, 34, hin. Vor vergleichbare methodische Herausforderungen ist auch die Finanzsoziologie gestellt, bei der sich *Knorr Cetina/Bruegger* American Journal of Sociology vol. 107, no. 4, 2002, 905 ff., der konzeptionellen Herausforderung annehmen, globale Interaktionszusammenhänge auf Makroebene, welche die Finanzmärkte als Interaktionsordnungen ausmachen, über mikrosoziologische Interaktionen zu beschreiben (die Konzeptionsleistung hervorhebend *Vormbusch*, Wirtschafts- und Finanzsoziologie 2019, 143). Eine Fusion der methodologischen Perspektiven zielt auch hier darauf, die Effekte von Interaktionen auf die Systemebene beschreibbar zu machen, was die Bestrebungen des rechtswissenschaftlichen Konzepts bekräftigt.

[47] Zu dieser soziologischen Interpretation bereits Teil 1, Kapitel § 2, Abschnitt C., I., 2., a). *Beck*, Risikogesellschaft 1986, 17, beschreibt diese als „Modernisierungsrisiken und -folgen", die irreversible Gefahren auslösen, da sie nicht mehr „lokal und gruppenspezifisch begrenzt

Jenes Spannungsverhältnis will eine kognitive Strategie damit auflösen, dass sie die Aufsicht als Vermittler zwischen individualistisch ausgestalteter Eingriffsebene und Systemebene positioniert und diese mit kognitiven Instrumenten ausstattet, welche spezifisch auf die Wissensentstehung auf Finanzmärkten und soziale Dynamiken ausgerichtet sind. Nicht-individuelle Beziehungsgeflechte, Verhaltensmuster und Erwartungsstrukturen wie soziale Konventionen und Praktiken kommen vor der Hintergrundannahme eines methodologischen Individualismus schon mangels eigener Willensbildungs- und Handlungsfähigkeit nicht als Adressat von Rechtspflichten in Betracht,[48] sondern können allenfalls Bezugspunkte wissensgenerierender Aufsichtsprozesse sein. Aus Sicht einer kognitiven Strategie ist gerade deren Beobachtung für die Mitigation von Systemrisiken elementar, da sich hinter dem mit ihnen verbundenem Wissen auch Nichtwissen und systemische Risiken verbergen können.[49] Die Aufsicht muss daher über Beobachtungsmechanismen verfügen, mithilfe derer sie Wissen über die soziale Dynamiken und die Funktionsweise der Wissensentstehung auf Finanzmärkten generieren kann. Nur vor dem Hintergrund eines solchen Systemwissens kann sie Brücken zu den systemischen Steuerungszielen bauen und entsprechende Regulierungsmaßnahmen über die individuumsorientierten Eingriffsnormen treffen.[50] Die bisherigen kognitiven Aufsichtsinstrumente sind – wie noch ihre nähere Analyse in Kapitel §4 zeigen wird – insoweit optimierungsbedürftig, da sie bisher nur rudimentär geeignet sind, all jene für die Wissensentstehung auf Finanzmärkten relevanten Umstände zu erfassen.[51]

---

werden, sondern [...] eine Globalisierungstendenz [erhalten], die Produktion *und* Reproduktion ebenso übergreift wie nationalstaatliche Grenzen unterläuft und in diesem Sinne *über*nationale und klass*enun*spezifische *Globalgefährdungen* mit neuartiger sozialer und politischer Dynamik entstehen läßt". Anschaulich auch *Willke*, Dystopia 2001, 30: Während sich „normale" Risiken als „vereinzelbare und erklärbare Irrtümer" wirksam dissimulieren ließen, gelingt diese Isolierung mit Systemrisiken nicht mehr, „weil zu viele Ereignisse mit zu vielen anderen Ereignissen in einer Weise zusammenhängen, die der Entscheidung einzelner Akteure entzogen ist".

[48] So *Thiele*, Finanzaufsicht 2014, 63, 162. Zu der Relevanz sozialer Konventionen und Praktiken für die Wissensentstehung auf Finanzmärkten schon in theoretischen Zusammenhängen unter Teil 1, Kapitel §2, Abschnitt C., I., 1., a), b).

[49] Bereits in theoretischen Zusammenhängen zu Erwartungsstrukturen sowie dem ihnen anhaftenden Nichtwissen, welches systemische Risiken auslösen kann, in Teil 1, Kapitel §2, Abschnitt C., I., 1., b).

[50] Letztlich betont auch *Luhmann*, in: Baecker (Hrsg.): Womit handeln Banken? 1991, 12, dass angesichts der Risikobehaftetheit des Bankgeschäfts für die Banken nur die Möglichkeit bestehe, „Risiken zu transformieren und zu verteilen", was auch systemübergreifend (beispielsweise über den Interbankenmarkt) erfolge.

[51] Siehe insbesondere zu dem Optimierungspotenzial des Informationsaustauschs mit Marktakteuren: Teil 2, Kapitel §4, Abschnitt A., sowie zu den Ausbaupotenzialen der kognitiven Aufsichtsinstrumente: Teil 2, Kapitel §4, Abschnitt C., III.

## B. Quantitative Eigenmittel- und Liquiditätsregulierung zur Risikointernalisierung auf Institutsebene

Die Eigenmittel- und Liquiditätsregulierung ist ein zentrales Instrument des Bankenaufsichtsrechts, um Risiken auf Institutsebene zu internalisieren. Für den Fall eines Risikoeintritts sollen die Vorschriften gewährleisten, dass Institute über angemessene Eigenmittel- und Liquiditätsreserven verfügen, um zahlungsfähig zu bleiben.[52] Auch zur Abwendung von Systemkrisen sind jene Vorschriften essentiell:[53] Defizite in der Ausstattung von Finanzintermediären mit Eigenmitteln und Liquiditätsreserven sind nach vergangenen Krisenerfahrungen die Hauptursache dafür, dass kaskadenartige Ausfälle von Intermediären auftraten und systemische Risiken entstehen konnten.[54] Sowohl die Eigenmittelanforderungen, welche risikobasierte Eigenmittelanforderungen (unter I.), Kapitalzuschläge (unter II.), Kapitalpuffer (unter III.) und Verschuldenshöchstgrenzen (unter IV.) umfassen, als auch die Liquiditätsanforderungen (unter V.) leiten normativ zu finanzökonomischen Methoden der Risikoverarbeitung in Instituten an und schlagen vorbehaltlich der Entscheidungsspielräume der Institute und Aufsichtsbehörden ein gewisses Mindestmaß an Absicherung vor.[55] Die folgende Darstellung konzentriert sich auf die Frage, wie die quantitativen Eigenmittel-

---

[52] *Neus/Riepe*, in: Binder/Glos/Riepe (Hrsg.): Handbuch Bankenaufsichtsrecht 2018, § 6, Rn. 31, 34, (die Hauptfunktion sei eine „Risikobegrenzung zur Verhaltensbeeinflussung", m. w. N. in Fn. 40); *Paraschiakos*, Bankenaufsicht zwischen Risikoverwaltung und Marktbegleitung 2017, 223 („zentrale[r] legislative[r] Mechanismus der Risikobeherrschung"). Aus soziologischer Perspektive Baecker (Hrsg.), Womit handeln Banken? 1991, 171: „internale, eigenkapitalbezogene Zurechnung der Risiken" durch bankenaufsichtsrechtliche Vorschriften.

[53] Zu den positiven Effekten unter anderem *High-Level Group on Financial Supervision in the EU, chaired by Jacques de Larosière*, Report („De Larosière Bericht") 2009, 11, Rz. 25), 26) und S. 18, Rz. 53), 54); *BCBS*, Basel III, Rn. 4, 11. Nach *Neus/Riepe*, in: Binder/Glos/Riepe (Hrsg.): Handbuch Bankenaufsichtsrecht 2018, § 6, 50, sei der positive Beitrag von Eigenkapitalnormen zur Stabilisierung der Finanzmärkte unbestritten, sodass eine Kritik allenfalls an den „Nebenwirkungen" ansetze. Die Beiträge der Eigenmittel- und Liquiditätsregulierung zu einer Systemrisikovorsorge untersucht *Engel*, Systemrisikovorsorge 2020, 110 ff.

[54] Vgl. *BCBS*, Basel III, Rn. 4; *Brunnermeier/Gorton/Krishnamurthy*, in: Brunnermeier/Krishnamurthy (Hrsg.): Risk Topography 2014, 99.

[55] Allgemein zur Modellbildung als ökonomisches Instrumentarium der Unsicherheitsbewältigung *Fehling*, in: Hill/Schliesky (Hrsg.): Management von Unsicherheit und Nichtwissen 2016, 203, 211: „Klassischerweise geschieht [die Überbrückung von Unsicherheit und Informationsdefiziten mittels mathematischer Berechnungen] bei Prognoseunsicherheiten dergestalt, dass zur Bewertung eines Szenarios dessen Eintrittswahrscheinlichkeit mit dem dann erwarteten ökonomischen Resultat multipliziert wird. Um die Zahl der einzubeziehenden Faktoren überschaubar zu halten, muss Komplexität durch Modellbildung möglichst adäquat reduziert werden." Konkret im Zusammenhang mit der Finanzmarktregulierung (vor allem Eigenmittelanforderungen) *Paraschiakos*, Bankenaufsicht zwischen Risikoverwaltung und Marktbegleitung 2017, 24.

und Liquiditätsanforderungen zu einer Bewältigung von Systemrisiken beitragen, aber auch, wie durch sie paradoxerweise neue systemische Risiken entstehen oder bestärkt werden können.[56]

## I. Risikobasierte Mindestanforderungen an Eigenmittel

Die risikobasierten Eigenmittelanforderungen (Art. 92 ff. CRR) sollen eine den Risikoprognosen verhältnismäßige Ausstattung der Institute mit Eigenmitteln gewährleisten. Sie sollen sicherstellen, dass Institute adäquat auf den Eintritt von Einnahmeausfällen vorbereitet sind und weiterhin zahlungsfähig bleiben können.[57] Um zu visualisieren, inwieweit jene quantitativen Anforderungen zu der Eindämmung von Systemrisiken beitragen, wann sie allerdings auch fehlschlagen und den Eintritt von Systemrisiken sogar befördern können, ist es notwendig, die Berechnungsgrundlagen näher zu betrachten. Hierfür wird vorgeschaltet die Regelungssystematik erläutert (unter 1.), bevor die Standardansätze für die Berechnung der risikogewichteten Positionsbeträge für Kreditrisiken (unter 2.), operationelle Risiken (unter 3.) und Marktrisiken (unter 4.) im Fokus stehen sollen.

### 1. Regelungssystematik

Maßgebende Größe für die Berechnung der Eigenkapitalquoten nach Art. 92 ff. CRR aber auch für die Kapitalpufferanforderungen ist der Gesamtforderungsbetrag.[58] Die Mindesthöhe des Eigenkapitals muss nach Art. 92 Abs. 1 CRR mindestens 8 % des Gesamtforderungsbetrags betragen, wovon mindestens 6 % Kernkapital[59] und mindestens 4,5 % hartes Kernkapital[60] vorhanden sein müssen. Der Gesamtforderungsbetrag bemisst sich dabei als Summe insbesondere der risikospezifischen Eigenmittelanforderungen und der risikogewichteten Positionsbeträge.[61] Bezüglich letzterer differenzieren die Regelungen der CRR weiter zwischen Kreditrisiken (Art. 107 ff. CRR), operationellen Risiken[62] (Art. 312 ff.

---

[56] Kritisch zu finanzökonomischen Risikobewältigungsmethoden auf den Finanzmärkten, insbesondere in Hinblick auf systemische Risiken und Krisenszenarien, *Bookstaber*, The End of Theory 2017; *Rochet*, in: Dewatripont/Rochet/Tirole (Hrsg.): Balancing the banks 2010, Chapter 3, 92 ff. Zu Modellrisiken *Haldane*, Why banks failed the stress test, 2: „Of course, all models are wrong. The only model that is not wrong is reality and reality is not, by definition, a model."

[57] Sog. Solvenz, § 10 Abs. 1 S. 1 KWG. Zur Eigenmittelregulierung *Röhl*, in: Fehling/Ruffert (Hrsg.): Regulierungsrecht 2010, § 18 Rn. 20; *Buchmüller et al.*, in: Binder/Glos/Riepe (Hrsg.): Handbuch Bankenaufsichtsrecht 2018.

[58] Allerdings gilt dies vorbehaltlich des systemischen Risikopuffers, der sich gemäß § 10e Abs. 1 S. 3 KWG nur auf die in Art. 93 Abs. 3 CRR gelisteten risikogewichteten Positionsbeträge bezieht. Zu den Kapitalpuffern noch ausführlich unter Abschnitt III.

[59] Vgl. Art. 25 CRR.

[60] Common Equity Tier 1 capital, CET 1, Art. 26 ff. CRR.

[61] Siehe den Katalog des Art. 92 Abs. 3 CRR sowie Abs. 4.

[62] Legaldefiniert in Art. 4 Abs. 1 Nr. 52 CRR als „das Risiko von Verlusten, die durch die

CRR) und Marktrisiken (Art. 325 ff. CRR), darüberhinausgehend aber auch den Abwicklungsrisiken (Art. 378 ff. CRR)[63] und dem Risiko der Anpassung von Kreditbewertungen (auch CVA-Risiko, Art. 381 ff. CRR).[64] Für die Berechnung der jeweiligen risikospezifischen Eigenmittelanforderungen bzw. der risikogewichteten Positionsbeträge können Institute entweder gesetzlich vorgesehene Standardansätze (unter a)), oder interne Bewertungsmodelle (unter b)) anwenden, die im Kontext von Systemrisiken jeweils unterschiedliche Effekte zeitigen.

*a) Standardansätze*

Die Standardansätze für die Berechnung der risikogewichteten Positionsbeträge sollen bei den folgenden Untersuchungen im Mittelpunkt stehen. Sie geben den Instituten grundsätzlich einen klaren Berechnungsrahmen mit geringen Entscheidungsspielräumen vor, sodass sie im Wege imperativer Vorgaben eine präzise Umsetzung hoheitlicher Wertungsentscheidungen auf Institutsebene gewährleisten. Allerdings bewirkt eine Vereinheitlichung der Risikobewertungsmodelle in Instituten nicht nur, dass das ihnen zugrundeliegende Wissen verbreitet wird, sondern auch, dass das den Modellen anhaftende Nichtwissen eine systemische Reichweite erhält.[65] Wenn sich jenes Nichtwissen verwirklicht, sind alle Institute mit zu geringen Eigenmittelreserven versorgt, um ihre Ausfälle abzufedern, sodass sich Systemrisiken manifestieren können. Eine regelmäßige und reflexive Überprüfung der normativ vorgegebenen Standardansätze ist vor diesem Hintergrund besonders wichtig, um systemische Anfälligkeiten dynamisch aufzuarbeiten und einzudämmen. Die konkreten systemischen Risikopotenziale jener Berechnungsmodelle sowie Lösungsvorschläge sollen sogleich anhand der Standardansätze für das Kreditrisiko,[66] das Marktrisiko[67] und das operationelle Risiko[68] näher in den Blick genommen werden.

---

Unangemessenheit oder das Versagen von internen Verfahren, Menschen und Systemen oder durch externe Ereignisse verursacht werden, einschließlich Rechtsrisiken."

[63] Diese berücksichtigen die Preisdifferenzen, die auftreten, wenn Geschäfte mit einem festgesetzten Liefertag verzögert abgewickelt werden (v. a. bei Schuldtiteln, Aktieninstrumenten, Wertpapiergeschäften, etc.), siehe Art. 378 Abs. 1 CRR.

[64] Der CVA ist ein grundsätzlich auf OTC-Derivate bezogener „Betrag zur Anpassung der Bewertung eines Portfolios von Geschäften mit einer Gegenpartei an die Bewertung zum mittleren Marktwert" und repräsentiert den gegenüber dem Institut bestehenden Marktwert des Kreditrisikos der Gegenpartei, siehe Art. 381 CRR.

[65] Vgl. zu dem mit jeder Erkenntnis zugleich hervorgebrachtem Nichtwissen seinem Potenzial, sich auf systemisches Nichtwissen auszuweiten, *Willke*, Dystopia 2001, 35.

[66] Unter 2.
[67] Unter 3.
[68] Unter 4.

## b) Interne Bewertungsansätze

Neben den normativ vorgegebenen Standardansätzen enthalten die Regelungen der CRR allerdings auch Öffnungsklauseln für den Einsatz interner Bewertungsansätze.[69] Diese können den eigenverantwortlichen und heterogenen Umgang mit Risiken prinzipiell befördern und damit eine Selbstregulierung der Institute prinzipiell vorantreiben.[70] Gerade bei der Anwendung interner Bewertungsmodelle hat sich allerdings in der Vergangenheit gezeigt, dass diese mitunter nicht den gewünschten Effekt haben, den Diskurs über Risiken voranzutreiben und systemisches Nichtwissen aufzudecken, sondern vielmehr arbiträrem, renditesteigerndem Verhalten der Institute Vorschub leisten.[71] Sie gehen außerdem meist mit hohen Komplexitäten einher, die Aufsichtsprozesse erschweren können.[72] Auch bei internen Risikobewertungsmodellen sind daher imperative Vorgaben erforderlich, um ein arbiträres Verhalten zu verhindern und eine den Risiken angemessene Eigenkapitalausstattung abzusichern.[73] Um den für die dezentrale Risikokoordinierung hinderlichen strategischen Eigeninteressen der Institute entgegenzuwirken, erweist es sich daher als zielführend, dass die Regelungen der CRR zahlreiche normative Restriktionen für interne Bewertungsansätze auferlegen.[74] Gerade der Umstand, dass diese von der Aufsicht vorab zu genehmigen sowie auf ihre Zuverlässigkeit zu prüfen sind (sog. *Backtesting*), kann gewähr-

---

[69] So beim Kreditrisiko der auf internen Ratings basierende Ansatz (IRB-Ansatz, Titel II, Kapitel 3 CRR), wobei abermals die Option besteht, zwischen einem Basisansatz (individuelle Beurteilung nur der Ausfallwahrscheinlichkeit (*PD*) mit ansonsten aufsichtsrechtlich vorgegebenen Parametern) und einem fortgeschrittenen IRB-Ansatz (individuelle Beurteilung aller Parameter) zu wählen, *Elbracht*, in: Binder/Glos/Riepe (Hrsg.): Handbuch Bankenaufsichtsrecht 2018, § 7, Rn. 165.

[70] Zu dem prinzipiellen Mehrwert der Diversität für die dezentrale Koordination bereits in theoretischen Zusammenhängen: Teil 1, Kapitel § 2, Abschnitt C., I., 1., b).

[71] Zu Problemen in Hinblick auf interne Modelle im Zusammenhang mit der Krise von 2008 *High-Level Group on Financial Supervision in the EU, chaired by Jacques de Larosière*, Report („De Larosière Bericht") 2009, 19, Rz. 57); *Hellwig*, in: Hellwig/Höfling/Zimmer (Hrsg.): Finanzmarktregulierung 2010, E 20.

[72] Auf Intransparenzen und dadurch begründete Steuerungsprobleme hinweisend *Dewatripont/Rochet/Tirole*, in: Dewatripont/Rochet/Tirole (Hrsg.): Balancing the banks 2010, 2 f. Kritisch gegenüber internen Modellen daher auch *Neus/Riepe*, in: Binder/Glos/Riepe (Hrsg.): Handbuch Bankenaufsichtsrecht 2018, § 6, Rn. 41, auch wenn *dies.* grundsätzlich die höhere Komplexität der bankinternen Modelle im Vergleich zu Standardansätzen als differenzierter begrüßen. Zur Komplexität als Steuerungsproblem im Allgemeinen schon unter Teil 1, Kapitel § 2, Abschnitt C., I., 2., d).

[73] Zu dem Balanceakt zwischen einer Beförderung von Heterogenität und Selbststeuerung einerseits und imperativen Steuerungsmaßnahmen andererseits *Willke*, Dystopia 2001, 35 f., sowie bereits in theoretischen Zusammenhängen unter Teil 1, Kapitel § 2, Abschnitt C., I., 1, c).

[74] *Buchmüller*, in: Binder/Glos/Riepe (Hrsg.): Handbuch Bankenaufsichtsrecht 2018, § 7, Rn. 27 ff., zu den Anforderungen der CRR, des KWG und der SolvV, insbesondere den „Floors" des Art. 500 CRR als Einschränkungen.

leisten, dass interne Berechnungsmodelle den Risiken und Unsicherheiten angemessen entgegnen.[75]

## 2. Kreditrisiko

Die risikobasierten Eigenmittelanforderungen an das Kreditrisiko sollen Institute für den Fall wappnen, dass Kreditnehmer ihre Zahlungspflichten nicht vertragsgemäß erfüllen.[76] Der risikogewichtete Positionsbetrag für das Kreditrisiko berechnet sich im Kreditrisikostandardansatz,[77] aber auch bei internen Modellen[78] grundsätzlich als Produkt aus dem Risikogewicht und dem Risikopositionsbetrag bzw. Risikopositionswert.[79] Während das Risikogewicht ein Faktor ist, der über die imperative Vorgabe abstrakter Ausfallwahrscheinlichkeiten Homogenitäten unter Instituten befördert und damit systemische Anfälligkeiten hervorbringen kann (unter a)), schafft der Faktor des Risikopositionswertes ein Einfallstor dafür, dass die Institute unter sorgfältiger und vorausschauender Berücksichtigung der Zukunftsunsicherheiten Wertberichtigungen vornehmen (unter b)).

*a) Risikogewicht als typisierende Ausfallprognose des Gesetzgebers und der Ratingagenturen*

Risikogewichte werden im Standardansatz für Risikopositionsklassen aufsichtsrechtlich vorgegeben[80] oder von Ratingagenturen[81] festgesetzt.[82] Die Risikopositionsklassen[83] differenzieren katalogartig vor allem anhand der Schuldnergrup-

---

[75] Vgl. *Neus/Riepe*, in: Binder/Glos/Riepe (Hrsg.): Handbuch Bankenaufsichtsrecht 2018, § 6, Rn. 40.

[76] Der Begriff Kreditrisiko und Adressenausfallrisiko wird häufig gleichgesetzt (siehe auch *Deutsche Bundesbank*, Kreditrisiko), während andere die Adressrisiken als Oberbegriff der Kredit- und Verwässerungsrisiken interpretieren (*Ostendorf*, in: Boos/Fischer/Schulte-Mattler (Hrsg.): KWG, CRR-VO 2016, VO (EU) 575/2013 Art. 92, Rn. 15). Die CRR verwendet nur den Terminus des Kreditrisikos und nicht des Adressrisikos. Dagegen unterscheidet die CRR terminologisch zwischen dem Kreditrisiko und dem in Kapitel 6 (Art. 271 ff. CRR) gesondert geregelten Gegenparteiausfallrisiko, wobei letzteres Ausfallrisiken von Gegenparteien vor der mit dem jeweiligen Geschäft verbundenen Zalungsabwicklung erfasst (Art. 272 Nr. 1 CRR).

[77] Titel II, Kapitel 2 CRR.

[78] Art. 152 Abs. 1 CRR.

[79] Risikogewichteter Positionsbetrag = Risikogewicht (RW) × Risikopositionswert (EaD). Dazu auch *Elbracht*, in: Binder/Glos/Riepe (Hrsg.): Handbuch Bankenaufsichtsrecht 2018, § 7, Rn. 147.

[80] Art. 114–134 CRR.

[81] Förmlich im Sinne der Rating-VO anerkannte externe Ratingagenturen (*External Credit Assessment Institution*), siehe auch Art. 135 CRR.

[82] Hierin unterscheidet sich der IRB-Ansatz besonders signifikant von dem Standardansatz, *Elbracht*, in: Binder/Glos/Riepe (Hrsg.): Handbuch Bankenaufsichtsrecht 2018, § 7, Rn. 164.

[83] Zu den Risikopositionsklassen: Art. 112 CRR, im IRB-Ansatz: Art. 147 Abs. 2 CRR.

pen (u.a. öffentliche Stellen, Institute) aber auch der Rechtsverhältnisse (z.B. Verbriefungspositionen, Beteiligungspositionen).[84] Mit ihnen wird eine abstrakte Ausfallwahrscheinlichkeit für die Berechnung im Standardansatz ausschlaggebend.[85] Sowohl die Aufsichtsbehörden als auch die Ratingagenturen bedienen sich bei der Festsetzung der Risikogewichte für die Risikopositionen an ihren Erfahrungen und Vergangenheitswerten.[86] Angesichts der weitreichenden Wirkungen dieser Festsetzungen können Fehleinschätzungen und das den Beurteilungen anhaftende Nichtwissen besonders weitreichende Konsequenzen auf Systemebene haben. Sofern einer Risikopositionsklasse eine zu geringe Ausfallwahrscheinlichkeit zugewiesen ist, wären womöglich alle Institute mit ungenügenden Reserven ausgestattet.[87]

Eine stetige, dynamische Überprüfung der Risikogewichte durch die Aufsicht und Ratingagenturen in wissensgenerierenden Prozessen ist daher aus der Perspektive einer kognitiven Strategie elementar, um systemische Anfälligkeiten erkennen und diesen entgegensteuern zu können. Zum einen müssen daher die Aufsichtsbehörden ihre Risikogewichte regelmäßig reflektieren und dynamisch anpassen. Aber auch die Ratingagenturen sind hierfür zu Recht zu regelmäßigen Überprüfungen ihrer Ratings verpflichtet, was die fundierte sowie stetig aktualisierte Erkenntnisgrundlage ihrer Ratings absichern soll.[88] Sie unterliegen zudem qualitativen Anforderungen, um Interessenskonflikten entgegenzuwirken und die Neutralität der Ratings zu sichern.[89] Indem die Ratingagenturen in Berichten die Hintergründe für ihre Bewertungen, bei strukturierten Finanzinstrumenten sogar die Annahmen, Parameter, Grenzen und die Unsicherheiten offenlegen müssen,[90] werden auch die Marktakteure für die mit den Ratings verbundenen Unsicherheiten und Fehleinschätzungsgefahren sensibilisiert.

---

[84] Dagegen ist bei dem IRB-Ansatz das interne Risikogewicht auf Grundlage intern geschätzter Risikoparameter zu ermitteln, *Elbracht*, in: Binder/Glos/Riepe (Hrsg.): Handbuch Bankenaufsichtsrecht 2018, §7, Rn. 147.

[85] Kritisch *Paraschiakos*, Bankenaufsicht zwischen Risikoverwaltung und Marktbegleitung 2017, 281, das Aufsichtsrecht reduziere „die Unsicherheit auf vorab festgelegte Differenzierungskriterien und damit verbundene, typisierte Verlustprognosen".

[86] So zur Verpflichtung der Ratingagenturen: ErwG (23) Rating-VO.

[87] ECAI fungieren somit als *Gatekeeper*. Eine externe Bonitätsbeurteilung soll zur Risikosensibilität beitragen und Neutralität sicherstellen, vgl. auch ErwG (42) CRR. Die externe Bonitätsbeurteilung ist nach *Elbracht*, in: Binder/Glos/Riepe (Hrsg.): Handbuch Bankenaufsichtsrecht 2018, §7, Rn. 150, wesentliches Charakteristikum des Standardansatzes.

[88] Siehe insbesondere Art. 9 Abs. 5 Rating-VO.

[89] Insbesondere Art. 6 f. Rating-VO.

[90] Art. 9 Rating-VO sowie zu strukturierten Finanzprodukten Anhang I, Abschnitt D, II. (3) Rating-VO.

*b) Individuelle Anpassungen über Wertberichtigungen des Risikopositionswerts*

Die für den Risikopositionswert[91] vorgesehenen Wertberichtigungen[92] bilden sodann das Einfallstor für individuelle Risikobewertungen seitens der Institute. Der Rechnungslegungsstandard IFRS 9[93] erfordert, dass schon erwartete Kreditverluste (*Expected Credit Losses*, ECL)[94] im Rahmen der Rechnungslegung zu berücksichtigen sind. Institute werden durch den ECL mit den Unsicherheiten künftiger Entwicklungen konfrontiert und zu frühzeitigen verhältnismäßigen Sicherheitsmaßnahmen angehalten, indem ihnen vorausschauende Bewertungen mit einem Blick auf zukunftsorientierte Informationen[95] abverlangt werden.[96] Auch Korrelationen sind von den Instituten einzubeziehen, sodass sie auch die Unsicherheit der Auswirkungen systemischer Entwicklungen auf das eigene Institut vorausschauend einkalkulieren müssen.[97] Für die Institute bestehen bei der

---

[91] Der Risikopositionswert (EaD) ist im Rahmen des KSA für Handelsbuchpositionen grundsätzlich der Buchwert einer Forderung, wobei dieser Wertberichtigungen und Risikominderungstechniken unterliegt (Art. 111 Abs. 1 S. 1 CRR).

[92] Raum für Anpassungen über Wertberichtigungen entsteht über spezifische Kreditrisikoanpassungen, insbesondere angelehnt an die im Rechnungslegungsrahmen vorgesehenen Wertberichtigungen, Anforderungen an die vorsichtige Bewertung (Art. 105 CRR) und Berichtigungen notleidender Risikopositionen. Die spezifischen und allgemeinen Kreditrisikoanpassungen sind grundsätzlich ein eigenes aufsichtsrechtliches Regime, das jedoch an Wertberichtigungen nach Rechnungslegungsvorschriften ansetzt. Nur die spezifischen Kreditrisikoanpassungen mindern den Risikopositionswert (EaD), siehe Art. 111 Abs. 1 S. 1 CRR, während die allgemeinen Kreditrisikoanpassungen nach Art. 62 lit. c CRR über das Ergänzungskapital zum Tragen kommen. Spezifische Kreditrisikoanpassungen umfassen insbesondere Einzelwert-, Pauschalwert- und pauschalierte Einzelwertberichtigungen, während allgemeine Kreditrisikoanpassungen beispielsweise Risikovorsorgebeträge umfasst. Im Detail (mit Visualisierungen) *Deutsche Bundesbank* Monatsbericht Januar 2019, 81, 92 f.

[93] Dieser ist insbesondere für Kreditinstitute relevant und erfasst mit seinen Rechnungslegungsstandards für Finanzinstrumente in IFRS 9 vor allem Wertpapiere und Kredite, siehe auch *Deutsche Bundesbank* Monatsbericht Januar 2019, 81, 82.

[94] Ein Modell für die Berechnung des ECL wird von den IFRS 9 Standards nicht vorgegeben. In Art. 158 Abs. 5, 8, 19 CRR für den IRB-Ansatz festgelegt und praxisüblich (dazu *KPMG*, Umsetzung des Expected Credit Loss-Modells für Forderungen – Fallstudie zum IFRS 9) ist als Grundformel für die Berechnung der Erwarteten Verlustbeträge (ECL): ECL = EaD x PD x LGD.

[95] „Forward-looking information", welche vor der „past due information" in der Bewertung der ECL vorrangig zu berücksichtigen sein soll, siehe insbesondere A380, 5.5.3; A381, 5.5.11; A474, B5.5.2.

[96] *Deutsche Bundesbank* Monatsbericht Januar 2019, 81, 82: der Fokus auf erwartete Kreditverluste (ECL) solle gerade den im Rahmen der Finanzkrise von 2008 zum Vorschein gekommenen Defiziten und Verzögerungen („too little, too late") bei der Wertberichtigung im Rahmen der damals maßgeblichen „incurred losses" entgegentreten. Ebenso aus der Praxis *KPMG*, Umsetzung des Expected Credit Loss-Modells für Forderungen – Fallstudie zum IFRS 9: mit den ECL rücke die Bilanzierung näher an das „zukunftsorientierte Kreditrisikomanagement".

[97] Siehe A474, B5.5.4 IFRS 9.

Berechnung des ECL aber grundsätzlich weite Ermessensspielräume, insbesondere bei der Auswahl der Ermittlungsmethoden für einen signifikanten Anstieg des Ausfallrisikos.[98] Dies regt sie zu eigenverantwortlichen und diversen Risikoprognosen an, was die Heterogenität des Umgangs mit Unsicherheiten auf Finanzmärkten befördern und systemische Anfälligkeiten prinzipiell verringern kann.[99]

Systemische Risikopotenziale zeitigt die Berechnung des ECL aber dennoch insbesondere in hoch volatilen und unsicherheitsbehafteten Perioden, da enorme Zukunftsunsicherheiten eine Bewertung der erwarteten Verluste seitens der Institute erschweren oder sogar unmöglich machen können. Problematisch sind vor allem außergewöhnliche Situationen, für die nur spärliche oder gar keine Erfahrungswerte vorhanden sind.[100] Plötzliche, radikale Verschlechterungen der Zukunftsprognosen können prozyklische Annahmen in Instituten antreiben, kollektive Abwärtsspiralen in den Bewertungen anstoßen und systemische Instabilitäten hervorrufen. Die Aufsichtsbehörden sollten dann Entwicklungsprognosen vorgeben und Erwartungen stabilisieren, um die dezentrale Koordination der Marktakteure einzuschränken.[101] Institute sind dazu verpflichtet, derartige makroökonomische Informationen, die von Zentralbanken preisgegeben werden, in ihren Bewertungen einzubeziehen.[102] Auch die Corona-Pandemie hat beispielhaft die Maßstabslosigkeit in Situationen visualisiert, in denen keine Erfahrungswerte über potenzielle Zukunftsentwicklungen existierten und jegliche rationalen Bewertungsmaßstäbe für die Marktakteure fehlten.[103] Die Aufsichts-

---

[98] *Deutsche Bundesbank* Monatsbericht Januar 2019, 81, 87.
[99] Zu den durch homogene Erwartungsstrukturen ausgelösten systemischen Anfälligkeiten bereits Teil 1, Kapitel § 2, Abschnitt C., I., 1., b).
[100] So zur Corona-Pandemie *EZB*, IFRS 9 im Zusammenhang mit der Coronavirus-Pandemie (COVID-19) v. 1. April 2020 (SSM–2020–0154).
[101] Vgl. zu der Funktion von Erwartungsstabilisierungen durch Macht *Willke*, Dystopia 2001, 46.
[102] So lautet A474, B5.5.4 IFRS 9: „This comprehensive credit risk information must incorporate not only past due information but also all relevant credit information, *including forward-looking macroeconomic information*, in order to approximate the result of recognising lifetime expected credit losses when there has been a significant increase in credit risk since initial recognition on an individual instrument level." (Hervorhebungen durch die Verf.).
[103] So im Zuge der Corona-Pandemie beispielsweise die Empfehlungen und Auslegungshinweise des *IDW*, Auswirkungen der Coronavirus-Pandemie auf Wertminderungen von Finanzinstrumenten nach IFRS 9 im Quartalsabschluss von Banken zum 31.03.2020 2020; der *ESMA*, Public Statement ESMA32–63–951 of 25 March 2020; und der *EBA*, Statement on the application of the prudential framework regarding Default, Forbearance and IFRS9 in light of COVID-19 measures 2020; sowie *Deutsche Bundesbank*, Finanzstabilitätsbericht 2020, 58 ff. *Willke*, Dystopia 2001, 45, beschreibt aus soziologischer Perspektive den Faktor der Macht, wie sie beispielsweise normativen Vorgaben zukommt, als Möglichkeit, sichere Räume im „Chaos des Nichtwissens" zu schaffen und erachtet Macht dann als angebrachtes Mittel, wenn Erwartungen stabilisiert werden müssen, beispielsweise indem bestimmte Problembewältigungsmethoden in soziale Praktiken oder Regelsysteme überführt werden.

behörden sprachen hier Empfehlungen aus, mit denen die Erwartungen wieder stabilisiert wurden und die abwenden sollten, dass Risiken fehleingeschätzt werden oder kollektive Verhaltensdynamiken der Akteure zu übermäßigen Abwertungen noch verschlimmernd beitragen.[104]

Derartige Erwartungsstabilisierungen seitens der Aufsicht sollten aus Perspektive einer kognitiven Strategie indes stets mit reflexiven Prozessen gekoppelt werden, da gerade in volatilen Perioden Erwartungsstabilisierungen mit besonders starken Fehlsteuerungsrisiken behaftet sind.[105] Zwar vermitteln aufsichtliche Erwartungsstabilisierungen den Instituten zunächst eine vermeintliche Sicherheit, die Abwärtskaskaden in volatilen Perioden ausbremsen können, allerdings laufen sie durch ihre homogenisierenden Effekte Gefahr, neue Systemrisiken zu schaffen. Die Aufsicht muss ihre Einschätzungen daher kontinuierlich aktualisieren und die durch sie geschaffene vermeintliche Sicherheit ausräumen, sobald die eigenverantwortliche Bewertung durch die Institute und eine dezentrale Koordination wieder möglich erscheint.

*3. Marktrisiko*

Die risikobasierten Eigenmittelanforderungen an Marktrisiken sollen Institute gegenüber Wertschwankungen robuster machen.[106] Sie umfassen Positions-,[107] Fremdwährungs-[108] und Warenpositionsrisiken.[109] Vor dem Hintergrund der spontanen Ordnung der Finanzmärkte ist gerade eine Vorhersage jener Marktrisiken mit besonders hohen Unsicherheiten verbunden.[110] Um Institute dennoch mit einer angemessenen Eigenkapitalreserve für Marktrisiken auszustatten, sieht die CRR zur Berechnung der risikobasierten Eigenmittelanforderungen an das Marktrisiko neben dem Standardansatz und internen Modellen[111] auch noch den

---

[104] Zu der Aufgabe der Bankenaufsicht im Zusammenhang mit IFRS 9 *Deutsche Bundesbank* Monatsbericht Januar 2019, 81 ff. Spezifisch im Kontext der Corona-Pandemie erging so beispielsweise das Schreiben der *EZB*, IFRS 9 im Zusammenhang mit der Coronavirus-Pandemie (COVID-19) v. 1. April 2020 (SSM–2020–0154).

[105] Vgl. zu diesem reflexiven Verhalten im Umgang mit Unsicherheiten Teil 1, Kapitel § 2, Abschnitt C., II., 2., a). Vgl. auch aus dem Bereich der Soziologie zu der kognitiven Aufsichtsaufgabe im Rahmen einer „reflexiven" Regulierung *Jöstingmeier*, Governance der Finanzmärkte 2019, 181; *Kette*, Bankenregulierung als Cognitive Governance 2009, 92; und grundlegend *Teubner/Willke* Zeitschrift für Rechtssoziologie 1984, 4 ff.

[106] Die für Marktrisiken geltenden Eigenmittelanforderungen sind nach Art. 93 Abs. 3 lit. c) CRR bezogen auf alle Geschäftsfelder in den Gesamtrisikobetrag mit dem pauschalen Faktor von 12,5 einzustellen, vgl. Art. 93 Abs. 4 lit. a), b) CRR.

[107] Zu den Eigenmittelanforderungen für das Positionsrisiko siehe die Regelungen in Kapitel 2, Art. 326 ff. CRR.

[108] Hierzu in Kapitel 3, Art. 351 ff. CRR.

[109] Art. 4 Abs. 1 Nr. 141 CRR, Art. 325 Abs. 2 CRR.

[110] Zu der Entwicklungsoffenheit der Finanzmärkte schon: Teil 1, Kapitel § 3, Abschnitt C., I., 2., a).

[111] Art. 362 ff. CRR.

im Zuge des *Fundamental Review of the Trading Book* (FRTB) eingeführten, allerdings bislang nur für Meldepflichten anwendbaren,[112] alternativen Standardansatz vor.[113]

Der neue alternative Standardansatz ist aus dem Blickwinkel einer kognitiven Strategie Ausdruck eines vorausgegangenen Lernprozesses, bei dem systemische Anfälligkeiten des *Value at Risk* (VaR)[114] festgestellt und behoben wurden.[115] Der VaR bildete insbesondere von der Normalverteilung abweichende, statistisch äußerst seltene Krisen (sog. *tail risks*)[116] nicht adäquat ab.[117] Er beförderte mit anderen Worten die Herausbildung systemischer Anfälligkeiten bei unwahrscheinlicheren, aber dafür mit besonders hohen Verlusten verbundenen Stressszenarien. Der alternative Standardansatz erweitert nunmehr den Berechnungsansatz des VaR, indem er bei dem erwarteten Verlustrisiko (*Expected Shortfall*, ES) bzw. „stressed VaR"[118] anknüpft.[119] Dieser wird in der Berechnung von dem Restrisiko[120] und dem Ausfallrisiko[121] flankiert, um *tail risks* besser abzubilden.[122] Der ES berücksichtigt dabei nicht nur die für den VaR ausschlaggebende Verlustwahrscheinlichkeit, sondern auch die Verlusthöhe jenseits eines bestimmten Konfidenzniveaus, welches den VaR überschreiten würde.[123] Dies führt den In-

---

[112] Art. 325c Abs. 1 i.V.m. Art 430b Abs. 1 CRR.

[113] Art. 325c ff. CRR.

[114] *BCBS*, Minimum capital requirements for market risk, MAR 10.17: Der *Value at Risk* (*VaR*) ist eine Rechnungsgröße für den schlimmsten zu erwartenden Verlust eines Portfolios von Instrumenten, der aus Marktbewegungen über einen bestimmten Zeithorizont und einen vordefiniertes Konfidenzniveau ergibt. Auf grundlegende Probleme des *VaR* hinweisend *Nelson/Katzenstein* International Organization vol. 68, 2014, 361, 378: Der *VaR* sei nur für ökonomische Risiken aussagekräftig, nicht dagegen für Unsicherheiten, bei denen er nur eine illusorische Kontrolle vermitteln würde.

[115] Zu dem Hintergrund der Überarbeitung des VaR auch *BCBS*, Explanatory note on the minimum capital requirements for market risk, 2.

[116] Zu der Relevanz von *tail risks* im Zuge der Finanzkrise von 2007–2009 *Acharya/Cooley/Richardson/Walter* Foundations and Trends in Finance vol. 4, no. 4, 2009, 247 ff. Kritisch zu der Gauß'schen Normalverteilung der Risikomodelle in den Basel-II-Regelungen *Thiele* ZG 2010, 127, 143.

[117] *BCBS*, Consultative Document: Fundamental review of the trading book: A revised market risk framework, 5.

[118] *BCBS*, Explanatory note on the minimum capital requirements for market risk, 2.

[119] Definiert in *BCBS*, Minimum capital requirements for market risk, MAR 10.18, als eine Durchschnittsgröße aller potenziellen Verluste, die den *VaR* bei einem gegebenen Konfidenzniveau überschreiten.

[120] Art. 325u CRR.

[121] Art. 325v CRR.

[122] Vgl. *BCBS*, Explanatory note on the minimum capital requirements for market risk, 5 f. Vergleichbare Funktionen erfüllen bei internen Modellen nicht-modellierbare Risiken (*Non-modellable risk factors*, NMRF), welche Instituten vorschreiben, Stressszenarien in ihre Kalkulationen einzubeziehen. Die EBA hat hierfür technische Regulierungsstandards gem. Art. 325bk Abs. 3 CRR zu entwerfen, die den Umgang mit nicht-modellierbaren Risikofaktoren näher konkretisieren sollen.

[123] *Banh*, Expected Shortfall – Definition, In: Gabler Banklexikon.

stituten die besonders hohen Ausfallwahrscheinlichkeiten in den besonders gravierenden, außerhalb des VaR liegenden Stressperioden handgreiflich vor Augen und stellt ihre Eigenkapitalreserven auch auf diese unwahrscheinlichen Zukunftsszenarien ein.[124] Von dem einzelnen Institut wird demnach keine zutreffende Vorhersage der Entwicklungsdynamiken in der spontanen Ordnung erwartet, zu der sie angesichts ihres nur fragmentierten Wissens auch nicht imstande wären.[125] Besonders wichtig ist vielmehr, dass die Berechnungsmodelle Institute zu einer stetigen „Irritation" anregen und sie gerade für die unwahrscheinlichen, aber dafür besonders verlustträchtigen Szenarien wappnen, indem sie auch für deren Eintritt angemessene Notfallreserven bereithalten.[126] Indem Institute die für die Berechnung ausschlaggebenden Sensitivitäten aus ihren institutsinternen Bewertungsmodellen ableiten,[127] verbleibt eine gewisse Diversität unter den Marktakteuren, die systemischem Nichtwissen und homogenen Anfälligkeiten positiv entgegenlenken kann.

*4. Operationelles Risiko*

Operationelle Risiken definiert das Unionsrecht als Verlustrisiken, „die durch die Unangemessenheit oder das Versagen von internen Verfahren, Menschen und Systemen oder durch externe Ereignisse verursacht werden, einschließlich Rechtsrisiken" (Art. 4 Abs. 1 Nr. 52 CRR).[128] Sie sind eine sehr weite Risikokategorie, die neben qualitativen Faktoren – personal- oder organisationsbezogene, technische oder rechtliche Gründe – auch Risiken außerhalb des Machtspektrums des Instituts wie System- und Technikversagen, kriminelle Handlungen und Umwelteinflüsse einschließt.[129] Die Schwierigkeit im Umgang mit operationellen Risiken liegt darin, dass über diese ein besonders großes, unspezifisches Nichtwissen vorherrscht, d. h. deren schiere Existenz bis zu ihrem Erscheinen im Ungewissen liegt.[130] Angesichts der hohen Unsicherheit der Eintrittsszenarien

---

[124] *BCBS*, Explanatory note on the minimum capital requirements for market risk, 10.

[125] Zu der Unvorhersehbarkeit von Entwicklungsdynamiken und ihrer Unvorhersehbarkeit für einzelne Marktteilnehmer schon in Teil 1, Kapitel § 2, Abschnitt I., 2., a), c).

[126] Zu der Funktion von Selbstirritationen der Marktakteure im Kontext des Risikoverwaltungsrechts: Teil 1, Kapitel § 2, Abschnitt C., II., 2., c).

[127] Art. 325t Abs. 1 UAbs. 1 CRR.

[128] Weiterführend auch die auf die Unterschiede zu Marktpreis- und Kreditrisiken weisende Definition operationeller Risiken von *Hellwig*, Verlustausgleich und Risikotragung 2019, 186: Operationelle Risiken seien „Erfolgsrisiken, die nicht unmittelbar auf die Finanzströme der Bank bezogen sind" und die allgemein sowohl innerbetriebliche („technisch-organisatorische") als auch unternehmensexterne Risiken außerhalb des Einflussspektrums des Intermediärs (m. w. N. in Fn. 172) umfassen.

[129] Zu den Definitionsschwierigkeiten *Kozma* Financial and Economic Review vol. 19, no. 3, 2020, 78, 79 f.; verschiedene Kategorien arbeitet *Kiszka*, Die Steuerung Operationeller Risiken in Kreditinstituten 2017, 15 ff. heraus („personelle", „sachlich-technische", „ablaufstrukturelle" und „rechtliche Risiken" sowie „externe Ereignisrisiken").

[130] Nach *Willke*, Dystopia 2001, 56, etabliere die Kategorie des operationellen Risikos

### B. Eigenmittel- und Liquiditätsregulierung zur Risikointernalisierung

sind Berechnungen nur hoch pauschalisierend möglich.[131] Ausgangspunkt des Basisindikatoransatzes[132] sowie des Standardansatzes[133] ist vor diesem Hintergrund ein schadensfallunabhängiger „maßgebliche[r] Indikator", für den Parameter der Gewinn- und Verlustrechnung aus vergangenen Geschäftsjahren ausschlaggebend sind.[134]

Um den Pauschalierungsgrad und Homogenitäten unter den Instituten zu reduzieren, soll nach Basel III ein neuer Standardansatz die Eigenmittelanforderungen besser an die individuelle Risikolage des einzelnen Instituts anpassen.[135] Auch insoweit handelt es sich um das Ergebnis eines Lernprozesses, der zu einem besseren Verständnis im Umgang mit operationellen Risiken geführt hat und deren Erkenntnisgewinne über eine normative Anpassung der Regelungen an Institute weitervermittelt wird. Der maßgebliche Indikator wird hier mit einem internen Verlustmultiplikator (*Internal Loss Multiplier*, ILM) multipliziert, welcher als risikosensible Komponente historische Schadensfälle berücksichtigt.[136] Angesichts der Vielfältigkeit operationeller Risiken und der zunehmenden Be-

---

einen geschulten Umgang mit unspezifischem Nichtwissen. Zu den mit der zu starken Begriffskonkretisierung verbundenen Risiken *Hellwig*, Verlustausgleich und Risikotragung 2019, 187. Gerade externe Ereignisse seien daher weit zu interpretieren und schließen vor allem Vorkommnisse mit erheblicher Breitenwirkung wie Pandemien und Naturkatastrophen, aber auch technisches und Systemversagen ein, siehe *BCBS*, Consultative Document: Principles for operational resilience, 1 No. 1. Von einer „ursachenbezogenen Definition" operationeller Risiken spricht *Kiszka*, Die Steuerung Operationeller Risiken in Kreditinstituten 2017, 9.

[131] Beim Basisindikatoransatz (Art. 315 Abs. 1 UAbs. 1 CRR): 15 % des Dreijahresdurchschnitts des maßgeblichen Indikators; beim Standardansatz je nach Geschäftsfeld mit den in Art. 317 Abs. 4 Tabelle 2 CRR angegebenen Prozentsätzen bzw. Beta-Faktoren. Die fortgeschrittenen Messansätze sind in der Regel deutlich komplexer und risikosensitiver als der Basis- und Standardansatz, allerdings verzerrt ihre hohe Diversität die Vergleichbarkeit zwischen Instituten, sodass auch sie künftig im Basel-Rahmenwerk abgeschafft werden, siehe *BCBS*, Consultative Document: Standardised Measurement Approach for operational risk, 1, No. 6.

[132] Art. 315 Abs. 1 CRR: die Eigenmittelanforderungen entsprechen 15 % des Dreijahresdurchschnitts des „maßgeblichen Indikators" nach Art. 316 CRR.

[133] Art. 317 Abs. 2 S. 2 CRR.

[134] Zum „maßgeblichen Indikator" siehe Art. 316 CRR; vor allem Abs. 1, Tabelle 1 für die maßgebenden Posten. Zukunftsgerichtete Informationen sind gegenüber Erfahrungswerten nach Art. 315 Abs. 2 CRR und Art. 317 Abs. 4 Uabs. 3 CRR sogar explizit nachrangig und nur zu verwenden, wenn keine historischen Daten verfügbar sind. Sind Erfahrungswerte vorhanden, so können diese allenfalls bei einer außerordentlichen Veränderung der Situation des Instituts (z. B. Verschmelzung, Erwerb oder Veräußerung von Geschäftsbereichen, etc., siehe Art. 315 Abs. 3 CRR und Art. 317 Abs. 4 Uabs. 2 CRR) und nach Genehmigung der zuständigen Behörde aus der Berechnung ausgeschlossen werden.

[135] *BCBS*, Consultative Document: Standardised Measurement Approach for operational risk, No. 13; *EBA*, Policy Advice on the Basel III Reforms: Operational Risk (EBA-Op-2019–09b), 2 August 2019, No. 3 f.

[136] *BCBS*, OPE (Calculation of RWA for operational risk), OPE25 (Standardised approach) – Version effective as of 01 Jan 2022, 25.2, 25.8.

deutung im Zuge der Digitalisierung stellen sich Wissensprobleme bei dieser Risikokategorie aber nach wie vor besonders akut, da empirische Schadensfälle hier kaum ausschlaggebend für zukünftige Schadensereignisse und die Höhe der Schäden sind.[137] Auch dem neuen Standardansatz haftet damit als Kehrseite seiner Annahmen ein erhebliches Nichtwissen über das künftige Risikoausmaß an. Besonders wichtig ist daher, dass die Eigenmittelreserven sich auch auf unwahrscheinlichere Szenarien einstellen und dass sich das institutsinterne qualitative Risikomanagement dem Umgang mit diesen Unsicherheiten widmet sowie Lernprozesse durchläuft, um auch bisher unbekannte Risiken rechtzeitig zu detektieren und ihnen vorzubeugen.[138]

## II. Kapitalzuschläge

Die Aufsichtsbehörde kann in Einzelfällen[139] oder im Wege der Allgemeinverfügung[140] zusätzlich zu den Mindesteigenkapitalanforderungen Kapitalzuschläge anzuordnen, um bei Bedarf einen weiteren Notanker an Eigenkapital in Instituten einzurichten. Die Vorschrift schlägt Brücken zwischen Eingriffsnormen und kognitiven Aufsichtsinstrumenten, indem sie der Aufsicht ermöglicht, ihr dynamisch generiertes Wissen über systemische Entwicklungen auf Institutsebene umzusetzen.[141] Bei der Anordnung von Kapitalzuschlägen können systemische Aspekte vornehmlich nach § 10 Abs. 4 S. 1 KWG zum Tragen kommen,[142] wenn damit eine drohende Funktionsstörung der Finanzmärkte oder Stabilitätsgefahren (Nr. 1) oder erhebliche negative Auswirkungen auf andere Institute, das Vertrauen der Einleger und anderer Marktakteure in die Funktionsfähigkeit des Finanzsystems abgewehrt werden können (Nr. 2). Die „drohende Funktions-

---

[137] Nach *Kozma* Financial and Economic Review vol. 19, no. 3, 2020, 78, 80, seien statistisch erfassbare Schadensszenarien zudem mit weniger dramatischen Konsequenzen verbunden als seltene Schadensereignisse, die dafür meist gravierende Konsequenzen haben.

[138] Das qualitative Risikomanagement untersucht in diesem Lichte Teil 2, Kapitel § 3, Abschnitt C., I.

[139] § 10 Abs. 3, 4 KWG, unionsrechtlich in Art. 458 f. CRR.

[140] § 10 Abs. 3 S. 2 KWG. Nach *Ortgies*, in: Boos/Fischer/Schulte-Mattler (Hrsg.): KWG, CRR-VO 2016, KWG § 10d, Rn. 15, sei die Regelung des § 10 Abs. 3 KWG mikroprudenziell zu verorten und nur auf die Widerstandsfähigkeit des einzelnen Instituts gerichtet, während § 10 Abs. 4 KWG makroprudenziell sei; A. A. dagegen *Konesny/Glaser*, in: Boos/Fischer/Schulte-Mattler (Hrsg.): KWG, CRR-VO 2016, KWG § 10, Rn. 20: Umsetzung makroprudenziellen Aufsichtswissens auch über Art. 10 Abs. 3 KWG (vor allem die Möglichkeit der Anordnung von Allgemeinverfügungen).

[141] Vgl. bezüglich der nach § 10 Abs. 3 S. 2 KWG vorgesehenen Allgemeinverfügungen *Konesny/Glaser*, in: Boos/Fischer/Schulte-Mattler (Hrsg.): KWG, CRR-VO 2016, KWG § 10, Rn. 20: die Vorschrift erlaube es, „makroprudenzielle Erkenntnisse in die mikroprudenzielle Aufsicht umzusetzen".

[142] *Buchmüller*, in: Binder/Glos/Riepe (Hrsg.): Handbuch Bankenaufsichtsrecht 2018, § 7, Rn. 17: Kapitalaufschläge nach § 10 Abs. 4 S. 1 KWG und Art. 458, 459 CRR „ohne eigenes ‚Verschulden' aus gesamtwirtschaftlichen Gründen".

störung" i.S.v. § 10 Abs. 4 S. 1 Nr. 1 KWG bezieht sich insbesondere auch auf Behinderungen der Refinanzierungsmöglichkeiten mehrerer für den Finanzmarkt relevanter Institute (§ 10 Abs. 4 S. 2 KWG), womit die bankenaufsichtsrechtlichen Regelungen an die bereits vorhandenen ökonomischen Forschungsbefunde über die Entstehung von Systemrisiken auf dem Interbankenmarkt anknüpfen.[143] Sie verankern damit normativ bereits vorhandenes Wissen über Entstehungsszenarien von Systemrisiken. Zugleich reagieren sie auf die Wissensprobleme bei der Bekämpfung von Systemrisiken durch hinreichend flexible und offene Lernprozesse, da die unbestimmten Rechtsbegriffe der Aufsicht genügend Spielraum belassen, um neuen Erkenntnissen über Systemrisiken situativ Rechnung zu tragen.

### III. Kapitalpuffer

Kapitalpuffer sind aus hartem Kernkapital[144] bestehende Eigenkapitalreserven. Zyklische Kapitalpuffer adressieren die „Explosionstendenz" der Finanzmärkte und deren Neigung zu Euphorie, Auf- und Abschwüngen.[145] Die nicht-zyklischen Puffer reagieren dagegen auf andere Entstehungsszenarien von Systemrisiken.[146] Während einige dieser Puffer flexible Quoten vorsehen und sich schwerpunktmäßig an dynamische Lernprozesse koppeln, reagieren pauschal ausgestaltete Puffer auf Wissensprobleme bei der Bekämpfung von Systemrisiken, indem sie auf den Eintritt unspezifischer, in Berechnungen nicht erfassbarer Risiken mit statischen Notfallreserven[147] vorbereiten.

#### 1. Kapitalerhaltungspuffer

Der Kapitalerhaltungspuffer (§ 10c KWG, Art. 129, 160 CRD) ist ein zyklischer Puffer, welcher entgegen der Sanktionslogiken der Eigenkapitalregelungen (§§ 10i, 45 KWG) in finanziellen Stresssituationen aufgezehrt werden darf.[148] Er beträgt pauschal 2,5 % des Gesamtrisikobetrags.[149] Der Kapitalerhaltungspuffer

---

[143] Zu den ökonomischen Theoriebeständen zu Ansteckungen über den Interbankenmarkt bereits unter Teil 1, Kapitel § 2, Abschnitt B., I., 3.
[144] Common Equity Tier 1 capital, CET 1, Art. 26 ff. CRR.
[145] *Kindleberger/Aliber*, Manias, Panics and Crashes 2005, 1: „Bubbles always implode; by definition a bubble involves a non-sustainable pattern of price changes or cash flows"; ebenso *Minsky*, Instabilität und Kapitalismus 2011, 68, 70 passim.
[146] Zu den ökonomischen Forschungsbefunden über die Zyklizität von Systemrisiken schon unter Teil 1, Kapitel § 2, Abschnitt B., 3.
[147] Zu der Funktion von Notfallmechanismen bereits im Kontext des Risikoverwaltungsrechts unter Teil 1, Kapitel § 3, Abschnitt C., II., 2., d).
[148] ErwG (79), (80) CRD IV; *Neus/Riepe*, in: Binder/Glos/Riepe (Hrsg.): Handbuch Bankenaufsichtsrecht 2018, § 6, Rn. 43: der Kapitalerhaltungspuffer fußt auf dem Gedanken, „dass man den Kuchen nicht zugleich essen und noch haben kann", der Puffer ist also in Krisenzeiten aufzuzehren.
[149] Der „Gesamtforderungsbetrag" sei mit dem in der CRR verwendeten Begriff des „Ge-

bezweckt konkret, über eine allgemein verbesserte Verlustabsorptionsfähigkeit der Institute[150] Geschäftsverluste bei den Instituten zu internalisieren, sodass diese nicht auf Einleger[151] durchschlagen.[152] Der Kapitalerhaltungspuffer macht sich Erfahrungen darüber zunutze, dass die Eigenmittelvorschriften in Krisenzeiten nicht ausreichend flexibel sind. Unsicherheiten über künftige Krisenereignisse werden über pauschale Berechnungsgrößen überformt, sodass stets eine statische Notfallreserve für den Eintritt von Unsicherheiten verfügbar ist.

## 2. Antizyklischer Kapitalpuffer

Der antizyklische Kapitalpuffer (§ 10d KWG, Art. 130, 136 f. CRD, *Countercyclical Capital Buffer*, CCyB) ist dagegen ein dynamisch ausgestaltetes Instrument, das sich an den Marktzyklus anpassen soll. Die konkrete Pufferquote wird institutsspezifisch von der Aufsicht festgelegt.[153] In Wachstumsphasen soll der antizyklische Kapitalpuffer die Verlustabsorptionsfähigkeit von Instituten stärken, indem er eine Reserve schafft (§§ 10d, 64r KWG), die in Krisenzeiten aufzuzehren ist. Der antizyklische Kapitalpuffer ist hierfür eng mit kognitiven Aufsichtsprozessen verzahnt: er soll aufgebaut werden, wenn ein erhöhtes Kreditwachstum oder Marktbewegungen bei sonstigen Vermögenswerten darauf hinweisen, dass sich systemweite Risiken bilden.[154] Schon in Phasen des Aufschwungs erhöht der Puffer die Finanzierungskosten und bremst damit ein exzessives Kreditwachstum aus.[155] Die Hauptintention des Puffers ist es aller-

---

samtrisikobetrags" gleichzusetzen, *Ortgies*, in: Boos/Fischer/Schulte-Mattler (Hrsg.): KWG, CRR-VO 2016, KWG § 10c, Rn. 6.

[150] *Deutsche Bundesbank*, Makroprudenzielle Maßnahmen.

[151] Zur Einordnung des Vertrauensschutzes und des kollektiven Einlegerschutzes als Unterziele des Marktfunktionsschutzes bereits in Teil 1, Kapitel § 1, Abschnitt A., III.

[152] Hier tritt der ökonomische-Externalitäten-Ansatz zum Vorschein, dazu auch im Kontext der Eigenkapitalnormen *Neus/Riepe*, in: Binder/Glos/Riepe (Hrsg.): Handbuch Bankenaufsichtsrecht 2018, § 6, Rn. 35.

[153] § 10d Abs. 2 KWG, zur Ermittlung der Quote für den antizyklischen Kapitalpuffer *Ortgies*, in: Boos/Fischer/Schulte-Mattler (Hrsg.): KWG, CRR-VO 2016, KWG § 10d, Rn. 18 ff.

[154] ErwG (80) CRD IV; *Ortgies*, in: Boos/Fischer/Schulte-Mattler (Hrsg.): KWG, CRR-VO 2016, KWG § 10d, Rn. 1; *Buchmüller*, in: Binder/Glos/Riepe (Hrsg.): Handbuch Bankenaufsichtsrecht 2018, § 7, Rn. 110: Das Kreditwachstum werde dabei vor allem relativ zum Wachstum des BIP beurteilt, siehe auch ErwG (82) CRD IV; kritisch zu dieser Beurteilung anhand der sog. „Kreditlücke", die durch andere Indikatoren komplementiert werden müsse *Remsperger* IMFS Working Paper Series (Nr. 80) 2014, 8 f.

[155] *ESRB*, The ESRB Handbook on Operationalising Macroprudential Policy in the Banking Sector 2014, 10; *BIS/BCBS*, Guidance for national authorities operating the countercyclical capital buffer, 1: Schon der Aufbau von Kreditzyklen in Aufschwungphasen solle durch den *CCyB* verhindert bzw. abgemildert werden, was allerdings nicht das Hauptziel des Puffers, sondern nur ein ‚positiver Nebeneffekt' sei. Dagegen leitet *Engel*, Systemrisikovorsorge 2020, 113, gerade aus diesem Effekt die besondere Bedeutungsmacht des Puffers im Gefüge der Systemregulierung her, da der Puffer „unmittelbar systembezogen" in den Markt eingreife, indem er die Kreditvergabe beschränke.

dings, in Abschwüngen vor allem Notverkäufe und Einschränkungen der Kreditvergabe in Rezessionsphasen zu verhindern,[156] um die Stabilität und Funktionsfähigkeit der Finanzmärkte zu sichern.

Die Herausforderung bei der Kalibrierung des antizyklischen Kapitalpuffers liegt für die Aufsicht darin, dass die Prognosen künftiger Marktfluktuationen nur auf hoch unsicherheitsbehafteten Simulationen basieren können.[157] Die Aufsicht muss sich aus Perspektive einer kognitiven Strategie gerade auf diese Prognoseunsicherheiten einstellen und den Markt dynamisch beobachten, um ihre Einschätzungen stetig zu überprüfen.[158] Prozyklische Schwankungen drohen, sich durch den Einsatz von Big Data und künstlicher Intelligenz seitens der Marktteilnehmer nur noch weiter zu verschärfen, da algorithmenbasierte Investitionen für lange Stabilitätsphasen und dann plötzliche erhebliche Volatilitäten sorgen können.[159] Dies bedroht letztlich auch die Erfolgsrate und Effektivität des Puffers, sodass seine adäquate Justierung in Zukunft voraussichtlich mit zunehmenden Herausforderungen belastet sein könnte. Auch derartige Schwächen des Puffers sollte die Aufsicht kritisch reflektieren und hinterfragen, ob bei stark dynamischen Veränderungen der Marktzyklen überhaupt entsprechende Anpassungen des antizyklischen Puffers möglich sind.

### 3. Kapitalpuffer für systemische Risiken

Als nicht-zyklisches Instrument soll der Systemrisikopuffer (§ 10e KWG, Art. 133 f. CRD) bei einem strukturellen, langfristigen Aufbau von Systemrisiken oder makroprudenziellen Risiken das Kapital der Institute stärken.[160] Er soll schon präventiv im Entstehensprozess von Systemrisiken eine Notfallreserve in

---

[156] *Neus/Riepe*, in: Binder/Glos/Riepe (Hrsg.): Handbuch Bankenaufsichtsrecht 2018, § 6, Rn. 44 f.; *BaFin*, Antizyklischer Kapitalpuffer; eingehend *Deutsche Bundesbank*, Der antizyklische Kapitalpuffer in Deutschland. Das ESRB ordnet den *CCyB* kategoriell den Instrumenten zu, die exzessives Kreditwachstum und Hebelwirkungen mitigieren sollen, siehe *ESRB*, The ESRB Handbook on Operationalising Macroprudential Policy in the Banking Sector 2014, 8.

[157] Auf Umsetzungsschwierigkeiten des antizyklischen Puffers hinweisend *Neus/Riepe*, in: Binder/Glos/Riepe (Hrsg.): Handbuch Bankenaufsichtsrecht 2018, § 6, Rn. 45; vgl. zu den Schwächen ökonomischer Risikomodelle, vor allem im Hinblick auf die Zeitdimension und Korrelationen, auch *Hellwig*, in: Hellwig/Höfling/Zimmer (Hrsg.): Finanzmarktregulierung 2010, E 45 („Illusion der Messbarkeit von Risiken").

[158] Zu den Unsicherheiten bei der Vorhersage von Entwicklungen in der spontanen Ordnung der Finanzmärkte sowie der daraus resultierenden Notwendigkeit dynamischer Marktbeobachtungen der Aufsicht bereits in Teil 1, Kapitel § 2, Abschnitt C., I., 2., d) und II., 2., a).

[159] *LSE/SRC*, Artificial Intelligence and Systemic Risk. Zu den potenziellen Veränderungen des Interaktionsverhaltens auf Finanzmärkten durch den Einsatz von Algorithmen noch unter Teil 3, Kapitel § 5, Abschnitt A., I.

[160] So explizit § 10e Abs. 2 S. 1 KWG. Zu dem Systemrisikopuffer auch *ESRB*, The ESRB Handbook on Operationalising Macroprudential Policy in the Banking Sector 2014, 9; *Buchmüller*, in: Binder/Glos/Riepe (Hrsg.): Handbuch Bankenaufsichtsrecht 2018, § 7, Rn. 122.

Instituten einrichten, bevor durch sie Institute oder das Finanzsystem in Mitleidenschaft gezogen werden.[161] Der Puffer kann von der Aufsichtsbehörde für die gesamte Finanzbranche oder bestimmte Gruppen von Instituten angeordnet werden.[162] Der Systemrisikopuffer verhält sich dabei subsidiär zu den übrigen Eigenkapitalinstrumenten der CRR.[163] Er soll als Auffanginstrument für solche Risiken zum Tragen kommen, die in anderen Normen nicht hinreichend erfasst werden.[164] Mit seiner Offenheit für die diversen Erscheinungsformen systemischer Risiken respektiert er die Unsicherheiten, die für Systemrisiken charakterbildend sind.[165] Die Anordnung eines Systemrisikopuffers ist auf systemische Beobachtungen seitens der Aufsichtsbehörde angewiesen.[166] Aus Perspektive einer kognitiven Strategie bildet der Puffer mithin ein weiteres Verbindungsstück zwischen kognitiven Aufsichtsinstrumenten und Eingriffsinstrumenten, über das behördliche Systemwissen zur Umsetzung gelangen kann.

*4. A-SRI- und G-SRI-Puffer*

Spezifische Pufferanforderungen sind für global und anderweitig systemrelevante Institute vorgesehen. Global systemrelevante Institute müssen einen gesetzlich vorgeschriebenen G-SRI-Puffer (§ 10f KWG, Art. 131 Abs. 4 CRD) von bis zu 3,5 % des Gesamtrisikobetrags vorhalten, für anderweitig systemrelevante Institute kann die Aufsichtsbehörde einen A-SRI-Puffer (§ 10g KWG, Art. 131 Abs. 5 CRD) anordnen.[167] Die Pufferanforderungen stellen sich auf die Wissensprobleme über Systemrisiken mit einer Kombination turnusartiger Neujustie-

---

[161] *Ortgies*, in: Boos/Fischer/Schulte-Mattler (Hrsg.): KWG, CRR-VO 2016, § 10e, Rn. 1.

[162] Art. 133 Abs. 1 CRD, § 10e Abs. 1 S. 1 KWG. Nach *ESRB*, The ESRB Handbook on Operationalising Macroprudential Policy in the Banking Sector 2014, 87, sei prinzipiell auch der Einsatz bei individuellen Instituten denkbar, sofern strukturelle Systemrisiken spezifisch von der Systemrelevanz des Instituts ausgehen.

[163] § 10e Abs. 2 S. 1 Nr. 2 KWG.

[164] *Engel*, Systemrisikovorsorge 2020, 114: „Notpuffer" für von der CRR nicht abgedeckte Systemrisikolagen.

[165] Zur Unsicherheit als Charakteristikum systemischer Risiken: Teil 1, Kapitel § 2, Abschnitt C., I., 2, d) und II. Spezifisch zu den Unsicherheiten, die nicht-zyklischen Systemrisiken anhaften und denen der Systemrisikopuffer entgegnen soll, *ESRB*, The ESRB Handbook on Operationalising Macroprudential Policy in the Banking Sector 2014, 86.

[166] Generell zum Informationsbedarf der Aufsicht im Umgang mit Instrumenten, die auf eine Systemregulierung zielen, *Remsperger* IMFS Working Paper Series (Nr. 80) 2014, 5: „makroprudenzielle Systembeobachtung" der Aufsicht erforderlich, um Instrumente adäquat anwenden zu können.

[167] Zu der Einordnung als G-SRI oder A-SRI bereits eingehend oben unter Teil 2, Kapitel § 3, Abschnitt A., II. Einstufungskriterien als G-SRI sind die Größe der Gruppe, ihre Verflechtungen mit dem Finanzsystem, die Ersetzbarkeit der Tätigkeiten, die Komplexität der Gruppe und die grenzüberschreitende Aktivität, Art. 131 Abs. 2 CRD. Kriterien für A-SRI sind die Größe, Relevanz für die Wirtschaft in der EU oder des Mitgliedstaats; die Bedeutung der grenzüberschreitenden Tätigkeiten und Verflechtungen mit dem Finanzsystem (Art. 131 Abs. 3 CRD).

rungen der Pufferhöhe,[168] einer Einbindung unterschiedlicher Institutionen[169] sowie spezifischen Stresstests[170] und Simulationen zur Wissenserzeugung ein. Die bei der jährlichen Festsetzung der Höhe des A-SRI-Puffers zu berücksichtigenden Empfehlungen des ESRB und der EBA[171] bewirken, dass die nationalen Aufsichtsbehörden die Expertise der europäischen Aufsichtsbehörden bei der Festlegung der A-SRI-Puffer einbeziehen.[172] Im Falle einer Pufferanordnung von über 3% muss sogar die Kommission ihre Zustimmung erteilen.[173] Die Festsetzung der G-SRI-Puffer ist dagegen mit normativ vorgeschriebenen, quantitativen Analysen seitens der Aufsichtsbehörde zu verknüpfen. Das dabei generierte Wissen soll bei der Zuordnung der G-SRI zu Größenklassen zugrunde gelegt werden.[174] Die G-SRI- und A-SRI-Puffer werden durch ihre enge Verbindung mit kognitiven Prozessen so besonders gut auf dynamische Weiterentwicklungen des aufsichtlichen Wissens über Systemrisiken vorbereitet.

### IV. Verschuldungsquote

Die Verschuldungsquote (Art. 429 CRR, *Leverage Ratio*, LR) ist ein ungewichteter, risikounabhängiger Kennziffernwert für Eigenmittel, der auf die Notwendigkeit eines nicht-risikobasierten Mechanismus reagiert.[175] Als ergänzendes Instrumentarium soll sie vorhandenen Defiziten der risikogewichteten Eigenmittelanforderungen entgegentreten, die sich während der letzten Finanzmarktkrise manifestiert haben.[176] Die Verschuldungsquote errechnet sich als Quotient aus dem aufsichtsrechtlichen Kernkapital bzw. der Kapitalmessgröße und der Gesamtrisikopositionsmessgröße (Art. 429 Abs. 2 CRR) und wird als Prozentsatz

---

[168] Vgl. für G-SRI: 10f Abs. 1 S. 2 a.E. KWG bzw. für A-SRI: §10g Abs. 3 KWG.
[169] So sind im Bezug auf G-SRI neben der BaFin und der Deutschen Bundesbank (vgl. §10f Abs. 2 KWG) u. a. die EBA und der ESRB (vgl. §10f Abs. 4, 5 KWG), aber auch den Baseler Ausschuss für Bankenaufsicht (§10f Abs. 4a KWG) involviert. Im Bezug auf A-SRI ist neben der BaFin und der Deutschen Bundesbank (vgl. §10g Abs. 2 KWG) auch die Europäische Kommission beteiligt (§10g Abs. 1a KWG), es sind Empfehlungen der EBA und des ESRB einzubeziehen (§10g Abs. 3 S. 2, Abs. 3a S. 2 KWG) und der ESRB ist zu unterrichten (§10f Abs. 4, 5 KWG).
[170] Zu den Stresstests noch ausführlich: Teil 2, Kapitel §4, Abschnitt C., I.
[171] §10g Abs. 3 S. 1, 2 KWG.
[172] Zum Wissen der EBA unter Teil 2, Kapitel §4, Abschnitt B., II., und der Expertise des ESRB im Umgang mit Systemrisiken unter Teil 2, Kapitel §4, Abschnitt B., III.
[173] §10g Abs. 1a KWG.
[174] §10f Abs. 2a, 3 KWG.
[175] *Periškić*, in: Binder/Glos/Riepe (Hrsg.): Handbuch Bankenaufsichtsrecht 2018, §8, Rn. 1 f.
[176] ErwG (90), (91), (94) CRR; siehe auch *Deutsche Bundesbank*, Leverage Ratio (sog. *Backstop*-Funktion des *LR*, um den Defiziten der risikobasierten Eigenmittelanforderungen zu entgegnen); BCBS, Basel Framework – Leverage Ratio, LEV 20.1 (2); BCBS, Basel III: Rahmenregelung für die Höchstverschuldungsquote und Offenlegungsanforderungen 2014, 1, Rn. 2, 7.

abgebildet.[177] Der Bezug auf das Geschäftsvolumen soll verhindern, dass sich Schulden übermäßig auftürmen und in destabilisierenden Abbauprozessen abgebaut werden müssen.[178] Die Verschuldungsquote ist in Basel III grundsätzlich mit einer Mindesthöhe von 3 % vorgesehen,[179] womit das Geschäftsvolumen auf ca. das 33,3-fache des Kernkapitals des Instituts limitiert ist.[180] Indem die Verschuldungsquote auf unausräumbare Unsicherheiten reagiert und die Risikoübernahme absolut begrenzt,[181] ist sie ein wichtiger Notfallmechanismus,[182] der zu einer Verminderung der Fehlsteuerungsrisiken bei der Systemrisikoregulierung beitragen kann.

### V. Liquiditätsanforderungen

Die quantitative Liquiditätsregulierung[183] gründet auf der Annahme, dass Institute nicht nur Notfallmechanismen in Gestalt von Eigenmittelreserven benötigen, sondern auch hinreichende liquide Aktiva als Reserve bereithalten sollen, um auch in Krisensituationen bei stagnierenden Liquiditätszuflüssen auf plötzliche Zahlungsverlangen reagieren zu können.[184] Sie verfestigt damit Erfahrungen und empirische Befunde über die Entstehung von Systemkrisen durch Liquiditätsengpässe.[185] Liquiditätsreserven sollen die Institute unterstützen, in Krisensituationen selbst nicht in Liquiditätsknappheit zu verfallen und womöglich daraus resultierend auch Solvenzprobleme zu erleiden,[186] sodass die Regulierung hier über die institutsbezogene Resilienzstärkung Systemkrisen abzuwehren sucht.[187]

---

[177] Zur Gesamtrisikopositionsmessgröße in Art. 429 Abs. 4 CRR; *Schäfer* DIW Wochenbericht 2011 (46), 11 (Fn. 2): indem sich die LR an der Bilanzsumme orientiere, entspreche sie den in der Realwirtschaft üblichen Berechnungsmaßstäben.
[178] *Periškić*, in: Binder/Glos/Riepe (Hrsg.): Handbuch Bankenaufsichtsrecht 2018, § 8, Rn. 2.
[179] *BCBS*, Basel Framework – Leverage Ratio, LEV 20.6.
[180] *Schäfer* DIW Wochenbericht 2011 (46), 11, 13.
[181] Zu der Schaffung von Gewissheit durch Normen im allgemeineren Kontext der Verwaltungsrechtswissenschaften *Spiecker gen. Döhmann*, in: Darnaculleta i Gardella/Esteve Pardo/Spiecker gen. Döhmann (Hrsg.): Strategien des Rechts im Angesicht von Ungewissheit und Globalisierung 2015, 43, 53.
[182] Zu dem Stellenwert von Notfallmechanismen im Kontext der Risikoregulierung bereits Teil 1, Kapitel § 2, Abschnitt C., II., 2., d).
[183] Zu den Anforderungen an die Liquidität siehe Teil 6 der CRR.
[184] *Haselmann/Krahnen/Wahrenburg* SAFE Policy Report No. 1 März 2019, 297–299; die Kurzfristigkeit der Liquiditätsinstrumente als Normratio unterstreichend *Laufenberg*, in: Binder/Glos/Riepe (Hrsg.): Handbuch Bankenaufsichtsrecht 2018, § 9, Rn. 2.
[185] Zu dem Zusammenhang zwischen Liquidität und Finanzstabilität *Crockett* Banque de France, Financial Stability Review – Special issue on liquidity Februar 2008, 13 ff.
[186] *EZB* ECB Financial Stability Review Juni 2012, 116.
[187] So auch *EZB* ECB Financial Stability Review Juni 2012, 116 (von den Liquiditätsstandards erwarte man erhebliche makroprudenzielle Vorteile und eine Mitigation adverser

Die Liquiditätsdeckungsanforderung (*Liquidity Coverage Ratio*, LCR)[188] wirkt kurzfristigen Liquiditätsrisiken entgegen, indem sie absichert, dass auch bei einem Liquiditätsschock noch hinreichend Liquidität für 30 Tage vorhanden ist.[189] Dagegen sollen die Anforderungen an die stabile Refinanzierung (auch strukturelle Liquiditätsquote bzw. *Net Stable Funding Ratio*, NSFR)[190] die Aktiva und Passiva langfristig in Balance bringen und das Ausmaß der Fristentransformation begrenzen.[191] Wenngleich sich beide Instrumente mit ihrer pauschalen Ausgestaltung erheblicher Komplexitätsreduktionen bedienen und ein großes Nichtwissen aufweisen, sind sie als Notfallmechanismen aus Perspektive einer kognitiven Strategie dennoch essentiell, da sie die nicht vorhersehbaren Schadensfälle zumindest pauschal in Grenzen halten und so die dynamischen Eigenmittelanforderungen sinnvoll komplementieren.

## VI. Zwischenergebnis

Zusammenfassend können die quantitativen Eigenmittel- und Liquiditätsinstrumente insoweit zu der Verminderung von Systemrisiken beitragen, als sie die Institute zu einer individuellen Absicherung für den Eintritt von Risiken anhalten. Allerdings können sie systemische Risiken dort nicht abfedern oder sogar bestärken, wo ihnen selbst Nichtwissen anhaftet. Die risikobasierten Eigenmittelanforderungen, die Kapitalzuschläge, der antizyklische Kapitalerhaltungspuffer, der Systemrisikopuffer sowie die A-SRI- und G-SRI-Puffer regen die Aufarbeitung jenes Nichtwissens mit einer engen Kopplung an dynamische Bewertungsprozesse an. Indem vornehmlich die risikobasierten Eigenmittelanforderungen die Institute zu einer Vorsorge auch für unwahrscheinlichere Szenarien verpflichten, bereiten sie diese auch auf Unsicherheiten besser vor. Eine gewisse Diversität bei der Anwendung seitens der Institute kann ferner dazu beitragen, homogene Anfälligkeiten einzudämmen. Aufsichtsbehörden sollten zudem selbst die normativen Berechnungsvorgaben, einschließlich ihrer aufsichtsbehördlichen Konkretisierungen, kontinuierlich reflektieren, um etwaige Anfälligkeiten rechtzeitig zu erkennen und einzudämmen. Statischere Notfallvorkehrungen wie der Kapitalerhaltungspuffer, die Verschuldungsquote, aber auch die quantitativen Liquiditätsanforderungen komplementieren schließlich die dynamischen Eigenmittelanforderungen. Sie treffen Notfallvorkehrungen gerade für unvorher-

---
systemischer Effekte); *Remsperger* IMFS Working Paper Series (Nr. 80) 2014, 11 f. Irritierend *ESRB*, The ESRB Handbook on Operationalising Macroprudential Policy in the Banking Sector 2014, 10, das die Instrumente grundsätzlich als mikroprudenziell qualifiziert, aber eine makroprudenzielle Verwendung vorschlägt.

[188] Art. 412 Abs. 1 CRR; konkretisiert durch DVO (EU) Nr. 2015/61.
[189] *Laufenberg*, in: Binder/Glos/Riepe (Hrsg.): Handbuch Bankenaufsichtsrecht 2018, § 9, Rn. 28.
[190] Art. 413 CRR.
[191] *Remsperger* IMFS Working Paper Series (Nr. 80) 2014, 11.

sehbare Szenarien, die im Bereich des Nichtwissens liegen und bieten für diese zumindest eine pauschale Absicherung und Risikobegrenzung.

## C. Organisatorische Anforderungen an das Risikomanagement zur institutsinternen Wissensgenerierung

Die organisatorischen Anforderungen erfüllen innerhalb einer kognitiven Strategie eine Schlüsselfunktion. Indem sie den Instituten Methoden für die Verarbeitung von Unsicherheiten an die Hand geben,[192] interne Lernprozesse etablieren und sie über prozessuale Vorgaben zu einem selbstkritischen, diversen Umgang mit Unsicherheiten hinleiten, optimieren sie die Rahmenbedingungen dafür, dass die Marktakteure Unsicherheiten und systemisches Nichtwissen selbst im Wege der dezentralen Koordination noch besser aufbereiten.[193] Der vorliegende Abschnitt wird zunächst einen Überblick über die Anforderungen an das Risikomanagement geben (unter I.), um sodann zu hinterfragen, inwieweit die Institute angestoßen durch jene Organisationsanforderungen zu einer Bekämpfung von Systemrisiken beitragen können (unter II.). Für das einzelne Institut ist es angesichts seines nur fragmentierten Wissens praktisch unmöglich, Systemrisiken eigenständig vorherzusehen.[194] Aus Perspektive einer kognitiven Strategie kann eine zutreffende Prognose von Systemrisiken daher nicht von dem einzelnen Institut erwartet werden. Institute müssen stattdessen gerade für die Unsicherheit und Unberechenbarkeit systemischer Entwicklungen, einschließlich der Bandbreite ihrer potenziellen Konsequenzen, sensibilisiert werden. Eine beson-

---

[192] Mit dem Fokus auch auf systembezogene Ziele auch die Konkretisierungen der BaFin in AT 2, Rn. 1 der MaRisk, wonach die MaRisk insbesondere darauf abziele, „Missständen im Kredit- und Finanzdienstleistungswesen entgegenzuwirken, welche die Sicherheit der den Instituten anvertrauten Vermögenswerte gefährden, die ordnungsgemäße Durchführung der Bankgeschäfte oder Finanzdienstleistungen beeinträchtigen oder erhebliche Nachteile für die Gesamtwirtschaft herbeiführen können [...]". Zu Geschäftsorganisationsanforderungen im Lichte systemischer Risiken *Engel*, Systemrisikovorsorge 2020, 134 ff., 137: Die Geschäftsorganisation müsse auch systemische Risiken in das Risikomanagement einbeziehen, was insbesondere über Stresstests zu erfolgen habe. Instruktiv zudem die Untersuchungen von *Voß*, Unternehmenswissen als Regulierungsressource 2019, welche die Organisationsanforderungen als Strukturvorgaben für den gemeinwohlorientierten Umgang mit Risiken in Instituten beleuchten und das institutsinterne Wissen als Regulierungsressource mobilisiert.

[193] Zu dem Stellenwert einer dezentralen Koordination bei der Aufarbeitung von Systemrisiken schon in theoretischen Zusammenhängen in Teil 1, Kapitel § 2, Abschnitt C., I., 1, b), c) sowie 2., a) und d). Den Stellenwert des Risikomanagements in der Risikoprävention unterstreicht aus verwaltungsrechtlicher Perspektive *Klafki*, Risiko und Recht 2016, 34, 40 ff.; ebenfalls *Beutin*, Die Rationalität der Risikoentscheidung 2007, 154 f. Für die Aktivierung des Wissens der Marktakteure für die Regulierung statt vieler auch *Voß*, Unternehmenswissen als Regulierungsressource 2019.

[194] Zu den Prognoseschwierigkeiten von Entwicklungen auf Finanzmärkten im Lichte der Marktkomplexitäten bereits in Teil 1, Kapitel § 2, Abschnitt C., I., 2., a).

ders wichtige Funktion erfüllen vor diesem Hintergrund die institutsinternen Stresstests, da sie den Fokus gerade auf die Unvorhersehbarkeit jener Marktdynamiken lenken und auch unwahrscheinlichere, aber dafür besonders gravierende Szenarien aufzeichnen (unter III.). Interne Prozesse zur Sicherstellung der Angemessenheit der Eigenkapital- und Liquiditätsausstattung ermöglichen schließlich, dass die in kognitiven Prozessen identifizierten Unsicherheiten und Risiken auch eine angemessene quantitative Absicherung erfahren (unter IV.).

## I. Institutionalisierung kognitiver Verfahren zur Optimierung institutsinterner Unsicherheitsverarbeitung

Die detaillierten Strukturvorgaben an das Risikomanagement[195] verpflichten Institute dazu, unter Berücksichtigung ihrer Risikotragfähigkeit Strategien zu definieren und interne Kontrollverfahren, einschließlich eines internen Kontrollsystems und einer internen Revision, einzurichten.[196] In Risikosteuerungs- und -controllingprozessen sind Risiken zu identifizieren, zu bewerten, zu steuern und zu kontrollieren sowie im Unternehmen zu kommunizieren.[197] Das Proportionalitätsprinzip räumt den Instituten hierbei eigene Entscheidungsspielräume ein und bietet die Möglichkeit, die organisatorischen Vorkehrungen auf die individuell vorherrschenden Umstände und Risiken des jeweiligen Instituts zuzuschneiden.[198] Zugleich können von Instituten mit besonderem Einflusspotenzial auf die Entstehung von Systemrisiken über das Proportionalitätsprinzip stren-

---

[195] Vgl. auch *Voß*, Unternehmenswissen als Regulierungsressource 2019, 127: Mit den Organisationsanforderungen werde die Risikoübernahme nicht quantitativ begrenzt, sondern die Risikoverarbeitung werde prozessual stabilisiert und auf Gemeinwohlinteressen hingeleitet.

[196] Diese umfassen nach AT 4.3, Tz. 1 der MaRisk neben der internen Revision das interne Kontrollsystem, welches seinerseits Vorgaben für die Aufbau- und Ablauforganisation, Prozesse der Risikosteuerung und des Risikocontrollings sowie eine Risikocontrolling- und Compliancefunktion umfasst.

[197] Siehe AT 4.2.2, Tz. 1 der MaRisk. Graphische Abbildung des Managementprozesses von operationellen Risiken bei *Kiszka*, Die Steuerung Operationeller Risiken in Kreditinstituten 2017, 57.

[198] Vgl. aus verwaltungsrechtswissenschaftlicher Perspektive zu der Operationalisierung von „Such- und Stoppregeln" und Prinzipien wie jenem der Proportionalität durch das Recht zum Zwecke der Unsicherheitsbewältigung *Hoffmann-Riem* DV 2005 (38), 145, 166. In der Unsicherheitsbewältigung und bei hoher Komplexität der Realbereiche sind erweiterte Spielräume für die Exekutive eine typische Bewältigungsstrategie des Gesetzgebers, der seiner legislativen Verantwortung dabei dadurch nachkommt, dass er Schutzmaßstäbe vorgibt und Verfahrensstrukturen einrichtet, vgl. *Jaeckel*, in: Pünder/Klafki (Hrsg.): Risiko und Katastrophe als Herausforderung für die Verwaltung 2016, 11, 21. Die Funktion der Prinzipien im Aufsichtsrecht erörtern *Eilert* ZVersWiss 2012 (101), 621 ff.; *Wundenberg*, Compliance und die prinzipiengeleitete Aufsicht über Bankengruppen 2012, 15 ff. Die Eigenverantwortung der Institute im Rahmen der Geschäftsorganisation beleuchten *Benzler/Krieger*, in: Binder/Glos/Riepe (Hrsg.): Handbuch Bankenaufsichtsrecht 2018, § 11, Rn. 9 f.

gere Vorkehrungen abverlangt werden.[199] Die Entscheidungsfreiheiten der Institute bei der konkreten Ausgestaltung ihrer Organisationsstrukturen[200] bewirken eine kognitive Öffnung des Verwaltungsverfahrens.[201] Sie erhöhen die Heterogenität des Umgangs mit Risiken unter Instituten und können dadurch nicht nur systemische Anfälligkeiten reduzieren,[202] sondern auch eine dezentrale Aufarbeitung von Nichtwissen und Unsicherheiten enorm vorantreiben.[203] Aber auch die Aufsicht kann von einer hohen Diversität unter Instituten profitieren, da die Institute sie auf diesem Wege für die verschiedensten denkbaren Risikoprognosen wachsam halten[204] und ihr eine große Bandbreite an Erkenntnissen vermitteln.[205]

Damit strategische Eigeninteressen indes nicht zu Fehleinschätzungen verleiten und die Institute die Risiken tatsächlich bestmöglich aufarbeiten, sichern zahlreiche personale und prozessuale Anforderungen die Angemessenheit der internen Prozesse ab. Als zentrale Instanz für die unternehmensinterne Risikoaufarbeitung müssen Institute eine sog. Risikocontrolling-Funktion als unabhängige Expertengruppe einrichten.[206] Sie ist mit umfassenden Informations- und Einsichtsrechten auszustatten, sodass sie die institutsintern verfügbaren Informationen bei sich bündeln und ein fundiertes Risikowissen herausbilden kann.[207] Eine Compliance-Funktion sowie die interne Revision haben die Risikocontrolling-Prozesse ihrerseits zu überwachen.[208] Aber auch die Aufsichtsbehörde über-

---

[199] So auch explizit AT 1, Tz. 3 der MaRisk.
[200] Nach *Luhmann*, in: Baecker (Hrsg.): Womit handeln Banken? 1991, Vorwort, 10: bezeichne das Risikomanagement „damit eine Kunst, für den Fall, daß es schief geht, nachweisen zu können, daß man keine Fehler gemacht hat, sondern das Risiko so gut wie irgend möglich ‚verwaltet' hat".
[201] *Kaufhold*, in: Augsberg (Hrsg.): Extrajuridisches Wissen im Verwaltungsrecht 2013, 151, 160, hierzu *Schuppert*, Wissen, Governance, Recht 2019, 63.
[202] Zu dem Vorteil einer hohen Diversität für eine Anregung der dezentralen Marktkoordination schon unter Teil 1, Kapitel § 2, Abschnitt C., I., 1., b).
[203] Zur Beförderung von Heterogenität als Strategie für den Umgang mit Systemrisiken schon unter Teil 1, Kapitel § 2, Abschnitt C., II., 2., c).
[204] Der Abschnitt wird sich auf herausgenommene Komponenten bankenaufsichtsrechtlicher Organisationsanforderungen fokussieren, die für eine Systemregulierung relevant sind. Gewisse Bereiche der Organisationsanforderungen, wie insbesondere die in § 25c KWG und § 25d KWG geregelten Anforderungen an die Geschäftsleitung und die Verwaltungs- und Aufsichtsorgane bleiben im Rahmen der hiesigen Untersuchung außer Betracht. Für detailreiche Ausführungen zu den einzelnen Komponenten der Geschäftsorganisation sei auf die MaRisk sowie die einschlägige Kommentar- und Handbuchliteratur verwiesen, u. a. *Benzler/Krieger*, in: Binder/Glos/Riepe (Hrsg.): Handbuch Bankenaufsichtsrecht 2018, § 11; *Braun*, in: Boos/Fischer/Schulte-Mattler (Hrsg.): KWG, CRR-VO 2016, § 25a KWG.
[205] Ausführlich zu dem Wissensaustausch zwischen Institut und Aufsicht noch unter Teil 2, Kapitel § 4, Abschnitt A.
[206] Zu den Anforderungen an die Risikocontrolling-Funktion siehe AT 4.4.1 der MaRisk.
[207] Siehe AT 4.4.1, Tz. 1 der MaRisk. Überwachungen seitens der Compliance-Funktion und internen Revision sichern die Angemessenheit der Prozesse ab, vgl. AT 4.4.2 bzw. AT 4.4.3 der MaRisk.
[208] AT 4.4.2 bzw. AT 4.4.3 der MaRisk.

prüft im Rahmen des aufsichtsbehördlichen Überprüfungsprozesses (*Supervisory Review and Evaluation Process*, SREP) turnusmäßig die Angemessenheit der internen Risikomanagementprozesse.[209] Damit das Institut die erforderlichen Maßnahmen zur Risikobegrenzung treffen kann, ist schließlich die Geschäftsleitung als Verantwortungsträger in die Risikomanagementprozesse eingebunden.[210] Sie muss alle Risiken stets überblicken und risikobegrenzende Maßnahmen treffen, die entweder die Gestalt einer angemessenen Risikoabsicherung annehmen können oder gar auf die Entscheidung der Risikoübernahme zurückwirken können.[211]

## II. Stellenwert systemischer Risiken

Im Rahmen des Risikomanagements müssen Institute grundsätzlich Risiken aller Art, welche sich möglicherweise nachteilig auf die Vermögens-, Ertrags- oder Liquiditätssituation des Instituts auswirken, bei ihrer Risikoinventur berücksichtigen und in ihrem Gesamtrisikoprofil abbilden.[212] Gesetzlich enumerierte Risikoklassen[213] der Adressenausfallrisiken,[214] Marktpreisrisiken,[215] operationellen Risiken[216] und Liquiditätsrisiken[217] dienen hierbei nur als grober Orientierungsrahmen, um die Vollständigkeit der Risikoinventur und der anschließenden Risikosteuerungs- und -controllingprozesse abzusichern.[218] Auch jenseits der

---

[209] Art. 97 CRD IV; AT 1, Tz. 2 der MaRisk. Zur Funktion des SREP im Lichte einer Systemregulierung noch ausführlich Teil 2, Kapitel § 4, Abschnitt A., und D., I.
[210] AT 3, Tz. 1 der MaRisk.
[211] Vgl. zu den wesentlichen Herausforderung des Risikomanagements Baecker (Hrsg.), Womit handeln Banken? 1991, 118: Risikosteuerungsprobleme würden sich bei der Frage der Entscheidungssteuerung stellen, weshalb eine Einbindung der Geschäftsführung elementar sei (a. a. O., S. 121).
[212] AT 2.2, Tz. 2 der MaRisk. Zum Begriff des Risikos, welches im Rahmen der MaRisk eng im Sinne einer „Möglichkeit, dass ein erwartetes Ergebnis oder eine erwartete Entwicklung nicht oder ungünstiger als erwartet eintritt" zu interpretieren sei, *Braun*, in: Boos/Fischer/Schulte-Mattler (Hrsg.): KWG, CRR-VO 2016, § 25a KWG, Rn. 114. Siehe zudem auch *EBA*, Final Report Guidelines on internal Governance under Directive 2013/36/EU (EBA/GL/2017/11), Rn. 136: das Risikomanagement habe „bilanzielle und außerbilanzielle Risiken sowie aktuelle und künftige Risiken, denen das Institut möglicherweise ausgesetzt ist" zu umfassen.
[213] § 25c Abs. 4a Nr. 2 lit. a) KWG.
[214] Zu dem Begriff der Adressatenausfallrisiken bzw. Kreditrisiken unter Teil 1, Kapitel § 3, Abschnitt B., I., 2.
[215] Zu Marktpreisrisiken siehe Teil 1, Kapitel § 3, Abschnitt B., I., 3.
[216] Zu dem Begriff der operationellen Risiken siehe Teil 1, Kapitel § 3, Abschnitt B., I., 4.
[217] AT 2.2, Tz. 1, Abs. 2 der MaRisk. Weiter die Aufzählung in *EBA*, Final Report Guidelines on internal Governance under Directive 2013/36/EU (EBA/GL/2017/11), Rn. 136: als relevante Risiken seien alle „[…] sowohl finanziellen als auch nicht-finanziellen Risiken, einschließlich Kreditrisiken, Marktrisiken, Liquiditätsrisiken, Konzentrationsrisiken, operationellen Risiken, IT-Risiken, Reputationsrisiken, Rechtsrisiken, Wohlverhaltens-, Compliance und strategischen Risiken […]" adäquat zu erfassen.
[218] Vgl. Baecker (Hrsg.), Womit handeln Banken? 1991, 123: die Risikoidentifikation dient

klassischen Heuristiken auftretende Risiken, die das Institut potenziell betreffen können, sind lückenlos zu erfassen und aufzuarbeiten.[219] Im Kontext einer Bewältigung von Systemrisiken stellt sich daher die Frage, inwieweit Institute auch Systemrisiken in ihren Risikomanagementprozessen berücksichtigen müssen.

Unionsrechtliche Vorgaben verpflichten Institute zwar nicht explizit dazu, systemische Risiken abzubilden, aber sie geben vor, dass Institute auch die aus dem makroökonomischen Umfeld erwachsenden Risiken regelmäßig prüfen müssen.[220] Institute sehen sich vor diesem Hintergrund mit systemischen Entwicklungsdynamiken und auch etwaigen Systemrisiken konfrontiert. Zudem können den Adressenausfall-, Marktpreis-, operationellen und/oder Liquiditätsrisiken der Institute Systemrisiken zugrunde liegen.[221] So könnte das systemische Risiko eines Preisverfalls auf Märkten, etwa infolge eines sog. *fire sales* durch ein Institut, für andere Institute beispielsweise Marktpreisrisiken betreffend der von ihnen gehaltenen Risikopositionen auslösen.[222] Aus einem Vertrauensverlust der Einleger und einem Ansturm auf Einlagen (sog. *bank run*) könnten sich bei psychologischer Ansteckung anderer Banken vor allem Liquiditätsrisiken, aber auf dem Interbankenmarkt auch Adressenausfallrisiken infolge von Liquiditätsknappheiten ergeben.[223] Die Verwebung individueller Risikoentscheidungen und der Entstehung systemischer Risiken tritt in jenen heuristischen Szenarien beispielhaft zutage.[224]

---

der Strukturierung des Risikomanagementprozesses stellt eine Anschlussfähigkeit für anschließende Entscheidungsprozesse her, womit das „Problem" selbst „Strukturaufbauwert" erlange.

[219] Vgl. auch AT 2.2, Tz. 1 der MaRisk: Das Rundschreiben beziehe sich auf alle „wesentlichen Risiken", wobei im Rahmen der Risikoinventur „ein Überblick über die Risiken des Instituts" (*e contrario*: nicht nur die wesentlichen) zu verschaffen ist und „[g]rundsätzlich [...] zumindest die folgenden Risiken als wesentlich einzustufen [sind]: a. Adressenausfallrisiken (einschließlich Länderrisiken), b. Marktpreisrisiken, c. Liquiditätsrisiken und d. operationelle Risiken" – was allerdings, wie der Wortlaut („grundsätzlich" und „zumindest") offenbart, keine abschließende Aufzählung ist und auch Raum für andere Risikoformen belässt. Überdies sind nach AT 2.2., Tz. 1. a.E. selbst für nicht nicht-wesentlichen Risiken „angemessene Vorkehrungen" zu treffen, sodass alle Risiken des Instituts umfassend abgedeckt werden und kein Risiko unberücksichtigt bleibt. Zu den Anforderungen an nicht-wesentliche Risiken auch *Braun*, in: Boos/Fischer/Schulte-Mattler (Hrsg.): KWG, CRR-VO 2016, § 25a KWG, Rn. 113.

[220] Vgl. Art. 76 Abs. 1 CRD.

[221] Die von *Engel*, Systemrisikovorsorge 2020, 134 ff., angestrengte richtlinienkonforme Auslegung des § 25c Abs. 4a Nr. 2 lit. a) KWG und der dort benannten Risikokategorien dahingehend, dass neben den aufgezählten Risiken das systemische Risiko als weitere Risikokategorie zu erfassen wäre, ist daher aus der hiesigen Perspektive obsolet.

[222] Zu *fire sales* bereits Teil 1, Kapitel § 2, Abschnitt B., I., 3.

[223] Ökonomische Modellierungen von *bank runs* u. a. bei *Diamond/Dybvig* The Journal of Political Economy vol. 91, no. 3, 1983, 401 ff.

[224] Zu dem Zusammenhang zwischen institutsinternem Entscheidungsverhalten unter Unsicherheit und Systemrisiken schon unter Teil 1, Kapitel § 2, Abschnitt C., I., 1., a), b).

Aus Sicht einer kognitiven Strategie ist jene Vorgabe an Institute indes insoweit problematisch, als eine Vorhersage der systemischen Entwicklungen angesichts der Komplexität der Finanzmärkte mit erheblichen Prognoseschwierigkeiten verbunden ist.[225] Angesichts ihres nur fragmentierten Wissens kann von Instituten nicht erwartet werden, dass diese Systemrisiken zutreffend erkennen und einschätzen.[226] Vielmehr sollten normative Verfahrensvorgaben Institute daher gerade für die Ungewissheiten systemischer Entwicklungen sensibilisieren und sie zu einem „selbstirritierenden" Umgang mit diesen anhalten.[227]

Dies kann aus Perspektive einer kognitiven Strategie am besten gelingen, indem den Instituten auferlegt würde, möglichst diverse systemische Entwicklungsverläufe zu erforschen und diese bei der Risikobewertung einzubeziehen.[228] Konkretere Richtungsvorgaben für das institutsinterne Risikomanagement – etwa detaillierte Vorgaben zu den von Instituten zu berücksichtigenden Entwicklungsszenarien – wären hierbei allerdings weniger zielführend, da diese Homogenitäten bei der Risikoprognose begünstigen und ihrerseits systemische Anfälligkeiten auslösen könnten. Sofern die Aufsicht im Rahmen ihrer turnusmäßigen Überprüfungen feststellt, dass gewisse Aspekte von Instituten gänzlich unberücksichtigt bleiben, sollten sie mittels möglichst grober Richtungsweisungen eine diverse Aufarbeitung der vorherrschenden Unsicherheiten seitens der Institute anregen. Konkret bedeutet dies beispielsweise für die bisher von Instituten eher vernachlässigten Umweltrisiken, dass es zur Aufarbeitung der mit jenen Umweltrisiken verbundenen Unsicherheiten und etwaigen Systemrisiken zwar sinnvoll ist, wenn die Aufsicht das institutsinterne Risikomanagement zur Berücksichtigung von Umweltrisiken verpflichtet.[229] Eine über prozedurale Vorgaben an den Bewertungsprozess hinausgehende konkrete Festlegung der zu berücksichtigenden Szenarien und Annahmen seitens der Aufsicht sollte allerdings unterbleiben. Sie sollten diese stattdessen den Instituten überlassen, da ansonsten zu starke Pfadabhängigkeiten entstünden, welche die Institute zu homogenen Beurteilungen veranlassen und damit abermals neue systemische Anfälligkeiten hervorbringen könnten.[230]

Die Rahmenbedingungen für den institutsinternen Umgang mit Systemrisiken könnten aus Perspektive einer kognitiven Strategie ferner noch dadurch ver-

---

[225] Ausführlich zu der Komplexität der Finanzmärkte und ihrer Entwicklungsoffenheit: Teil 1, Kapitel § 2, Abschnitt C., I., 2., a).

[226] S. o., Teil 1, Kapitel § 2, Abschnitt C., I., 2., a).

[227] Zu der Notwendigkeit einer „Irritierung" im Kontext des Risikoverwaltungsrechts und einer kooperativen Einbindung der Marktakteure: Teil 1, Kapitel § 2, Abschnitt C., II., 2., c).

[228] Mit einem Augenmerk auf den ICAAP kritisiert so die *EZB*, ECB report on banks' ICAAP practices, 4, dass Institute bislang nicht hinreichend systematisch ihr Umfeld beobachte, um Bedrohungen frühzeitig zu erkennen.

[229] In die Richtung *EZB*, Leitfaden zu Klima- und Umweltrisiken, 4.

[230] Zielführend erscheint insoweit die in *EZB*, Leitfaden zu Klima- und Umweltrisiken, 4, gewählte Formulierung, Institute müssten „Klima- und Umweltrisiken einbeziehen, die sich auf kurze, mittlere oder lange Sicht wesentlich auf ihr Geschäftsumfeld auswirken werden."

§ 3 Vorschriften zur dezentralen Systemrisikobewältigung

bessert werden, dass prozessuale Vorgaben eine fundierte Informationsgrundlage der Institute über die Marktentwicklungen gewährleisten.[231] Institute werden sich der Vielfalt und Entwicklungsoffenheit der denkbaren systemischen Entwicklungsverläufe, einschließlich der potenziellen Auswirkungen auf die eigene wirtschaftliche Lage, erst dann bewusst, wenn sie die Marktdynamiken selbst fortlaufend im Blick behalten. Weitergehende Anforderungen an ein sorgfältiges Datenmanagement[232] könnten hierfür die Rahmenbedingungen optimieren und beispielsweise durch die prozedurale Vorgabe zu einer täglichen Aktualisierung der Daten sicherstellen, dass Institute stets mit aktuellsten Informationen über die Marktgegebenheiten versorgt sind.[233] Begrüßenswert ist angesichts der Entwicklungsdynamik der Finanzmärkte aber auch, dass die Institute zu ständigen und anlassbezogenen Überprüfungen der Geschäftsstrategie,[234] der Risikosteuerungs- und -controllingprozesse[235] und der Risikopositionen[236] verpflichtet sind, womit diese fortlaufend vor dem Hintergrund der neusten Marktentwicklungen und ihres aktuellsten Entwicklungsstandes zu reflektieren und anzupassen haben.[237]

Schließlich begrenzt der Erhalt eigener wirtschaftlicher Stabilität prinzipiell die Pflicht der Institute zur Risikoverarbeitung[238] und auch damit die Möglich-

---

[231] Zum reflexiven Entscheidungsverhalten von Banken siehe auch *Paraschiakos*, Bankenaufsicht zwischen Risikoverwaltung und Marktbegleitung 2017, 39, 83, 106, 335; aus soziologischer Perspektive zum reflexiven Verhalten von Banken u. a. *Beunza/Stark* Economy and Society vol. 41, no. 3, 2012, 383 ff.; *Beckert* Theory and Society vol. 25, 1996, 803, 826; dazu oben in Teil 1, Kapitel § 2, Abschnitt C., I., 1., b).

[232] Siehe die Anforderungen an das Datenmanagement, die Datenqualität und die Aggregation der Risikodaten bei bedeutenden Instituten und in Gruppen in AT 4.3.4 der MaRisk sowie die Prinzipien BCBS 239 des Baseler Ausschusses (*BCBS*, Principles for effective risk data aggregation and risk reporting).

[233] Bei bedeutenden Instituten werden daher an die Kommunikation von Daten im Einzelinstitut und auf Gruppenebene besondere Anforderungen, einschließlich einheitlicher Grundsätze für die Aggregation, die Qualität und das Management von Daten, gestellt, siehe AT 4.3.4 der MaRisk.

[234] AT 4.2, Tz. 1 a.E. der MaRisk: Die der Geschäftsstrategie zugrundeliegenden Annahmen sind regelmäßig und anlassbezogen zu überprüfen und die Strategie ggf. anzupassen.

[235] AT 4.3.2, Tz. 5 der MaRisk.

[236] So in Hinblick auf das Gesamtrisikoprofil AT 2.2, Tz. 1, S. 2 der MaRisk. Bezüglich der Überprüfung der einzelnen Risikokategorien siehe zudem BTO 1.3 (Risikofrüherkennungsverfahren für Kreditrisiken); BTR 2.1 Tz. 3 (regelmäßige Überprüfung der Beurteilungsverfahren für Marktpreisrisiken); BTR 2.2, Tz. 2 und BTR 2.3 Tz. 1(tägliche Bewertung der Marktpreisrisiken von Handelsbuchpositionen; mindestens vierteljährliche bei Anlagebuchpositionen), BTR 3.1 Tz. 2, 4 (mindestens jährliche Überprüfung von Liquiditätsengpässen und laufende Überprüfung des Liquiditätsdeckungspotenzials bei Liquiditätsrisiken), BTR 4 Tz. 2 der MaRisk (mindestens jährliche Prüfung operationeller Risiken).

[237] Die *BCBS*, Principles for effective risk data aggregation and risk reporting, principle 3, verlangen nach weitgehend automatisierten Methoden der Datenerhebung, um Fehleranfälligkeiten zu reduzieren.

[238] So auch *Voß*, Unternehmenswissen als Regulierungsressource 2019, 127 f.: die Risiko-

keiten, sie für die Aufarbeitung von Systemrisiken einsatzfähig zu machen. Vornehmlich dort, wo strategische Verhaltensweisen eines Instituts für dieses Vorteile erzeugen, im Systemkontext daraus aber Risiken oder Nachteile für andere Marktteilnehmer entstehen,[239] können diese im Risikomanagement der Institute nicht adäquat erfasst werden. Potenziell von den Nachteilen betroffene Institute können jene Risiken allerdings nur schwer vorhersehen, da ihr Eintritt von der Entscheidung anderer abhängt. Das Institut, welches Vorteile aus jenem strategischen Verhalten generieren kann, ist im Rahmen seines Risikomanagements dagegen nicht verpflichtet, die aus eigenen Entscheidungen für andere Akteure entstehenden Effekte bzw. negativen Externalitäten[240] abzubilden. Nur systemrelevante Institute müssen namentlich bei ihren Stresstests auch jenseits des eigenen Geschäftsinteresses evaluieren, wie sich ihre Geschäftstätigkeiten auf die Systemstabilität auswirken könnten.[241] Für die erfolgreiche Bekämpfung von Systemrisiken folgt daraus, dass Aufsichtsbehörden die strategischen Verhaltensweisen und Eigenrationalitäten der Institute bei der Bekämpfung von Systemrisiken selbst besonders aufmerksam im Blick behalten müssen,[242] da diese seitens der Marktakteure nur unzureichend aufgearbeitet werden können.

### III. Interne Stresstests zur Reflexion von Unsicherheiten in Systemkontexten

Eine besondere Stellung innerhalb der institutsinternen Wissensgenerierung kommt Stresstests zu, da diese das Bewusstsein der Institute gerade für die Entwicklungsoffenheit der Finanzmärkte und ihre unwahrscheinlichen, dafür aber besonders gravierenden Entwicklungen schärfen.[243] Die institutsinternen Stresstests sind darauf gerichtet, den Risikogehalt sowie die Risikofaktoren für die

---

verarbeitung sei am „Selbsterhalt" interessiert, weshalb grundsätzlich keine Gesichtspunkte jenseits der grundlegenden Rationalität der Institute einzustellen seien.

[239] Darauf fokussieren u. a. verhaltensökonomische Heuristiken von Systemrisiken: Teil 1, Kapitel § 2, Abschnitt B., I., 4. Zudem soziologische Beschreibungen von dissonanten Verhaltensweisen bei Baecker (Hrsg.), Womit handeln Banken? 1991, 31; *Preda* Journal of Economic Surveys vol. 21, no. 3, 2007, 506, 522; vgl. auch *Beunza/Stark* Economy and Society vol. 41, no. 3, 2012, 383 ff.

[240] Diese adressieren vor allem verhaltensökonomische Heuristiken, dazu Teil 1, Kapitel § 2, Abschnitt B., I., 4.

[241] Siehe *EBA*, Consultation Paper – Draft Guidelines on institution's stress testing (EBA/CP/2017/17) 2017, No. 79 a), 2. Alt. Nach *Engel*, Systemrisikovorsorge 2020, 126 komme hierin die „Systemrisikovorsorge der Bankinstitute […] besonders deutlich zum Ausdruck".

[242] Dazu *Paraschiakos*, Bankenaufsicht zwischen Risikoverwaltung und Marktbegleitung 2017, 105.

[243] Eine Verpflichtung zur regelmäßigen und anlassbezogenen Durchführung interner Stresstests statuiert § 25c Abs. 4a Nr. 3 lit. f), Abs. 4b S. 2 Nr. 3 lit. f) KWG sowie AT 4.3.3, Tz. 1 der MaRisk.

Risikopositionen eines Instituts zu erforschen.[244] Sie sind von Instituten sowohl anlassbezogen als auch turnusmäßig für alle Arten wesentlicher Risiken[245] und für das Gesamtrisikoprofil durchzuführen.[246] Neben Standardszenarien sind auch außergewöhnliche, adverse Stressszenarien abzubilden,[247] die sowohl auf historischen Erfahrungen als auch auf hypothetischen Verläufen aufbauen sollen.[248]

Die Institute bereitet dies auf die hohe Unsicherheit der Zukunftsentwicklungen in komplexen sozialen Systemen, einschließlich etwaiger Systemrisiken, besonders gut vor.[249] Sie „irritieren" sich mit den Stresstests stetig selbst, führen sich die Unsicherheit vor Augen und stellen die Aussagekraft der von ihnen adaptierten Risikomodelle infrage.[250] In sog. inversen Stresstests müssen Institute sogar überlebensgefährdende Ereignisse, die möglicherweise ganze Geschäftsmodelle wegbrechen lassen könnten, mit Simulationen erforschen.[251] Gerade der Fokus auf jene außergewöhnlichen Verläufe stellt die herkömmlichen Bewertungsmodelle der Institute besonders auf die Probe und kann ihre Schwachstellen offenbaren.

---

[244] AT 4.3.3, Tz. 1, S. 1, 2 der MaRisk sowie *Braun*, in: Boos/Fischer/Schulte-Mattler (Hrsg.): KWG, CRR-VO 2016, § 25a KWG, Rn. 244; spezifisch zu dem Einsatz von Stresstests zu Zwecken des ICAAP und ILAAP: *EBA*, Leitlinien zu den Stresstests der Institute (EBA/GL/2018/04) v. 19. Juli 2018, Abschnitt 4.8.1, und sogleich noch unter IV.

[245] Insbesondere für Adressenausfallrisiken, Marktrisiken, operationelle Risiken, verhaltensbezogene Risiken, Liquiditätsrisiken, Zinsrisiken, Konzentrationsrisiken und Risiken aus Fremdwährungskrediten, siehe *EBA*, Leitlinien zu den Stresstests der Institute (EBA/GL/2018/04) v. 19. Juli 2018, Abschnitt 4.7.

[246] AT 4.3.3, Tz. 1, 2 der MaRisk.

[247] *EBA*, Leitlinien zu den Stresstests der Institute (EBA/GL/2018/04) v. 19. Juli 2018, Rn. 74. Vgl. auch *Paraschiakos*, Bankenaufsicht zwischen Risikoverwaltung und Marktbegleitung 2017, 3, 287: Stresstests würden „Reflektionsprozesse" im Institut anregen.

[248] AT 4.3.3, Tz. 3 MaRisk; *EBA*, Leitlinien zu den Stresstests der Institute (EBA/GL/2018/04) v. 19. Juli 2018, Rn. 73; *Braun*, in: Boos/Fischer/Schulte-Mattler (Hrsg.): KWG, CRR-VO 2016, § 25a KWG, Rn. 250.

[249] Den Extremszenarien ist besondere Aufmerksamkeit bei der Evaluation der Stresstestergebnisse zu schenken, siehe AT 4.3.3, Tz. 6, S. 3 der MaRisk. Ausführlicher noch *EBA*, Leitlinien zu den Stresstests der Institute (EBA/GL/2018/04) v. 19. Juli 2018, Rn. 93: Bei der Berichterstellung zu inversen Stresstests solle das Institut „externe exogene Ereignisse, wie wirtschaftliche Ereignisse, den Zusammenbruch einer Branche, politische Ereignisse, Rechtsstreitigkeiten und Naturereignisse, sowie Risikofaktoren, wie operationelle Risiken, Konzentrationen und Korrelationen, Reputationsrisiken und Vertrauensverlust, sowie Kombinationen dieser Ereignisse und Faktoren berücksichtigen".

[250] Zur Funktion von „Irritationen" im Kontext des Risikoverwaltungsrechts bereits Teil 1, Kapitel § 2, Abschnitt C., I., 3. Auch *Paraschiakos*, Bankenaufsicht zwischen Risikoverwaltung und Marktbegleitung 2017, 48 verlangt, dass Risikomodelle latent überprüft und eine „Ausforschung" der Unsicherheit angestoßen werden muss.

[251] *EBA*, Leitlinien zu den Stresstests der Institute (EBA/GL/2018/04) v. 19. Juli 2018, Rn. 89; *Braun*, in: Boos/Fischer/Schulte-Mattler (Hrsg.): KWG, CRR-VO 2016, § 25a KWG, Rn. 252–254.

Institute sollten sich dennoch stets bewusst sein, dass auch Stresstests die Zukunftsunsicherheiten über präzedenzlose Extremereignisse nicht ausräumen können, sondern diese ebenfalls nur mit Prognosen überbrücken.[252] Auch Stresstests unterliegen somit Modellrisiken, da sie ebenfalls stets Annahmen erfordern und empirische Daten voraussetzen.[253] Bei der Modellwahl besteht abermals die Gefahr, dass Institute von strategischen Eigeninteressen geleitet solche Modelle bevorzugen, welche die Risiken des Instituts möglichst gering darstellen.[254] Imperative Vorgaben zu Modellen würden dagegen Gefahr laufen, Pfadabhängigkeiten anzustoßen und systemisches Nichtwissen befördern. Abhilfe gegen Modellrisiken sollten daher nur aufsichtsbehördliche Überprüfungen im Rahmen des SREP sowie Verpflichtungen zu einer institutsinternen Kontrolle der Modelle und einer Absicherung durch Expertenmeinungen leisten.[255] Die Entscheidungsfreiheiten der Institute bei der Auswahl der Methoden sind als solche aber unverzichtbar, da nur sie eine insgesamt hohe Diversität unter Instituten gewährleisten,[256] die es ermöglicht, dass das Nichtwissen aus verschiedensten Blickwinkeln hinterfragt und systemische Anfälligkeiten vermindert werden.

### IV. Qualitative Prozesse zur Sicherstellung der Angemessenheit der Eigenkapital- und Liquiditätsausstattung

Die internen Prozesse zur Sicherstellung angemessener Kapitalausstattung (*Internal Capital Adequacy Assessment Process*, ICAAP) und angemessener Liquiditätsausstattung (*Internal Liquidity Adequacy Assessment Process*, ILAAP) schaffen Verbindungselemente zwischen quantitativer und qualitativer Risikobewältigung in Instituten. Institute müssen im Zuge des ICAAP prüfen, ob genügend internes Kapital vorgehalten wird, welches alle wesentlichen Risiken ab-

---

[252] Vgl. *Paraschiakos*, Bankenaufsicht zwischen Risikoverwaltung und Marktbegleitung 2017, 29: Die Methoden der Risikobemessung stoßen in ihrem Versuch, Wissensprobleme zu überbrücken, auf unüberwindbare Grenzen.
[253] Sog. Modellrisiken werden legaldefiniert in § 1 Abs. 34 KWG als „der mögliche Verlust, den ein Institut als Folge von im Wesentlichen auf der Grundlage von Ergebnissen interner Modelle getroffenen Entscheidungen erleiden kann, die in der Entwicklung, Umsetzung oder Anwendung fehlerhaft sind." Siehe zu Modellrisiken im Kontext der Finanzkrise von 2008 zudem *Haldane*, Why banks failed the stress test, 2.
[254] Vgl. *Paraschiakos*, Bankenaufsicht zwischen Risikoverwaltung und Marktbegleitung 2017, 30; am Beispiel der Finanzkrise von 2008 *Haldane*, Why banks failed the stress test, 12 f.
[255] *EBA*, Leitlinien zu den Stresstests der Institute (EBA/GL/2018/04) v. 19. Juli 2018, Rn. 63.
[256] Die EBA-Leitlinien stellen nur allgemeine Anforderungen an die Stresstestmethoden, siehe *EBA*, Leitlinien zu den Stresstests der Institute (EBA/GL/2018/04) v. 19. Juli 2018, Rn. 59 ff. Stresstests haben allgemein Sensitivitätsanalysen mit nur einem variablen Risikofaktor und Szenarioanalysen mit mehreren simultan veränderten Risikofaktoren zu umfassen nach *Braun*, in: Boos/Fischer/Schulte-Mattler (Hrsg.): KWG, CRR-VO 2016, § 25a KWG, Rn. 245.

deckt und die Risikotragfähigkeit sicherstellt (sog. Risikodeckungspotenzial).[257] Vergleichbar dazu sind im ILAAP Liquiditätsrisiken angemessen zu bewerten und hinreichende Liquiditätspuffer sicherzustellen.[258] Auch extremen Stressbedingungen muss bei der Kapitalplanung Rechnung getragen werden, womit Institute selbst auf weniger wahrscheinliche Eintrittsszenarien eingestellt werden.[259]

Beide Überprüfungsprozesse verpflichten Institute zu einer Reflexion ihrer qualitativen Eigenmittel anhand einer normativen Perspektive sowie einer ökonomische Perspektive.[260] Vornehmlich die ökonomische Perspektive kann die Schwachstellen und Anfälligkeiten aufsichtlicher Berechnungsmodelle zutage bringen.[261] Während Institute in der normativen Perspektive die aufsichtlichen Berechnungsmodelle für die Eigenmittel- und Liquiditätsanforderungen zugrunde legen, können sie die Methoden in der ökonomischen Perspektive frei wählen, was eine Heterogenität der Bewertungsmethoden befördert.[262] Sie sollen sich dabei gerade nicht auf regulatorische Modelle und statistische Methoden

---

[257] Art. 73 CRD, § 25a Abs. 1 S. 3 Nr. 2 KWG, sowie AT 4.1, Tz. 1 der MaRisk; *Benzler/Krieger*, in: Binder/Glos/Riepe (Hrsg.): Handbuch Bankenaufsichtsrecht 2018, § 11, Rn. 16.

[258] Art. 86 CRD, § 25a Abs. 1 S. 3 Nr. 2 KWG. *EZB*, Leitfaden der EZB für den bankinternen Prozess zur Sicherstellung einer angemessenen Liquiditätsausstattung (Internal Liquidity Adequacy Assessment Process – ILAAP), Rn. 5.

[259] Zum ICAAP: *EZB*, Leitfaden der EZB für den bankinternen Prozess zur Sicherstellung einer angemessenen Kapitalausstattung (Internal Capital Adequacy Asessment Process – ICAAP) 2018, Rn. 51. Zum ILAAP: *EZB*, Leitfaden der EZB für den bankinternen Prozess zur Sicherstellung einer angemessenen Liquiditätsausstattung (Internal Liquidity Adequacy Assessment Process – ILAAP), Rn. 49.

[260] Zum ICAAP: *EZB*, Leitfaden der EZB für den bankinternen Prozess zur Sicherstellung einer angemessenen Kapitalausstattung (Internal Capital Adequacy Asessment Process – ICAAP) 2018, 14. Grundsatz 3, (i), (iv).

[261] Ausführlich schon aus der soziologischen Perspektive zu den systemischen Risiken, die durch homogene Erwartungsstrukturen entstehen unter Teil 1, Kapitel § 2, Abschnitt C., I., 1., b). Vgl. zudem *Rochet*, in: Dewatripont/Rochet/Tirole (Hrsg.): Balancing the banks 2010, Chapter 3, 103, auf Nachteile der Homogenisierung von Risikobewertungen in Basel I und II hinweisend: „The regulatory framework […] in fact encouraged banks to behave like sheep, all adopting similar strategies with disastrous consequences. A situation in which 1 percent of banks collapses each year is perhaps manageable, but certainly not a situation in which there is a 1 percent probability that all banks will collapse simultaneously." In Hinblick auf eine homogenisierte Hedge Fund Regulierung *Romano* Yale Law & Economics Research Paper (Nr. 414) Oktober 2010, 18.

[262] Zu den beiden Perspektiven im ILAAP: *EZB*, Leitfaden der EZB für den bankinternen Prozess zur Sicherstellung einer angemessenen Liquiditätsausstattung (Internal Liquidity Adequacy Assessment Process – ILAAP), Rn. 3; im ICAAP: *EZB*, Leitfaden der EZB für den bankinternen Prozess zur Sicherstellung einer angemessenen Kapitalausstattung (Internal Capital Adequacy Asessment Process – ICAAP) 2018, 16 ff.; *BaFin/Deutsche Bundesbank*, Aufsichtliche Beurteilung bankinterner Risikotragfähigkeitskonzepte und deren prozessualer Einbindung in die Gesamtbanksteuerung („ICAAP") – Neuausrichtung 2018, Rn. 22 ff. Während die normative Perspektive auf die aufsichtsrechtlichen Größen und die regulatorischen Berechnungsmethoden zurückgreift (a. a. O., Rn. 23), erfolgen in der ökonomischen Perspektive die Risikoquanitifizierung und die Berechnung des Risikodeckungspotenzials basierend auf den ökonomischen Methodiken der Institute (a. a. O., Rn. 38).

## C. Organisatorische Anforderungen an das Risikomanagement

verlassen, sondern zukunftsgerichtet potenzielle Bedrohungen für die wirtschaftliche Lage des Instituts ermitteln.[263] Selbstkontrollen und behördliche Überprüfungen verleihen den Berechnungen eine stärkere Plausibilität und wirken Fehleinschätzungen der Institute entgegen.[264] Bei internen Nachprüfungen im Rahmen sog. *Backtestings* sind die angewendeten Modelle unter besonderem Fokus auf Modellrisiken zu kontrollieren.[265] Die internen Prozesse werden auch durch die Aufsichtsbehörden im SREP turnusmäßig auf ihre Angemessenheit überprüft und fließen in die Bewertung der Eigenkapital- und Liquiditätsanforderungen der Säule 2 ein.[266]

Der Dialog mit der Aufsichtsbehörde kann darüber hinaus aber nicht nur der Aufsicht wertvolle Erkenntnisse des Instituts weitervermitteln,[267] sondern auch genutzt werden, um systemische Dynamiken und die damit verbundenen Unsicherheiten stärker ins Bewusstsein der Institute zu rücken.[268] Die hohe Unsicherheit und Entwicklungsoffenheit systemischer Dynamiken wird den Instituten ferner durch eine Verknüpfung von ICAAP und ILAAP mit Stresstests visualisiert.[269] Neben internen Stresstests sind auch die aufsichtsbehördlichen Stresstests im Zuge des SREP sowie die Resultate makroökonomischer Stresstests ausschlaggebend.[270] Diese können neutralere Perspektiven auf die Widerstandsfä-

---

[263] So auch *EZB*, ECB report on banks' ICAAP practices, 7.

[264] Zu dieser in der finanzsoziologischen Forschung verbreiteten Interpretation ökonomischer Risikobewältigungsmethoden in Instituten schon Teil 1, Kapitel § 2, Abschnitt C., I., 1., a), b), und Baecker (Hrsg.), Womit handeln Banken? 1991, 118.

[265] Zum *Backtesting* im Zuge des ICAAP: *EZB*, Leitfaden der EZB für den bankinternen Prozess zur Sicherstellung einer angemessenen Kapitalausstattung (Internal Capital Adequacy Asessment Process – ICAAP) 2018, Rn. 21; zum ILAAP: *EZB*, Leitfaden der EZB für den bankinternen Prozess zur Sicherstellung einer angemessenen Liquiditätsausstattung (Internal Liquidity Adequacy Assessment Process – ILAAP), Rn. 21.

[266] Zum ICAAP: *EZB*, Leitfaden der EZB für den bankinternen Prozess zur Sicherstellung einer angemessenen Kapitalausstattung (Internal Capital Adequacy Asessment Process – ICAAP) 2018, 2, Rn. 4; zum ILAAP: *EZB*, Leitfaden der EZB für den bankinternen Prozess zur Sicherstellung einer angemessenen Liquiditätsausstattung (Internal Liquidity Adequacy Assessment Process – ILAAP), Rn. 4.

[267] Institute haben die Ergebnisse ihres ICAAP der Aufsicht jährlich in der Erklärung zur Angemessenheit der Kapitalausstattung des Instituts (Capital Adequacy Statement, CAS) mitzuteilen, *EZB*, Leitfaden der EZB für den bankinternen Prozess zur Sicherstellung einer angemessenen Kapitalausstattung (Internal Capital Adequacy Asessment Process – ICAAP) 2018, 6, Grundsatz 1, (ii); für die Ergebnisse des ILAAP hat eine Erklärung zur Angemessenheit der Liquiditätsausstattung (Liquidity Adequacy Statement, LAS) zu ergehen *EZB*, Leitfaden der EZB für den bankinternen Prozess zur Sicherstellung einer angemessenen Liquiditätsausstattung (Internal Liquidity Adequacy Assessment Process – ILAAP), 6, Grundsatz 1, (ii).

[268] Zu den Handlungsoptionen der Aufsichtsbehörde, ihr Systemwissen im Zuge aufsichtsrechtlicher Aufgabenwahrnehmung einzubringen, noch Teil 2, Kapitel § 4, Abschnitt D., I.

[269] Zu der Anwendung von Stresstests zu Zwecken des ICAAP und ILAAP *EBA*, Leitlinien zu den Stresstests der Institute (EBA/GL/2018/04) v. 19. Juli 2018, Abschnitt 4.8.1.

[270] Vgl. auch *Engel*, Systemrisikovorsorge 2020, 45. Zu den verschiedenen Arten der aufsichtsbehördlich durchgeführten Stresstests noch Teil 2, Kapitel § 4, Abschnitt C.

higkeit des Instituts[271] eröffnen und erhöhen abermals die Diversität der Erwartungsprognosen, womit auch sie auf die Zukunftsunsicherheit besonders gut vorbereiten.

## D. Fazit

Eine Bewältigung von Systemrisiken kann angesichts der Komplexität der Finanzmärkte nur gelingen, wenn neben der Aufsicht auch die Institute für die Bekämpfung von Systemrisiken aktiviert werden. Normative Katalogtatbestände geben die Institute dafür zunächst als Adressaten der bankenregulatorischen Anforderungen vor. Die Aufsicht sollte die Reichweite jener normativen Katalogtatbestände allerdings kontinuierlich überprüfen, damit diese den sich wandelnden sozialen Gegebenheiten auf Finanzmärkten angepasst werden können und nicht ihrerseits Systemrisiken hervorbringen. Quantitative Eigenmittel- und Liquiditätsanforderungen verlangen von den Instituten sodann die Bildung angemessener Notfallreserven. Sie machen nicht nur das Institut für den Eintritt individueller Verluste resilienter, sondern können zugleich die Auswirkungen von Systemrisiken abfedern. Über die Normierung bestimmter Berechnungsmodelle laufen jene Regelungen aber ambivalenterweise auch Gefahr, systemische Anfälligkeiten zu übersehen oder gar zu bestärken. Indem den Instituten gewisse Entscheidungsspielräume belassen und eine Heterogenität ihrer Beurteilungen befördert wird, kann jenen systemischen Risiken entgegengesteuert werden. Eine Koppelung an reflexive Verfahren sowohl der Aufsicht als auch der Institute kann zudem sicherstellen, dass die quantitativen Instrumente stetig kritisch überprüft werden und die ihnen anhaftenden Anfälligkeiten aufgearbeitet werden. Organisatorische Anforderungen an das Risikomanagement optimieren schließlich die Rahmenbedingungen dafür, dass die Institute mit Unsicherheiten besser und diverser umgehen. Gerade durch eine hohe Heterogenität kann die dezentrale Aufarbeitung von Unsicherheiten und systemischem Nichtwissen vorangebracht werden. Von einzelnen Instituten darf dabei allerdings keine präzise Vorhersage von Systemrisiken erwartet werden. Stattdessen müssen sie gerade für die Entwicklungsoffenheit der Marktdynamiken sensibilisiert und zu einer stetigen „Irritierung" und Diversität ihrer eigenen Erwartungen angehalten werden. Zu konkrete Richtungsweisungen, etwa durch Vorgabe bestimmter Berechnungsmodelle oder Szenarien, liefen dagegen Gefahr, ihrerseits ein homogenes Verhalten der Institute hervorzurufen und damit neue systemische Anfälligkeiten zu schaffen.

---

[271] Zu den opportunistischen Einflussnahmen von Instituten bei internen Stresstests *Quagliariello* EBA Staff Paper Series (Nr. Nr. 4) July 2019, 6 ff.

## § 4 Kognitive Strategie der Aufsicht

Zentralen Stellenwert für die Bewältigung von Systemrisiken erlangt in einer kognitiven Strategie neben der Aktivierung der Institute auch die Wissensgenerierung seitens der Aufsicht.[1] Die Aufsichtsbehörden müssen die systemischen Entwicklungsdynamiken der Finanzmärkte fortlaufend beobachten und reflektieren, wie sich hoheitliche Regulierungsmaßnahmen ihrerseits auf jene Marktentwicklungen und etwaige Systemrisiken auswirken.[2] Nur mit einer steten Aktualisierung der eigenen Wissensgrundlagen kann die Aufsicht der Komplexität und Entwicklungsoffenheit der Finanzmärkte Rechnung tragen und Wissensprobleme um Systemrisiken kontinuierlich aufarbeiten.[3] Eine wichtige Informationsquelle für die Aufsichtsbehörden sind dabei die regulierten Institute (Abschnitt A.). Kooperationen zwischen nationalen und unionalen Aufsichtsbehörden, Zentralbanken und Ausschüssen für Systemrisiken etablieren zudem ein „Wissensnetzwerk"[4], das mit reichem Informationsbestand aufwartet (Ab-

---

[1] Zur Wissensgenerierung der Verwaltung u. a. *Wollenschläger*, Wissensgenerierung im Verfahren 2009, anhand der Referenzgebiete des Risikoverwaltungsrechts, des Telekommunikationsrechts und des Wettbewerbsrechts; *Broemel*, in: Münkler (Hrsg.): Dimensionen des Wissens im Recht 2019, 139 ff.; zu dem verfassungsrechtlichen Hintergrund einer hoheitlichen Wissensgenerierung *Goldhammer*, in: Münkler (Hrsg.): Dimensionen des Wissens im Recht 2019, 217 ff.; zur „Prozeduralisierung" des Rechts *Ladeur*, in: Sheplyakova (Hrsg.): Prozeduralisierung des Rechts 2018, 73 ff. Zu kognitiven Konzepten des Risikoverwaltungsrechts anhand des Referenzgebiets der Bankenregulierung *Voß*, Unternehmenswissen als Regulierungsressource 2019, 1 (m.w.N. in Fn. 3) und passim, indes mit einem Untersuchungsfokus auf die Anleitung von Organisationsstrukturen in Unternehmen zu Zwecken der Wissensgenerierung; ebenso mit einem Fokus auf Private *Reiling*, Der Hybride 2016.

[2] Zu dem diversen Diskussionsstand in der Soziologie um die Bedeutung und Tragweite eines reflexiven Rechts mit einem Fokus auf die Strukturierung von Selbstregulierungsprozessen u. a. *Teubner/Willke* Zeitschrift für Rechtssoziologie 1984, 4 ff.; reflexives Recht ziele auf eine Stärkung „regulierte[r] Autonomie" im Sinne einer Selbstregulierung; *Teubner*, in: Maihofer (Hrsg.): Moi si mura 1986, 290, 323, 331: reflexives Recht sei auf eine Entsprechung rechtlicher Normierungen und sozialer Regelungssituationen gerichtet, die erreicht werden könne, indem das Recht selbstregulierende Reflexionsprozesse in sozialen Systemen strukturell anleitet und korrigiert. Zu der „dezentralen Kontextsteuerung" nach *Teubner/Willke* als Modell für die Bankenaufsicht u. a. *Kette*, Bankenregulierung als Cognitive Governance 2009, 74 und passim; *Jöstingmeier*, Governance der Finanzmärkte 2019, 179 ff. Kritisch zu dem Ansatz *Luhmann* Zeitschrift für Rechtssoziologie 1985, 7 ff.

[3] Vgl. auch *Kaufhold* Osaka University Law Review vol. 65, 2018, 47, 57: eine „Systemaufsicht" müsse alle Bestandteile und Muster eines Systems in ihr Blickfeld einbeziehen.

[4] Vgl. zu Wissensnetzwerken im Umweltrecht (zwischen Anlagenbetreibern, Verwaltung

schnitt B.). Die Behörden verfügen aber auch über eigene Analyseinstrumente wie vornehmlich Stresstests, mit denen sie eigenes Wissen im Systemkontext erzeugen (Abschnitt C.). Das gewonnene Systemwissen haben sie bei der Wahrnehmung ihrer Aufgaben zu berücksichtigen und zielgerichtet einzusetzen, um Systemrisiken zu vermindern (Abschnitt D.).

## A. Informationserhebung bei Instituten

Angesichts des ubiquitären, hoch fragmentierten Wissens auf Finanzmärkten[5] ist für die Aufsicht ein Informationsaustausch mit den Instituten elementar.[6] Die bankenaufsichtsrechtlichen Vorschriften sehen dafür bereits umfangreiche Berichtserstattungs- und Meldepflichten der Institute vor,[7] die es den Aufsichtsbehörden ermöglichen sollen, nicht nur das Risikoprofil des einzelnen Instituts, sondern auch etwaige Systemrisiken zu überblicken.[8] Flankiert werden diese durch Transparenz- und Offenlegungsvorschriften, welche die Institute verpflichten, gewisse Informationen auch an den Markt zu kommunizieren.[9] Da sich das individuelle Wissen der Institute allerdings niemals vollständig zentralisieren

---

und Expertengremien) *Jaeckel*, in: Pünder/Klafki (Hrsg.): Risiko und Katastrophe als Herausforderung für die Verwaltung 2016, 11, 23.

[5] Siehe schon Teil 1, Kapitel § 2, Abschnitt C., I., 2., a), sowie *Hayek* The American Economic Review vol. 35, no. 4, 1945 (4), 519, 521 und passim. Veränderungen der Wissensstrukturen auf Märkten im Zuge der „Wissens- und Informationsgesellschaft" beleuchtet dagegen *Vesting*, in: Hoffmann-Riem/Schmidt-Aßmann/Voßkuhle (Hrsg.): Grundlagen des Verwaltungsrechts (Bd. II) 2012, § 20, Rn. 38, dazu auch noch im Kontext der Digitalisierung der Finanzmärkte unter Teil 3, Kapitel § 5, Abschnitt B., II., und C., II.

[6] Vgl. *Rudkowski*, Transparenzpflichten zur Kontrolle von Finanzdienstleistungsunternehmen 2016, 138. Den Informationsaustausch zwischen Behörde und Marktakteuren als Strategie der Bewältigung von Komplexität und Nichtwissen adressiert im Kontext des Umweltrechts *Jaeckel*, in: Pünder/Klafki (Hrsg.): Risiko und Katastrophe als Herausforderung für die Verwaltung 2016, 11, 23.

[7] Dazu insbesondere Art. 430 ff. CRR. Melde- und Berichtserstattungspflichten bestehen hiernach beispielsweise im Hinblick auf die Eigenmittelausstattung (Art. 430 Abs. 1 lit. a) CRR i.V.m. Art. 92, 99 ff. CRR), die Rechnungslegungsunterlagen (Art. 89 CRD, § 26 KWG) sowie bei Groß- und Millionenkrediten (Art. 430 Abs. 1 lit. c) CRR i.V.m. Art. 394 CRR, § 14 KWG).

[8] Vgl. Art. 430 Abs. 5 CRR, der im Hinblick auf die Meldepflichten nach Art. 430 Abs. 3 CRR vorsieht, dass sich diese „lediglich" auf Informationen erstrecken müssten, „um einen umfassenden Überblick über das Risikoprofil des Instituts und die von dem Institut für den Finanzsektor oder die Realwirtschaft ausgehenden Systemrisiken gemäß der Verordnung (EU) Nr. 1093/2010 zu vermitteln." Erst recht lässt sich schlussfolgern, dass die Meldepflichten nach Art. 430 Abs. 1 CRR jene Informationen umfassen.

[9] Vgl. Art. 431 ff. CRR. Zu den Offenlegungsanforderungen im Einzelnen *Andrae/Hellmich/Schmaltz*, Bankaufsichtliches Risikomanagement: Grundlagen und Anwendung regulatorischer Anforderungen 2018, 475 ff.

lässt,[10] sollte es aus Perspektive einer kognitiven Strategie weniger auf eine möglichst umfangreiche Datenerhebung als vielmehr darauf ankommen, dass die Aufsicht spezifische Informationen zu der Art und Weise der Wissensentstehung auf Finanzmärkten, einschließlich der verbreiteten Erwartungsstrukturen, sowie zu den Beziehungen und Verflechtungen unter den Marktakteuren sammelt.[11]

Ein besseres Verständnis für die Systemdynamiken kann die Aufsicht über einen kommunikativen Austausch mit den Marktakteuren gewinnen. Eine wichtige Ebene für den konstanten Kommunikationsprozess bietet der aufsichtliche Bewertungs- und Überprüfungsprozess.[12] Im Zuge des SREP verfügt die Aufsicht über umfassende Auskunfts- und Prüfungsrechte.[13] Sie könnte diese gewinnbringend für die Aufarbeitung systemischer Anfälligkeiten nutzen, wenn sie beispielsweise die institutsinternen Risikomodelle nicht bloß auf ihre Angemessenheit überprüfen würde, sondern auch die Gründe für deren Wahl erfragen würde, um ein Verständnis dafür zu bekommen, wie das Institut zu diesen Modellen und den zugrundeliegenden Annahmen gelangt ist. In einer konsolidierten Betrachtung der von den Instituten preisgegebenen Informationen ließe sich sodann ermitteln, welche Risikomodelle und Erwartungsstrukturen auf systemischer Ebene besonders verbreitet sind. Da die jenen Modellen anhaftenden Anfälligkeiten besonders systemrisikobehaftet sind, sollte die Aufsicht deren Schwachstellen mit hoher Aufmerksamkeit untersuchen.[14]

Auskunfts- und Prüfungsrechte sollte die Aufsicht des Weiteren einsetzen, um Informationen zu Verknüpfungen und Interdependenzen von den Marktakteuren zu erheben. Melde- und Offenlegungspflichten zu Großkrediten[15] sowie zu Gegenparteiausfallrisiken[16] können bilanzbezogene Verknüpfungen unter den Marktakteuren offenbaren. Dagegen sind Auskunfts- und Prüfungsrechte spezifisch im Kontext von Auslagerungen[17] besonders instruktiv, um auch operative Verknüpfungen zwischen den Akteuren offenzulegen. Erst in einer konsolidierten Betrachtung fügen sich die zahlreichen Verknüpfungen jedoch zu einem über-

---

[10] *Hayek* The American Economic Review vol. 35, no. 4, 1945 (4), 519 f., sowie schon oben in Teil 1, Kapitel § 2, Abschnitt C., I., 2., a).

[11] So auch *Haldane*, Rethinking the financial network, 12. Zu der Notwendigkeit, dass die Aufsicht auch jene nicht-personalen Elemente wie soziale Konventionen und Praktiken in eigene Beobachtungsprozesse einstellt schon unter: Teil 2, Kapitel § 3, Abschnitt A., III.

[12] Vgl. § 6b KWG. Den SREP als „Instrument zur Systemrisikovorsorge" betrachtend *Engel*, Systemrisikovorsorge 2020, 42 ff.; zu der nachvollziehenden Aufgabe der Aufsichtsbehörden im SREP *Voß*, Unternehmenswissen als Regulierungsressource 2019, 172 ff.

[13] Art. 97 CRD, insbesondere § 44 Abs. 1 KWG. Dazu auch *Paraschiakos*, Bankenaufsicht zwischen Risikoverwaltung und Marktbegleitung 2017, 253: „zentrale Kommunikationsschnittstelle" zwischen beaufsichtigten Instituten und Aufsichtsbehörden.

[14] Zu dem systemischen Risikopotenzial von Erwartungsstrukturen bereits in theoretischen Zusammenhängen unter Teil 1, Kapitel § 2, Abschnitt C., I., 1., b).

[15] Art. 430 Abs. 1 lit. c) CRR i.V.m. Art. 394 CRR.

[16] Art. 439 CRR.

[17] Vgl. §§ 25b Abs. 3, 44 Abs. 1 S. 1 KWG.

greifenden Bild über die systemischen Netzwerkstrukturen auf Finanzmärkten zusammen. Im Kontext von Auslagerungen sind die Aufsichtsbehörden bereits dazu verpflichtet, systemische Konzentrationen bei Mehrmandantendienstleistern zu untersuchen.[18] Allerdings erschließen sich damit bisweilen nur einzelne Ausschnitte der komplexen Interaktionsstrukturen auf Finanzmärkten, welche die Aufsicht durch ergänzende Betrachtungen anderer Vernetzungen der Marktakteure stetig komplementieren sollte.[19] Insbesondere der Einsatz von Big Data und Algorithmen könnte sich insoweit als gewinnbringend erweisen, da mithilfe jener Beobachtungsinstrumente auch nicht-regulierte Akteure abgebildet werden können.[20]

Eine aufsichtliche Konsolidierung der von den Instituten preisgegebenen Informationen könnte ferner durch eine stärkere Vereinheitlichung der Datenorganisation in Instituten erleichtert werden.[21] Ein einheitliches, für alle Institute geltendes Rahmenwerk für die Datenorganisation und das Datenreporting, wie es auf unionaler Ebene mit dem integrierten Melderahmen (*Integrated Reporting Framework*, IReF) erstrebt wird, könnte die Aufsicht bei der Zusammenführung der Risikodaten im Euroraum unterstützen.[22] Insoweit besteht aus dem Blickwinkel einer kognitiven Strategie noch Optimierungspotenzial. Gerade wenn die Aufsicht Big Data und Algorithmen zu Zwecken der Systemrisikoprognose in Einsatz bringen wollte, werden markteinheitliche Anforderungen an die Datenorganisation in Instituten unausweichlich.[23]

Schließlich ist eine Dynamisierung des Informationsaustauschs mit Instituten vor allem in unsicheren und hoch volatilen Perioden besonders wichtig, da die Aufsicht hier besonders agil auf die systemischen Entwicklungen reagieren muss.

---

[18] Dazu *EBA*, Final Report on EBA Guidelines on outsourcing arrangements (EBA/GL/2019/02), S. 11 No. 25 sowie S. 14 f. No. 45 f. Zu der Problematik um systemische Risiken in Auslagerungsverhältnissen noch im Kontext der Akteure der Digitalökonomie unter Teil 3, Kapitel § 5, Abschnitt C., II.

[19] Im Kontext der Regulierung von Systemrisiken zu der Notwendigkeit, Informationen über Netzwerkstrukturen zu gewinnen, *Haldane*, Rethinking the financial network, 12, und ausführlicher zu der Methode des „snowball sampling" *Lee/Kim/Jeong* Physical Review (Nr. 016102) vol. 73, 2006, 2 und passim.

[20] Zu dem Mehrwert von Big Data und Algorithmen bei der Aufsicht über Systemrisiken noch eingehend in Teil 3, Kapitel § 6, Abschnitt A.

[21] Anforderungen an die bisher nur institutsinterne Vereinheitlichung von Daten, insbesondere bei Unternehmensgruppen, legt auch der Standard BCBS 239 auf, siehe *BCBS*, Principles for effective risk data aggregation and risk reporting, Principle 2, No. 33; ebenso jüngst für bedeutende Institute die Änderung des AT 4.3.4 der MaRisk.

[22] Zu den aktuellen Bestrebungen einer Standardisierung des Datenreportings von Instituten auf Ebene des Eurosystems *Europäische Kommission*, Strategie für ein digitales Finanzwesen in der EU (COM (2020) 591 final) 2020, 15; *EZB*, The Eurosystem Integrated Reporting Framework: an overview.

[23] Zu den Potenzialen von Big Data und Algorithmen für die Aufsicht bei der Bewältigung von Systemrisiken und den dabei an die Daten zu stellenden Anforderungen noch in Teil 3, Kapitel § 6, Abschnitt B., III.

Sog. *fire drills*, bei denen Institute unerwartet zu einer zügigen Risikoberichterstattung und Datenübermittlung an die Aufsichtsbehörde aufgefordert werden, sollen die Reaktionsfähigkeit der Institute bei der ad-hoc-Übermittlung von Risikodaten für Stresssituationen schulen und können für die Regulierung von Systemrisiken großen Mehrwert liefern.[24] Allerdings sollte auch hierbei der Fokus weniger wie bisher auf der schlichten Übermittlung von Datensätzen als vielmehr auf einem kommunikativen Austausch liegen, um etwaige Wissensdefizite, Unsicherheiten und systemische Verknüpfungen zu identifizieren.

## B. Behördliches „Wissensnetzwerk" von Aufsichtsbehörden, Zentralbanken und Ausschüssen für Systemrisiken

Eine behördliche Kooperation macht den Weg dafür frei, dass die Behörden ihre Erkenntnisse zusammentragen und effektiv für die Bewältigung von Systemrisiken einsetzen können.[25] Aufsichtsbehörden und Zentralbanken auf nationaler und unionaler Ebene bringen ein vielfältiges Know-How mit, das sie dazu befähigt, systemische Entwicklungen der Finanzmärkte zu erfassen und auch mit währungspolitischen und makroökonomischen Entwicklungen zu kontextualisieren.[26] Normative Rahmenbedingungen für ihr Netzwerk schafft der einheitliche Aufsichtsmechanismus (*Single Supervisory Mechanism*, SSM), der eine Zusammenarbeit nationaler Aufsichtsbehörden und der EZB im Bereich der Finanzaufsicht institutionalisiert (unter I.). Das Europäische Finanzaufsichtssystem (*European System of Financial Supervision*, ESFS) verbindet diese Akteure darüber hinaus zu einem größeren „Wissensnetzwerk", das auch die europäischen Aufsichtsbehörden (unter II.) sowie den Europäischen Ausschuss für Systemrisiken (*European Systemic Risk Board*, ESRB) einschließt (unter III.).[27] Der

---

[24] Basierend auf BCBS 239: *BCBS*, Principles for effective risk data aggregation and risk reporting, Principle 6.

[25] Nach *Schneider*, in: Hill/Schliesky (Hrsg.): Herausforderung e-Government 2009, 89, sei die Arbeitsteilung unter Behörden „spezifische Reaktion der Verwaltung auf neue Wissensprobleme". Instruktiv zu den Bedeutung und Tragweite behördlicher Wissensnetzwerke *Schliesky*, in: Hill/Schliesky (Hrsg.): Herausforderung e-Government 2009, 25: „[A]rbeitsteilige Verfahrensgänge, Informationsbeziehungen und die Zulieferung von Wissenselementen [könnten] für eine Verwaltungsentscheidung nur als modularer Prozess in einem Netzwerk begriffen werden [...]. Die monistische Verwaltungsentscheidung, die dem Verwaltungsverfahrensrecht zugrunde liegt und die es in der Realität ja heute schon kaum noch gibt, wird im – noch dazu europäischen – Behördennetz zum komplexen, aus verschiedenen Einzelbeiträgen zusammengesetzten Entscheidungsprozess." Das Recht müsse dabei die Koordinierung des Behördennetzes übernehmen, um Zuständigkeitsordnungen und damit Anforderungen des Demokratie- und Rechtsstaatsprinzips zu genügen.

[26] Zur Notwendigkeit dessen vgl. *Remsperger* IMFS Working Paper Series (Nr. 80) 2014, 6: Eine Beobachtung der Geldpolitik gehöre in das „Pflichtenheft der makroprudenziellen Systembetrachtung".

[27] Zu den Mitgliedern des ESFS vgl. Art. 1 Abs. 3 ESRB-VO, Art. 2 Abs. 2 EBA-VO.

ESRB verfügt über ein besonders umfangreiches Wissen über die Entwicklungsdynamiken der Finanzmärkte und potenzielle Systemrisiken, welches durch die Hinzuziehung externen Sachverstandes sogar noch angereichert werden kann. Aber auch Zentralbanken sind schließlich zu einer engen Zusammenarbeit mit den Aufsichtsbehörden und Ausschüssen für Systemrisiken verpflichtet (unter IV.).[28]

## I. Einheitlicher Aufsichtsmechanismus

Nationale Aufsichtsbehörden und die europäische Zentralbank haben sich mit dem SSM zu einem Verbund für die gemeinsame Bankenaufsicht in der Eurozone zusammengefunden.[29] Während die nationalen kompetenten Behörden (*National Competent Authorities*, NCAs) prinzipiell für die Aufsicht über nicht global systemrelevante Institute zuständig sind, werden global systemrelevante Banken der unmittelbaren Aufsicht der EZB unterstellt.[30] NCAs und EZB stehen dabei in regem Informationsaustausch. Im Aufsichtsgremium (*Supervisory Board*) der EZB sowie den gemeinsamen Aufsichtsteams (*Joint Supervisory Teams*, JST), bestehend aus Mitgliedern der EZB und der NCAs, werden Aufsichtstätigkeiten sogar gemeinsam wahrgenommen.[31]

---

Diese sollen in loyaler Zusammenarbeit zur Sicherung der Systemstabilität beitragen (Art. 1 Abs. 4 a.E. ESRB-VO) und stehen in intensivem Informationsaustausch (Art. 1 Abs. 4 a.E. ESRB-VO). *Remsperger* IMFS Working Paper Series (Nr. 80) 2014, 16 spricht von einem institutionellen Labyrinth vergleichbar eines „kafkaesken Schlosses". Vgl. zudem *Bauerschmidt* ZHR 2019 (183), 476, 482: Austauschnetzwerk mit kooperierenden „Knotenpunkten" anstelle einer hierarchischen Struktur. *Hilbert*, in: Münkler (Hrsg.): Dimensionen des Wissens im Recht 2019, 111, 126 (m. w. N. in Fn. 96), bezeichnet das ESFS gar als „Verwaltungsverbund par excellence" im Hinblick auf die sich herausbildenden Informationsbeziehungen.

[28] Vgl. für die Zusammenarbeit der EZB mit nationalen Aufsichtsbehörden Art. 3 Abs. 1 UAbs. 1, 6 Abs. 2 SSM-VO; und § 7 KWG zu der Kooperation zwischen Bundesbank, BaFin sowie dem AFS.

[29] Den Entstehenshintergrund des SSM erläutert im Lichte der Finanzkrise von 2008 *Kaufhold*, in: Hufeld/Ohler (Hrsg.): Enzyklopädie Europarecht (Bd. 9): Europäische Wirtschafts- und Währungsunion 2022, § 17, Rn. 3 ff. Instruktiv zu der Verbundstruktur des SSM und den normativen Rahmenbedingungen, die damit für die Zusammenarbeit zwischen nationalen Aufsichtsbehörden und EZB geschaffen wurden, a. a. O., Rn. 17 ff. Zum SSM als Integrationsschritt der Wirtschafts- und Währungsunion *Tönningsen*, Grenzüberschreitende Bankenaufsicht in der Europäischen Union 2018, 102 ff.

[30] Zu der Kompetenzverteilung in Einzelnen Art. 4, 6 Abs. 4–6 SSM-VO, sowie ausführlich *Kaufhold*, in: Hufeld/Ohler (Hrsg.): Enzyklopädie Europarecht (Bd. 9): Europäische Wirtschafts- und Währungsunion 2022, § 17, Rn. 31 ff., 100 ff.; *Tönningsen*, Grenzüberschreitende Bankenaufsicht in der Europäischen Union 2018, 73 ff., zu den Aufsichtskompetenzen der nationalen Aufsichtsbehörden bzw. S. 104 ff., zu der direkten und indirekten Aufsichtskompetenz der EZB.

[31] *Hilbert*, in: Münkler (Hrsg.): Dimensionen des Wissens im Recht 2019, 111, 129 f., unterstreicht die Bedeutung der institutionalisierten Einbindung nationaler Aufsichtsbehör-

Bei der Institutsaufsicht müssen die Aufsichtsbehörden ermitteln, ob Systemrisiken von einem Institut ausgehen und ihre Feststellungen der EBA (Europäischen Bankenaufsichtsbehörde) mitteilen.[32] Sie werden durch diese normativen Vorgaben darauf gepolt, im Zuge der Aufsichtsprozesse systemische Risiken zu erforschen. Eine Konsolidierung der Informationen und Datensätze, die im Rahmen der mikroprudenziellen Aufsicht generiert werden, kann ferner die Erkenntnisse über Systemrisiken vorantreiben, da anhand dieser Daten homogene Trends im Umgang mit Risiken unter den Marktakteuren und Entwicklungstendenzen des Marktes sichtbar werden können.[33] Für eine Systemregulierung sind die Informationen aus den individuellen Aufsichtsverhältnissen allerdings nur insoweit aussagekräftig, als sie sich stets auf die regulierten Intermediäre beziehen.[34]

## II. Europäische Aufsichtsbehörden

Die Europäischen Aufsichtsbehörden (ESA), die sich aus der EBA, der Europäischen Wertpapier- und Marktaufsichtsbehörde (ESMA) und der Europäischen Aufsicht für das Versicherungswesen und die betriebliche Altersversorgung (EIOPA) zusammensetzen, sind für eine Koordinierung der Aufsicht auf Unionsebene zuständig.[35] Sie sind in besonderem Maße auf systemische Ziele bedacht. Die für die Bankenaufsicht zuständige EBA[36] hat bei ihrer Aufgabenwahrnehmung, wie auch ihre Schwesterinstitutionen in deren jeweiligen Aufgabenbereichen der Wertpapier- und Versicherungsaufsicht, ihr Augenmerk ganz besonders auf die Bewältigung von Systemrisiken zu legen.[37] Sie nimmt sowohl bei

---

den in die Tätigkeiten der EZB für den Informationsaustausch. Zu der Zusammenarbeit nationaler Aufsichtsbehörden und der EZB im Aufsichtsgremium, den JSTs und bei unterstützenden Hilfstätigkeiten *Tönningsen*, Grenzüberschreitende Bankenaufsicht in der Europäischen Union 2018, 115 ff.

[32] So explizit Art. 97 Abs. 5 CRD: „Wird bei einer Überprüfung festgestellt, dass von einem Institut ein Systemrisiko gemäß Artikel 23 der Verordnung (EU) Nr. 1093/2010 ausgeht, stellen die Mitgliedstaaten sicher, dass die zuständigen Behörden die EBA unverzüglich über die Ergebnisse der Überprüfung unterrichten." Unter kritischer Erwägung der Änderungen des Art. 104a Abs. 1 S. 2 im Zuge der CRD V so im Ergebnis auch *Engel*, Systemrisikovorsorge 2020, 54 f.

[33] Vgl. im spezifischen Kontext der internen Modelle für die Berechnung von Eigenmitteln Art. 78 Abs. 3 CRD, der anordnet, dass die Aufsichtsbehörden in konsolidierter Betrachtung die Qualität der internen Ansätze von Instituten im Hinblick auf die Unterschiede in den Modellen (S. 2 lit. a)) und die Vielfalt sowie eine signifikante und systematische Unterschätzung der Anforderung an Eigenmittel (S. 2 lit. b)) zu überprüfen haben.

[34] Zu den daraus entstehenden Limitierungen einer kognitiven Aufsicht noch unter C., II., 1.

[35] Zu dem Bereich der Bankenaufsicht *Tönningsen*, Grenzüberschreitende Bankenaufsicht in der Europäischen Union 2018, 95: Die EBA sei gewissermaßen als „Aufsicht über die Aufsicht" ausgestaltet.

[36] Zu ihren Kompetenzen katalogartig Art. 8 EBA-VO.

[37] Insbesondere Art. 1 Abs. 5 UAbs. 3, 22, 23, 24, 31 Abs. 1, 32 EBA-VO.

der Wissensgenerierung über Systemrisiken als auch bei deren Regulierung eine Schlüsselrolle ein.

In Marktanalysen untersucht die EBA systemische Trends und potenzielle Risiken und Schwachstellen von Instituten.[38] Sie überwacht die Marktentwicklungen in einem breiteren Kontext, der auch die Auswirkungen von Innovationen, ökologischen und sozialen Aspekten sowie Governance-Faktoren einbezieht.[39] Aus Perspektive einer kognitiven Strategie sollte die EBA indes nicht nur die Entstehung systemischer Risiken aus dem Verhalten der Marktakteure untersuchen, sondern auch die etwaigen Anfälligkeiten hoheitlicher Regulierungsinstrumente wie etwa der Eigenmittel- und Liquiditätsanforderungen im Lichte der Marktdynamiken reflektieren.[40]

Ferner veranstaltet die EBA regelmäßige Stresstests, in denen sie ihren Wissensbestand über Systemrisiken ausbaut.[41] Im Falle ungünstiger Marktentwicklungen bewertet die EBA das Systemrisiko.[42] Die innerhalb der EBA agierende Interessengruppe Bankensektor bereichert dabei als divers besetztes Expertengremium aus Vertretern der Bankenbranche und der Wissenschaft die Erforschung von Systemrisiken mit vielfältigen Perspektiven und trägt den Wissensproblemen um Systemrisiken Rechnung.[43] Sofern Systemrisiken festgestellt werden, welche die Finanzstabilität ernsthaft gefährden können, übernimmt die EBA koordinierende Funktionen im Verhältnis zu nationalen Aufsichtsbehörden und europäischen Organen, um Abhilfemaßnahmen zu erleichtern.[44] Sie fördert zudem die Überwachung von Systemrisiken durch nationale Aufsichtsbehörden[45] und arbeitet eng mit dem ESRB zusammen,[46] womit sie intensiv in den Wissensaustausch eingebunden ist.

---

[38] Vgl. Art. 32 Abs. 1 EBA-VO.
[39] Art. 8 Abs. 1 lit. f) EBA-VO.
[40] Zur Notwendigkeit einer Reflexion der Eigenmittelanforderungen s. o. Teil 2, Kapitel § 3, Abschnitt B.
[41] Zu den EBA-Stresstests nach Art. 32 EBA-VO noch in Abschnitt C., I., 2.
[42] Art. 23 EBA-VO.
[43] Art. 37 EBA-VO; zur Zusammensetzung der Gruppe und ihrer beratenden Tätigkeit auch *Kohtamäki*, Die Reform der Bankenaufsicht in der Europäischen Union 2012, 171 f. Im Lichte des Risikoverwaltungsrechts zu der Funktion von Expertenwissen: Teil 1, Kapitel § 2, Abschnitt C., II., 2., b).
[44] Art. 18 EBA-VO; mit weiterführenden Informationen zu der Feststellung des Krisenzustandes und dem historischen Hintergrund *Kohtamäki*, Die Reform der Bankenaufsicht in der Europäischen Union 2012, 188 ff.; instruktiv ferner *Tönningsen*, Grenzüberschreitende Bankenaufsicht in der Europäischen Union 2018, 97: In dieser Kompetenz zur Koordinierung in Krisenzeiten offenbare sich der Charakter der EBA als „Aufseherin der Aufseher".
[45] Art. 8 Abs. 1 lit. i) EBA-VO.
[46] Art. 36 EBA-VO.

### III. Ausschüsse für Systemrisiken

Mit spezifischen Fragen der Regulierung von Systemrisiken ist auf unionaler Ebene der ESRB betraut.[47] Er muss Systemrisiken identifizieren, analysieren und bewerten sowie etwaige Maßnahmen ergreifen und Empfehlungen oder Warnungen aussprechen.[48] Hierfür versorgen ihn die EZB, die ESA und nationale Aufsichtsbehörden sowie Zentralbanken mit Informationen.[49] Die Analysen des ESRB müssen Akteure unabhängig von ihrer mikroprudenziellen Einordnung in die eigenen Analysen einbeziehen.[50] Dennoch konzentrieren sie sich weitgehend darauf, die endogenen Risikohäufungen durch systemrelevante Finanzinstitute und die Konnexitäten innerhalb des regulierten Finanzsystems zu beobachten.[51] Informationen aus der mikroprudenziellen Aufsicht nehmen dabei einen hohen Stellenwert ein.[52] Daten über nichtregulierte Akteure und Geschäfte sind dagegen Mangelware.[53] Eine eigene Datenerhebung durch den ESRB sollte bei diesen Wissenslücken ansetzen, um eine breite Informationsgrundlage abzusichern.[54] Aber auch in personeller Hinsicht ist der ESRB für die Aufarbeitung von Wis-

---

[47] Zu der Funktion des ESRB siehe Art. 3 Abs. 1 ESRB-VO. Eingehend zur Funktion der Ausschüsse und einem internationalen Institutionenvergleich *Kaufhold* WM 2013, 1877 ff.; vgl. ferner zur Bedeutung des ESRB *Kohtamäki*, Die Reform der Bankenaufsicht in der Europäischen Union 2012, 220.

[48] Zu den wesentlichen Aufgaben des ESRB siehe Art. 3 Abs. 1, 2 ESRB-VO.

[49] Zur Informationsversorgung des ESRB durch die EBA: Art. 8 Abs. 1 lit. d) EBA-VO. Instruktiv zu den Informationsquellen des ESRB zudem *Kaufhold* WM 2013, 1877, 1879.

[50] *Kaufhold* WM 2013, 1877, 1878. Idealmaßstäbe für Informationsbeschaffung durch Systemaufsichtsbehörden definiert *Kaufhold*, Systemaufsicht 2016, 168 f. Eine bloße Übernahme der im Rahmen der Mikroaufsicht gewonnen Informationen im Sinne eines „Zweitverwertungsrecht[s]" sei nicht ausreichend, da für die Makroaufsicht noch andere Faktoren maßgeblich sein können, die erst im System und nicht auf Einzelebene schädigen können (a. a. O., S. 169). Nach *Padoa-Schioppa*, Regulating Finance 2004, 117, seien die aussagekräftigsten Analysen bei Kombination der Informationen von der Aufsichtsbehörde, der Zentralbank und dem Markt erzielbar.

[51] Zu dem Betrachtungswinkel und den Instrumentarien der makroprudenziellen Überwachung auch *Deutsche Bundesbank*, Makroprudenzielle Überwachung in Deutschland: Grundlagen, Institutionen, Instrumente, Monatsbericht April 2013, 41 ff.; zu dem weitgehend endogenen Risikoverständnis des makroprudenziellen Ansatzes *Borio* BIS Working Papers (Nr. 128) Februar 2003, 2.

[52] *Weber* ZfgK 2007, 402, 404: die Einzeldaten bilden eine „Risikolandkarte". Vgl. zu der Informationsgrundlage des ESRB die Ausführungen von *Kohtamäki*, Die Reform der Bankenaufsicht in der Europäischen Union 2012, 120.

[53] Siehe auch *Kohtamäki*, Die Reform der Bankenaufsicht in der Europäischen Union 2012, 120: Mikro- und Makroaufsicht seien durch die Angewiesenheit auf Daten aus der mikroprudenziellen Aufsicht nicht trennbar. Ein Informationsdefizit in Hinblick auf nichtregulierte Schattenbanken eingestehend *Brings* BaFinJournal 06/2013, 13, 15. Vgl. auch zu ähnlichen Problemen mangelnder Information über den Systemeinfluss von Hedge-Funds *Turner*, The Financial Crisis and the Future of Financial Regulation.

[54] Als rechtliche Grundlage für die eigene Informationserhebung des ESRB dient Art. 3 Abs. 2 lit. a ESRB-VO.

sensproblemen um Systemrisiken gerüstet. Mit dem beratenden wissenschaftlichen Ausschuss (*Advisory Scientific Committee*, ASC) und dem beratenden Fachausschuss (*Advisory Technical Committee*, ATC) institutionalisiert der ESRB divers besetzte Gremien.[55] Für den ESRB besteht ferner die Möglichkeit, externe Beratung von privatwirtschaftlichen Akteuren hinzuzuziehen und durch sie die Erkenntnisse über Systemrisiken anzureichern.[56] Aus Perspektive einer kognitiven Strategie sollte der ESRB davon Gebrauch machen, um die Diversität eigener Beurteilungen zu erhöhen und vornehmlich seine Expertise im Umgang mit den sozialen Interaktionsdynamiken auf Finanzmärkten auszubauen.[57]

Auf nationaler Ebene findet sich als Pendant der Ausschuss für Systemrisiken (AFS), der sich neben Mitgliedern der BaFin auch aus Mitgliedern der Bundesbank und des Bundesfinanzministeriums zusammensetzt und damit die Sachnähe und das Fachwissen jener Behörden in sich vereint.[58] Er speist sein Datenbedürfnis allein aus konsolidierten Daten, die von der BaFin und Bundesbank übermittelt werden.[59] Anders als der ESRB kann der AFS jedoch nicht selbst Daten erheben,[60] was ein erhebliches Hemmnis für die Aufarbeitung von nichtregulierten Bereichen, insbesondere bei innovativen Geschäftsmodellen darstellt.

## IV. Europäisches System der Zentralbanken

Zentralbanken bringen ergänzend makroökonomische Informationen ein und stellen Zusammenhänge zur Realwirtschaft und Geldpolitik her. Die von ihnen erhobenen Makrofinanzdaten[61] können die Relationen von Finanzmarktentwicklungen zu realwirtschaftlichen Entwicklungen erhellen und sind daher für die Detektion von Systemrisiken unabdingbar. Ein besonderer informativer Mehrwert von Zentralbanken für eine Systemregulierung resultiert aber auch daraus, dass sie in funktioneller Hinsicht ein „Zwitter zwischen Marktakteur und

---

[55] Art. 4 Abs. 5; 12 f. ESRB-VO. Zur internen Organisation übersichtlich *ESRB Secreteriat*, Organisational Chart.

[56] Art. 14 ESRB-VO.

[57] Zu der Funktion von Sachverständigenrat im Kontext des Risikoverwaltungsrechts: Teil 1, Kapitel § 2, Abschnitt C., II., 2., b).

[58] Vgl. § 2 FinStabG. Zu der Zusammensetzung des AFS zum Zwecke der Wissenszusammenführung auch *Deutsche Bundesbank*, Makroprudenzielle Überwachung durch den Ausschuss für Finanzstabilität: „Die Zusammensetzung des Ausschusses gewährleistet, dass alle öffentlichen Institute in ihm vertreten sind, die sich mit der makroprudenziellen Überwachung des deutschen Finanzsystems beschäftigen. Auf diese Weise sind die Sachkenntnisse und Bewertungen der verschiedenen Institutionen vertreten."

[59] Zu dem Informationsaustausch zwischen der BaFin und Deutschen Bundesbank einerseits und dem AFS andererseits siehe § 5 FinStabG sowie *Brings* BaFinJournal 06/2013, 13, 15.

[60] *Kaufhold* WM 2013, 1877, 1882.

[61] Zur Datenerhebung und -auswertung seitens der Zentralbanken *Cassola/Kok/Mongelli* ECB Occasional Paper Series (Nr. 237) November 2019, 5.

Regulierer"⁶² sind: Mit ihren eigenen Geschäftstätigkeiten⁶³ sind sie unmittelbar in die Marktgeschehnisse involviert und verfügen über eine besonders detaillierte und realitätsnahe Informationsbasis.⁶⁴ Innerhalb der EZB, welche institutionell Aufsichts- und Zentralbankfunktionen in sich vereint, ist für einen Informationsfluss und Kommunikationsprozesse zwischen den Bereichen gesorgt.⁶⁵ Die EZB kann zudem dank umfangreicher Informationsrechte im Verhältnis zu nationalen Aufsichtsbehörden und Zentralbanken Daten über die wirtschaftlichen Entwicklungen im gesamten Euroraum zusammenführen.⁶⁶ Dies ist von zentraler Bedeutung, um ein übergreifendes Bild von den systemischen Dynamiken im Euroraum zu erzeugen. Bei der Weiterentwicklung von Datenanalysen mithilfe von Big Data und Algorithmen, die für eine Bekämpfung von Systemrisiken große Fortschritte bringen könnten, nimmt die EZB ebenfalls eine Schlüsselrolle ein.⁶⁷ Sie führt des Weiteren regelmäßig Stresstests durch, in denen sie ihr Systemwissen anreichert.⁶⁸

Auf nationaler Ebene nimmt die Deutsche Bundesbank unter anderem statistische Erhebungen über die Systemstabilität der Finanzmärkte vor, um relevante Sachverhalte zu analysieren und systemische Gefahren frühzeitig zu identifizieren.⁶⁹ Sie steht in enger Kooperation zur BaFin und teilt mit ihr dabei auch die Ergebnisse der makroökonomischen Analysen.⁷⁰ Die BaFin kann die Bundesbank zudem mit der Durchführung von aufsichtlichen Stresstests betrauen.⁷¹

---

⁶² *Mayntz* MPIfG Discussion Paper (Nr. 10/8) 2010, 9.

⁶³ Siehe unter anderem Art. 17–24 ESZB-Satzung zu den Geschäftsbefugnissen der EZB und der nationalen Zentralbanken sowie §§ 19–25 BBankG zu den Geschäftsbefugnissen der Deutschen Bundesbank.

⁶⁴ Allerdings verwischt dies auch strukturelle Trennungen zwischen Regulierungssubjekt und -objekt, die Risiken einer potenziellen Einflussnahme von Marktinteressen auf Regulierungsstrukturen bergen können, siehe *Mayntz* MPIfG Discussion Paper (Nr. 10/8) 2010, 9.

⁶⁵ Vgl. Art. 25 Abs. 3 SSM-VO sowie Art. 4 ff. Beschluss EZB/2014/39. Die interne Trennung der Bereiche sowie ihre Überschneidungen untersuchen *Cassola/Kok/Mongelli* ECB Occasional Paper Series (Nr. 237) November 2019. Nach *Thiele*, in: Hufeld/Ohler (Hrsg.): Enzyklopädie Europarecht (Bd. 9): Europäische Wirtschafts- und Währungsunion 2022, § 16, Rn. 27, könne von einer strikten Trennung angesichts personeller Überschneidungen faktisch dennoch nicht gesprochen werden.

⁶⁶ Siehe ErwG (47) und Art. 6 Abs. 2 SSM-VO für den Bereich der Bankenaufsicht; für die Informationsrechte im ESZB vgl. Art. 14.3 ESZB-Satzung.

⁶⁷ Die derzeitigen Arbeiten der EZB an einer Masterdatei zur Integrierung der Daten der verschiedenen Stellen (EZB, nationale Aufsichtsbehörden und Zentralbanken, Institute etc.) werden dargestellt bei *Salou*, ECB Data Intelligence Service Centre (DISC), 4. Zu den Funktionsvoraussetzungen des Einsatzes von Big Data und Algorithmen durch die Aufsicht noch ausführlich Teil 3, Kapitel § 6, Abschnitt B., spezifisch zu den verfügbaren Datengrundlagen, die insbesondere bei der EZB gebündelt sind, a. a. O., III.

⁶⁸ Vgl. Art. 4 Abs. 1 lit. f SSM-VO. Zu den Stresstests der EZB sogleich in Abschnitt D., I., 3. Die EZB ist des Weiteren an EBA-Stresstests beteiligt, dazu Abschnitt D., I., 2.

⁶⁹ § 18 BBankG, § 1 Abs. 1 Nr. 1 FinStabG.

⁷⁰ Vgl. § 7 KWG, insbes. Abs. 3 zur Übermittlung der Informationen über Erhebungen nach § 18 BBankG an die BaFin.

⁷¹ § 6b Abs. 3 KWG, zu den Stresstests noch in Abschnitt D., I.

Auch mit dem nationalen Ausschuss für Systemrisiken ist die Bundesbank eng verbunden, indem sie diesem jährlich Bericht erstattet, Empfehlungen und Warnungen ausspricht sowie ihre Einschätzungen mitteilt.[72] Sie bringt auf diesem Wege ebenfalls makroökonomische Informationen in das Wissensnetzwerk ein.

## C. Beobachtungsinstrumente der Aufsicht

Stresstests sind das zentrale Instrument der Behörden, mit dem sie Wissen über soziale Dynamiken auf Finanzmärkten und über Systemrisiken gewinnen können. Der vorliegende Abschnitt wird zunächst die bereits existierenden Typen von Stresstests beleuchten (unter I.).[73] Diese sind bislang schwerpunktmäßig auf quantitative Risikofaktoren ausgerichtet, während qualitative Stresstests bisher kaum ausgeprägt sind (unter II.). Um Pfadabhängigkeiten und Wissenslücken der behördlichen Stresstestinstrumente aufzudecken, ist es aus Perspektive einer kognitiven Strategie elementar, dass die Aufsichtsbehörden auch ihre eigenen Beobachtungsinstrumente kritischen Reflexionsprozessen unterwerfen und diese fortlaufend optimieren (unter III.).

### I. Herkömmliche Stresstestinstrumente der Aufsicht

Aufsichtliche Stresstests im Rahmen des SREP unterziehen die Widerstandskraft der regulierten Institute auf bestimmte Stressszenarien einer aggregierten Betrachtung (unter 1.). EBA-Stresstests weisen insoweit nur in geographischer Hinsicht ein breiteres Untersuchungsspektrum auf (unter 2.). Vergleichbare Methodiken werden auch bei den Stresstests im Rahmen von *Comprehensive Assessments* angewandt (unter 3.). Sensitivitätsanalysen der EZB schränken dagegen den thematischen Fokus auf herausgenommene Risiken ein, um das Wissen in spezifischen Bereichen zu vertiefen (unter 4.). Innerhalb des kognitiven Instrumentenkoffers sind ausschließlich makroprudenzielle Stresstests der EZB dazu imstande, über den statistischen Vergleich hinaus auch systemische Interaktionszusammenhänge auf Finanzmärkten offenzulegen (unter 5.). Sie erfüllen für die aufsichtsbehördliche Wissensgenerierung über systemische Zusammenhänge daher eine besonders wichtige Funktion.

---

[72] § 1 Abs. 1 Nrn. 2–4 FinStabG.

[73] Vgl. *Broemel*, Interaktionszentrierte Grundrechtstheorie 2020, 333: „systematisch aufgearbeitetes Wissen" für Aufsicht und Institute, das in Interaktionskontexten generiert wird. Zu der Bedeutung von Stresstests im Umgang mit Unsicherheiten *Guindos* Financial Stability Review March 2021, 17, 19 und passim.

## 1. SREP- und LSI-Stresstests

Im Rahmen des SREP werden die beaufsichtigten Banken in jährlichen aufsichtsbehördlichen Stresstests kollektiv auf ihre Widerstandskraft in Krisensituationen getestet.[74] Die EZB leitet die aufsichtsbehördlichen Stresstests für die unter ihrer Aufsicht stehenden bedeutenden Institute.[75] Zusätzlich veranstalten die NCAs, in Deutschland die Bundesbank und BaFin, jährlich inverse Stresstests und vierteljährlich Regelstresstests bei kleineren und mittelständischen Instituten (sog. *Less Significant Institutions*, LSI).[76] Orientierung geben in methodischer Hinsicht Leitlinien der EBA, welche die Definitionsmacht der Aufsichtsbehörden eingrenzen und eine höhere Vergleichbarkeit im Euroraum herstellen sollen.[77] Charakteristisch für alle aufsichtlichen Stresstests ist, dass sie die Reaktionen eines bestimmten Kreises von regulierten Instituten auf aufsichtsbehördlich vorgegebene Stressszenarien aggregiert betrachten. So können kollektive Schwächen der teilnehmenden Institute offenbart und Verhaltensmuster sichtbar gemacht werden. Allerdings können in der aggregierten Betrachtung nicht die Interaktionszusammenhänge unter den Instituten erschlossen werden.[78] Ihre Aussagekraft variiert zudem danach, ob statische Annahmen über die Bilanz zugrunde gelegt werden oder diese dynamisch beobachtet werden. Bei statischen Betrachtungen lassen sich zwar leichter Vergleiche zwischen Instituten anstellen, ausgeblendet werden dafür jedoch dynamische Veränderungen, die gerade Rückschlüsse auf etwaige systemische Risiken relevant werden können.[79]

## 2. EU-weite bzw. EBA-Stresstests

Die von der EBA im zweijährigen Takt gemeinsam mit dem ESRB, der EZB und nationalen Aufsichtsbehörden durchgeführten EU-weiten Stresstests simulieren die Reaktionen systemrelevanter Banken der Eurozone auf adverse Stressszen-

---

[74] Art. 100 Abs. 1 CRD.
[75] Art. 4 Abs. 1 lit. f) SSM-VO.
[76] So auf nationaler Ebene § 6b Abs. 3 KWG.
[77] Art. 100 Abs. 2 CRD, Art. 16 EBA-VO, zuletzt durch *EBA*, Überarbeitete Leitlinien (EBA/GL/2018/03) v. 19. Juli 2018, wobei allerdings nach wie vor gewisse Entscheidungsfreiheiten der nationalen kompetenten Behörden fortbestehen, beispielsweise zu dem konkreten Design, den vorgegebenen Szenarien und den Zeitintervallen der Prüfung (a. a. O., S. 85, Rn. 585 ff.).
[78] Vgl. *Henry/Kok* ECB Occasional Paper Series (Nr. 152) Oktober 2013, 8 sowie *EBA*, Überarbeitete Leitlinien (EBA/GL/2018/03) v. 19. Juli 2018, Rn. 584 lit. c), der darauf hinweist, dass Behörden systemische Rückwirkungen und sekundäre Folgen berücksichtigen und dabei die Leistungsgrenzen von ex-ante-Annahmen in Bottom-up-Stresstests berücksichtigen sollen. Zu den Beschränkungen von Statistiken bei der Untersuchung systemischer Zusammenhänge vgl. auch *Hayek*, in: Vanberg (Hrsg.): Friedrich A. von Hayek: Wirtschaftstheorie und Wissen 2007, 188, 197.
[79] *EBA*, Überarbeitete Leitlinien (EBA/GL/2018/03) v. 19. Juli 2018, Rn. 584 lit. b), räumt den NCAs insoweit eine Entscheidungsfreiheit bei der Methodenwahl ein.

narien.[80] Die EZB gibt das makroökonomische Basisszenario vor, während die adversen Stressszenarien vom ESRB, der EBA und der EZB in Kooperation mit nationalen Aufsichtsbehörden und Zentralbanken festgelegt werden.[81] Das weite geographische Beobachtungsspektrum der EBA-Stresstests und die Einbeziehung der verschiedenen Aufsichtsbehörden auf nationaler und unionaler Ebene ist für die Wissensgenerierung über systemische Anfälligkeiten besonders hilfreich. Allerdings sind EBA-Stresstests personell auf die von der EZB direkt beaufsichtigten, systemrelevanten Banken beschränkt.[82] Von den teilnehmenden Instituten werden in einem Bottom-up-Ansatz Stressszenarien nach aufsichtlichen Vorgaben und unter statischen Annahmen über die Bilanz durchgespielt.[83] Aus den Resultaten können in einer aggregierten Betrachtung Muster in den Verhaltensweisen und kollektive Anfälligkeiten detektiert werden.[84] Entwicklungsdynamiken und systemische Interaktionszusammenhänge unter den Marktakteuren werden auch in diesen Stresstests allerdings nicht offenbar, sodass hier ebenfalls wichtige Faktoren bei der Entstehung von Systemrisiken unberücksichtigt bleiben.[85]

*3. Comprehensive Assessments*

Sog. *Comprehensive Assessments* der EZB nehmen eine gewisse Sonderstellung ein, da sie zweiteilig strukturiert sind: Neben der Durchführung von Stresstests ist auch eine umfassende Bilanzprüfung der Institute vorgesehen (sog. *Asset Quality Review*, AQR), deren Ergebnisse dann gemeinsam ausgewertet werden.[86] Sie werden in regelmäßigen Abständen sowie auf ad-hoc-Basis durchgeführt, um die Bilanz der partizipierenden Banken zu überprüfen und eine hinreichende Eigenkapitalbasis abzusichern.[87] Für die Stresstests orientiert sich die EZB ebenfalls an

---

[80] *Schwarcz* Wisconsin Law Review no. 1, 2019, 1, 9.
[81] Vgl. *EBA*, 2021 EU-Wide Stress Tests: Methodological Note, 18, Rn. 42.
[82] *EBA*, 2021 EU-Wide Stress Tests: Methodological Note, 13, Kap. 1.3.1.: Nur Banken mit Aktiva über 30 Mrd. Euro können an den Stresstests teilnehmen (Rn. 8), was der Definition signifikanter Banken der SSM-VO entspricht (Rn. 9).
[83] *EBA*, 2021 EU-Wide Stress Tests: Methodological Note, 16, Rn. 33 und 17, Rn. 38.
[84] Vgl. auch *EBA*, Discussion paper (EBA/DP/2020/01), Rn. 14 sowie Art. 21 Abs. 2 lit. b), 1. HS. EBA-VO und *EBA*, Überarbeitete Leitlinien (EBA/GL/2018/03) v. 19. Juli 2018, Rn. 43.
[85] *Henry/Kok* ECB Occasional Paper Series (Nr. 152) Oktober 2013, 8: Mit einem erweiterten Blick für systemische Verbindungen und Ansteckungseffekte würden makroprudenzielle Stresstests der EZB über die in EBA-Stresstests erfolgende aggregierte Betrachtung von Schwachstellen der Institute hinausgehen.
[86] Zu der dabei anzuwendenden Methodik *EZB*, Comprehensive Assessment Stress Test Manual.
[87] Ein umfassendes *Comprehensive Assessment* erfolgte so beispielsweise im Jahr 2014 als Nachgang der Finanzkrise (zu den Ergebnissen und der Methodik: *EZB*, Aggregate Report on the Comprehensive Assessment), während später vor allem die Überprüfung bestimmter Banken beim sog. „Onboarding", d. h. wenn der Status zu einem bedeutenden Institut erreicht wird, oder von Banken aus bestimmten Herkunftsländern in den Vordergrund gerückt sind, siehe *EZB*, Comprehensive Assessments.

den Stresstest-Methodiken der EBA.[88] Auf Grundlage der Stresstestergebnisse werden statistische Vergleiche der Eigenkapitalausstattung der Institute gezogen.[89] Systemische Interaktionszusammenhänge und Beziehungen der Institute können damit nicht sichtbar werden. Durch statische Annahmen über die Bilanz werden ferner auch hier die Beobachtung nur auf einen Zeitausschnitt beschränkt, sodass Entwicklungsdynamiken ebenfalls unberücksichtigt bleiben.[90]

*4. Thematische Stresstests und Sensitivitätsanalysen*

Thematische Stresstests und Sensitivitätsanalysen stechen in methodischer Hinsicht heraus, da sie den Fokus auf konkrete Arten von Schocks setzen. Sie haben den Vorteil, dass sie sehr spezifisches Wissen über die Reaktionen der Institute auf konkrete Stressereignisse liefern. Durch ihren spezialisierten Blickwinkel sind sie vor allem dann gewinnbringend, wenn sich schon konkretere Systemrisiken abzeichnen, da mit ihnen die systemische Reichweite bestimmter Risiken oder Anfälligkeiten ermittelt werden kann. So wurden in der Vergangenheit beispielsweise Sensitivitätsanalysen zu Zinsänderungsrisiken[91] und Liquiditätsrisiken[92] durchgeführt, um zu ermitteln, ob diese Systemrisiken verursachen. In das Feld thematischer Stresstests reihen sich jüngst Klimastresstests[93] und Top-down-Stresstests der EZB und nationaler Aufsichtsbehörden im Zuge der Corona-Pandemie ein,[94] die eingesetzt werden, um den besonders hohen Unsicherheiten über systemische Risikopotenziale Rechnung zu tragen.

*5. Makroprudenzielle Stresstests der EZB*

Eine Sonderstellung bei der Generierung von Systemwissen kommt den von der EZB durchgeführten makroprudenziellen Stresstests zu. Sie zeichnen sich durch ihren Top-down-Ansatz aus, bei dem Banken anders als bei den EBA-Stresstests nicht einbezogen sind.[95] Die modulare Struktur makroprudenzieller Stresstests sieht vor, dass neben den Reaktionen individueller Institute auf bestimmte makroökonomische Szenarien auch die Folgereaktionen unter Banken angesichts ihrer Interaktionsbeziehungen analysiert werden sollen.[96] Makrofinanzdaten sol-

---

[88] *EZB*, Comprehensive Assessment Stress Test Manual, 4.
[89] 2. Phase ("quality assurance"), siehe *EZB*, Comprehensive Assessment Stress Test Manual, 4 ff. zu der dabei angewendeten Methodik.
[90] Kritisch daher *Steffen/Steinruecke* zfbf Dezember 2015, 418, 436 f.
[91] *EZB*, Pressemitteilung: Zinsrisikomanagement der meisten europäischen Banken gut, 09.10.2017.
[92] *EZB*, Pressemitteilung: EZB-Bankenaufsicht führt Sensitivitätsanalyse zum Liquiditätsrisiko als Stresstest 2019 durch, 06.02.2019.
[93] Hierbei sind neben Banken sogar Unternehmen in den Stresstest einbezogen, siehe *EZB*, Shining a light on climate risks: the ECB's economy-wide climate stress test.
[94] Zu letzterem *Guindos* Financial Stability Review March 2021, 17, 21 f.
[95] Einzelheiten zu dem im Zuge der makroprudenziellen Stresstests angewendeten Modell bei *Guindos* Financial Stability Review March 2021, 17, 23.
[96] Vgl. *Guindos* Financial Stability Review March 2021, 17, 22. Zu den vier Säulen der

len dabei verschiedene Risikofaktoren gleichzeitig abdecken.[97] Auch die Zusammenhänge der Institute zu Bereichen der Realwirtschaft werden anhand von Makrofinanzmodellen freigelegt.[98] Trotz des hohen informativen Mehrwertes der makroprudenziellen Stresstests über die systemischen Dynamiken haften auch den Ergebnissen makroprudenzieller Stresstests Wissenslücken an. Die angewendeten Modelle lassen beispielsweise prozyklische Entwicklungen von Systemrisiken über einen gewissen Zeitraum unberücksichtigt, bilden Liquiditätsrisiken nicht ab[99] und können mit partiellen Gleichgewichtsmodellen die dynamischen Interaktionen von Akteuren aus unterschiedlichen Bereichen der Wirtschaft nur teilweise erfassen.[100]

## II. Qualitative Stresstests

Während sich die Stresstestinstrumente der Aufsichtsbehörden bisher schwerpunktmäßig auf eine quantitative Risikoanalyse fokussieren, sind qualitative Stresstestinstrumente praktisch kaum ausgeprägt. Lediglich im Bereich der Cybersicherheit wurde jüngst ein Rahmenwerk für bedrohungsgeleitete Penetrationstests (sog. *Threat Intelligence-based Ethical Red Teaming*, TIBER-EU) geschaffen, das auf die qualitative Erprobung von Stressszenarien zielt.[101] In den TIBER-Tests führen externe Dienstleister begleitet durch Cyber Teams der Aufsicht reale Cyberangriffe auf ein Institut durch, um deren Resilienz und Abwehrfähigkeit zu erproben.[102] Die Tests können den Instituten helfen, ihre eigenen Schwachstellen in ihren Sicherheitsvorkehrungen zu identifizieren und diese zu schließen.[103] Jedoch ist die Partizipation an den TIBER-Tests bislang freiwillig, weshalb diese aus Sicht der Deutschen Bundesbank nicht als aufsichtliches Instrument zu verstehen seien.[104] Gerade der kooperative Austausch, welchen die

---

makroprudenziellen Stresstests *Henry/Kok* ECB Occasional Paper Series (Nr. 152) Oktober 2013, 8: Im ersten Schritt werden anhand von Makrofinanzdaten Szenarien definiert, die im zweiten Schritt in Modelle zur Kalkulation der Effekte auf Bankbilanzen übersetzt werden. im dritten Schritt wird der Einfluss auf die Bilanzen einzelner Banken ermittelt und schließlich werden im vierten Schritt Folgereaktionen durch die Interaktionen und Verbindungen unter Banken erforscht.

[97] *Henry/Kok* ECB Occasional Paper Series (Nr. 152) Oktober 2013, 7.
[98] *Guindos* Financial Stability Review March 2021, 17, 22.
[99] Zu den Grenzen makroökonomischer Stresstests und den Bestrebungen der Aufseher, diesen entgegenzuwirken, *Henry/Kok* ECB Occasional Paper Series (Nr. 152) Oktober 2013, 11.
[100] *Henry/Kok* ECB Occasional Paper Series (Nr. 152) Oktober 2013, 12, sprechen sich daher für eine stärkere Orientierung an allgemeinen Gleichgewichtsmodellen aus.
[101] Zu der Durchführung von TIBER-Tests in Deutschland durch die Deutsche Bundesbank und die BaFin *Deutsche Bundesbank*, Implementierung von TIBER-DE.
[102] Vgl. für den genauen Ablauf der TIBER-EU-Tests *EZB*, TIBER-EU Framework, 29 ff.; *Deutsche Bundesbank*, Implementierung von TIBER-DE, 4 ff.
[103] Vgl. *Deutsche Bundesbank*, Implementierung von TIBER-DE, 3.
[104] So *Deutsche Bundesbank*, TIBER-DE: Threat Intelligence-based Ethical Red Teaming in Deutschland.

TIBER-Tests zwischen Instituten, externen Dienstleistern und Aufsehern etablieren, kann aus Perspektive einer kognitiven Strategie allerdings große Erkenntnisfortschritte über etwaige systemische Anfälligkeiten im Bereich der Cybersicherheit liefern.[105] Für die Aufsichtsteams könnten sich bei der Begleitung der Tests mit steigender Anzahl der partizipierenden Institute auch systemische Anfälligkeiten offenbaren, sodass jene Penetrationstests zu der Aufarbeitung von Systemrisiken im Zusammenhang mit Cyberrisiken gewinnbringend beitragen können.

### III. Reflexion und fortlaufende Optimierung kognitiver Instrumente

Angesichts ihres stets nur limitierten Beobachtungsspektrums sowie der etwaigen Modellrisiken ihrer Berechnungsmodelle und -methoden können die Stresstestinstrumente indes nicht nur positive Effekte für die Wissensentstehung bei der Aufsicht zeitigen, sondern auch gewisse Pfadabhängigkeiten und Wissenslücken hervorrufen.[106] Eine fortlaufende Reflexion jener kognitiven Instrumente seitens der Aufsichtsbehörden ist aus Perspektive einer kognitiven Strategie unabdingbar, um jene Pfadabhängigkeiten und Wissenslücken aufzuarbeiten.[107] Leistungsgrenzen kognitiver Prozesse sollten durch eine fortlaufende Optimierung der Stresstestmethoden behoben und die Instrumente jeweils aktuellen Marktgegebenheiten und Erkenntnisfortschritten angepasst werden.[108]

Mit einer höheren Diversität der Hypothesen und Berechnungsmodelle könnten sich die Aufsichtsbehörden für die den Stresstests anhaftenden Modellrisiken wachsam halten. Dass die von der EBA festgesetzten Stresstest-Methoden auch SREP- und LSI-Stresstests[109] sowie für *Comprehensive Assessments*[110] zugrunde liegen, verringert prinzipiell die Heterogenität der Instrumente und erschwert es, das den Methoden anhaftende Nichtwissen aufzuarbeiten. Begrüßenswert ist indes, dass die EBA ihre Stresstestmethodiken regelmäßig selbst überprüft und überarbeitet.[111] Insbesondere bei wachsender Bedeutung neuer, hoch unsicher-

---

[105] Zu dem Mehrwert eines kooperativen Steuerungsmodus im Lichte des Risikoverwaltungsrechts unter Teil 1, Kapitel §2, Abschnitt C., II., 2., c).

[106] Zur rationalisierenden Funktion von Berechnungsmethoden im Umgang mit Unsicherheiten schon Teil 1, Kapitel §2, Abschnitt C., I., 1., a).

[107] Zu einem reflexiven Verhalten der Aufsicht schon unter Teil 1, Kapitel §2, Abschnitt C., II., 2., a), sowie oben in Teil 2, Kapitel §4.

[108] Vgl. anhand von makroprudenziellen Stresstests *Henry/Kok* ECB Occasional Paper Series (Nr. 152) Oktober 2013, 12: Diese seien angesichts ihrer Modellgrenzen „work in progress" und stetig zu optimieren, um Interaktionszusammenhänge und die durch sie hervorgebrachten Systemrisiken noch besser zu erfassen. Zu den Modellrisiken der bei Stresstests angewandten Berechnungsmodelle ferner *Mayntz* MPIfG Discussion Paper (Nr. 17/12) Juli 2012, 13.

[109] S. o. unter I., 1.

[110] S. o. unter I., 3.

[111] Art. 32 Abs. 2 S. 2 EBA-VO und zuletzt *EBA*, 2021 EU-Wide Stress Tests: Methodological Note.

heitsbehafteter Risiken wie beispielsweise ausgehend von Umweltereignissen, Pandemien, Störungen digitaler Infrastruktur oder IT-Dienstleistungen[112] sollten die Stresstestinstrumente entsprechend nachjustiert werden, um die besonders hohen Unsicherheiten und das Nichtwissen über etwaige Systemrisiken in jenen Bereichen aufzuarbeiten. Eine Erweiterung thematischer Stresstests könnte ferner dabei unterstützen, die Erkenntnisse über bestimmte Systemrisikopotenziale in jenen Themenbereichen punktuell zu vertiefen. Corona-Stresstests und Klimastresstests bilden insoweit Vorreiter und sind Exemplare einer agilen Anpassung kognitiver Regulierungsinstrumente an jeweils aktuelle Wissensprobleme.[113] Auch ein Ausbau qualitativer Stresstests könnte ebenso zur Aufarbeitung systemischer Anfälligkeiten beitragen. Gerade für innovative digitale Anwendungen wie Algorithmen, die mit besonders großen Unsicherheiten behaftet sind,[114] könnten noch weitergehende qualitative Stresstestsimulationen nach dem Vorbild der Penetrationstests[115] sinnvoll sein, um das Wissen über etwaige systemische Anfälligkeiten in Kooperation mit Instituten auszubauen.[116]

Auf noch stärkere Anpassungsgrenzen stoßen Stresstests, wenn es gilt, ihren Blick von einer institutszentrierten Perspektive zu lösen und verstärkt auf systemische Dynamiken zu lenken. Makroprudenzielle Stresstests erweisen sich als erster Fortschritt, da sie auch Folgereaktionen von Intermediären durch gegenseitige Verbindungen erforschen.[117] Jedoch berücksichtigen sie wie gesehen nur bilaterale Verknüpfungen und nicht übergreifender systemische Netzwerkeffekte. Des Weiteren könnten die Abbildung von Zeitintervallen anstelle von statischen Annahmen[118] oder gar Echtzeit-Analysen den systemischen Entwicklungsdynamiken der Finanzmärkte besser Rechnung tragen. Sowohl die Ausdehnung der Simulationen auf Netzwerkreaktionen als auch die Dynamisierung der Stresstests wären freilich mit erheblichen Komplexitäten[119] und einem großen rechnerischen Aufwand verbunden. Big-Data-Anwendungen und Algorithmen könnten jedoch ermöglichen, den damit verbundenen erheblichen Mehraufwand zu stemmen.[120]

---

[112] Zu deren Einflusspotenzial auf Finanzmärkte und den daraus evolvierenden systemischen Risikopotenzialen noch unter Teil 3, Kapitel § 5, Abschnitt C.

[113] Zu diesen bereits oben unter I., 4.

[114] Zu den Unsicherheiten und Komplexitäten von Algorithmen eingehend in Teil 3, Kapitel § 5, Abschnitt A., I.

[115] S. o. unter II.

[116] Ausführlich noch zu den Ausbaupotenzialen qualitativer Stresstests im Umgang mit Algorithmen unter Teil 3, Kapitel § 5, Abschnitt A., II.

[117] S. o. unter I., 5.

[118] So bislang nur bei makroprudenziellen Stresstests (s. o. unter I., 5.). Dagegen sind statische Bilanzannahmen derzeit vor allem bei aufsichtlichen Stresstests (s. o. unter I., 1.), EBA-Stresstests (unter I., 2.) und *Comprehensive Assessments* (unter I., 3.) verbreitet.

[119] Vgl. zu der Komplexität der Finanzmärkte schon Teil 1, Kapitel § 2, Abschnitt C., I., 2.

[120] Ausführlich noch Teil 3, Kapitel § 6, Abschnitt A., zu dem Leistungspotenzial von Big Data und Algorithmen für eine Systemaufsicht.

Problematisch ist im Hinblick auf die Erfassung systemischer Risiken in Stresstests schließlich, dass sich diese ebenfalls nicht von der „institutionelle[n] Philosophie" des Bankenaufsichtsrechts lösen können,[121] da auch sie sich an Institutsdefinitionen mikroprudenzieller Regelungen orientieren.[122] Sie stellen damit zugleich den Einfluss von Nicht-Banken, unregulierten Schattenbereichen und neuen Akteuren der Digitalökonomie in den Hintergrund und befördern das Nichtwissen um diese Systembereiche.[123] Erhebliche Wissenslücken können vor allem dann entstehen, wenn sich neue (Teil-)Systeme herausbilden, wie es z.B. im Schattenbankenbereich oder im Bereich von *FinTechs* und IT-Dienstleistern zu beobachten ist,[124] und sich diese in einer Weise mit dem Finanzmarkt verschränken,[125] dass auch sie zu der Entstehung von Systemrisiken beitragen können. Derartige systemische Veränderungen erwecken einen Bedarf nach neuen kognitiven Instrumenten. Die Aufsicht muss beobachten, wie sich der Wissensaustausch auf dem Finanzmarkt verändert, wenn Wissen und damit auch Wissensprobleme nicht mehr dezentral von den Instituten über den Markt ausgetauscht werden, sondern vermehrt in intraorganisationalen Netzwerken – wie in Kooperationen zwischen Instituten und *FinTechs*, auf Plattformen oder in Auslagerungsverhältnissen – entsteht.[126] Multilaterale Informationskanäle wie Austauschplattformen, Expertengremien und Erprobungsräume wie sog. *Sandboxes*[127] könnten beispielsweise auch unregulierte Akteure und deren Beziehungsgeflechte für die Aufsicht zugänglicher machen und eine kooperative Wissensgenerierung befördern.[128] Die gerade im Kontext der Digitalisierung bestehenden Ausbaupotenziale der kognitiven Aufsichtsinstrumente sollen sogleich in Teil 3 noch näher entfaltet werden.

---

[121] *Keßler*, Finanzaufsicht und Finanzmarktwächter 2013, 10. Nachteile einer Beschränkung der Stresstests auf Banken erkennt auch: *Guindos* Financial Stability Review March 2021, 17, 24: Nicht-Banken und Netzwerkeffekte müssten verstärkt berücksichtigt werden.

[122] Kritisch bereits Teil 1, Kapitel § 2, Abschnitt A., III., zu den Limitierungen einer Systemregulierung durch einen methodologischen Individualismus.

[123] Vgl. im Kontext der Entstehung von Wissen *Willke*, Dystopia 2001, 15: „Wofür ich kein Beobachtungsinstrument habe, sei es operativer, sensorischer, instrumenteller oder konzeptioneller Art, dafür bin ich blind".

[124] Zu den Veränderungen der Interaktionsgefüge durch *FinTechs* noch unter: Teil 3, Kapitel § 5, Abschnitt C., II.

[125] Eine solche „Verklammerung" von Systemen mit dem Finanzmarkt beschreibt beispielsweise *Mayntz* Kölner Zeitschrift für Soziologie und Sozialpsychologie 2014 (66), 1, 16, wenn auch dort mit einem Fokus auf Bereiche der Politik und Wirtschaft und nicht spezifisch die IKT-Branche.

[126] Zu den Veränderungen der Wissensstrukturen auf Märkten im Zuge des Informationszeitalters *Vesting*, in: Hoffmann-Riem/Schmidt-Aßmann/Voßkuhle (Hrsg.): Grundlagen des Verwaltungsrechts (Bd. II) 2012, § 20, Rn. 38.

[127] Instruktiver Vorschlag für den Bereich des *Robo Advice* bei *Ringe/Ruof* EBI Working Paper Series (Nr. 26) 2018; zu *Sandboxes* als kognitive Strategie im Umgang mit digitalen Geschäftsmodellen noch in Teil 3, Kapitel § 5, Abschnitt B., II.

[128] Zu dem Mehrwert einer kooperativen Wissensgenerierung zur Aufklärung der systemischen Risikopotenziale von Algorithmen: Teil 3, Kapitel § 5, Abschnitt A., II., III.

## D. Anwendung des Systemwissens durch die Aufsichtsbehörden

Ihr gewonnenes Wissen können Aufsichtsbehörden zum einen in individuelle Aufsichtsverhältnisse einfließen lassen, um systemischen Risiken entgegenzusteuern (unter I.).[129] ESRB und AFS können ferner über behördliche Empfehlungen und Warnungen auf Systemrisiken hinweisen und ihre Erkenntnisse auf diese Weise an Marktteilnehmer und andere Behörden kommunizieren (unter II.).[130] Das Systemwissen kann aber auch für Normsetzungsprozesse Anlass bieten (unter III.).

### I. Anwendung in individuellen Aufsichtsverhältnissen

Mikroprudenzielle Aufsichtsbehörden haben ihr gewonnenes Wissen im Rahmen der Aufsicht über individuelle Institute einzusetzen.[131] Die institutsbezogenen Aufsichtsprozesse sind eng miteinander verzahnt und erlauben, dass das innerhalb des SREP gewonnene Wissen von den Behörden auch in anderen Aufsichtsprozessen angewendet werden kann und umgekehrt.[132] Aufsichtsbehörden müssen die Ergebnisse aus Stresstests bei der Risikobeurteilung einzelner Institute und der Festsetzung des Säule-2-Kapitals einbeziehen.[133] Sie müssen dem Institut im Zuge des Aufsichtsprozesses zudem im Dialog mit der Geschäftsleitung die in aufsichtsbehördlichen Stresstests festgestellten „makroökonomische[n] und finanzmarktbezogene[n] Schwächen" erhellen.[134] Die Aufsichtsbehörde muss noch weitergehend aber auch das Systemrisiko ausgehend von dem beaufsichtigten Institut in Rahmen des SREP bewerten (Art. 97 Abs. 5 CRD).[135] Um diese Bewertung adäquat durchführen zu können, ist sie darauf angewiesen, über fundiertes Wissen der systemischen Zusammenhänge insgesamt zu verfügen. Über den umfassenden Verweis des Art. 104a Abs. 1 S. 1 CRD auf die

---

[129] Eine Koordination von Mikro- und Makroaufsicht als Aufgabe einer „Systemaufsicht" betrachtend auch *Kaufhold* Osaka University Law Review vol. 65, 2018, 47, 57.

[130] Zur Funktion der Risikokommunikation im Kontext des Risikoverwaltungsrechts *Scherzberg*, in: Hill/Schliesky (Hrsg.): Management von Unsicherheit und Nichtwissen 2016, 31, 60 f.: Die Risikokommunikation könne die gesellschaftlichen „Risikopräferenzen" vermitteln und die Risikoverarbeitungsfähigkeit der Individuen („Risikomündigkeit") verbessern.

[131] Vgl. *ESRB*, The ESRB Handbook on Operationalising Macroprudential Policy in the Banking Sector 2014, 8, Rn. 11 ff.

[132] *EBA*, Überarbeitete Leitlinien (EBA/GL/2018/03) v. 19. Juli 2018, Rn. 43.

[133] § 6b Abs. 1 Nr. 1 KWG bzw. Art. 97 Abs. 1, lit. a), g), Art. 100 Abs. 1 CRD. Dazu *Paraschiakos*, Bankenaufsicht zwischen Risikoverwaltung und Marktbegleitung 2017, 343; *Engel*, Systemrisikovorsorge 2020, 43.

[134] *EBA*, Überarbeitete Leitlinien (EBA/GL/2018/03) v. 19. Juli 2018, Rn. 115.

[135] Dagegen wurde der Art. 98 Abs. 1 lit. j) CRD IV durch die CRD V ersatzlos gestrichen, was aber nur als redaktionelle Maßnahme zu verstehen ist, so auch mit ausführlicher Begründung *Engel*, Systemrisikovorsorge 2020, 54 f.

Art. 97–101 CRD sind seitens der Aufsicht festgestellte Systemrisiken auch bei der Festlegung zusätzlicher Eigenkapitalanforderungen zu berücksichtigen.[136] Ihr Systemwissen ist des Weiteren für die Einstufung von Instituten als systemrelevant,[137] der Festsetzung der Kapitalzuschläge,[138] der antizyklischen Kapitalpuffer[139] sowie der Systemrisikopuffer,[140] der A-SRI- und G-SRI-Puffer[141] erforderlich, um fundierte Bewertungen vornehmen zu können.[142] Die institutsbezogenen Eingriffsnormen bilden damit einen elementaren Kanal, über den das gewonnene Systemwissen von den Aufsichtsbehörden eingesetzt werden kann.

## II. Warnungen und Empfehlungen

Ein weiteres Mittel, um aufsichtliches Wissen über Systemrisiken an den Markt zu kommunizieren, sind Warnungen und Empfehlungen. Dem ESRB stehen diese Maßnahmen für eine makroökonomische Steuerung zur Verfügung.[143] Er ist dazu verpflichtet, eine Warnung abzugeben, wenn er Systemrisiken als signifikant bewertet hat.[144] Auch kann er Empfehlungen für Abhilfemaßnahmen aussprechen und diese veröffentlichen.[145] Auf Warnungen und Empfehlungen des ESRB hin entscheidet die EBA über angemessene Folgemaßnahmen.[146] Zudem werden ihr Mitteilungen von den Mitgliedstaaten abgegeben, wenn NCAs im Zuge des SREP Systemrisiken feststellen,[147] welche von der EBA wiederum an den ESRB zu kommunizieren sind und so Warnungen und Empfehlungen des ESRB nach sich ziehen können.[148]

Auf nationaler Ebene ist der AFS befugt, Warnungen und Empfehlungen auszusprechen, wenn dieser Systemrisiken erkennt.[149] Bei einer individuell ausgesprochenen Warnung und Empfehlung kann der AFS bei einem Nichthandeln des Instituts oder einer unzureichenden Begründung die Landesregierung infor-

---

[136] So auch *Engel*, Systemrisikovorsorge 2020, 54 f.: Die Wortlautänderung des Art. 104a CRD IV durch die CRD V würde insoweit nicht ausschließen, dass Systemrisiken den zu beachtenden Risiken weiterhin angehören.
[137] Teil 2, Kapitel § 3, Abschnitt A., II.
[138] Dazu schon Teil 2, Kapitel § 3, Abschnitt B., II.
[139] Teil 2, Kapitel § 3, Abschnitt B., III., 2.
[140] Teil 2, Kapitel § 3, Abschnitt B., III., 3.
[141] Teil 2, Kapitel § 3, Abschnitt B., III., 4.
[142] *Schwarcz* Wisconsin Law Review no. 1, 2019, 1, 44.
[143] Art. 3 Abs. 2 lit. c)–f), Art. 16 ff. ESRB-VO.
[144] Art. 16 ESRB-VO. Dazu *Kaufhold* WM 2013, 1877, 1878.
[145] Art. 3 Abs. 2 lit. d), Art. 16 Abs. 1, 18 ESRB-VO. Zu Warnungen und Empfehlungen des ESRB über makroökonomische Entwicklungen siehe *Ohler*, in: Ruffert (Hrsg.): Enzyklopädie Europarecht (Bd. 5): Europäisches sektorales Wirtschaftsrecht 2013, § 10, Rn. 100 f.
[146] Art. 8 Abs. 1 lit. d), Art. 36 Abs. 4, 5 EBA-VO.
[147] Siehe Art. 97 Abs. 5 CRD.
[148] Vgl. zur Informationsweitergabe der ESA an den ESRB: Art. 15 Abs. 2, 3 ESRB-VO.
[149] § 3 Abs. 1, 2 FinStabG.

mieren.¹⁵⁰ Empfehlungen kann der AFS ähnlich wie der ESRB veröffentlichen, um aktuelle Erkenntnisse zu systemischen Risikopotenzialen dem ganzen Markt öffentlich zu machen.¹⁵¹

### III. Anpassung normativer Regulierungsvorgaben

Die Umsetzung des behördlichen Systemwissens zieht sich durch alle Ebenen des Aufsichts-, aber auch des gesetzgeberischen Regulierungsprozesses. Sofern die vorhandenen Gesetzesregelungen hinreichenden Spielraum belassen, kann die EBA Leitlinien und Empfehlungen herausgeben, um Systemrisiken entgegenzuwirken.¹⁵² NCAs können ihre normkonkretisierenden Verwaltungsvorschriften aktualisieren oder ihre Verwaltungspraxis ändern. In jenen Normsetzungsprozessen befragt die Aufsicht häufig über Rundschreiben oder Konsultationspapiere die Öffentlichkeit, was den Diskurs über etwaige Fehlsteuerungsrisiken anregen und die Akzeptanz der Risikoentscheidung stärken kann.¹⁵³

Legislative Maßnahmen sind dagegen vor allem dann erforderlich, wenn sich gesetzliche Regulierungsinstrumente als unzulänglich erweisen, um Systemrisiken entgegenzuwirken, oder sogar systemische Anfälligkeiten der Normvorgaben festgestellt werden.¹⁵⁴ Auf Unionsebene kann der ESRB durch die vertrauliche Übermittlung von Warnungen an den Rat Gesetzgebungsprozesse anstoßen.¹⁵⁵ Aber auch die EBA kann ihr Systemwissen nutzen, um Gesetzgebungsprozesse anzuregen und technische Regulierungsstandards zur Bekämpfung von Systemrisiken zu entwerfen.¹⁵⁶

## E. Fazit

Eine kognitive Strategie will wissensgenerierende Aufsichtsprozesse anregen, damit die Aufsichtsbehörden den Wissensproblemen um Systemrisiken dynamisch entgegnen können. Das für die Steuerung von Systemrisiken erforderliche Wissen muss über die bloße Zusammenführung des von Instituten im SREP bereitge-

---

¹⁵⁰ § 3 Abs. 4, 5 FinStabG.
¹⁵¹ § 3 Abs. 6 FinStabG.
¹⁵² Art. 16 Abs. 1 EBA-VO, *Kohtamäki*, Die Reform der Bankenaufsicht in der Europäischen Union 2012, 182.
¹⁵³ Zu dem Mehrwert einer hohen Transparenz und Öffentlichkeitskommunikation von Risikoentscheidungen bereits im Kontext des Risikoverwaltungsrechts in Teil 1, Kapitel § 2, Abschnitt C., II., 2., e).
¹⁵⁴ Beispielhaft im Kontext der Katalogtatbestände: Teil 2, Kapitel § 3, Abschnitt A., I.
¹⁵⁵ Art. 16 Abs. 3 ESRB-VO.
¹⁵⁶ Art. 22 Abs. 3, 4 EBA-VO. Zu dem Erlass technischer Regulierungsstandards, die zwar der Zustimmung der Kommission bedürfen, allerdings von der EBA leitgebend ausgestaltet werden, *Kohtamäki*, Die Reform der Bankenaufsicht in der Europäischen Union 2012, 180.

stellten Wissens an die Aufsicht hinausgehen und auch systemische Dynamiken selbst in den Blick nehmen, um systemische Risikopotenziale zu erhellen. Ein Wissensaustausch unter den Behörden und eigene kognitive Instrumente der Aufsicht wie vornehmlich Stresstests tragen zur Herausbildung eines solchen Systemwissens bei. Über eine Irritation der eigenen Methoden müssen sich Aufsichtsbehörden allerdings stets die Unsicherheit vor Augen führen und ihren Umgang mit Wissensproblemen fortlaufend anpassen, um Pfadabhängigkeiten und Wissenslücken entgegenzuwirken. Im Kontext der Digitalisierung, in der ein Konzept der Systemregulierung seine Leistungsfähigkeit unter Beweis stellen will, erlangt diese kognitive Strategie für den Umgang mit Systemrisiken besonderen Stellenwert.

*Teil 3*

# Kognitive Strategie im Lichte einer Digitalisierung von Markt und Aufsicht

Die Digitalisierung erzeugt aus Perspektive einer Systemregulierung ambivalente Effekte.[1] Neue Informations- und Kommunikationsdienstleistungen sind unsicherheitsbehaftet und nicht nur technisch komplex, sondern verändern soziale Interaktionskontexte auf Finanzmärkten auch in einem solchen Ausmaß, dass Wissensprobleme um Systemrisiken neue Dimensionen erreichen.[2] Sie halten aber auch Chancen bereit, um wissensgenerierende Aufsichtsinstrumente für den Umgang mit Systemrisiken zu verbessern.[3] Die Arbeit untersucht anhand herausgenommener Phänomene der Digitalisierung auf Finanzmärkten, wie eine kognitive Strategie auf jene Veränderungen reagieren kann, um zu vermeiden, dass unbeobachtet neue Systemrisiken entstehen (Kapitel § 5). Big Data und Algorithmen fasst das Konzept dabei zugleich als Potenzial auf, um kognitive Aufsichtsinstrumente zu optimieren und lotet rechtliche Funktionsvoraussetzungen für ihren Einsatz zu Zwecken der Systemrisikoprognose aus (Kapitel § 6).

---

[1] Vgl. *Nassehi*, Muster 2019, 34; im breiteren Kontext von technischen Innovationen *Scherzberg* VVDStRL 2004 (63), 214, 217: Diese würden zugleich „Sicherheit und Ungewissheit", „Chance und Risiko" bergen.

[2] Zu den Veränderungen des Wissensaustauschs auf Märkten durch Informationstechnologien vgl. *Vesting*, in: Hoffmann-Riem/Schmidt-Aßmann/Voßkuhle (Hrsg.): Grundlagen des Verwaltungsrechts (Bd. II) 2012, § 20, Rn. 38. Aus der Soziologie beispielsweise zu der Veränderung gesellschaftlicher Kommunikationsprozesse durch Algorithmen *Harth/Lorenz* kommunikation@gesellschaft (18) Mai 2017 (2), 1 ff. Aus rechtstheoretischer Perspektive instruktiv zu allgemeinen Rechtsfragen um die Informationsgesellschaft *Albers* Rechtstheorie 2002, 61 ff., nach der die Information eine neue „hochabstrakte Grundkategorie" bilde, auf die sich das Recht einstellen und Konzepte finden muss, um zwischen „,nur' neu zu beantwortende[n] traditionelle[n] Fragen und wirklich neuartige[n] Fragen" zu unterscheiden (a. a. O., S. 88).

[3] Zu der durch Digitalität entstehenden Komplexität und der gesellschaftlichen Komplexität als Bezugsproblem der Digitalisierung aus soziologischer Perspektive *Nassehi*, Muster 2019, 34. Dass die von *Nassehi* entwickelten Theorien auch mittelbare Anregungen für regulatorische Überlegungen geben können, hält *Hoffmann-Riem*, in: Eifert/Hoffmann-Riem (Hrsg.): Digitale Disruption und Recht 2020, 143, 155, für möglich, da die Mustererkennung Grundprobleme der Steuerung von Gesellschaften adressiere (a. a. O. S. 158).

# § 5 Leistungsfähigkeit einer kognitiven Strategie im Zeitalter der Digitalisierung der Finanzmärkte

Anhand von Entwicklungsphänomenen der Digitalisierung auf Finanzmärkten will das Konzept vor Augen führen, weshalb eine kognitive Strategie für den vorausschauenden Umgang mit Systemrisiken erforderlich ist. Innovationen sind besonders prädestiniert dafür, neue Systemrisiken hervorzubringen, da sie charakteristischerweise mit besonders hohen Unsicherheiten und Komplexitäten einhergehen.[1] Informations- und Kommunikationstechnologien (IKT) konfrontieren die Regulierung nicht nur mit einer hohen technischen Komplexität. Zugleich gehen sie auch mit einer gesteigerten sozialen Komplexität einher, die daraus resultiert, dass sich Interaktionskontexte durch neue Akteure und „Wissenstechniken"[2] wie Algorithmen verändern, noch globaler verklammern und Finanzmärkte sich, angestoßen durch die digitalen Innovationen und neuen Akteure, funktional ausdifferenzieren.[3] Die „gesellschaftliche Ordnung des Wissens" gestaltet sich dadurch um und lässt neue kognitive Instrumente für eine Systemregulierung erforderlich werden.[4]

---

[1] Vgl. *Spiecker gen. Döhmann*, in: Fehling/Schliesky (Hrsg.): Neue Macht- und Verantwortungsstrukturen in der digitalen Welt 2016, 63, 64: Aus rechtlicher Perspektive sei der Umgang mit IT in einer vernetzten Welt stets an begrenztes Wissen gekoppelt, womit Unsicherheitsprobleme entstehen. Aus soziologischer Perspektive *Jöstingmeier*, Governance der Finanzmärkte 2019, 3: Innovationen würden Sicherheiten zerstören und neue Unsicherheiten hervorbringen, wobei Systemrisiken „die Folge und eine Extremform dieser janusköpfigen Eigenschaft von Innovation" seien; zudem *Bonn*, Bankenkrisen und Bankenregulierung 1998, 298: tiefgreifende Strukturveränderungen und eine Desintermediation seien „Ausgangspunkt und Impulsgeber" von Krisen.

[2] Mit der „Wissenstechnik" beschreibt *Spinner*, Die Wissensordnung 1994, 53 und passim, die Überschneidung von Technik und Wissen, wie sie für das Informationszeitalter charakteristisch ist.

[3] Zur globalen Verklammerung von Subsystemen im Bereich von Finanzmärkten instruktiv *Knorr Cetina/Bruegger* American Journal of Sociology vol. 107, no. 4, 2002, 905 ff.; ferner im Lichte der Krise von 2008 *Mayntz* MPIfG Discussion Paper (Nr. 13/2) Februar 2013, 10; *dies.* Kölner Zeitschrift für Soziologie und Sozialpsychologie 2014 (66), 1, 10, 16: Eine funktionale Ausdifferenzierung der Finanzmärkte in Subsysteme sei dabei gerade nicht im Sinne der Herauslösung und Desintegration von Teilsystemen zu begreifen, sondern im Gegenteil durch stärkere Verflechtungen und Interdependenzen zwischen den Teilsystemen; zur „Entgrenzung" der Finanzmärkte schon unter Teil 1, Kapitel § 2, Abschnitt C., I., 2., a).

[4] Zu Veränderungen der Wissensordnungen im Informations- und Kommunikationszeitalter aus der Rechtswissenschaft u. a. *Ladeur*, in: Süssenguth (Hrsg.): Die Gesellschaft der

Als Referenzbeispiele wird die Untersuchung Algorithmen im institutsinternen Risikomanagement (unter A.), digitale Geschäftsmodelle (unter B.) und neue Akteure der Digitalökonomie (unter C.) in den Blick nehmen. Jene Beispiele sollen nur stellvertretend für die mannigfaltigen Veränderungen auf Finanzmärkten infolge der Digitalisierung stehen, da deren Vielfalt und Heterogenität eine zu pauschalierende Beurteilung ihrer Systemrisikopotenziale verbietet. Anhand jener Entwicklungsbeispiele will eine kognitive Strategie primär wissensgenerierende Verfahren ausmachen, um etwaige Systemrisiken dynamisch aufzuarbeiten und regulatorische Maßnahmen entsprechend anzupassen.

## A. Algorithmen im institutsinternen Risikomanagement

Mit ihren vielfältigen innovativen Erscheinungsformen eröffnen Algorithmen den Instituten neue Chancen, um ihre Profitabilität und ihre Wettbewerbsposition zu stärken.[5] Neben einer Operationalisierung der Anwendungen für Investmententscheidungen, wie sie bereits im Hochfrequenzhandel verbreitet sind,[6] könnten neue Erscheinungsformen von Algorithmen künftig vor allem für die Risikobewertung im Risikomanagement noch breiteren Einsatz finden, um diese in noch kürzeren Intervallen durchzuführen und mithilfe noch umfassenderer Datensätze zu verbessern.[7] Vor allem interne Überprüfungen der Risikomodelle (sog. *Backtestings*) und interne Stresstests könnten davon profitieren.[8] Aber auch regulatorische Anforderungen schreiben zunehmend intensivere Datenverarbeitungen in Tagesintervallen bei Risikobewertungen vor, die nur noch mithilfe von

---

Daten 2015, 225; *Vesting*, in: Hoffmann-Riem/Schmidt-Aßmann/Voßkuhle (Hrsg.): Grundlagen des Verwaltungsrechts (Bd. II) 2012, § 20, Rn. 36 ff.; *Albers* Rechtstheorie 2002, 61 ff., die in dem Kontext auch darauf hinweist, dass ein isoliertes Konstrukt einer „Informationsordnung" für die Rechtswissenschaft „wenig sinnvoll" wäre, sondern stattdessen rechtswissenschaftliche Konzepte für den konkreten Umgang mit Einzelphänomenen erforderlich und in die jeweiligen Rechtsgebiete einzugliedern seien (a. a. O., S. 89).

[5] Aussichten auf Profitsteigerungen und Wettbewerbsvorteile macht *FSB*, Artificial intelligence and machine learning in financial services 2017, 9, als eine Antriebskraft für den Einsatz von BDAI in Instituten aus.

[6] Die regulatorischen Anforderungen an den algorithmischen Hochfrequenzhandel aus soziologischer Perspektive evaluierend *Coombs* Economy and Society vol. 45, no. 2, 2016, 278 ff.

[7] Eine statistische Übersicht zu der Nutzung von Big-Data-Analysen zu Zwecken des Risikomanagements bei *EBA*, Report on Big Data and Advanced Analytics (EBA/REP/2020/01), 20. Zu denkbaren Einsatzfeldern von BDAI in Instituten auch *FSB*, Artificial intelligence and machine learning in financial services 2017, 10 ff.

[8] Einsatzmöglichkeiten von BDAI im Kontext von *Backtestings* und Stresstests beschreibt *FSB*, Artificial intelligence and machine learning in financial services 2017, 16 f. Zu *Backtestings* und internen Stresstests im allgemeinen Kontext der organisatorischen Anforderungen an das Risikomanagement s. o. unter Teil 2, Kapitel § 3, Abschnitt C., III.

Big Data und Algorithmen von Instituten gestemmt werden können und treiben deren Einsatz zusätzlich voran.[9]

Allerdings stellt die Komplexität von Algorithmen im Kontext von Systemrisiken vor besondere Herausforderungen (unter I.). Von Instituten verwendete Algorithmen überprüft die Bankenaufsicht bislang nicht grundsätzlich, sondern nur, wenn eine behördliche Überprüfung auch für interne Risikomodelle vorgesehen ist, wie insbesondere bei Modellen zur Ermittlung der Eigenkapitalanforderungen.[10] Nur im Bereich des Hochfrequenzhandels ist der algorithmische Handel bereits mit regulatorischen Anforderungen belegt.[11] Ein regulatorisches Rahmenwerk für die Verwendung von Algorithmen in anderen Einsatzgebieten der Finanzbranche hat sich auch angesichts ihrer Vielfältigkeit und der zahlreichen Einsatzmöglichkeiten noch nicht herausgebildet. Vereinheitlichungsversuche stoßen zudem insoweit an Grenzen, als sich bereichsspezifische Fragestellungen gerade aus dem Einfluss und dem Wechselspiel von Algorithmen in ihren sozialen Kontexten ergeben können, die nicht verallgemeinerungsfähig sind.[12] Gerade diese sozialen Kontexte sind für die Bekämpfung von Systemrisiken auf Finanzmärkten aber besonders relevant. Die Arbeit will Institute daher für kognitive Prozesse aktivieren, die nicht nur isoliert den Risiken von Algorithmen Rechnung tragen sollen, sondern auch einen besonderen Fokus auf ihre Funktionsweise in sozialen Kontexten auf Finanzmärkten legen (unter II.). Zudem sollten die Aufsichtsbehörden wissensgenerierende Verfahren etablieren, die auf die systemischen Risikopotenziale von Algorithmen gerichtet sind (unter III.).

## I. Regulatorische Herausforderungen

Schon jenseits der hier vordergründigen Frage, inwieweit eine Anwendung von Algorithmen im institutsinternen Risikomanagement Systemrisiken hervorrufen könnte, stellen Algorithmen Regulierer vor Herausforderungen.[13] Die vielfälti-

---

[9] So insbesondere zu dem Rahmenwerk von Basel III *Campbell-Verduyn/Goguen/Porter* New Political Economy vol. 22, no. 2, 2017 (2), 219, 224 f.; vgl. auch *FSB*, Artificial intelligence and machine learning in financial services 2017, 9, zu dem Einsatzpotenzial von BDAI, um regulatorischen Anforderungen zu entsprechen.
[10] So *BaFin* BaFin Journal 03/2020, 32.
[11] Insbesondere eine Erlaubnispflicht für den Hochfrequenzhandel (§ 1 Abs. 1a S. 3 Nr. 4d) KWG), Kennzeichnungs- (§ 16 Abs. 2 Nr. 3 BörsG) und Dokumentationspflichten (§ 80 Abs. 3 S. 2 WpHG) sowie die Anforderungen nach §§ 17 Abs. 4, 26a, 26b BörsG an Handelsteilnehmer sowie die Organisationsanforderungen an Handelsplätze nach § 26d BörsG und DVO (EU) 2017/384. Zu den regulatorischen Anforderungen im Hochfrequenzhandel *Martini*, Blackbox Algorithmus – Grundfragen einer Regulierung Künstlicher Intelligenz 2019, 142 ff.
[12] Der jüngste Versuch der Kommission, einen einheitlichen Rahmen für die Regulierung von Algorithmen zu finden (*Europäische Kommission*, Vorschlag COM (2021) 206 final [Artificial Intelligence Act]), sollte daher nicht darüber hinwegtäuschen, dass sich Fragestellungen ergeben können, die bereichsspezifisch beantwortet werden müssen.
[13] Vgl. zu Komplexitätssteigerungen bei der Datenverarbeitung durch Algorithmen *Broemel*, Interaktionszentrierte Grundrechtstheorie 2020, 102.

gen technischen Ausgestaltungsmöglichkeiten, die Funktionsweisen algorithmischer Anwendungen sowie ihre zahlreichen Einsatzpotentiale gehen mit signifikanten Komplexitätssteigerungen einher.[14] Vereinfacht dargestellt zeichnen sich Algorithmen dadurch aus, dass sie eingegebene Daten anhand von Strukturierungsprinzipien prozessieren und so neue Informationen produzieren.[15] Sie kommen prinzipiell ohne theoretische Grundlagen aus wissenschaftlichen Erkenntnisprozessen aus, weshalb sie logisch nur schwer überprüfbar sind und herkömmliche epistemische Logiken herausfordern.[16] Besonders komplex sind Systeme der künstlichen Intelligenz wie maschinelle Lernprozesse (sog. *machine learning*).[17] Dies gilt vornehmlich für Anwendungen des unüberwachten Lernens (sog. *unsupervised learning*)[18] und neuronale Lernprozesse (sog. *deep learning*), die sich anhand einer großen Masse ungeordneter Daten (sog. Big Data)[19] oder gar eigener Beobachtungen ihrer Umwelt rekursiv, d. h. strukturell rückgekoppelt an ihre eigenen Outputs, weiterentwickeln.[20] Aufgrund der Komplexität ihrer Rück-

---

[14] Nach *Campbell-Verduyn/Goguen/Porter* New Political Economy vol. 22, no. 2, 2017 (2), 219, 220, seien ökonomische Risikomodelle demgegenüber wesentlich weniger komplex, da diese statischere Repräsentationsformen der Wirklichkeit wären.

[15] Vgl. *Harth/Lorenz* kommunikation@gesellschaft (18) Mai 2017 (2), 1, 3: Algorithmen würden sich durch „das Prozessieren strukturierter Strukturierungsprinzipien" auszeichnen.

[16] Zu den epistemischen Herausforderungen im Umgang mit Big Data und Algorithmen *Kitchin* Big Data & Society April 2014, 1 ff.; *Coombs* Economy and Society vol. 45, no. 2, 2016, 278, 283; *Elragal/Klischewski* Journal of Big Data (Nr. 19) vol. 4, no. 19, 2017, 1 ff.: Algorithmen würden eine Verschiebung von theoriebasierten zu prozessgeleiteten Prognosen bewirken und dadurch epistemische Schwierigkeiten auslösen; *Frické* Journal of the Association for Information Science and Technology (66) 2015 (4), 651 ff.; *Stalder*, Kultur der Digitalität 2016, 179 (eine logische Überprüfung selbstlernender Algorithmen sei angesichts ihrer Komplexität ausgeschlossen).

[17] Technische Hintergründe und potenzielle Ausgestaltungen maschinellen Lernens für den Einsatz auf Finanzmärkten beleuchten *BaFin*, Studie – Big Data trifft auf künstliche Intelligenz, 26 ff.; *Surden* Washington Law Review vol. 89, 2014, 87, 93.

[18] Das *unsupervised learning* (unbeaufsichtigtes Lernen) zeichnet sich dadurch aus, dass der Algorithmus selbstständig im Zuge autonomer Prozesse aus dem Dateninput Muster erkennt. Seine Lernaufgabe ist hierbei auf bestimmte Analysevorgaben (*Clustering*, Anomalien) beschränkt und im Übrigen (anders als beim *supervised learning* bzw. beaufsichtigten Lernen) nicht an Zielvorgaben gebunden. Hierzu *BaFin*, Studie – Big Data trifft auf künstliche Intelligenz, 28.

[19] Zu dem Begriff „Big Data" und seinen unterschiedlichen Definitionsansätzen, die sich zwischen einem Fokus auf die schlichte Menge der Daten (*volume*) und weiteren Kriterien wie ihrer Vielfalt (*variety*) und Geschwindigkeit (*velocity*), aber auch ihrer Richtigkeit (*veracity*), ihrem Wert (*value*) und ihrer Variabilität im Zeitverlauf (*variability*) und weiteren Charakteristika bewegen: *Volk/Staegemann/Turowski*, in: Kollmann (Hrsg.): Handbuch Digitale Wirtschaft 2020, 1037 ff.

[20] Das sog. *deep learning* erfolgt durch neuronale Netzwerkstrukturen und ist besonders intransparent und komplex, siehe *Martini*, Blackbox Algorithmus – Grundfragen einer Regulierung Künstlicher Intelligenz 2019, 43; *BaFin*, Studie – Big Data trifft auf künstliche Intelligenz, 28 f. Instruktiv zur Rekursivität von Algorithmen in neuronalen Netzen *Harth/Lorenz* kommunikation@gesellschaft (18) Mai 2017 (2), 1, 4.

kopplungseffekte drohen sie zu intransparenten „black boxes" zu werden die lediglich noch experimentell und durch ihr äußeres Verhalten erklärt werden können.[21] Aber selbst Anwendungen des überwachten Lernens (sog. *supervised learning*), die sich anhand eingespielter Trainingsdaten und einer konkreten Lernaufgabe fortschreiben, können bei einer größeren Menge der zugrundeliegenden Daten intransparent werden.[22] Erkenntnisse über die Anfälligkeit von Algorithmen, beispielsweise für Programmfehler, Verzerrungen oder womöglich noch vollkommen unentdeckte Funktionsdefizite, sind bei einer hohen Komplexität ihrer Rückkopplungseffekte ebenfalls nur schwer zu gewinnen.[23] Aus ihnen könnten sich jedoch Risiken und je nach Verbreitungsgrad und Einflusspotenzial eines Algorithmus auch systemische Risiken ergeben.[24]

Über jene technische Komplexität hinaus ist für die Bewältigung von Systemrisiken auf Finanzmärkten besonders bedeutsam, dass sich Algorithmen in die Interaktionsordnungen auf Finanzmärkten eingliedern und diese verändern können.[25] Vornehmlich unüberwacht lernende und neuronale Algorithmen können sich gegenseitig oder mit Menschen vernetzen und in Interaktion treten.[26] Die

---

[21] *Stalder*, Kultur der Digitalität 2016, 179; ebenso *MacKenzie* Review of International Political Economy vol. 12, no. 4, 2005, 555: „Black boxes" sind gegenüber Außenstehenden opake Anwendungen, Organisationen oder Praktiken, deren Inhalt typischerweise als „technisch" betrachtet wird. *Kitchin* Information, Communication & Society vol. 20, no. 1, 2017, 14, 20, führt das Problem von „black boxes" vornehmlich auf den Ablauf der Programmierungsprozesse von Algorithmen zurück, die meist geheim in Unternehmen vonstattengehen und bei der eine Vielzahl von Personen, Datensätzen, Objekten usw. involviert sind, sodass der Einzelne das Programm nicht vollständig übersehen kann.
[22] Vgl. *Nassehi*, Muster 2019, 244. Nach dem das Phänomen der „black boxes" selbst bei einfach gebauten Algorithmen beobachtbar sei, da die schiere Masse der verarbeiteten Daten die Ergebnisse intransparent mache.
[23] Die BaFin unterscheidet insofern zwischen Transparenz und Erklärbarkeit, siehe *BaFin*, Studie – Big Data trifft auf künstliche Intelligenz, 37: Während eine Transparenz bei den meisten Modellarten nicht erreichbar sei, wäre eine Erklärbarkeit technisch wesentlich besser umzusetzen.
[24] Nach *FSB*, Artificial intelligence and machine learning in financial services 2017, 2, könnten durch die begrenzen Überprüfungsmöglichkeiten von AI und Maschinellem Lernen Fehlsteuerungsrisiken auf Makro-Ebene entstehen.
[25] Vgl. auch *FSB*, Artificial intelligence and machine learning in financial services 2017, 1, 30: Hinreichende Daten über die systemischen Auswirkungen von BDAI seien nicht vorhanden und es sei denkbar, dass Algorithmen auf unvermutete Art und Weise miteinander interagieren könnten.
[26] Zu dem sozialen Verhalten von Algorithmen aus Perspektive der Soziologie: *Beunzal Stark* Economy and Society vol. 41, no. 3, 2012, 383 ff.; *Kitchin* Information, Communication & Society vol. 20, no. 1, 2017, 14, 19: Algorithmen seien angesichts ihrer Relationalität, Kontingenz und Kontextualität nur im breiteren Kontext ihres sozio-technologischen Umfeldes zu verstehen. Vgl. schließlich *Rademacher*, in: Eifert/Hoffmann-Riem (Hrsg.): Digitale Disruption und Recht 2020, 45, 46: Eine wesentliche Herausforderung von Algorithmen sei ihre potenziell intensive Vernetzung, wobei sie sich auch untereinander und mit Menschen vernetzen können.

sozio-technischen Assemblagen, d. h. die sie umgebenden Menschen und nichtmenschlichen Aktanten, beeinflussen hierbei die Funktionsweise der Algorithmen.[27] Algorithmen sind sogar ihrerseits dazu imstande, auf die sie umgebenden sozialen Systeme einzuwirken und performative Wirkungen zu entfalten.[28] Der Einsatz von Algorithmen zu Zwecken institutsinterner Risikoverarbeitung kann beispielsweise die Entscheidungsprozesse in Instituten beeinflussen und diese verändern.[29] Ihre Outputs sind in zunehmendem Maße ausschlaggebend für kommunikative Anschlüsse, da Marktakteure diesen immer stärkere Aussagekraft beimessen.[30] Im Hinblick auf systemische Entwicklungen können sich vor allem unüberwacht selbstlernende und neuronale Algorithmen wechselseitig beeinflussen und hierdurch homogene Verhaltensweisen an den Tag legen sowie systemische Anfälligkeiten schaffen.[31] Die besondere Entscheidungsgeschwindigkeit von Algorithmen droht über ihre performativen Wirkungen rasante Veränderungen der Wirklichkeit herbeizuführen und die Wissensgenerierung noch zeitkritischer zu machen.[32] Dies kann enorm unberechenbare Volatilitätsrisiken und Kaska-

---

[27] Nach der Akteur-Netzwerk-Theorie werden Algorithmen sogar selbst als Akteure interpretiert, dazu grundlegend: *Latour* Soziale Welt 1996 (47), 369 ff.; *MacKenzie* Economy and Society vol. 48, no. 4, 2018, 501, 503 und passim; zu der Anwendbarkeit der Akteur-Netzwerk-Theorie im Kontext von Algorithmen: *Nassehi*, Muster 2019, 257 f. In der zivilrechtlichen Forschung macht *Teubner* AcP 2018 (218), 155, 165 f. und passim, die Akteur-Netzwerk-Theorie fruchtbar, um die Rechtspersönlichkeit von Algorithmen und ihre Risiken sowie Verantwortlichkeiten zu erforschen. Am Beispiel des Hochfrequenzhandels: *Coombs* Economy and Society vol. 45, no. 2, 2016, 278, 285. Zu dem sozio-technischen Assemblagen von Algorithmen und den Auswirkungen auf die Funktionsweise eines Algorithmus *Kitchin* Information, Communication & Society vol. 20, no. 1, 2017, 14, 18. Die Vernetzungen von Algorithmen untereinander problematisiert *Teubner* AcP 2018 (218), 155, 201 f., als „Vernetzungsrisiko", bei dem Haftungsregelungen im zivilrechtlichen Kontext schwer zu bilden seien, da die Interaktionen der Maschinen so komplex und undurchsichtig seien, dass ihre klare Abgrenzung praktisch unmöglich werde.
[28] Zur Performativität von Algorithmen *Kitchin* Information, Communication & Society vol. 20, no. 1, 2017, 14, 18 f.: Algorithmen beeinflussen, wie die Welt verstanden wird und formen die Welt durch ihre Software-Ausführungen; ferner *Introna* Science, Technology, & Human Values vol. 41, no. 1, 2016, 17, 20 und passim.
[29] Zu den Veränderungen der Governance Praktiken durch Algorithmen *Campbell-Verduyn/Goguen/Porter* New Political Economy vol. 22, no. 2, 2017 (2), 219. Die intraorganisationalen Effekte von Algorithmen beschreibt *Hoffmann-Riem*, in: Wischmeyer/Rademacher (Hrsg.): Regulating artificial intelligence 2020, 1, 4 (Rn. 7).
[30] So *Harth/Lorenz* kommunikation@gesellschaft (18) Mai 2017 (2), 1, 5: Algorithmen würden gar zu „Gatekeepern" des kommunikativen Anschlusses werden, da man beispielsweise im Versicherungsbereich an den von ihnen produzierten Outputs „so schnell nicht vorbei" komme.
[31] So anhand des „reflexive modeling" zu den Gefahren eines dissonanten Verhaltens von Algorithmen *Beunza/Stark* Economy and Society vol. 41, no. 3, 2012, 383, 385 und passim.
[32] Die Zeitkritikalität der Lernprozesse auf Finanzmärkten beschreibt außerhalb des spezifischen Kontextes von Algorithmen *Willke*, Dystopia 2001, 37 f.: Die Wissensgesellschaft müsse „ihre neuartige Abhängigkeit von Wissen und Nichtwissen mit einer beschleunigten Destabilisierung ihrer Institutionen und Regelsysteme bezahlen [...]. Dies wäre der Fall,

deneffekte auslösen.³³ Schließlich stellen Algorithmen eine Prognose von Systemrisiken vor die Herausforderung, dass sie noch intensivere Vernetzungen auf globaler Ebene eingehen, womit sie geographische „Entgrenzungen" der Finanzmärkte weiter vorantreiben.³⁴ All jene Auswirkungen von Algorithmen auf die Interaktionsordnungen der Finanzmärkte aufzuarbeiten, ist indes notwendig, um ihre systemischen Risikopotenziale zu identifizieren.³⁵ Insoweit können interdisziplinäre Beschreibungsangebote erste Anhaltspunkte bieten, um die Verhaltensweisen von Algorithmen und ihre Risiken in systemischen Zusammenhängen besser nachzuvollziehen und kognitive Instrumente für den Umgang mit ihnen zu entwickeln.

## II. Wissensgenerierende Prozesse in Instituten

Um nähere Erkenntnisse über die systemischen Risikopotenziale von Algorithmen zu gewinnen, könnten zunächst die Institute zu wissensgenerierenden Prozessen angehalten werden. Die qualitativen Anforderungen an das institutsinterne Risikomanagement werden für den Umgang mit IKT-Diensten seitens der BaFin spezifisch durch die BAIT konkretisiert. Sie geben Instituten einen technisch-organisatorischen Rahmen für das Management ihrer Informationsrisiken und Informationssicherheit vor und bereiten sie damit besser auf den Umgang mit technischen Risiken vor.³⁶ Ferner regen die Organisationsanforderungen an Institute bei einer Änderung betrieblicher Prozesse oder Strukturen³⁷ Institute dazu an, die Risiken und Auswirkungen ihrer Prozessinnovationen bereits vor der Implementierung näher zu erforschen und umfassenderes Wissen über ihre Funktionsweise zu generieren.³⁸

---

wenn die Genese sozialer Praktiken und die damit einhergehende Produktion von *sozialem Wissen* schneller und direkter Eingang in die Regelsysteme und Institutionalisierungen der Gesellschaft finden würden, weil diese auch hinsichtlich ihrer sozialen Intelligenz in Konkurrenz miteinander und damit möglicherweise in eine Anspruchsinflation ihrer Mitglieder geraten könnten."

[33] Auf potenzielle Risiken für die Finanzstabilität durch Korrelationsrisiken von Algorithmen hinweisend auch *FSB*, Artificial intelligence and machine learning in financial services 2017, 25.

[34] Beispielsweise untersucht *Knorr Cetina*, in: Knorr Cetina/Preda (Hrsg.): The Oxford handbook of the sociology of finance 2014, 115, 130, inwiefern technische Artefakte wie Computer Informationen über globale Reichweiten durch reflexive Spiegelungen des Marktes verbreiten und die Finanzmärkte immer stärker global vernetzen. Zu einer „Entgrenzung" der Finanzmärkte und den daraus resultierenden Steuerungsproblemen aus soziologischer Perspektive unter Teil 1, Kapitel § 2, Abschnitt C., I., 2., a)., d).

[35] *Hoffmann-Riem*, in: Wischmeyer/Rademacher (Hrsg.): Regulating artificial intelligence 2020, 1, 4 (Rn. 7), bezeichnet diesen weiterreichenden Einfluss komplexer Computersysteme auf die Gesellschaft als „macro-effect".

[36] Tz. I. 2. der BAIT.

[37] AT 8.2 der MaRisk.

[38] Vgl. auch *Coombs* Economy and Society vol. 45, no. 2, 2016, 278, 296; *BaFin*, Studie – Big Data trifft auf künstliche Intelligenz, 13.

Aufsichtsbehördliche Organisationsanforderungen, die spezifisch auf den Einsatz von Algorithmen zugeschnitten sind, könnten den Umgang mit ihren besonderen Komplexitäten in Instituten aber noch gezielter optimieren. Derartige Vorgaben sollten sich indes stets auf organisatorische Rahmenbedingungen beschränken, da eine hohe Diversität zur Aufarbeitung systemischen Nichtwissens beitragen und systemischen Anfälligkeiten entgegenwirken kann.[39] Die von der Kommission in dem Entwurf eines Gesetzes über künstliche Intelligenz[40] vorgeschlagenen organisatorischen Vorgaben, wie unter anderem an die Errichtung eines Risikomanagementsystems (Art. 9), die Daten-Governance (Art. 10), die Dokumentation und Aufzeichnung (Art. 11 f.) und die menschliche Aufsicht (Art. 14), könnten auch auf Finanzmärkten dazu beitragen, dass Institute die Komplexität der Algorithmen, einschließlich der dahinter verborgenen Risiken und Schwachstellen, intensiver aufarbeiten. Allerdings wären jene Vorschriften auf Finanzmärkten nach dem Kommissionsentwurf nur für Hochrisiko-KI-Systeme, wie u.a. für Algorithmen bei Kreditwürdigkeitsprüfungen und Kreditpunktebewertungen natürlicher Personen, anwendbar.[41] Da andere Einsatzmöglichkeiten von Algorithmen auf Finanzmärkten, wie vornehmlich im Risikomanagement, jedoch besonders weitreichende Konsequenzen auf die Systemstabilität der Finanzmärkte haben könnten, sollten die vorgeschlagenen Regelungen für Hochrisiko-KI-Systeme zur Prävention einhergehender Systemrisiken auch auf diese erstreckt werden. Um Institute im Rahmen derartiger Organisationsvorgaben dafür zu sensibilisieren, wie Algorithmen auf systemische Veränderungen auf Finanzmärkten reagieren könnten, sollten interne Testverfahren[42] ebenfalls die Reaktionen von Algorithmen in Stresssituationen auf Finanzmärkten erproben. Da Algorithmen meist nicht unter derartigen Bedingungen, wie bei hoher Marktvolatilität, trainiert werden, wäre es sinnvoll, die Institute mithilfe aufsichtlicher Konkretisierungen zu näheren Untersuchungen der Reaktionsfähigkeit von Algorithmen in Stresssimulationen anzuhalten.[43] Dies könnte auch in Instituten eine kritische Auseinandersetzung mit der Frage anstoßen, inwieweit Algorithmen in volatilen Perioden noch aussagefähig sind und wie jene mit Systemrisiken umgehen können.

---

[39] Zu den Grenzen organisatorischer Anforderungen an das Risikomanagement im Lichte von Systemrisiken schon unter Teil 2, Kapitel § 3, Abschnitt C., II.
[40] *Europäische Kommission*, Vorschlag COM (2021) 206 final [Artificial Intelligence Act].
[41] Siehe Art. 6 Abs. 2 i.V.m. Anhang III, Nr. 5 b) zu *Europäische Kommission*, Vorschlag COM (2021) 206 final [Artificial Intelligence Act].
[42] Zu jenen Anforderungen an die Testung von Hochrisiko-KI-Systemen siehe Art. 9 Abs. 5–7 in *Europäische Kommission*, Vorschlag COM (2021) 206 final [Artificial Intelligence Act].
[43] Nach *FSB*, Artificial intelligence and machine learning in financial services 2017, 32, bestehe das Risiko, dass Algorithmen, welche nicht selbst bereits adverse Stressszenarien erlebt und Marktreaktionen in diesen Situationen evaluiert haben, womöglich (System-)Risiken übersehen.

## III. Kognitive Aufsichtsinstrumente zur Identifizierung von Systemrisiken

Die Aufsichtsbehörden sollten nicht bloß ein technisches Wissen über die verschiedenen Erscheinungsformen von Algorithmen aufbauen,[44] sondern gerade auch den potenziellen Einfluss der Innovationen auf Systemrisiken erforschen und sich auf die durch sie erzeugte soziale Komplexität einlassen. Erfahrungswerte aus dem Bereich des Hochfrequenzhandels deuten darauf hin, dass das Entscheidungsverhalten von Algorithmen Marktvolatilitäten noch verstärkt.[45] Da der Hochfrequenzhandel jedoch auf eine hohe Dynamisierung des Handels angelegt ist und in algorithmischen Handelssystemen besondere Rahmenbedingungen vorherrschen, welche die hohe Transaktionsgeschwindigkeit begünstigen[46] und mithilfe geeigneter Vorkehrungen wie Volatilitätsunterbrechern auch begrenzen können,[47] sind die Erfahrungen nicht uneingeschränkt auf andere Bereiche übertragbar. Systemische Auswirkungen und Risikopotenziale in anderen Einsatzgebieten wie im Bereich des Risikomanagements werden sich erst konkreter ausmachen lassen, wenn eine höhere Anzahl an Instituten die Technik tatsächlich adaptiert hat.[48] Für die Regulierung können theoretische Beschreibungen der Funktionsweise von Algorithmen in sozialen Kontexten[49] sowie die existierenden Beobachtungswerte aber dennoch eine erste Vorlage bieten,[50] um eine kognitive Strategie zur Erforschung etwaiger Systemrisiken durch Algorithmen auszuloten.

So könnte insbesondere in aufsichtlichen Erprobungsräumen bzw. *Sandboxes* in Kooperation mit den Marktakteuren das Erfahrungswissen über innovative Formen von Algorithmen angereichert werden. Gerade bezüglich etwaiger systemischer Auswirkungen und Risikopotenziale von Algorithmen versprechen jene Erprobungsräume wertvolle Einblicke, da mit ihnen nicht nur isoliert die Funktionsweise der Innovation überprüft würde, sondern diese gerade in ihren sozialen Umgebungen getestet werden könnte, sodass auch Wechselwirkungen sichtbar würden.[51]

---

[44] Fortschritte in dieser Hinsicht verzeichnen u. a. *EBA*, Report on Big Data and Advanced Analytics (EBA/REP/2020/01); *BaFin*, Studie – Big Data trifft auf künstliche Intelligenz; *Gemeinsames Komitee der ESA's*, Joint Committee Final Report on Big Data (JC/2018/04).

[45] Zu den Risiken im algorithmischen Wertpapierhandel *Söbbing* ZIP 2019, 1603 ff., der vor allem Kaskadenrisiken und Volatilitäten sowie Überlastungen der Börsen als Risiken ausmacht. Unter anderem gesetzliche Anforderungen an Börsen nach § 26d BörsG zur Einrichtung von Sicherheitsvorkehrungen wie Volatilitätsunterbrechern sollen diesen entgegenwirken.

[46] Zu der Begünstigung des algorithmischen Handels durch das Aufkommen neuer Handelsplätze vgl. *Deutsche Bundesbank* Monatsbericht Oktober 2016, 37, 38.

[47] Vgl. § 26d Abs. 1 S. 2 BörsG.

[48] So auch *FSB*, Artificial intelligence and machine learning in financial services 2017, 33.

[49] Dazu schon oben unter I.

[50] Zur Funktion außerjuridischer Beschreibungsangebote als Handlungshilfen schon unter Teil 1, Kapitel § 1, Abschnitt B., III.

[51] Zu der Funktion sog. Reallabore bzw. *Sandboxes* bereits im Kontext des Risikoverwaltungsrechts unter: Teil 1, Kapitel § 2, Abschnitt C., II., 2., a).

Der Kommissionsentwurf eines Gesetzes über künstliche Intelligenz schlägt für die Einrichtung derartiger KI-Reallabore eine gesetzliche Grundlage vor.[52] Danach sollen Erprobungen innovativer KI-Systeme unter aufsichtlicher Begleitung nach vorab in Durchführungsrechtsakten zu konkretisierenden Modalitäten wie Genehmigungskriterien und Verfahren durchführbar sein.[53] Die nach § 26d Abs. 2 S. 1 BörsG von Börsen einzurichtenden Erprobungsräume für Algorithmen, um deren Auswirkungen auf das Handelssystem zu testen, könnten für die Errichtung von Erprobungsräumen seitens der Finanzaufsicht als Orientierungshilfe dienen. Um in aufsichtlichen KI-Reallaboren spezifisch die systemischen Risiken von Algorithmen auf Finanzmärkten ermitteln zu können, sollten finanzmarktspezifische Verfahren zum einen vorsehen, dass Algorithmen auch auf ihre Reaktionen auf Volatilitäten zu erproben sind.[54] Vor allem unüberwacht lernende und neuronale Algorithmen, die sich rekursiv anhand eigener Umweltbeobachtungen fortentwickeln, sollten zum anderen darauf untersucht werden, inwieweit sie in Interaktionskontexten Homogenitäten erzeugen[55] und hiermit systemische Anfälligkeiten schaffen könnten.

Neben derartigen KI-Reallaboren könnten aber auch qualitative Stresstests in Gestalt bedrohungsgeleiteter Penetrationstests dazu beitragen, dass Institute und Aufsichtsbehörden in Kooperation die Cyberrisiken und technischen Anfälligkeiten der von Instituten verwendeten Algorithmen näher untersuchen.[56] Die enge Zusammenarbeit zwischen Aufsichtsteams und Instituten ist hierbei besonders förderlich, da letztere einen besseren Einblick in die Funktionsweise der Algorithmen haben und somit über Wissen verfügen, welches bei der Aufsicht nicht vorhanden ist.[57] Soweit seitens der Institute Dritte für die Programmierung der Anwendungen einbezogen werden, ist auch ihr Input gefragt. Den Aufsichtsteams könnten sich in Begleitung jener Tests kollektive Schwachstellen und systemische Anfälligkeiten der von Instituten verwendeten Algorithmen für Cyberrisiken offenbaren.[58]

---

[52] Siehe Art. 53 des Entwurfs (*Europäische Kommission*, Vorschlag COM (2021) 206 final [Artificial Intelligence Act]).

[53] Siehe Art. 53 Abs. 6 des Entwurfs (*Europäische Kommission*, Vorschlag COM (2021) 206 final [Artificial Intelligence Act]).

[54] Zu den bisher vorhandenen qualitativen Stresstests: Teil 2, Kapitel § 4, Abschnitt C., II.

[55] Zu den Risiken eines resonanten Verhaltens auf Finanzmärkten, die zu kollektivem Versagen führen können, *Beunza/Stark* Economy and Society vol. 41, no. 3, 2012, 383 ff. Für eine Untersuchung der Funktionsweise von Algorithmen im ihren sozialen Kontexten *Kitchin* Information, Communication & Society vol. 20, no. 1, 2017, 14, 17 f.

[56] Vgl. im Kontext von bedrohungsgeleiteten Penetrationstests zu dem Mehrwert einer kooperativen Einbindung der Institute: Teil 2, Kapitel § 4, Abschnitt C., II.

[57] Die kooperative Einbindung von Marktakteuren stellt schon im Kontext des Risikoverwaltungsrechts einen Mechanismus dar, um ubiquitäres und fragmentiertes Wissen nutzbar zu machen, s. o. Teil 1, Kapitel § 2, Abschnitt C., II., 2., c).

[58] Zu dem Mehrwert bedrohungsgeleiteter Penetrationstests im Hinblick auf die Erkennung von Systemrisiken: Teil 2, Kapitel § 4, Abschnitt C., II.

Der Einsatz von Algorithmen könnte sich schließlich aber auch zu einem wichtigen Wettbewerbsfaktor entwickeln und Institute mit schlechterer Technik in ihrer Leistungsfähigkeit bedrohen, während Institute mit besonders fortschrittlichen Anwendungen von Netzwerkeffekten profitieren könnten.[59] Derartige Auswirkungen auf die Wettbewerbsfähigkeit und Systemrelevanz von Instituten sollte die Aufsicht hinterfragen, um zu vermeiden, dass Wettbewerbsrisiken Systeminstabilitäten nach sich ziehen. Eine stärkere Zusammenarbeit mit Wettbewerbsbehörden kann dabei die behördliche Expertise und die bei ihnen jeweils vorhandenen Daten zusammenbringen sowie Synergieeffekte erzeugen.[60]

## B. Digitale Geschäftsmodelle

Auf den Finanzmärkten sind im Zuge der Digitalisierung ferner zahlreiche innovative Geschäftsmodelle entstanden, die auf den neuen Informations- und Kommunikationstechnologien aufbauen. Geschäfte im Zusammenhang mit Kryptowerten wie Tauschbörsen oder Kryptoverwahrstellen, eine algorithmenbasierte Finanzportfolio- oder Anlageberatung bzw. *Robo Advice* oder das *Crowdlending* sind nur einige der vielzähligen neuen Geschäftsmodelle, die von dem Internet, Big Data und Algorithmen Gebrauch machen.[61] Bisher beurteilt die Aufsicht die Geschäftsmodelle im Lichte der bankenaufsichtsrechtlichen Vorschriften technikneutral (unter I.). Um zu vermeiden, dass die digitalen Geschäftsmodelle und ihre technikneutrale Bewertung neue Systemrisiken hervorrufen, sollte die Aufsicht allerdings dynamisch aufarbeiten, welche spezifischen Risiken mit den digitalen Geschäftsmodellen einhergehen und ob diese Systemrisiken auslösen könnten. Da die digitalen Geschäftsmodelle vielfach auch von nicht-regulierten Akteuren der Digitalwirtschaft wie *FinTechs* ausgehen, genügt es nicht, nur die regulierten Institute als Informationsquelle zu nutzen. Aufsichtsprozesse sollten mit komplementierenden kognitiven Instrumenten neue Wis-

---

[59] Auf Netzwerkeffekte hinweisend auch *FSB*, Artificial intelligence and machine learning in financial services 2017, 31.

[60] Zur Notwendigkeit einer Verschränkung von Wettbewerbsaufsicht und Finanzmarktaufsicht noch ausführlicher im Kontext des Einflusses von Plattformunternehmen unter Abschnitt C., I., 1., b). So auch *FSB*, Artificial intelligence and machine learning in financial services 2017, 33. Eine stärkere Verschränkung von Wettbewerbsaufsicht und Finanzaufsicht ist auch mit dem Europäischen Forum der Innovationsförderer (EFIF) erstrebt, vgl. auch *Europäische Kommission*, Strategie für ein digitales Finanzwesen in der EU (COM (2020) 591 final) 2020, 8 ff.; sowie *BMWi*, Ein neuer Wettbewerbsrahmen für die Digitalwirtschaft, 81, welches die Institutionalisierung eines „Digital Markets Board" vorschlägt, um die Verwaltungsbehörden zusammenzubringen und ihre Koordinierung zu erleichtern.

[61] Umfassende Darstellungen der digitalen Geschäftsmodelle u. a. bei Möslein/Omlor (Hrsg.), FinTech-Handbuch 2018; Maume/Maute (Hrsg.), Rechtshandbuch Kryptowerte 2020 zu den Geschäftsmodellen im Zusammenhang mit Token und Kryptowerten.

§ 5 Kognitive Strategie im Zeitalter der Digitalisierung

senszugänge schaffen, um ihre Informationsdefizite in unregulierten Bereichen zu überbrücken und dortige Systemrisikopotenziale zu erkennen (unter II.).[62]

*I. Systemische Fehlsteuerungsrisiken einer technikneutralen Beurteilung*

Bislang hat sich in Aufsichtsbehörden für den Umgang mit digitalen Geschäftsmodellen die Auslegungsmaxime des „same business, same risks, same rules" („gleiche Tätigkeit, gleiches Risiko, gleiche Regeln") etabliert.[63] Der funktionale Vergleich der Geschäfte unterstellt eine „Technikneutralität", überbrückt damit nicht vorhandene, spezifische Erfahrungswerte und überformt die bestehenden Unsicherheiten und Komplexitäten der neuen Geschäftsmodelle. Aufbauend auf dieser Auslegung haben sich mitunter Taxonomien für die Zuordnung digitaler Geschäftsinnovationen zu den gesetzlichen Katalogtatbeständen in der Verwaltungspraxis herausgebildet.[64] Die technikneutrale Auslegung der bankenaufsichtsrechtlichen Katalogtatbestände hat den Vorteil, dass die Aufsicht dynamisch auf systemische Veränderungen reagieren und neuen Geschäftsmodellen zeitnah entgegnen kann.[65] Erst wenn auch jene erweiterte Auslegung an ihre Grenzen gelangt,[66] sind gesetzgeberische Reformen der normativen Katalogtatbestände erforderlich.[67]

---

[62] Zu den Ausbaupotenzialen von kognitiven Instrumenten schon außerhalb des Anwendungsfalls: Teil 2, Kapitel § 4, Abschnitt C., III.

[63] *Europäische Kommission*, Strategie für ein digitales Finanzwesen in der EU (COM (2020) 591 final) 2020, 5.

[64] So beispielsweise zu den verschiedenen Arten von Token u. a. *Lorenz* ZIP 2019, 1699 ff., typisierte Einordnung der verschiedenen Ausgestaltungen des *Robo Advice*: BaFin, Robo-Advice – Automatisierte Anlageberatung und Finanzportfolioverwaltung; *Ringe/Ruof* EBI Working Paper Series (Nr. 26) 2018, 21 ff.

[65] Zu den Vorteilen weiter Beurteilungs- und Ermessensspielräume der Aufsicht im Lichte der Katalogtatbestände schon: Teil 2, Kapitel § 3, Abschnitt A., I.

[66] Ein Beispiel für diese Zuordnungsschwierigkeiten bildet das von Facebook ursprünglich unter dem Namen „Libra" angestoßene Konzept für eine Kryptowährung. Dieses sah ursprünglich einen *Coin* mit Währungspool als Reserve vor und ging angesichts des disruptiven Charakters regulatorisch mit großen Schwierigkeiten einher, ausführlich *Schmeling* SAFE Policy Letter (Nr. 76) September 2019; *Zetzsche/Buckley/Arner* University of Hong Kong Faculty of Law Research Paper (Nr. 2019/042) Juli 2019, 17 ff.

[67] Siehe schon im Kontext der Katalogtatbestände unter Teil 2, Kapitel § 3, Abschnitt A., I. So wurde für Kryptowährungen beispielsweise lange und kontrovers die Anwendbarkeit des § 1 Abs. 11 S. 1 Nr. 7, 2. Alt. KWG („Rechnungseinheiten") diskutiert (erinnert sei vor allem an das kontroverse Urteil des KG Berlin v. 25.09.2018 – (4) 161 Ss 28/18 (35/18), NJW 2018, 3734), bevor mit der Einführung eines spezifischen Tatbestandes in § 1 Abs. 11 S. 1 Nr. 10 KWG „Kryptowerte" explizit in das Gesetz aufgenommen wurden. *Tröger* SAFE Working Paper Series (Nr. 68), 17, weist kritisch darauf hin, dass die konstante Aktualisierung der gesetzlichen Tatbestände durch eine Regulierung ex post häufig zu spät kommt, wenn Innovationen bereits unreguliert auf dem Markt Instabilitäten ausgelöst haben. *Ders.* plädiert daher für eine „internal solution", die über einen normativen Ansatz das stetige Reformbedürfnis mindert.

Jene Auslegungsregel trägt indes zugleich das Fehlsteuerungsrisiko in sich, dass spezifische Risiken der Digitalität über induktive Rückschlüsse ausgeblendet werden und existierende Modellannahmen für die neuen Geschäftsmodelle womöglich nicht repräsentativ sind. Um jenen Fehlsteuerungsrisiken entgegenzutreten, sollte sich die Aufsicht aus Perspektive einer kognitiven Strategie stets die Frage stellen, ob die den traditionellen Modellen zugrundeliegenden Erfahrungswerte tatsächlich aussagekräftig für die Risiken der digitalen Geschäftsmodelle sind oder ob durch eine unterkomplexe technikneutrale Behandlung womöglich neue systemische Anfälligkeiten verdeckt werden. Beispielsweise ist das Arbeitsprodukt eines *Robo Advisors* im Ergebnis zwar vergleichbar mit dem einer Anlageberatung oder eines Portfoliomanagements,[68] allerdings könnten sich spezifische Risiken durch die Funktionsweise von Algorithmen ergeben. Systemrisiken könnten etwa dadurch entstehen, dass Algorithmen bei ihren Empfehlungen ein homogenes Anlageverhalten befördern oder Prozyklizitäten verstärken.[69] Auch die IT-Sicherheit kann sich bei digitalen Geschäftsmodellen zu einem systemischen Risikofaktor entwickeln.[70] Digitale Geschäftsmodelle könnten ferner ganz andere Abhängigkeits- und Interaktionsbeziehungen aufweisen und damit neue Systemrisiken hervorrufen. Beispielsweise bilden sich im Bereich der Kryptowerte ganze Ökosysteme rund um dezentral geführte Kontobücher wie Blockchains mit Kryptoverwahrstellen, Tauschbörsen, *Minern* und anderen Akteuren heraus, die mit den für sie charakteristischen Interaktionsstrukturen, beispielsweise über technische Schnittstellen, neue Ansteckungskanäle für Systemrisiken schaffen.[71] Eine zu starke Orientierung an einer technikneutralen Auslegungsregel droht genau diese innovationsbedingten Veränderungen zu verdecken und neue Systemrisikopotenziale zu übersehen.[72] Die Aufsicht

---

[68] Ausführlich zum *Robo Advice* und seiner Einordnung als automatisierte Anlageberatung, Finanzportfolioverwaltung, Abschluss- oder Anlagevermittlung *BaFin*, Robo-Advice – Automatisierte Anlageberatung und Finanzportfolioverwaltung.

[69] *Ringe/Ruof* EBI Working Paper Series (Nr. 26) 2018, 2 und passim erkennen im Robo Advice derartige systemische Risiken und plädieren daher für die Errichtung von Sandboxes als experimentellem Raum, um die Risiken des Geschäftsmodells in Kooperation mit den innovativen Marktakteuren näher zu erforschen.

[70] *Buckley/Arner/Zetzsche/Selga* EBI Working Paper Series (Nr. 54) 2019, 11: Cybersicherheit als wesentliche Ursache von Systemrisiken durch die digitale Transformation.

[71] Nicht vollkommen unberechtigt erscheint daher das für das Kryptoverwahrgeschäft noch im Gesetzesentwurf der Bundesregierung zur Umsetzung der Änderungsrichtlinie zur Vierten EU-Geldwäscherichtlinie vom 08.10.2019 (Drs. 19/13827), 111, in § 32 Abs. 1g KWG-E vorgesehene sog. „ring fencing", wonach ein Kryptoverwahrgeschäft nicht neben anderen nach dem KWG erlaubnispflichtigen Geschäften betrieben werden sollte. Dagegen *Rennig* BKR 2020, 29: Ein „ring fencing" wäre technologieavers und anhand der Systematik des KWG nicht begründbar. Der Kritik ist beizugeben, dass eine derartige Regelung, wenn zwar prinzipiell für eine Entzerrung des Finanzsystems sinnvoll, allein auf das Kryptoverwahrgeschäft angewendet inkonsequent wäre, da andere Akteure aus der dezentralisierten Finanzwelt nicht diesen Vorgaben unterlägen.

[72] *Hoffmann-Riem*, Innovation und Recht, Recht und Innovation 2016, 66, erkennt es

sollte daher fortlaufend die neuen Komplexitäten aufarbeiten und reflektieren, ob eine technikneutrale Bewertung vor dem Hintergrund der Eigenheiten der digitalen Geschäftsmodelle wirklich adäquat ist.[73]

## II. Kognitive Strategie zur Beurteilung systemischer Risiken

Kognitive Strukturvorgaben an Institute, wie beispielsweise organisatorische Anforderungen an Neu-Produkt-Prozesse,[74] können auch im Kontext digitaler Geschäftsmodelle prinzipiell dabei unterstützen, den Erkenntnisstand über ihre spezifischen Risiken auszubauen.[75] Allerdings gehen zahlreiche digitale Geschäftsmodelle bisweilen nicht von Instituten, sondern von unregulierten Akteuren wie *FinTechs* aus.[76] Aufsichtsbehördliche Beobachtungen müssen sich vor diesem Hintergrund gerade im Zusammenhang mit digitalen Geschäftsmodellen auch auf diese Intermediäre konzentrieren.

Um das vielfältige Wissen der regulierten sowie unregulierten Akteure für die Aufarbeitung der systemischen Risiken von digitalen Geschäftsmodellen zu aktivieren und den kooperativen Austausch mit ihnen anzuregen,[77] sind Bestrebungen der Europäischen Kommission, europäische Erprobungsräume für Finanzinnovationen wie sog. *Sandboxes* aufzubauen,[78] besonders vielversprechend. Mit einer Erprobung in realen Umgebungen in *Sandboxes* könnten Marktakteure und Aufsichtsbehörden gemeinsam Erfahrungswissen über die innovativen Geschäftsmodelle sowie ihre Auswirkungen auf die Finanzmärkte gewinnen,[79]

---

ebenfalls gerade als zentrale Aufgabe des Rechts im Umgang mit innovationsbedingter Unsicherheit, die innovationsbedingten Risiken greifbar zu machen. Vergleichbar unterstreicht auch *Zech*, in: Eifert/Hoffmann-Riem (Hrsg.): Digitale Disruption und Recht 2020, 29, dass die häufig bei der Rechtsanwendung und -fortbildung angestrengten Vergleiche zwischen Digitalem und Analogem Gefahr laufen, zu kurz zu greifen und die Besonderheiten des Digitalen zu vernachlässigen.

[73] Zu den Nachteilen von Komplexitätsreduktionen für die Aufsicht über Systemrisiken schon Teil 1, Kapitel § 2, Abschnitt C., I., 2., d).

[74] AT 8.1 der MaRisk.

[75] Im Kontext der Nutzung von Algorithmen im institutsinternen Risikomanagement zu der Aktivierung institutsinterner Wissensstrukturen: Teil 3, Kapitel § 5, Abschnitt A., II.

[76] Der Begriff des *FinTech* beschreibt typischerweise innovative Unternehmen, meist Start-ups, die technologiebasierte Geschäftsmodelle verfolgen und Anwendungssysteme für die Finanzwelt anbieten, vgl. *Deutsche Bundesbank*, FinTech.

[77] Zu den Vorteilen eines kooperativen Austauschs zur Bewältigung von Unsicherheiten schon im Kontext des Risikoverwaltungsrechts unter Teil 1, Kapitel § 2, Abschnitt C., II., 2., c).

[78] *Europäische Kommission*, Strategie für ein digitales Finanzwesen in der EU (COM (2020) 591 final) 2020, 9. Zu den bereits vorhandenen nationalen *Sandboxes* und Innovationshubs sowie den dafür unter Unionsrecht bestehenden Ermessensspielräumen *Europäische Kommission*, FinTech-Aktionsplan: Für einen wettbewerbsfähigeren und innovativeren EU-Finanzsektor (COM(2018) 109 final) 2019, 10.

[79] Vgl. zu der Funktion von *Sandboxes*, mangelndes Erfahrungswissen zu überbrücken, *Krönke*, Öffentliches Digitalwirtschaftsrecht 2020, 595.

um sodann adäquate regulatorische Anforderungen für diese zu entwickeln.[80] Da der Aufsicht vornehmlich im Umgang mit unregulierten Akteuren wie *FinTechs* besonders große Wissenslücken drohen, sollten Anreizstrukturen gerade diese zu der Teilnahme motivieren.[81] Vor allem regulatorische Erleichterungen im Rahmen des *Sandbox*-Verfahrens, wie etwa ein erleichterter Markteintritt, könnten für sie Anreize bieten.[82]

Allerdings existieren für derartige Erprobungen erlaubnispflichtiger Geschäftsmodelle bislang keine gesetzlichen Grundlagen. Anders als bei der Erprobung von Algorithmen durch regulierte Institute, für welche der Kommissionsvorschlag eines Gesetzes über künstliche Intelligenz eine normative Grundlage präsentiert,[83] sieht der § 32 KWG keine aufsichtlichen Gestaltungsspielräume im Hinblick auf die Erlaubnispflichtigkeit der Erbringung von Bankgeschäften oder Finanzdienstleistungen vor.[84] Erleichterungen für nicht-regulierte Intermediäre wären daher bislang allenfalls in den Grenzen der Beurteilungs- und Ermessensspielräume der Aufsicht, wie etwa bei der Frage, ob ein digitales Geschäftsmodell unter einen vorhandenen Katalogtatbestand fällt, denkbar.[85] Auch wäre eine Umsetzung von sog. „Umbrella Sandboxes" im Rahmen von Auslagerungsverhältnissen mit regulierten Instituten möglich.[86] Die Aufsicht sollte jedoch auch für derartige Erprobungen die Rahmenbedingungen klar definieren und die Erprobungen eng begleiten.

Um neben regulierten Instituten auch nicht-regulierte Akteure in den Wissensaustausch über die Risiken digitaler Geschäftsmodelle einzubinden, sind des Weiteren informelle multilaterale Kooperationsplattformen für die Aufsicht, Institute und IKT-Anbieter bzw. *FinTechs* vielversprechend.[87] Mit diesen könnte ein Austausch zwischen der Aufsicht, den Instituten und nicht-regulierten Intermediären institutionalisiert werden, der es ermöglichen würde, die diversen Wissensbestände und Erfahrungen zusammenzubringen und so die dezentrale Auf-

---

[80] Ausführlich zu den Charakteristika von *Sandboxes Krönke*, Öffentliches Digitalwirtschaftsrecht 2020, 594 f.

[81] Vgl. zu den Wissenslücken der Aufsicht über unregulierte Akteure: Teil 2, Kapitel § 3, Abschnitt A., I.

[82] Zu den regulatorischen Erleichterungen im Rahmen von *Sandboxes Krönke*, Öffentliches Digitalwirtschaftsrecht 2020, 594.

[83] Siehe zu den KI-Reallaboren nach Art. 53 des Kommissionsentwurfs bereits oben unter A., III.

[84] Vgl. *Krönke*, Öffentliches Digitalwirtschaftsrecht 2020, 596.

[85] *Europäische Kommission*, FinTech-Aktionsplan: Für einen wettbewerbsfähigeren und innovativeren EU-Finanzsektor (COM(2018) 109 final) 2019, 10. Zu den Beurteilungsspielräumen der Aufsicht im Rahmen der Katalogtatbestände s. o. unter Teil 2, Kapitel § 3, Abschnitt A., I.

[86] Zu den Umsetzungsmöglichkeiten von *Sandboxes* vor dem Hintergrund der nationalen Regelungen des KWG instruktiv *Krönke*, Öffentliches Digitalwirtschaftsrecht 2020, 596.

[87] Ein EU-FinTech-Labor ebenso wie eine breite Kooperationsplattform und ein Datenraum für Industrie und Aufsicht für die kollaborative Erprobung von Innovationen sieht *Europäische Kommission*, Strategie für ein digitales Finanzwesen in der EU (COM (2020) 591 final) 2020, 9 f., vor.

arbeitung von Unsicherheiten und systemischen Anfälligkeiten voranzutreiben.[88] Auch die Einbeziehung von Expertenwissen aus der Wissenschaft wäre hierbei zielführend, da dies die Diversität des Wissensaustauschs noch weiter erhöhen könnte und auch die Wissenschaft so für die Aufarbeitung der Wissensprobleme aktiviert werden könnte.[89]

## C. Akteure der Digitalökonomie

Akteure der Digitalökonomie wie *FinTechs*, *BigTechs*,[90] Plattformunternehmen, IT- und Cloud-Dienstleister treten zunehmend mit ihrem technischen Know-How, ihren Daten oder digitalen Infrastrukturen als technische Dienstleister in den Finanzmarkt ein oder entwickeln aufbauend auf ihren Ressourcen eigene technologiebasierte Geschäftsmodelle für die Finanzbranche. Angesichts der Wissensintensität der Finanzgeschäfte[91] entsteht eine starke Abhängigkeit der Finanzintermediäre von Daten und „Wissenstechniken"[92] wie etwa Algorithmen, ohne welche die Fülle der Daten nicht mit derartiger Geschwindigkeit zu verarbeiten wäre,[93] was die Position der Akteure der Digitalökonomie erheblich stärkt. Neben dem systemischen Einflusspotenzial einzelner Akteure ist auf systemischer Ebene zunehmend ein Prozess der Disintermediation, Dezentralisierung und Reorganisation der Finanzmärkte beobachtbar, welcher die Funktionsfähigkeit finanzmarktregulatorischer Instrumente beeinträchtigen und neue Systemrisiken hervorrufen könnte.[94] Die Aufsicht hat neben systemrelevanten einzelnen Akteuren (unter I.) auch die Systementwicklungen insgesamt dynamisch

---

[88] Nach *Willke*, Dystopia 2001, 187 ff., müsse der Staat eine kooperativen Wissensgenerierung und „kollektive Intelligenz" fördern, wobei es vor allem im Hinblick auf das „Zusammenspiel dezentraler operativ geschlossener Systeme" wichtig sei, dass der Staat die Rahmenbedingungen für die Wissensgenerierung strategisch regelt.

[89] Zu der Hinzuziehung von Expertenwissen zu Zwecken der aufsichtlichen Wissensgenerierung bereits im Kontext des Risikoverwaltungsrechts unter: Teil 1, Kapitel § 2, Abschnitt C., II., 2., b).

[90] Den Begriff des „TechFin" dagegen verwenden *Zetzsche/Buckley/Arner/Barberis* NYU Journal of Law & Business (14) 2018 (2), 393 ff., um Intermediäre mit datenbasiertem Geschäftsmodell zu beschreiben.

[91] Vgl. *Willke*, Dystopia 2001, 68 und passim.

[92] Zu dem Begriff *Spinner*, Die Wissensordnung 1994, 53 und passim; *Broemel/Trute* Berliner Debatte Initial 2016 (27), 50.

[93] *Stalder*, Kultur der Digitalität 2016, 96, 182: Ohne die Vorsortierungen der ungeordneten Datenmengen (Big Data) durch Algorithmen wäre die Datenverarbeitung nicht denkbar, was Algorithmen zu einem Vermittler autonomer Handlungsfähigkeit macht, zu diesen allerdings auch Abhängigkeiten entstehen lässt. Auf die Zeitkritikalität von Wissen und dem Umgang mit Nichtwissen in der Wissensökonomie und auf Finanzmärkten im Speziellen weist *Willke*, Dystopia 2001, 78. Auch *Europäische Kommission*, Strategie für ein digitales Finanzwesen in der EU (COM (2020) 591 final) 2020, 3, beschreibt Daten und Algorithmen als elementare „Innovationskomponente" für Finanzdienstleistungen.

[94] Vgl. *BaFin*, Studie – Big Data trifft auf künstliche Intelligenz, 11: Die Nutzung von Big

zu analysieren und die Regulierungsmaßnahmen entsprechend anzupassen, sofern sich daraus Systemrisiken ergeben könnten (unter II.).

## I. Systemrelevanz einzelner Intermediäre

Einzelne Akteure aus dem Bereich der Digitalökonomie – namentlich Plattformunternehmen und Mehrmandantendienstleister – sind besonders prädestiniert dafür, neue Systemrisiken auf Finanzmärkten auszulösen. Sie haben nicht nur gemein, dass sie Daten und moderne „Wissenstechnologien"[95] wie künstliche Intelligenz und Cloud-Dienste für sich nutzen, um Geschäftsmodelle auf dem Finanzmarkt und im weiteren Zusammenhang mit Finanzgeschäften zu etablieren. Gegenüber anderen Anbietern stechen sie dadurch hervor, dass sie als „Wissensintermediäre" auftreten:[96] Plattformunternehmen schaffen neue Rahmenbedingungen für die Koordination der Marktakteure und produzieren selbst Informationen, die zahlreiche Finanzintermediäre zur Herausbildung ihres Wissens aufgreifen. Mehrmandantendienstleister vermarkten dagegen IKT-Dienste wie Clouds oder Algorithmen, die von mehreren Finanzintermediären für ihre Wissensorganisation und -generierung genutzt werden. Der folgende Abschnitt wird dem besonderen Einflusspotenzial von Plattformunternehmen (unter 1.) und Mehrmandantendienstleistern (unter 2.) nachgehen und die jeweiligen Optionen aufzeigen, wie ihrem systemischen Risikopotenzial adäquat entgegnet werden kann.

### 1. Plattformunternehmen

Plattformunternehmen sind digitale Infrastrukturen, die ihren Teilnehmern Interaktionen ermöglichen.[97] Sie werden meist von großen Internetkonzernen (sog. *BigTechs*)[98] unterhalten, sodass es erhebliche Überschneidungen bei diesen Akteursgruppen gibt. Der Abschnitt wird zunächst die Anhaltspunkte für ihr besonderes systemisches Einflusspotenzial erläutern (unter a)). Für den Umgang mit Plattformunternehmen wurde im nationalen Kartellrecht jüngst eine ex-ante-Regulierung eingerichtet. Unternehmen mit „überragender marktübergreifender Bedeutung" können danach festgestellt und bereits vor ihrem Eintritt in einen

---

Data und künstlicher Intelligenz fördere das Entstehen neuer Marktakteure und eine Fragmentierung der Wertschöpfungsketten. Auf die neueintretenden Akteure als zentrales Phänomen der Digitalisierung der Finanzmärkte hinweisend *Zetzsche/Buckley/Arner/Barberis* NYU Journal of Law & Business (14) 2018 (2), 393 ff.; zur Dezentralisierung: *Zetzsche/Buckley/Arner* Journal of Financial Regulation no. 6, 2020, 172 ff.

[95] Zu dem Begriff *Spinner*, Die Wissensordnung 1994, 53 und passim; *Broemel/Trute* Berliner Debatte Initial 2016 (27), 50.

[96] Zu diesem Begriff *Ladeur*, in: Süssenguth (Hrsg.): Die Gesellschaft der Daten 2015, 225, 231.

[97] *Padilla/La Mano* Journal of Competition Law & Economics vol. 14, no. 4, 2018, 494, 504.

[98] Vgl. *Cristanto/Ehrentraud/Fabian* FSI Briefs (Nr. 12) März 2021, 2.

neuen Markt besonderen Regelungen unterworfen werden, um ihren besonderen Wettbewerbsgefahren frühzeitig entgegenzutreten, bevor sie den Wettbewerb nachhaltig stören.[99] Mit dem Kommissionsvorschlag eines „Digital Markets Acts"[100] und „Digital Services Acts"[101] stehen ferner unionsrechtlich harmonisierte Regelungen für eine ex-ante-Regulierung von Plattformen im Raum.[102] Finanzmarktregulatorische Vorschriften zur Eindämmung von Systemrisiken sollten sich mit jenen wettbewerbsrechtlichen und plattformspezifischen Regelungen verschränken (unter b)), allerdings auch eigene Instrumente ausbauen, um das besondere Einflusspotenzial jener Plattformunternehmen auf Systemrisiken der Finanzmärkte zu erfassen (unter c)).

*a) Anhaltspunkte für ihr systemisches Einflusspotenzial*

Plattformunternehmen profitieren insbesondere von ihren technischen Ressourcen und den enormen Datenmengen, die während ihres laufenden Plattformbetriebes stetig anfallen.[103] Mit dieser Datenverfügbarkeit sind sie nicht nur den Finanzintermediären weit überlegen. Sie treten sogar als neue „Wissensintermediäre" in Erscheinung, indem sie Daten mithilfe von Algorithmen prozessieren und so neue Informationen produzieren und weitergeben, hinter denen das ursprüngliche Wissen verborgen bleibt.[104] Über jenen Einfluss auf die Wissensentstehung auf Finanzmärkten können sie auch zu der Entstehung systemischer Risiken beitragen. Da Wissen in großem Umfang über einzelne Plattformanbieter verteilt wird, können sie die Homogenität des Wissens und Nichtwissens auf Finanzmärkten befördern und systemische Anfälligkeiten entstehen lassen.[105] Plattformunternehmen schaffen ferner mit ihrer Infrastruktur digitale Ökosysteme, die neue, eigene Rahmenbedingungen für die Koordination der Marktakteure schaffen. Auch daraus können sich kollektive Abhängigkeiten von Instituten und Konzentrationsrisiken ergeben.[106]

---

[99] Vgl. § 19a GWB, dazu *Meier/Kotovskaia* BKR 2021, 348, 354 f. Auf Unionsebene zudem nun *Europäische Kommission*, Vorschlag COM (2020) 825 final [Digital Services Act] und *Europäische Kommission*, Vorschlag COM (2020) 842 final [Digital Markets Act], ErwG (26), die wettbewerbsrechtliche ex-ante-Regelungen für Plattformen vorschlagen, um präventiv zu verhindern, dass Wettbewerbsvorteile ausgenutzt werden und der Markt unumkehrbar Schaden nimmt.
[100] *Europäische Kommission*, Vorschlag COM (2020) 842 final [Digital Markets Act].
[101] *Europäische Kommission*, Vorschlag COM (2020) 825 final [Digital Services Act].
[102] Zu jenen Rechtsakten amBeispiel von Kryptowährungen von Plattformanbietern: *Meier/Kotovskaia* SAFE Policy Letter (Nr. 79) Juli 2022, 7 ff.
[103] Zu dem Geschäftsmodell des „TechFin" *Zetzsche/Buckley/Arner/Barberis* NYU Journal of Law & Business (14) 2018 (2), 393, 409 ff.
[104] Instruktiv anhand der Plattform Google *Ladeur*, in: Süssenguth (Hrsg.): Die Gesellschaft der Daten 2015, 225, 231.
[105] Zu diesem Effekt von Akteuren der Digitalökonomie wie *Facebook*, *Google* und *Amazon Ladeur*, in: Süssenguth (Hrsg.): Die Gesellschaft der Daten 2015, 225, 239 m.w.N.
[106] Zur Plattformlogik im Lichte soziologischer Untersuchungen veränderter Marktkoordination auf digitalisierten Märkten *Kirchner/Beyer* Zeitschrift für Soziologie 2016, 324 ff.

Eine Systemrelevanz jener Plattformunternehmen auf Finanzmärkten kann schließlich aber auch daraus resultieren, dass sie angesichts ihrer Wettbewerbsvorteile im Handumdrehen systemrelevant werden, wenn sie mit eigenen Finanzgeschäften in den Markt eintreten.[107] Neben der genannten Datenverfügbarkeit können Plattformunternehmen von einer vertikalen Integration profitieren, wenn sie zugleich Infrastrukturbetreiber und Anbieter eigener Produkte und Dienstleistungen sind.[108] Sie können sich des Weiteren Größeneffekte und Netzwerkexternalitäten zunutze machen, die dadurch entstehen, dass mit einer steigenden Nutzeranzahl auch die Attraktivität der Plattformdienste steigt.[109] Über die für Plattformunternehmen charakteristische Verknüpfung von Geschäftstätigkeiten auf mehrseitigen Märkten[110] verschieben sich die Relationen von Ausgaben und Ertrag und es entstehen enorme Wettbewerbsvorteile,[111] die angesichts fortlaufend sinkender Gewinnmargen im Bankgeschäft besonders einschneidend für konkurrierende Finanzintermediäre sein können.[112]

*b) Verschränkung mit wettbewerbsrechtlichen und plattformspezifischen Regelungen*

Vorgeschaltet der Frage, wie finanzmarktregulatorische Vorschriften dem systemischen Risikopotenzial von Plattformunternehmen entgegnen könnten, ließe sich zunächst generell hinterfragen, ob nicht über andere gesetzliche Anforderungen wie etwa wettbewerbsrechtliche oder plattformspezifische Regelungen

---

[107] So zu *BigTechs* und Plattformunternehmen *BaFin*, Studie – Big Data trifft auf künstliche Intelligenz, 8; *Cristanto/Ehrentraud/Fabian* FSI Briefs (Nr. 12) März 2021, 3; *Carstens*, Public policy for big techs in finance 2021, 4. Zu dem Machtpotenzial von *BigTechs* spezifisch im Bereich der Kryptowährungen *Meier/Kotovskaia* BKR 2021, 348, 352 ff.; *Meier/Kotovskaia* SAFE Policy Letter (Nr. 79) Juli 2022.
[108] Zu der vertikalen Integration von Plattformunternehmen und daraus resultierenden Wettbewerbsvorteilen sowie Interessenkonflikten *Europäische Kommission*, Vorschlag COM (2020) 842 final [Digital Markets Act], ErwG (48).
[109] Zu den für Plattformunternehmen charakteristischen Wettbewerbsvorteilen *Europäische Kommission*, Vorschlag COM (2020) 842 final [Digital Markets Act], ErwG (2), (25): Größenvorteile, Netzwerkeffekte, Abhängigkeiten, Lock-in-Effekte; ein fehlendes sog. „Multi-Homing" von Endnutzern, vertikale Integration und Datenvorteile. Zu Netzwerkeffekten bei Informationsgütern und der daraus resultierenden Marktmacht: *Hoffmann-Riem*, in: Fehling/Schliesky (Hrsg.): Neue Macht- und Verantwortungsstrukturen in der digitalen Welt 2016, 27, 34 ff.
[110] Das Geschäftsmodell eines zweiseitigen bzw. mehrseitigen Marktes analysiert aus wettbewerblicher Perspektive grundlegend *Rochet/Tirole* Journal of the European Economic Association vol. 1, no. 4, 2003, 990.
[111] *Broemel/Trute* Berliner Debatte Initial 2016 (27), 50, 55; im Kontext von Kryptowährungen, die von Plattformunternehmen angeboten werden und den hierfür aus mehrseitigen Märkten entstehenden Wettbewerbsvorteilen *Meier/Kotovskaia* BKR 2021, 248, 352 ff.
[112] Vgl. auch *Padilla/La Mano* Journal of Competition Law & Economics vol. 14, no. 4, 2018, 494, 497, 520.

den besonderen Eigenschaften und Risiken der Plattformunternehmen adäquat begegnet werden kann.[113]

Die wettbewerbsbezogene Aufsicht ist indes auf eine Eindämmung von wettbewerbsbeschränkendem Verhalten bedacht.[114] Mit ihr wären zwar bestimmte Auswirkungen auf die Finanzstabilität miterfasst, jedoch nicht jegliche Systemrisikopotenziale erschöpfend adressiert. So stellt beispielsweise die Einstufung eines zentralen Plattformdiensts als sog. *Gatekeeper* nach den Entwürfen des „Digital Markets Acts" auf wettbewerbsrelevante Kriterien im gesamten digitalen Sektor[115] und nicht spezifisch auf deren Bedeutung auf Finanzmärkten ab,[116] weshalb Schutzlücken denkbar sind. Auch die im Vorschlag des „Digital Services Acts" vorgesehenen branchenspezifischen Sorgfaltspflichten an Plattformanbieter erfassen höchstens reflexartig systemische Risiken, die von diesen Akteuren für die Finanzmärkte ausgehen können.[117] Eine erfolgreiche Bankenaufsicht über Systemrisiken ist nicht zuletzt auf einen intensiven Austausch mit den Marktakteuren angewiesen, um überhaupt die systemischen Risikopotenziale auf Finanzmärkten aufarbeiten und dynamisch beobachten zu können. All dies spricht dafür, dass eine Aufsicht über Plattformunternehmen um spezifisch finanzmarktregulatorische Maßnahmen komplementiert werden müsste, um die Systemrisikopotenziale dieser Akteure bei ihrem Eintritt in Finanzmärkte adäquat adressieren zu können.

Eine enge Kooperation zwischen den Wettbewerbsbehörden und der Finanzaufsicht verspricht hierbei großen Mehrwert, da die Behörden über unterschiedliche Expertise verfügen, die bei ihrer Zusammenführung gewinnbringende Erkenntnisfortschritte sowohl für die Wettbewerbsaufsicht als auch für die Finanzaufsicht liefern könnte.[118] Sofern sich bei wettbewerbsbezogenen Marktuntersu-

---

[113] Dafür *Cristanto/Ehrentraud/Fabian* FSI Briefs (Nr. 12) März 2021, 11.

[114] Siehe vor allem ErwG (7) des *Europäische Kommission*, Vorschlag COM (2020) 842 final [Digital Markets Act] sowie die in Kapitel III (Art. 5 ff.) untersagten unfairen oder die Bestreitbarkeit beschränkenden Praktiken von *Gatekeepern*.

[115] Art. 2 Nr. 4 des *Europäische Kommission*, Vorschlag COM (2020) 842 final [Digital Markets Act] definiert den „digitalen Sektor" dabei als „Sektor der Produkte und Dienstleistungen, die durch Dienste der Informationsgesellschaft bereitgestellt werden".

[116] Zur Einstufung als „*Gatekeeper*" siehe Art. 3 des *Europäische Kommission*, Vorschlag COM (2020) 842 final [Digital Markets Act].

[117] Siehe insbesondere ErwG (56) und Art. 25 ff. des *Europäische Kommission*, Vorschlag COM (2020) 825 final [Digital Services Act], wonach sehr große Online-Plattformen die systemischen Risiken, welche mit der Funktionsweise und der Inanspruchnahme ihrer Dienste und etwaigen Missbräuchen durch Nutzer verbunden sind, überprüfen müssen und Gegenmaßnahmen einleiten müssen. Allerdings bezieht sich der Begriff „systemischer Risiken" im Sinne des Vorschlags nach Art. 26 Abs. 1 auf plattformspezifische Risiken folgender drei Kategorien: (1) Risiken einer Verbreitung illegaler Inhalte (lit. a)), (2) die Auswirkungen der Plattform auf die Achtung der Grundrechte aus Art. 7, 11, 21 und 25 der GRCh (lit. b)) und (3) vorsätzliche Manipulationen der Plattformdienste (lit. c)).

[118] Zu einer engeren Kooperation von Finanzaufsichtsbehörden und Wettbewerbsaufsicht siehe bereits unter A., III., und vgl. *BMWi*, Ein neuer Wettbewerbsrahmen für die Digitalwirtschaft, 81, welches die Errichtung eines „Digital Markets Board" empfiehlt.

chungen die marktbeherrschende Stellung einer Plattform offenbart,[119] sollten die Finanzaufsichtsbehörden darüber auf dem Laufenden gehalten werden, damit auch sie erforschen können, ob sich aus dieser marktbeherrschenden Stellung einer Plattform auch Systemrisiken auf Finanzmärkten ergeben könnten. Umgekehrt können die Aufsichtsbehörden in ihrem Austausch mit den beaufsichtigten Finanzinstituten Informationen darüber erhalten, ob bestimmte Plattformdienste von diesen besonders intensiv genutzt werden, was wertvolle Datengrundlagen für wettbewerbsrechtliche Beurteilungen liefern könnte. Wettbewerbsrechtliche Aufgaben sollten sich mit der Finanzaufsicht über Systemrisiken aber auch deshalb verschränken, um zu vermeiden, dass der Markteintritt eines Plattformunternehmens auf Finanzmärkte durch den damit entstehenden Wettbewerbsdruck irreversible Schäden für den Wettbewerb auf Finanzmärkten und damit Systemrisiken auslöst.[120] Die wettbewerbsrechtliche Sicherung des Zugangs zu einer sog. *Essential Facility* könnte umgedreht auch den Zugang der Institute zu Plattformdiensten absichern und so Risiken für die Finanzstabilität abmindern.[121] Um derartige Zusammenhänge aufzuarbeiten und systemische Risikopotenziale evaluieren zu können, ist die Fusion der fachspezifischen Expertise beider Behörden unabkömmlich. Als Vorbild für derartige Kooperationen könnte die Zusammenarbeit des Bundeskartellamts mit der Bundesnetzagentur dienen, die sich innerhalb der Markttransparenzstelle bei der Datenerhebung und -auswertung gegenseitig unterstützen.[122]

*c) Finanzmarktregulatorische Instrumente zur Erfassung von Systemrisiken*

Über die finanzmarktregulatorischen Vorschriften ist der potenzielle Einfluss von Plattformunternehmen auf die Entstehung von Systemrisiken bislang nur sehr eingeschränkt greifbar.[123] Gerade wenn diese nicht selbst Finanzgeschäfte erbringen, sondern als „Wissensintermediär" auftreten, sind die bankenregula-

---

[119] Die Kommission wäre nach Art. 14 ff. des *Europäische Kommission*, Vorschlag COM (2020) 842 final [Digital Markets Act] zu Marktuntersuchungen verpflichtet.

[120] *Padilla/La Mano* Journal of Competition Law & Economics vol. 14, no. 4, 2018, 494, 498 ff., untersuchen in diesem Sinne den Wettbewerbseinfluss von *BigTechs* auf den Bankenmarkt und weisen auf signifikante Risiken für die Finanzstabilität hin.

[121] Im Bereich der Zahlungsdienste bspw. mit § 58a ZAG oder im Wettbewerbsrecht mit der Verpflichtung zur Gewährung von Zugang zur Infrastruktur einer sog. *Essential Facility*, zu letzterer im Kontext von Kryptowährungen von *BigTechs Meier/Kotovskaia* BKR 2021, 348 ff.

[122] Zu der Datenverwendung seitens der Markttransparenzstelle siehe § 47c GWB sowie Kooperationsvereinbarung zwischen Bundesnetzagentur und dem Bundeskartellamt über die einvernehmliche Wahrnehmung der Aufgaben der Markttransparenzstelle für den Großhandel mit Strom und Gas, Nr. 4.1. Zu der Markttransparenzstelle als Vorbild für die Finanzmarktregulierung auch noch unter C., II.

[123] Siehe auch schon im Kontext der Vorschriften für A-SRI und G-SRI: Teil 2, Kapitel § 3, Abschnitt A., II.

164  § 5 Kognitive Strategie im Zeitalter der Digitalisierung

torischen Normen nicht einschlägig.[124] Über jene Akteure könnten die Aufsichtsbehörden daher nur im Austausch mit Wettbewerbsbehörden oder einer für die Plattformunternehmen zuständigen Aufsicht Informationen erhalten.[125]

Aber selbst für Plattformunternehmen, welche Bankgeschäfte oder Finanzdienstleistungen erbringen und daher nach bankenaufsichtsrechtlichen Vorschriften erlaubnispflichtig sind, erweisen sich die vorhandenen bankenaufsichtsrechtlichen Instrumente als ausbaufähig. In Anbetracht der besonderen systemischen Risikopotenziale jener Akteure böte es sich an, diese bereits frühzeitig als systemrelevant einzustufen, damit diese der direkten Aufsicht der EZB unterliegen und frühzeitig strenge Anforderungen erfüllen sowie an aufsichtlichen Stresstests partizipieren müssen.[126] Hierfür wäre es nach dem wettbewerbsrechtlichen Vorbild des § 19a GWB denkbar, die normativen Vorschriften zur bankenaufsichtsrechtlichen Beurteilung der Systemrelevanz dahingehend zu erweitern,[127] dass schon ex ante im Rahmen der Erlaubniserteilung die globale Systemrelevanz internationaler Plattformunternehmen festgestellt werden könnte, wenn durch ihre Tätigkeit in anderen Bereichen angezeigt ist, dass sie auch auf Finanzmärkten sehr schnell eine besondere Größe, Komplexität, Vernetztheit und unersetzbare Stellung erreichen werden.

Problematisch ist sodann aber, dass auch die bankenaufsichtsrechtlichen Anforderungen an Institute bislang nicht auf die spezifischen Risiken von Plattformunternehmen eingestellt sind. Zwar können organisatorische Anforderungen angewendet auf Plattformunternehmen grundsätzlich dazu beitragen, dass diese ihre Risiken besser aufarbeiten und stärker für Unsicherheiten sensibilisiert werden.[128] Anders als herkömmliche Institute sollten Plattformunternehmen hierbei aber ebenfalls aufarbeiten, inwieweit sich besondere Risiken für sie aus ihrer komplexen Verknüpfung mehrseitiger Märkte ergeben. Die charakteristische Verwebung unterschiedlicher Geschäftstätigkeiten bei Plattformunternehmen könnte unerwartete Interdependenzen ihrer Tätigkeit auf Finanzmärkten mit ihren anderen Tätigkeitsbereichen und den dortigen Risiken hervorrufen. Sinnvoll wäre es dafür, bei internen Stresstests das Plattformunternehmen in seiner Gesamtheit zu betrachten und Stressszenarien aus anderen Geschäftsbereichen zu inkludieren.[129] Während quantitative Stresstests so beispielsweise Zah-

---

[124] Vgl. Teil 2, Kapitel § 3, Abschnitt A., II. Zu dem Begriff des „Wissensintermediärs" bereits unter I.

[125] Zu den Vorschlägen der Europäischen Kommission bezüglich der Errichtung einer europäischen Aufsicht über Plattform schon unter b).

[126] Zu den unterschiedlichen Stresstests der Aufsichtsbehörden: Teil 2, Kapitel § 4, Abschnitt C.

[127] Zu den bankenaufsichtsrechtlichen Kriterien für die Einstufung als global oder anderweitig systemrelevant: Teil 2, Kapitel § 3, Abschnitt A., II.

[128] Zu den Effekten der organisatorischen Anforderungen an Institute im Lichte einer kognitiven Strategie bereits unter Teil 2, Kapitel § 3, Abschnitt C.

[129] Zu internen Stresstests bereits in Teil 2, Kapitel § 3, Abschnitt C., III. Für eine verstärkte Beobachtung der Risiken von *BigTechs*, die durch konzerninterne Verknüpfungen

lungsausfälle in anderen Tätigkeitsbereichen des Plattformunternehmens simulieren könnten, wären sie indes kein geeignetes Instrumentarium, um die durch operative Verknüpfungen entstehenden Folgen etwa von Cyber- und Reputationsrisiken zu ermitteln. Letztere könnten mit qualitativen Stresstests, wie etwa im Bereich von Cyberrisiken mit bedrohungsgeleiteteten Penetrationstests,[130] die das gesamte Plattformunternehmen überprüfen, näher erforscht werden. Erst wenn die Aufsicht näheres Wissen über die spezifische Risikolage der Plattformunternehmen gewonnen hat, kann sie beispielsweise beurteilen, ob und in welcher Form spezifische regulatorische Maßnahmen wie etwa konzerninterne organisatorische und operative Trennungen (z.B. interne Firewalls) in Plattformunternehmen dazu beitragen könnten, das Finanzsystem von überschlagenden Risiken aus anderen Bereichen abzuschirmen.[131]

## 2. Mehrmandantendienstleister

Als sog. Mehrmandantendienstleister werden IT-Unternehmen bezeichnet, die im Wege der Auslagerung[132] ihre technischen Dienstleistungen an eine Mehrzahl regulierter Institute erbringen.[133] *BigTechs* treten häufig als Mehrmandantendienstleister auf, um ihre Produkte wie Clouds oder Algorithmen an Institute zu vermarkten, sodass sich auch insoweit Überschneidungen ergeben. Mehrmandantendienstleister gehen über die Auslagerungsverhältnisse mit Instituten spezifische Formen der Interaktion ein,[134] wodurch auch sie ein besonderes systemisches Einflusspotenzial erlangen (unter a)). Im Hinblick auf ihre Regulierung

---

entstehen und auch die finanzmarktbezogenen Geschäftstätigkeiten beeinträchtigen könnten, sprechen sich auch *Cristanto/Ehrentraud/Fabian* FSI Briefs (Nr. 12) März 2021, 11, aus.

[130] Zu jenen Penetrationstests: Teil 2, Kapitel § 4, Abschnitt C., II.

[131] Besonderheiten im Risikoprofil von *BigTechs* erwägen auch *Cristanto/Ehrentraud/Fabian* FSI Briefs (Nr. 12) März 2021, 9: Durch die zahlreichen Verknüpfungen innerhalb von Internetkonzernen könnten Risiken entstehen, die womöglich nicht von der Bankenregulierung erfassbar sind.

[132] Dazu § 25b KWG. Zur Definition der Auslagerung AT 9, Tz. 1 der MaRisk; *EBA*, Leitlinien zu Auslagerungen (EBA/GL/2019/02) v. 25.02.2019, Rn. 26.

[133] *FSB*, Regulatory and Supervisory Issues Relating to Outsourcing and Third-Party Relationships 2020, 3: Durch Auslagerungen und Beziehungen von Finanzintermediären zu Dritten könnten neue und andersartige Risiken für die Systemstabilität entstehen, die adäquat zu regulieren seien. Zur Problematik der Mehrmandantendienstleister, die bislang „nicht abschließend geklärt" sei, *BaFin*, FG MaRisk: Protokoll der Sondersitzung vom 15. März 2018, 2 f. Aus ökonomischer Perspektive auf die systemischen Risiken von Cloud-Anbietern für den Finanzmarkt hinweisend *Danielsson/Macrae* VOX Eu CEPR, Systemic consequences of outsourcing to the cloud 2019. Mehrmandantendienstleister, die schwer zu substituieren sind und für eine große Anzahl regulierter Institute Dienstleistungen erbringen, werden im Vereinigten Königreich als sog. „systemic third parties" klassifiziert, *Bank of England Prudential Regulation Authority*, Consultation Paper CP30/19: Outsourcing and third party risk management, 15, Rn. 2.48.

[134] So im allgemeinen Kontext der Prinzipal-Agent-Theorie *Gilardi/Braun* Politische Vierteljahreszeitschrift 2002 (43), 147: Delegation als „spezifische Form der sozialen Interaktion".

stellen sich besondere Fragen, da sie bereits über die regulatorischen Auslagerungsvorschriften miterfasst sind (unter b)).

*a) Anhaltspunkte für ihr systemisches Einflusspotenzial*

Angesichts der zunehmenden Notwendigkeit von IKT-Diensten für die Erbringung von Finanzgeschäften[135] können gerade zu Mehrmandantendienstleistern kollektive operative Abhängigkeitsverhältnisse von Finanzintermediären entstehen, die jene Dienstleister auf Finanzmärkten systemrelevant machen können.[136] Wenn ein Mehrmandantendienstleister seine Leistungen nicht oder fehlerhaft erbringt, wären gleich mehrere Finanzintermediäre dadurch beeinträchtigt, sodass systemische Anfälligkeiten entstehen können.[137] Die mit einer verstärkten Inanspruchnahme von Mehrmandantendienstleistern beförderte Homogenität von Daten und „Wissenstechniken"[138] in Instituten kann ferner systemische Anfälligkeiten durch das ihnen anhaftende Nichtwissen oder ihre operativen Schwächen hervorrufen.[139] Zudem stellt sich für die Bankenaufsicht die Problematik, dass nur schwer durchschaubare Risiken aus anderen Branchen auf die Finanzbranche überschlagen könnten.[140] Durch die für Prinzipal-Agent-Verhältnisse charakteristischen Informationsasymmetrien zulasten der Institute ist die Risikolage des Dienstleisters zudem nur schwer durchschaubar und ein Unsicherheitsfaktor,[141] der eine Vorhersage ihrer Systemrisikopotenziale weiter erschwert.

---

[135] S. o. unter C.
[136] Abhängigkeiten von IKT-Drittanbietern diagnostiziert *Europäische Kommission*, Vorschlag COM (2020) 595 final, ErwG (29) als potenzielles Systemrisiko. Darauf hinweisend auch *FSB*, Artificial intelligence and machine learning in financial services 2017, 29. *BaFin*, Studie – Big Data trifft auf künstliche Intelligenz, 8, spricht hier von einer Systemrelevanz, die sich über Abhängigkeitsverhältnisse von regulierten Intermediären „mittelbar" entfalten könnte. Zur Herausbildung von Abhängigkeiten in Prinzipal-Agent-Verhältnissen instruktiv *Gilardi/Braun* Politische Vierteljahreszeitschrift 2002 (43), 147: Der Prinzipal sei nicht imstande, den Agenten vollständig zu kontrollieren, sodass „(e)ine solche Interaktionsbeziehung [...] durch *Unsicherheit* für den Prinzipal geprägt" ist.
[137] *Bank of England Prudential Regulation Authority*, Consultation Paper CP30/19: Outsourcing and third party risk management, 3, Rn. 1.13.
[138] Zu dem Begriff oben § 5 Fn. 95.
[139] *Buckley/Arner/Zetzsche/Selga* EBI Working Paper Series (Nr. 54) 2019; *Cristanto/Ehrentraud/Fabian* FSI Briefs (Nr. 12) März 2021, 9; systemische Risiken durch eine zu starke Homogenität erkennen auch *Europäische Kommission*, Vorschlag COM (2020) 595 final, ErwG (28); anhand der Finanzkrise von 2008: *Haldane*, Rethinking the financial network, 3.
[140] Derartige Systemrisiken von *BigTechs*, die als Dienstleister für mehrere Institute tätig sind, erkennen auch *Cristanto/Ehrentraud/Fabian* FSI Briefs (Nr. 12) März 2021, 11. Im Rahmen der Corona-Pandemie wurde beispielhaft von Seiten des FSB davor gewarnt, dass Disruptionen von Telefonanbietern oder Dritten über Auslagerungsverhältnisse die Finanzstabilität beeinträchtigen könnten, *FSB*, COVID-19 pandemic: Financial stability implications and policy measures taken 2020, 5; *FSB*, Regulatory and Supervisory Issues Relating to Outsourcing and Third-Party Relationships 2020, 3.
[141] Zur Prinzipal-Agent-Theorie im Lichte von Delegationsverhältnissen *Gilardi/Braun*

## b) Regulatorische Anforderungen über die Auslagerungsvorschriften

Die Auslagerungsvorschriften legen Mehrmandantendienstleistern bereits gewisse regulatorische Anforderungen auf.[142] Primärer Adressat der Auslagerungsvorschriften ist zwar das auslagernde Institut, jedoch sind mit der jüngsten Einführung des § 25b Abs. 4a KWG auch unmittelbare Anordnungen der Aufsicht gegenüber Auslagerungsunternehmen möglich. Die Aufsicht ist zudem nach § 44 Abs. 1 KWG befugt, unmittelbar bei dem Auslagerungsunternehmen Prüfungen vornehmen. Informationslücken für die Aufsichtsbehörden entstehen dennoch hinsichtlich anderer Tätigkeitsfelder des Dienstleisters und sind besonders im internationalen Kontext zu befürchten, da hier keine unmittelbaren gesetzlichen Zugriffsrechte der Aufsicht auf den Dienstleister bestehen und nur im Rahmen des Auslagerungsvertrages Prüfungsrechte zugunsten der Aufsicht eingeräumt werden sollen.[143] Die behördliche Analyse systemischer Konzentrationsrisiken und des besonderen Risikoprofils von Mehrmandantendienstleistern ist angesichts des weiterhin begrenzten Informationszugangs und der typischerweise internationalen Tätigkeit jener Akteure nach wie vor erschwert.[144]

Jene Wissenslücken ließen sich mithilfe einer unmittelbaren Aufsicht über Mehrmandantendienstleister füllen, wie sie jüngst die Kommission in dem Entwurf eines „Digital Operational Resilience Act" (DORA) empfohlen hat.[145] Der Vorschlag sieht eine neue Kategorie der Systemrelevanz bzw. Kritikalität von IKT-Drittanbietern[146] vor und unterstellt die als kritisch eingestuften IKT-Dritt-

---

Politische Vierteljahreszeitschrift 2002 (43), 147 f.: Delegationen schaffen „Informationsprobleme" für den Prinzipal (a. a. O., S. 148).

[142] § 25b KWG.

[143] Vgl. § 25b Abs. 3 S. 1, 2. HS KWG.

[144] Eine aufsichtsbehördliche Beobachtung von Konzentrationsrisiken ist bereits vorgegeben in *FSB*, Regulatory and Supervisory Issues Relating to Outsourcing and Third-Party Relationships 2020, 14; *EBA*, Leitlinien zu Auslagerungen (EBA/GL/2019/02) v. 25.02.2019, Rn. 116, lit. e. Die Bezeichnung der ‚systemischen Konzentrationsrisiken' („systemic concentration risks") verwendet, *Bank of England Prudential Regulation Authority*, Consultation Paper CP30/19: Outsourcing and third party risk management, 15; *EBA*: Leitlinien zu Auslagerungen (EBA/GL/2019/02) v. 25.02.2019, Rn. 116 lit. e., 117. Darauf, dass allerdings Daten für die Systembetrachtung der Aufsicht oft unvollständig sind oder fehlen und dies die Allokation von Konzentrationsrisiken auf Systemebene erschwert, weist *FSB*, Regulatory and Supervisory Issues Relating to Outsourcing and Third-Party Relationships 2020, 26, hin; ebenso kritisiert *Europäische Kommission*, Vorschlag COM (2020) 595 final, ErwG (28), einen bislang mangelhaften Umgang mit systemischen Risiken durch IKT-Drittanbieter, die sich durch zu hohe Homogenitäten, Konvergenz und Abhängigkeiten von Instituten zu IKT-Drittanbietern ergeben könnten.

[145] *Europäische Kommission*, Vorschlag COM (2020) 595 final.

[146] Der Begriff des „IKT-Drittanbieters" ist in Art. 3 Nr. 15 des *Europäische Kommission*, Vorschlag COM (2020) 595 final legaldefiniert als „ein Unternehmen, das digitale Dienste und Datendienste erbringt, einschließlich Anbietern von Cloud-Computing-Diensten, Software, Datenanalysediensten und Rechenzentren, jedoch unter Ausschluss von Anbietern von Hardwarekomponenten und nach Unionsrecht zugelassene Unternehmen, die elektronische

anbieter unmittelbar der Aufsicht sowie organisatorischen Anforderungen.[147] Vor dem Hintergrund der internationalen Tätigkeit der meisten Mehrmandantendienstleister überzeugt es auch, dass der Kommissionsentwurf eine europäische Aufsicht über jene Anbieter vorsieht, da sich nur auf europäischer Ebene die von kritischen IKT-Drittanbietern ausgehenden Systemrisiken vollständig überblicken lassen.[148]

Als Kriterien für die Beurteilung der Kritikalität der IKT-Drittanbieter definiert der Entwurf die systemischen Auswirkungen des Dienstleisters auf die Stabilität der Erbringung von Finanzdienstleistungen, die Systemrelevanz der auf den Dienstleister zugreifenden Institute, die Abhängigkeit und Substituierbarkeit des Dienstleisters sowie seine Verbreitung in der EU (Art. 28 Abs. 2).[149] Dass die bisherigen Kategorien zur Einstufung als global oder anderweitig systemrelevantes Institut hierfür nur beschränkt als Vorbild dienen konnten,[150] erscheint insoweit sachgerecht, als jene Kategorien nicht das Einflusspotenzial der Mehrmandantendienstleister greifbar machen können, welches ihnen durch ihre wissensbezogenen Dienste wie Daten, Algorithmen und IT-Dienstleistungen zuteilwird.[151] Auch die mit einer Einstufung als A-SRI oder G-SRI verbundenen Pflichten, insbesondere eine stärkere Kapital- und Liquiditätsausstattung,[152] sind auf das besondere Risikopotenzial von Mehrmandantendienstleistern nicht zugeschnitten. Stattdessen sollte sich eine unmittelbare Regulierung kritischer IKT-Drittanbieter auf organisatorische Anforderungen, kognitive Instrumente sowie Auskunfts- und Prüfungsrechte fokussieren,[153] um den Behörden eine bessere Kontrolle über die mit kritischen IKT-Drittanbietern einhergehenden Risiken für die Stabilität der Finanzmärkte zu ermöglichen.

Überschneidungen ergeben sich schließlich ebenfalls im Hinblick auf Mehrmandantendienstleister mit dem Wettbewerbsrecht.[154] Die marktbeherrschende

---

Kommunikationsdienste im Sinne des Art. 2 Nr. 2 der Richtlinie (EU) 2018/1972 des Europäischen Parlaments und des Rates erbringen".

[147] *Europäische Kommission*, Vorschlag COM (2020) 595 final, Art. 28 ff.

[148] Siehe *Europäische Kommission*, Vorschlag COM (2020) 595 final, ErwG (62), wonach eine Aufsicht der ESA über systemische Risiken von kritischen IKT-Drittanbietern vorgesehen ist.

[149] *Europäische Kommission*, Vorschlag COM (2020) 595 final.

[150] Zu den Kriterien für die Einstufung von Instituten als systemrelevant: Teil 2, Kapitel § 3, Abschnitt A., II.

[151] *Campbell-Verduyn/Goguen/Porter* New Political Economy vol. 22, no. 2, 2017 (2), 219, 224, beschreiben dieses Phänomen auch als „governance *through* algorithms". Zur Performativität von Algorithmen u. a. *Kitchin* Information, Communication & Society vol. 20, no. 1, 2017, 14, 18 f. sowie bereits oben unter Abschnitt A., I.

[152] Zu den Folgen einer Einstufung als global oder anderweitig systemrelevant bereits unter: Teil 2, Kapitel § 3, Abschnitt A., II.

[153] *Europäische Kommission*, Vorschlag COM (2020) 595 final, Art. 31 ff.

[154] Zu der Notwendigkeit einer Kooperation zwischen Wettbewerbsaufsicht und Bankenaufsicht bereits im Kontext von Algorithmen unter A., III., sowie von Plattformunternehmen unter C., I., 1., b).

Stellung eines IKT-Drittanbieters könnte auch für Abhängigkeiten der Institute von diesem Anbieter und für Konzentrationsrisiken auf Finanzmärkten sprechen. Umgedreht könnten Mehrfachauslagerungen auf dem Finanzmarkt an einen Dienstleister auf eine marktbeherrschende Stellung hindeuten. Die enge Zusammenarbeit mit der Wettbewerbsaufsicht könnte insoweit den Datenaustausch zwischen den Behörden ermöglichen und Synergieeffekte bei der Beurteilung der marktbeherrschenden Stellung von IKT-Drittanbietern einerseits und ihrer Kritikalität auf Finanzmärkten andererseits erzeugen.

## II. Entwicklungen auf Systemebene

Zusätzlich zu einer intensiven Beobachtung der systemischen Risikopotenziale individueller Akteure der Digitalökonomie sollte die Aufsicht allerdings auch über kognitive Instrumente verfügen, um aus einer Vogelperspektive zu erfassen, wie sich kollektiv betrachtet der Eintritt der neuen Akteure der Digitalökonomie, einschließlich kleinerer *FinTechs* und IKT-Dienstleister, auf die Funktionsweise der Finanzmärkte auswirkt.

Institute nehmen nicht nur einzelne Mehrmandantendienstleister, sondern auch zahlreiche kleinere IKT-Dienstleister mit exponentiell steigender Tendenz im Wege der Auslagerung in Anspruch.[155] Die auf der Mikroebene zu beobachtenden Disintermediationsprozesse bzw. Arbeitsteilungen sowie die von den neuen Intermediären angebotenen speziellen Leistungen, die mitunter spezifisch auf die Finanzbranche zugeschnittene IKT-Dienste sind, könnten auf eine funktionale Differenzierung auf Systemebene hindeuten.[156] Neue Interaktionsformen zwischen regulierten Instituten und *FinTechs* bilden sich aber beispielsweise auch mit Anwendungsprogrammierschnittstellen heraus und intensivieren sich stetig.[157] Infolge einer immer stärkeren Verwebung der Finanzintermediäre mit IKT-Dienstleistern[158] und *FinTechs* sowie der damit potenziell einhergehenden funktionalen Differenzierung des Finanzsystems in neue Teilsysteme könnte sich das für die Beurteilung von Systemrisiken relevante Wissen systematisch immer wei-

---

[155] Die *BaFin*, Studie – Big Data trifft auf künstliche Intelligenz, 9, betont hierbei insbesondere die Trennung von Kundenschnittstelle und Produktplattform, die durch die Verbreitung von Big Data und künstlicher Intelligenz vorangetrieben wird.

[156] Zu den ambivalenten Konsequenzen der Arbeitsteilung im soziologischen Diskurs *Mayntz* MPIfG Discussion Paper (Nr. 13/2) Februar 2013, 4 m.w.N., und der Nachfrage spezieller Leistungen als Anhaltspunkt für das Entstehen eines „gesellschaftlichen Teilsystems" (a. a. O., S. 6).

[157] Beispielsweise über § 58a ZAG im Rahmen der Zahlungsdienste. Zudem *Europäische Kommission*, Strategie für ein digitales Finanzwesen in der EU (COM (2020) 591 final) 2020, 3: Innovationszyklen seien kollaborativer und über API auf verstärke Kommunikation angelegt.

[158] Nach *Europäische Kommission*, Strategie für ein digitales Finanzwesen in der EU (COM (2020) 591 final) 2020, 18 sei es sogar wahrscheinlich, dass Technologieunternehmen „zu einem festen Bestandteil des Finanzökosystems werden".

ter auf nicht-regulierte Akteure verschieben.[159] Ein Fokus auf die systemischen Vernetzungen von Instituten und ihre Operationalisierung zu Zwecken der dezentralen Aufarbeitung von Systemrisiken reicht dann womöglich nicht mehr aus, um systemische Anfälligkeiten zu erfassen.

Um zu vermeiden, dass sich aus systemischen Veränderungen, wie einer funktionalen Differenzierung oder „Verklammerung" mit anderen Systemen, neue Bereiche des Nichtwissens und womöglich neue Systemrisiken ergeben, sollte die Aufsicht auch jene systemischen Veränderungen fortlaufend untersuchen. Die *subprime*-Krise von 2008 lieferte ein historisches Beispiel dafür, dass interne Differenzierungen wie im Bereich der Schattenbanken und Verklammerungen mit anderen Systemen neue Bereiche des Nichtwissens für die Aufsicht und letztlich auch Systemrisiken schaffen konnte.[160] Vor dem Hintergrund systemischer Entwicklungen sollte die Aufsicht reflektieren, inwieweit regulatorische Instrumente systemische Prozesse womöglich noch verstärken und Systemrisiken befördern könnten. Etwa treiben die bankenregulatorischen Erlaubnispflichten die aktuell zu beobachtenden Disintermediationsprozesse bislang ungewollt voran, indem sie hohe Markteintrittshürden für Jungunternehmen setzen und letztere daher Kooperationen mit regulierten Instituten ersuchen, um nicht selbst eine Erlaubnis beantragen zu müssen.[161]

Um systemische Veränderungsprozesse erfassen zu können, ist die Aufsicht zunächst auf eine möglichst breite Informationsgrundlage angewiesen. Ein direkter Austausch mit nicht-regulierten Akteuren in *Sandboxes* könnte der Aufsicht erste Informationen über diese liefern. Allerdings würden in *Sandboxes* stets nur einzelne Akteure partizipieren, mit dem Ziel, das Erfahrungswissen über ihre innovativen Produkte und Geschäftsmodelle unter Begleitung der Aufsicht selektiv zu erweitern.[162] Selbst multilaterale Austauschplattformen, die neue Ökosysteme für den Wissensaustausch zwischen Aufsichtsbehörden und der Industrie schaffen könnten,[163] würden allenfalls Ausschnitte neuer Systembereiche abbilden, da sich vermutlich nicht alle Akteure an dem multilateralen Austausch beteiligen würden. Auch die jüngst eingeführten Anzeigepflichten der Institute

---

[159] Auch *Zetzsche/Buckley/Arner* Journal of Financial Regulation no. 6, 2020, 172, identifizieren die Dezentralisierung als Effekt der Digitalisierung der Finanzmärkte, welcher die traditionellen Verantwortungszuschreibungen hinterfragen lässt und die Regulierung weniger effektiv machen könnte.

[160] Zu der Finanzkrise als Resultat einer „ständig fortschreitenden internen Differenzierung des Finanzsystems" *Mayntz* MPIfG Discussion Paper (Nr. 13/2) Februar 2013, 10.

[161] *Ringel/Enriques* Capital Markets Law Journal vol. 15, no. 4, 2020, 374, 376 ff. Im sog. *White Label* tritt das *FinTech* sogar an der Kundenschnittstelle auf, während der regulierte Intermediär nur die regulatorische Infrastruktur beisteuert.

[162] Zu jenen Instrumenten im Kontext von Algorithmen unter A., III., und im Kontext digitaler Geschäftsmodelle unter B., II.

[163] So der Vorschlag von *Europäische Kommission*, Strategie für ein digitales Finanzwesen in der EU (COM (2020) 591 final) 2020, 9 f., dazu bereits im Kontext digitaler Geschäftsmodelle unter B., II.

im Rahmen von Auslagerungen[164] und die Erstellung von Auslagerungsregistern[165] können zwar weitere Daten über zunehmende Disintermediationsprozesse bereitstellen, sind aber ebenfalls stets auf Prozesse auf Mikroebene gerichtet. Um aus jenen vielzähligen und kleinteiligen Informationen Rückschlüsse auf systemische Veränderungen der Netzwerkstrukturen ziehen zu können, ist die Aufsicht auf neue kognitive Instrumente zur Datenauswertung angewiesen. In dem Bereich der Netzwirtschaften gelingt es der Markttransparenzstelle bereits, eine große Anzahl an Marktdaten in Echtzeit zu erheben und auszuwerten, sodass ihre Methoden als Vorbild dienen könnten.[166] Daneben sollten aber auch die im Bereich der Bankenaufsicht vorhandenen netzwerktheoretischen Ansätze, wie etwa bei der Untersuchung von Interbankbeziehungen im Rahmen der Beurteilung der Systemrelevanz von Instituten[167] oder bei makroprudenziellen Stresstests,[168] mithilfe von Big Data und Algorithmen zu noch umfassenderen Netzwerkanalysen ausgedehnt werden. So ließe sich ein noch übergreifenderes Bild über die Vernetzungen auf Finanzmärkten, einschließlich jener mit nicht-regulierten Akteuren wie aus dem Bereich der IKT-Dienste, gewinnen.[169] Mit den Voraussetzungen, die an einen solchen Einsatz von Big Data und Algorithmen seitens der Aufsicht zu stellen wären, wird sich das letzte Kapitel dieser Forschungsarbeit befassen.

## D. Schlussfolgerung: Leistungsfähigkeit des Konzepts

Eine kognitive Strategie setzt primär auf wissensgenerierende Verfahren, um die mit digitalen Entwicklungsprozessen verbundenen Systemrisiken aufzuarbeiten. Neben einer Anregung der Wissensgenerierung seitens der Institute bieten sich neue kognitive Instrumente wie Erprobungsräume und multilaterale Austauschplattformen an, um die „kollektive Intelligenz" im Umgang mit Wissensproblemen zu stärken und auch nicht-regulierte Intermediäre einzubinden.[170] Um besonders risikobehaftete Akteure der Digitalökonomie wie Plattformunternehmen und Mehrmandantendienstleister für die Wissensgenerierung zu aktivieren, sollten diese dagegen unmittelbar organisatorischen Anforderungen und einer

---

[164] So mit dem FISG zum 01.01.2022 neu eingeführt in § 24 Abs. 1 Nr. 18 KWG.
[165] So die mit dem FISG ab 01.01.2022 geltende Regelung in § 25b Abs. 1 S. 4 KWG.
[166] Die Funktion und Genese der Markttransparenzstelle für Energiegroßhandelsmärkte erläutert *Lange* EnWZ 2013, 104 ff.
[167] Dazu: Teil 2, Kapitel § 3, Abschnitt A., II.
[168] Zu diesen: Teil 2, Kapitel § 4, Abschnitt C., I., 5.
[169] Vgl. zu der Notwendigkeit einer Erweiterung der Netzwerktechniken der Aufsicht *Haldane*, Rethinking the financial network, 2 f.
[170] Vgl. zur Stärkung kollektiver Intelligenz für den Umgang mit Wissensproblemen *Willke*, Dystopia 2001, 174 und passim, vor allem S. 181: „[K]ennzeichnende Kompetenz der Politik der Wissensgesellschaft" sei es, „systembedrohlicher Ignoranz entgegenzuarbeiten und insofern optimale Bedingungen für die Nutzung der Ressource Wissen zu schaffen."

Aufsicht unterliegen. Wie schließlich die Digitalisierung selbst dabei unterstützen könnte, wissensgenerierende Verfahren der Aufsicht für die Bewältigung von Systemrisiken noch zu verbessern, wird das abschließende Kapitel § 6 darstellen.

# § 6 Chancen von Big Data und Algorithmen für eine kognitive Strategie der Aufsicht

Die Digitalisierung eröffnet neben den in Kapitel § 5 reflektierten systemischen Risikopotenzialen auch Chancen, um die Informationsverarbeitung in wissensgenerierenden Prozessen der Aufsicht mithilfe von Big Data und Algorithmen zu optimieren. Die von der Arbeit verfolgte Vision einer Anwendung künstlicher Intelligenz auf Systemrisikoprognosen reiht sich in eine wesentlich breiter geführte verwaltungsrechtliche Debatte um eine Digitalisierung der Verwaltung ein.[1] Big Data und Algorithmen finden heute bereits im Rahmen des *Predictive Policing* bei der Gefahrenabwehr[2] oder bei der Markttransparenzstelle[3] zu Prognose- und Beobachtungszwecken Einsatz. Auf Finanzmärkten könnten Big Data und algorithmische Anwendungen von Aufsichtsbehörden eingesetzt werden, um Zukunftsprognosen von Systemrisiken zu verbessern[4] und systemische Vernetzungen sowie kollektive Verhaltensmuster sichtbar zu machen, die analogen Beobachtungsprozessen nicht zugänglich wären.[5] Das abschließende Kapitel

---

[1] Mit einem Fokus auf eine Automatisierung der Verwaltung und zur Idee eines sog. „E-Government" u. a. *Groß* VerwArch 2004 (95), 400 ff.; *Guckelberger* VVDStRL 2019 (78), 235 ff.; *Kube* VVDStRL 2019 (78), 289 ff.; *Guckelberger*, Öffentliche Verwaltung im Zeitalter der Digitalisierung 2019; *Eifert*, Electronic government 2006; *Voßkuhle*, in: Leipold/Würtenberger (Hrsg.): Rechtsfragen des Internet und der Informationsgesellschaft 2002, 97 ff. Spezifisch zu dem Einsatz von künstlicher Intelligenz für staatliche Entscheidungen unter Unsicherheit: *Hermstrüwer*, in: Wischmeyer/Rademacher (Hrsg.): Regulating artificial intelligence 2020, 199 ff.

[2] Zum *Predictive Policing Wischmeyer*, in: Kulick/Goldhammer (Hrsg.): Der Terrorist als Feind? 2020, 193 ff.; *Rademacher* AöR 2017 (142), 366 ff.; *Singelnstein* NStZ 2018, 1 ff.

[3] Vgl. § 47a GWB. Zur Markttransparenzstelle und der Leistungsfähigkeit von Algorithmen bei der Erzeugung von Regulierungswissen *Broemel/Trute* Berliner Debatte Initial 2016 (27), 50, 54; *Broemel*, in: Münkler (Hrsg.): Dimensionen des Wissens im Recht 2019, 139, 159 ff.

[4] Zu dem Mehrwert von Algorithmen bei der Zukunftsprognose *Mackenzie* European Journal of Cultural Studies vol. 18, no. 4–5, 2015, 429 ff.; anhand von Versicherungen *Cevolini/Esposito* Big Data & Society vol. 7, no. 2, 2020, 1 ff.

[5] Nach *Nassehi*, Muster 2019, 28 ff., 55 und passim, seien die gesellschaftliche Komplexität, Regelmäßigkeiten und die „Nicht-Zufälligkeit des individuellen Verhaltens" Bezugsprobleme, auf die die Digitalisierung Antworten bieten könne, wobei *ders.* „Komplexität" dabei als „Musterhaftigkeit des Verhältnisses von Merkmalen zueinander" und nicht gesellschaftliche „Kompliziertheit" begreift (a. a. O., S. 57). Angesichts der Einsatzpotenziale für kognitive Prozesse der Wissensgenerierung beschreiben *Broemel/Trute* Berliner Debatte In-

der Arbeit wird zunächst die Einsatzmöglichkeiten und den spezifischen Mehrwert von Big Data und Algorithmen für die Bewältigung von Systemrisiken erforschen (Abschnitt A.). An ihren behördlichen Einsatz müssen allerdings rechtliche Funktionsvoraussetzungen geknüpft werden (Abschnitt B). Angesichts der zahlreichen im Bereich von Big Data und Algorithmen emergenten Rechtsprobleme erhebt die Arbeit nicht den Anspruch, abschließend alle rechtlichen Implikationen der digitalen Technologie zu beleuchten,[6] sondern will stattdessen kontextspezifisch die relevanten Probleme ihres behördlichen Einsatzes zwecks Systemrisikobekämpfung entfalten. Die Arbeit verortet Big Data und Algorithmen hierbei im Wesentlichen als Handlungshilfen für hoheitliche Regulierungsentscheidungen über Systemrisiken, identifiziert diese allerdings zugleich auch selbst als komplex und unsicherheitsbehaftet,[7] sodass sie in reflexive Aufsichtsprozesse einzubetten sind.

---

itial 2016 (27), 50, Big Data nur als „verkürzendes Stichwort" für die dahinterstehende „Wissenstechnologie". Zu der Leistungsfähigkeit von Algorithmen auch *Wischmeyer*, in: Wischmeyer/Rademacher (Hrsg.): Regulating artificial intelligence 2020, 75, 76 (Rn. 1): Algorithmen würden die Transparenz sogar erweitern, da sie für den Menschen viel zu komplexe Sachverhalte und Muster sichtbar machen können; und *Schliesky*, in: Hill/Schliesky (Hrsg.): Herausforderung e-Government 2009, 15: Bei IKT handele es sich „geradezu um einen Prototyp einer Innovation im Luhmann schen Sinne zur Bewältigung einer wesentlich höheren Komplexität, und zwar in räumlicher, sachlicher und mengenmäßiger Hinsicht."

[6] Die im Kontext von Big Data und Algorithmen häufig thematisierten datenschutzrechtlichen Fragestellungen bleiben so beispielsweise außer Betracht, da die Datenerhebung und -verarbeitung zu Zwecken der Systemrisikoregulierung keine personenbezogenen Daten i. S. d. Art. 1 Abs. 1, 2, Art. 4 Nr. 1 DSGVO, sondern typischerweise Unternehmensdaten betrifft. Instruktiv zu den Spannungsverhältnissen zwischen datenschutzrechtlichen Grundsätzen und dem Recht auf informationelle Selbstbestimmung einerseits und der Kernidee und Funktionsweise von Big-Data-Anwendungen *Broemel*, in: Münkler (Hrsg.): Dimensionen des Wissens im Recht 2019, 139, 164 f.: Die algorithmenbasierte Datenauswertung mache sich gerade eine Loslösung der Daten aus ihren Kontexten, eine Zweckentkoppelung und eine anlasslose Erhebung zunutze, um „auf Grundlage flexibler, tentativer Zusammenstellungen" der Daten unbekannte Pfade zu erschließen, womit sie konträr zu datenschutzrechtlichen Prinzipien stehe. Zu datenschutzrechtlichen Fragestellungen um Big Data und Algorithmen des Weiteren *Spiecker gen. Döhmann* Spektrum der Wissenschaft Spezial 2017, 56 ff. Auch Diskriminierungsprobleme bei Algorithmen können hier nur oberflächlich thematisiert werden. Zu diesen u. a. *Tischbirek*, in: Wischmeyer/Rademacher (Hrsg.): Regulating artificial intelligence 2020, 103 ff.

[7] Algorithmen als unsichere Technik im Lichte des Risikoverwaltungsrechts, spezifisch des Technikrechts, reflektierend *Martini*, Blackbox Algorithmus – Grundfragen einer Regulierung Künstlicher Intelligenz 2019, 113 ff.

## A. Mehrwert von Big Data und Algorithmen für die Aufsicht über Systemrisiken

Eine kognitive Strategie, die mithilfe dynamischer Marktbeobachtungen den Fokus auf die Entstehung von Systemrisiken in Interaktionskontexten auf Finanzmärkten lenkt, verlangt den Aufsichtsbehörden enorme Leistungsfähigkeiten ab.[8] Denn die Auseinandersetzung mit den sozialen Dynamiken erhöht die Komplexität der Regulierungsaufgabe angesichts der Vielzahl der involvierten Akteure und ihrer Beziehungsgeflechte nicht unbedeutend.[9] Mit der Digitalisierung und Internationalisierung der Finanzmärkte wächst deren Komplexität stetig weiter an.[10] Big Data und Algorithmen könnten die analytischen Fähigkeiten der Aufsicht erweitern und Systemrisikoprognosen optimieren.[11]

Die Erhebung enorm großer und ungeordneter Datenmengen, die sich hinter dem Stichwort „Big Data" verbergen,[12] könnte zum einen Informationsdefizite der Aufsichtsbehörden vermindern. Eine der Stärken von Big Data liegt darin, dass sie mit einer hohen Diversität an Daten neue Perspektiven eröffnet.[13] Gewinnbringende neue Blickwinkel auf die Art und Weise der Wissensentstehung auf Finanzmärkten und die dortigen Vernetzungen könnten vor allem Beobachtungsdaten von sozialen Netzwerken liefern.[14] Da Big Data erschöpfend alle Systemelemente abbildet und nicht auf Stichproben angewiesen ist, könnte die Aufsicht neue Daten über nicht-regulierte Akteure wie FinTechs und IKT-Dienstleister erhalten, zumal sich Big Data sehr flexibel auf neue Felder ausdehnt.[15] Eine

---

[8] Vgl. *Kaufhold* Osaka University Law Review vol. 65, 2018, 47, 57: höherer Informations(-verarbeitungs-)bedarf einer „Systemaufsicht" im Vergleich zu einer „Mikroaufsicht".

[9] Zur Komplexität auf Finanzmärkten und den damit verbundenen Herausforderungen für die Aufsicht bereits unter Teil 1, Kapitel § 2, Abschnitt C., I., 2., d).

[10] Vgl. bereits in Teil 1, Kapitel § 2, Abschnitt C., I., 2., a), b), zu der Komplexität von Finanzmärkten durch Innovationen und eine Internationalisierung sowie *Coombs* Economy and Society vol. 45, no. 2, 2016, 278, 282 f.; *BaFin*, Studie – Big Data trifft auf künstliche Intelligenz, 11 (höhere Komplexität der Märkte durch neue Akteure und zunehmende Verbindungen im Zuge der Digitalisierung).

[11] Nach *Nassehi*, Muster 2019, 49, sei die Komplexität der modernen Gesellschaft in zahllosen Bereichen wie u. a. der Wirtschaft und der Märkte, aber auch staatlicher Steuerungskapazitäten kaum noch analog, sondern nur noch digital sichtbar zu machen und einer Selbstbeobachtung zugänglich.

[12] Zu dem Begriff s. o. unter Teil 3, Kapitel § 5, Abschnitt A., I.

[13] Zu der sog. *variety* als eine Eigenschaft von Big Data *Kitchin* Big Data & Society April 2014, 1; sowie zu der "messiness" als positiver Faktor von Big Data *Esposito* Zeitschrift für Soziologie 2017, 249, 252 m.w.N.: Ungenauigkeiten sowie Fehler könnten Algorithmen flexibler machen und würden durch die hohe Datenmenge ausgeglichen.

[14] Vgl. *Brühl* CFS Working Paper Series (Nr. 617) 2019, 3 f., zu den unterschiedlichen Quellen von Big Data wie aus sozialen Netzwerken, von Verbindungs- und Transaktionsdaten, usw. Zu der Notwendigkeit von Daten über die Art und Weise der Wissensentstehung auf Finanzmärkten und die Verflechtungen unter den Akteuren siehe bereits im Kontext der Informationserhebung bei Instituten unter Teil 2, Kapitel § 4, Abschnitt A.

[15] Zu der erschöpfenden Erfassung von Systemen und der Flexibilität als Stärken von Big

weitere Stärke ist im Verhältnis zu den bisherigen Möglichkeiten der Informationserhebung bei Instituten schließlich, dass Veränderungen des Marktes über Big Data in Echtzeit erfassbar werden, sodass dynamische Veränderungen von der Aufsicht besser beobachtet werden könnten.[16]

Zugleich verschieben sich die Informationsprobleme der Aufsicht mit Big Data auf die nachgeschaltete Ebene der Datenverarbeitung, die darüber entscheidet, inwieweit die riesigen Datenbestände produktiv nutzbar werden.[17] Algorithmen sind dazu fähig, mit den großen Datenvolumina von Big Data effizient umzugehen und diese in kurzen Zeitintervallen zu analysieren, auch wenn diese angesichts ihres Umfangs mit herkömmlichen Mitteln und Ressourcen nicht zu bewältigen wären.[18] Neben der reinen Kapazitätserhöhung sind Algorithmen darüber hinaus imstande, durch eine mathematisch-analytische und kombinatorische Datenauswertung über Cluster[19] oder statistische Korrelationen Verbindungen und Ähnlichkeiten sichtbar zu machen, die nach der menschlichen, assoziativen Mustererkennungslogik gar nicht aufgespürt werden könnten.[20] Im Umgang mit unbekannten Formen von Systemrisiken können gerade

---

Data *Kitchin* Big Data & Society April 2014, 1 f. Vgl. zudem *Esposito* Zeitschrift für Soziologie 2017, 249, 252, zu der Stärke von Algorithmen, alle Daten über ein Phänomen abzubilden („statistical universe"), sodass Simplifizierungen im Wege des stichprobenartigen Vorgehens nicht mehr erforderlich sind. Zu der Notwendigkeit der Erhebung von Daten über nicht-regulierte Akteure vgl. Teil 3, Kapitel § 5, Abschnitt C., II.

[16] Zu der sog. *velocity* von Big Data *Kitchin* Big Data & Society April 2014, 1. Dagegen zu den bisher spärlichen Möglichkeiten einer Dynamisierung des Informationsaustauschs mit Instituten in Krisenzeiten: Teil 2, Kapitel § 4, Abschnitt A.

[17] Pointiert *Hill* DÖV 2014 (67), 213: Mit Big Data würde der Staat im „Datenmeer" ertrinken, sodass der Fokus darauf rücken müsse, „aus Daten Sinn" zu machen. Im Kontext der Netzwirtschaften *Broemel*, in: Münkler (Hrsg.): Dimensionen des Wissens im Recht 2019, 139, 161: Die durch den Einsatz von Big Data und Algorithmen bei der Markttransparenzstelle entstehende „Wissensinfrastruktur" könne „eine den Marktprozessen ähnliche Komplexität" aufbauen und ermögliche es, komplexe Sachverhalte zu verarbeiten (a. a. O., S. 162).

[18] *Mergel*, in: Kompetenzzentrum Öffentliche IT (Hrsg.): (Un)berechenbar? Algorithmen und Automatisierung in Staat und Gesellschaft, 76, 79 *Broemel*, in: Münkler (Hrsg.): Dimensionen des Wissens im Recht 2019, 139, 159 ff., und *Broemel/Trute* Berliner Debatte Initial 2016 (27), 50, 54, weisen auf den Mehrwert von Algorithmen im Kontext des Energiehandels und der Markttransparenzstelle hin. Weitere Beispiele für den Einsatz von Big Data und Algorithmen durch die Verwaltung bei *Mergel*, in: Kompetenzzentrum Öffentliche IT (Hrsg.): (Un)berechenbar? Algorithmen und Automatisierung in Staat und Gesellschaft, 76, 82 f.

[19] Beim sog. *Clustering* gruppiert ein Algorithmus automatisch Objekte mit bestimmten Gemeinsamkeiten auf Grundlage gemeinsam ausgemachter Charakteristika, siehe *Surden* Washington Law Review vol. 89, 2014, 87, 113.

[20] Zu den Unterschieden der menschlichen und algorithmischen Entscheidungsfindung *Martini*, Blackbox Algorithmus – Grundfragen einer Regulierung Künstlicher Intelligenz 2019, 12 ff., 62: Unstrukturierte Datenmengen und ihre statistischen Verbindungen zu Sinneinheiten würden die Problemverarbeitungskapazität übersteigen, während Algorithmen hier quasi in Echtzeit Korrelationen in Daten feststellen und stochastische Analysen durchführen können. Zu der Stärke von Big-Data-Anwendungen, mit Korrelationen neue und sonst ver-

unüberwacht lernende und neuronale Algorithmen, die sich rekursiv anhand von Big Data fortentwickeln, neue und selbst für die Programmierer überraschende Perspektiven erzeugen.[21] Trotz einer Unvollständigkeit theoretischer Beschreibungsangebote für Systemrisiken, ja sogar gänzlich unabhängig von theoretischen Ansätzen und Hypothesen, könnten sie bislang unerkannte Muster (sog. *Predictive Analytics*) auf Finanzmärkten erkennbar machen[22] und in Durchbrechung existierender Pfadabhängigkeiten in der Forschung neue Muster offenbaren.[23] Auch wenn Systemrisiken nicht abschließend von theoretischen Be-

---

mutlich nicht detektierbare Zusammenhänge zu offenbaren, auch *Katz* Emory Law Journal vol. 62, 2013, 909, 929, unter Verweis auf Fehlanreize bei der menschlichen Entscheidungsfindung und die begrenzen Dimensionen, die Menschen kognitiv durchdenken können; ferner *Guckelberger*, Öffentliche Verwaltung im Zeitalter der Digitalisierung 2019, 92, Rn. 89; und im Kontext der Netzwirtschaften *Broemel*, in: Münkler (Hrsg.): Dimensionen des Wissens im Recht 2019, 139, 161. Grundlegend beschreibt die Grenzen der menschlichen Mustererkennungslogik *Hayek*, in: Vanberg (Hrsg.): Friedrich A. von Hayek: Wirtschaftstheorie und Wissen 2007, 188, 190 f.: Viele Muster seien für Menschen erst erkennbar, nachdem gedankliche Hypothesen oder Konstruktionen aufgestellt wurden.

[21] Vgl. *Harth/Lorenz* kommunikation@gesellschaft (18) Mai 2017 (2), 1 ff. Zu der Funktionsweise des sog. *unsupervised learning* und des sog. *deep learning* bereits oben unter Teil 3, Kapitel § 5, Abschnitt A., I. Nicht-überwachtes Lernen von Algorithmen ist in Bereichen mit raren Kenntnissen der Strukturen und Zusammenhänge besonders gewinnbringend, siehe *Broemel*, Interaktionszentrierte Grundrechtstheorie 2020, 104; vgl. auch *Broemel/Trute* Berliner Debatte Initial 2016 (27), 50, 59 zum Einsatz von Algorithmen in der Forschung, um neue Hypothesen aufzustellen; und *Broemel*, in: Münkler (Hrsg.): Dimensionen des Wissens im Recht 2019, 139, 164: Algorithmen seien bei ihrer Datenverarbeitung von den Voraussetzungen individueller (d. h. menschlicher) Interpretation losgelöst und können entkoppelt von etablierten Interpretationskontexten neue Korrelationen offenbaren. In diese Richtung auch *Vesting*, in: Eifert/Hoffmann-Riem (Hrsg.): Digitale Disruption und Recht 2020, 9, 22 f., im Kontext der Wissensgenerierung im Gesundheitssektor: Wissen werde durch Algorithmen laufend dekontextualisiert und für vormals unbekannte Zwecke neu zusammengefügt.

[22] Zu der Funktionsweise von *Predictive Analytics* vgl. *Dreyer*, in: Hoffmann-Riem (Hrsg.): Big Data – Regulative Herausforderungen 2018, 135. Dass Vergangenheitswerte auch bei Algorithmen stets ausschlaggebend sind, kritisiert *Surden* Washington Law Review vol. 89, 2014, 87, 105, als Leistungsgrenze maschineller Lernprozesse, da diese nicht dazu fähig wären, mit ihnen vollkommen unbekannten Mustern und Ereignissen umzugehen. Dem ist allerdings beizugeben, dass jegliche Risikoeinschätzung auf Vergangenheitswerte angewiesen ist, sodass diese Kritik nicht auf Algorithmen allein bezogen werden kann, sondern jeder Unsicherheitsentscheidung anhaftet.

[23] Diesen entscheidenden Mehrwert des maschinellen Lernens im Umgang mit Unsicherheiten betonen *Surden* Washington Law Review vol. 89, 2014, 87, 102 f.; im Zusammenhang mit anwaltlichen Tätigkeiten *Katz* Emory Law Journal vol. 62, 2013, 909, 912 und passim; und spezifisch bei der Risikoregulierung *Hermstrüwer*, in: Wischmeyer/Rademacher (Hrsg.): Regulating artificial intelligence 2020, 199, 200 (Rn. 1 f.). Im allgemeinen Kontext *Unger*, in: Unger/Ungern-Sternberg (Hrsg.): Demokratie und künstliche Intelligenz 2019, 113, 122 f.: die intransparenten und unvorhersehbaren Outputs von Algorithmen seien gerade „Teil der Pointe", denn ihre Autonomie sei „kein unerwünschter Nebeneffekt oder gar Defekt, sondern vielmehr die Voraussetzung für die besondere Leistungsfähigkeit intelligenter Computersysteme", die bislang unentdeckte Strukturen offenlegen sollen. Zu dem mit Algorithmen aller-

schreibungsszenarien erfasst sein mögen,[24] sind sie in den ihnen zugrundeliegenden Mustern dennoch nicht vollkommen beliebig, was hoffen lässt, dass ein Algorithmus diese ermitteln könnte.[25]

## B. Rechtliche Funktionsbedingungen für den Einsatz von Big Data und Algorithmen durch die Aufsicht

Der Einsatz von Big Data und Algorithmen zu Zwecken der Wissensgenerierung durch die Aufsicht wäre aus rechtswissenschaftlicher Perspektive jedoch an hohe Voraussetzungen gebunden.[26] Auch Big Data und Algorithmen können mit ihren epistemischen Methoden nicht die Entwicklungsoffenheit der Finanzmärkte sowie die damit verbundene Zukunftsunsicherheit überwinden und erzeugen sogar selbst neue Wissensprobleme (unter I.). Die rechtlichen Funktionsvoraussetzungen für ihren Einsatz zu Zwecken der Systemrisikoprävention müssen sich vor diesem Hintergrund methodisch am Risikoverwaltungsrecht orientieren. Das Konzept definiert auf dieser Grundlage Anforderungen an die Programmierung von Algorithmen (unter II.) und die ihnen zugrundeliegenden Daten (unter III.) und arbeitet Maßstäbe für eine behördliche Überprüfung und Bewertung algorithmischer Ergebnisse heraus (unter IV.).

### I. Epistemische Maßstäbe für die Einbeziehung von Big Data und Algorithmen in hoheitliche Entscheidungen

Einem Definitionsversuch der rechtlichen Voraussetzungen eines Einsatzes von Big Data und Algorithmen zu Zwecken der Systemrisikoprognose muss die Frage vorausgehen, wie sich durch sie die epistemischen Anforderungen an ho-

---

dings einhergehenden „Autonomierisiko" *Teubner* AcP 2018 (218), 155, 163 ff. Zu der epistemischen Logik von Algorithmen und ihrer prinzipiellen Unabhängigkeit von Theorien sogleich Teil 3, Kapitel § 6, Abschnitt B., I.

[24] Entsprechend reflektiert Teil 1, Kapitel § 2, Abschnitt B., I., ökonomische Theorieansätze lediglich als nicht-abschließende Heuristiken.

[25] Vgl. im allgemeinen Kontext *Nassehi*, Muster 2019, 53: gerade dass Verhaltensmuster und Strukturen der modernen Gesellschaft nicht beliebig, aber auch nicht eindeutig seien, mache die Digitalisierung anschlussfähig und ihren Einsatz zum Detektieren gesellschaftlicher Verhaltensmuster gewinnbringend. Allerdings zu dem Problem, dass Algorithmen sich selbst in Pfadabhängigkeiten begeben könnten, noch in den Abschnitten IV.

[26] Zur Schwierigkeit einer Integration digitaler Innovationen vor dem Hintergrund staatlicher Legitimation und Verantwortungen *Schliesky*, in: Hill/Schliesky (Hrsg.): Herausforderung e-Government 2009, 11 ff.; des Weiteren zu den rechtlichen Voraussetzungen eines Einsatzes von Algorithmen seitens des Staates u. a. *Guckelberger*, Öffentliche Verwaltung im Zeitalter der Digitalisierung 2019, 83 ff. Nach *Britz*, in: Hoffmann-Riem/Schmidt-Aßmann/Voßkuhle (Hrsg.): Grundlagen des Verwaltungsrechts (Bd. II) 2012, § 26, Rn. 45, müsse das Recht die Rahmenbedingungen für eine Realisierbarkeit des E-Government schaffen.

heitliche Regulierungsentscheidungen unter Unsicherheit verändern, die bei der Regulierung von Systemrisiken aus Perspektive einer kognitiven Strategie maßgebend sind. Konkret stellt sich die Frage, ob Algorithmen die Wissensprobleme bei Regulierungsentscheidungen über Systemrisiken[27] ausräumen können oder diese womöglich verschärfen. Dies konfrontiert mit der epistemischen Funktionslogik von Algorithmen.

Algorithmen werfen erkenntnistheoretische Herausforderungen auf, da sie ganz anders funktionieren als übliche Entscheidungsprozesse nach der menschlichen Logik.[28] Indem sie aus den ihnen verfügbaren Datensätzen einen Output produzieren, anstatt theoretische Annahmen aufzustellen und diese anhand von Daten zu überprüfen, stellen sie herkömmliche epistemische Methoden auf den Kopf[29] und bringen Wissen von neuer Qualität hervor.[30] Big Data und Algorithmen regen zu einer „evidenzbasierten Politikgestaltung" an, bestechen mit einem besseren Sachverhaltsverständnis und können so für Marktprognosen und Simulationen der Wirkungen staatlicher Maßnahmen instruktiv sein.[31] Allerdings müssen sich Entscheidungsträger auch bewusst werden, wie die vermeintliche „Evidenz" der Algorithmen zustande kommt.[32] Zum einen verhalten sich Algorithmen stets akzessorisch zu ihrem Datenmaterial. Sie verarbeiten hierbei keine Realitäten, sondern simulieren fiktive Szenarien, welche die zugrundeliegenden Datensätze als Repräsentation der Wirklichkeit annehmen.[33] Die dabei entste-

---

[27] Zu diesen bereits ausführlich unter Teil 1, Kapitel § 2, Abschnitt C., I.

[28] Zu epistemischen Kontroversen um Big Data und Algorithmen auch *Kitchin* Big Data & Society April 2014, 1 ff. sowie im Kontext der institutsinternen Verwendung von Algorithmen schon Teil 3, Kapitel § 5, Abschnitt A., I. *Mainzer* Berliner Debatte Initial 2016 (27), 22, 23 und passim weist darauf hin, dass die datengetriebene Forschung erkenntnistheoretisch zwar grundsätzlich kein Novum darstellt, dass sich durch die Vielfalt der Daten und die Rechnerkapazität allerdings der Theoriebegriff verändere.

[29] Zu dem in wissenschaftlichen Diskussionen um das Ende der Theorie durch Big Data (u. a. geführt durch *Anderson*, The End of Theory: The Data Deluge Makes the Scientific Method Obsolete) ausgedrückten Störgefühl *Nassehi*, Muster 2019, 129: Wissenschaftliche Methoden würden einen bloß statistischen Umgang mit Daten geradezu verbieten und gewinnen wissenschaftliche Qualität erst durch die durch vorausgehende Forschung hervorgebrachte Hypothese, Theorie oder Fragestellung.

[30] Zu den damit einhergehenden datenschutzrechtlichen Fragestellungen *Broemel/Trute* Berliner Debatte Initial 2016 (27), 50, 55 ff.

[31] *Thapa/Parycek*, in: Kompetenzzentrum Öffentliche IT (Hrsg.): (Un)berechenbar? Algorithmen und Automatisierung in Staat und Gesellschaft, 40, 55. Zur „evidenzbasierten Politikgestaltung" aus politikwissenschaftlicher Perspektive und dem damit verbundenen Einsatzpotenzial von Big Data *Rieder/Simon*, in: Kompetenzzentrum Öffentliche IT (Hrsg.): (Un)berechenbar? Algorithmen und Automatisierung in Staat und Gesellschaft, 159 ff.

[32] Vgl. *Mayntz* MPIfG Discussion Paper (Nr. 17/12) Juli 2012, 9.

[33] *Broemel/Trute* Berliner Debatte Initial 2016 (27), 50, 51 m. w. N., weisen darauf hin, dass die Lesart von Daten als Wirklichkeitsrepräsentation die Eigenschaften von Daten nur stark verkürzend erfasst, während es „die Unausweichlichkeit der Interpretation und Konstruktion, die notwendige Selektivität der Daten und deren zeitliche Indexierung unterschätzt und damit zu nicht reflektierten Wirklichkeitskonstruktionen führt". Anders *Nassehi*, Muster

hende Lücke zwischen Realität und Konstruktion bringt im Einzelfall hoch komplexe Fragestellungen mit sich, die hoheitliche Entscheidungen bei der Auswertung algorithmischer Outputs in Rechnung stellen müssen.[34]

Zum anderen weisen stochastisch arbeitende Algorithmen mit einem Fokus auf die Mustererkennung zwar in ihrem Erkenntnisinteresse gewisse Überschneidungen zur quantitativen Sozialforschung auf.[35] Sie sind allerdings nicht dazu imstande, auch Erklärungen für die sozialen Beziehungen und soziale Verhaltensweisen zu liefern.[36] Nur mithilfe von Modellen, die kausale Inferenzen ermitteln, können auch Interaktionen unter den Akteuren sichtbar gemacht und Ursachen für die sozialen Verhaltensweisen erforscht werden.[37] Künftig könnten Algorithmen vermehrt auf Berechnungsmodelle zur Ermittlung kausaler Inferenz zurückgreifen.[38] In der behördlichen Anwendung von Algorithmen muss den Entscheidenden jedenfalls klar sein, welche Methode dem angewendeten Algorithmus zugrunde liegt: Während ein Algorithmus, der auf die Mustererkennung im Wege von Korrelationen ausgerichtet ist, Rückschlüsse auf kollek-

---

2019, 33 f., nach dem das „Digitale [...] letztlich nichts anderes als die *Verdoppelung der Welt in Datenform*" ist, wobei *ders.* (S. 168 und passim) allerdings auch auf die operative Geschlossenheit der Datensysteme hinweist, die bewirke, dass sich Daten stets nur auf sich selbst beziehen können.

[34] *Mayntz* MPIfG Discussion Paper (Nr. 17/12) Juli 2012, 9 f.: Politische Entscheidungen müssten diese Lücke berücksichtigen und sich bewusstwerden, wie die Zahlen zustande kommen. Die „konstruktive Dimension" von Daten betonend *Broemel/Trute* Berliner Debatte Initial 2016 (27), 50, 51 m. w. N.

[35] *Nassehi*, Muster 2019, 56 f.

[36] Zu den Leistungsgrenzen von Korrelationen für die Systemrisikoprognose bereits unter Teil 2, Kapitel § 4, Abschnitt C., III., anhand von Stresstests. Ferner *Radford/Joseph* Front. Big Data May 2020. Im Kontext von Statistiken beschreibt *Hayek*, in: Vanberg (Hrsg.): Friedrich A. von Hayek: Wirtschaftstheorie und Wissen 2007, 196 ff., die Berechnungsgrenzen bei der Entschlüsselung komplexer sozialer Systeme, die soziale Beziehungen zwischen Elementen bewusst ausblenden würden. Aus der Physik zu den Schwierigkeiten, Algorithmen für die Erfassung von Interaktionskontexten zu programmieren, und neuen Konzepten im Bereich des *deep learning*, die dies möglich machen könnten, *Ha/Jeong* Scientific Reports (Nr. 12804) 2021.

[37] Die Möglichkeiten zur Aufarbeitung von Interaktionen mithilfe kausaler Inferenz erläutert eingehend *VanderWeele*, Explanation in Causal Inference 2015, 249 ff.; *Stavroglou/ Pantelous/Stanley/Zuev* Proceedings of the National Academy of Sciences vol. 117, no. 14, 2020, 7599 ff. Die epistemischen Unterschiede zwischen kausaler Inferenz und Korrelationsberechnungen beschränken sich indes nicht auf Algorithmen, sondern sind den meisten prädikativen Analyseinstrumenten, zu denen auch ökonomische Risikoberechnungsmodelle gehören, inhärent. Zu den beiden Erkenntnismethoden *Katz* Emory Law Journal vol. 62, 2013, 909, 951 f., und anhand von Stresstests bereits unter Teil 2, Kapitel § 4, Abschnitt C., I.

[38] Ausführlich zu der Berechnung kausaler Inferenz, ihrer möglichen Implementierung in künstliche Intelligenz und den Unterschieden zu Korrelationen *Pearl/Mackenzie*, The Book of Why 2019; zu dem Einsatzpotenzial kausaler Inferenz im Bereich LegalTech *Katz* Emory Law Journal vol. 62, 2013, 909, 951 (m.w.N. in Fn. 204) und passim. Die derzeitige Forschung um Algorithmen zur Berechnung kausaler Inferenzen beleuchtet *Athey* Science vol. 355, no. 6324, 2017, 483, 484.

## B. Rechtliche Funktionsbedingungen für den Einsatz von Big Data und Algorithmen

tive Anfälligkeiten ermöglicht, können lediglich Algorithmen basierend auf kausalen Inferenzen auch Ursachenzusammenhänge in Interaktionskontexten darstellen.[39]

Schließlich sollte die Unvorhersehbarkeit und Entwicklungsoffenheit der Finanzmarktdynamiken hinter der vermeintlichen „Evidenz" von Algorithmen nicht aus dem Blick geraten.[40] Zwar können Algorithmen die Komplexität der Finanzmärkte dank ihrer hohen Rechenkapazitäten besser verarbeiten, jedoch können selbst Algorithmen vor dem Hintergrund der Entwicklungsoffenheit der Finanzmärkte[41] die vorherrschenden Zukunftsunsicherheiten nicht ausräumen.[42] Stattdessen prognostizieren sie auf Grundlage der ihnen verfügbaren Vergangenheits- und ggf. Echtzeitdaten ausschließlich Prognosen eines aktuellen Bildes der Zukunft („present future").[43] Sie liefern damit Plausibilisierungen für Zukunftsentwicklungen, denen angesichts der Entwicklungsoffenheit der Zukunft neues Nichtwissen anhaften kann.[44] Zur Debatte soll vor dem Hintergrund der verbleibenden Unsicherheiten und der daraus resultierenden Notwendigkeit hoheitlicher Wertungsentscheidungen nicht die Etablierung eines selbstvollziehenden Algorithmus stehen, der etwa autonom Pufferanforderungen an die eigens ermittelten Volatilitätszyklen oder Systemrisikopotenziale anpassen würde,[45] son-

---

[39] Zur Detektion von Interaktionszusammenhängen mithilfe kausaler Inferenz *VanderWeele*, Explanation in Causal Inference 2015, 249 ff.; *Stavroglou/Pantelous/Stanley/Zuev* Proceedings of the National Academy of Sciences vol. 117, no. 14, 2020, 7599 ff.

[40] *Mohabbat Kar/Parycek*, in: Kompetenzzentrum Öffentliche IT (Hrsg.): (Un)berechenbar? Algorithmen und Automatisierung in Staat und Gesellschaft, 7, 21 f.

[41] Vgl. zu der Entwicklungsoffenheit der Finanzmärkte: Teil 1, Kapitel § 2, Abschnitt C., I., 2., a).

[42] *Esposito*, Future and uncertainty in the digital society, 29 Min.

[43] *Esposito*, Future and uncertainty in the digital society, 29:36 Min.

[44] Zu der Rationalisierung von Entscheidungen unter Zukunftsunsicherheiten mithilfe von Algorithmen *Esposito*, Future and uncertainty in the digital society, 31 Min., die zugleich darauf hinweist, dass ein Leistungsversprechen von Algorithmen, die Zukunft vorherzusagen, vor dem Hintergrund der Entwicklungsoffenheit der Zukunft widersprüchlich sei. Zu der Notwendigkeit einer reflexiven Beobachtung von Risikoentscheidungen im Kontext des Risikoverwaltungsrechts: Teil 1, Kapitel § 2, Abschnitt C., II., 2., a).

[45] Ob Algorithmen theoretisch auch hoheitliche Unsicherheitsentscheidungen übernehmen könnten, wirft dagegen bereits im allgemeinen verwaltungsrechtswissenschaftlichen Diskurs erhebliche Legitimationsfragen im Lichte des Demokratieprinzips (Art. 20 Abs. 2 S. 1 GG) und der Gewaltenteilung (Art. 20 Abs. 3 GG) auf, zu diesen u. a. *Wischmeyer*, in: Eifert/Hoffmann-Riem (Hrsg.): Digitale Disruption und Recht 2020, 73, 91 f.; *Unger*, in: Unger/Ungern-Sternberg (Hrsg.): Demokratie und künstliche Intelligenz 2019, 113, 118 und passim; *Voßkuhle*, in: Leipold/Würtenberger (Hrsg.): Rechtsfragen des Internet und der Informationsgesellschaft 2002, 97, 114. Zu den Grenzen einer Automatisierung von Verwaltungsentscheidungen *Berger* NVwZ 2018, 1260, 1264: aus § 35a VwVfG sei ableitbar, dass komplexe Entscheidungen wenig Automatisierungspotenzial hätten. Nach *Unger*, in: Unger/Ungern-Sternberg (Hrsg.): Demokratie und künstliche Intelligenz 2019, 113, 115, 117, würden Algorithmen für staatliche Entscheidungen wie im *Predictive Policing* bislang nur Entscheidungsgrundlagen liefern, wobei Mensch und Maschine in Interaktionen treten, während

dern nur die Nutzung von Big Data und Algorithmen als kognitive Aufsichtsinstrumente, um verwaltungsinterne Risikoentscheidungen zu rationalisieren und ihre Erkenntnisgrundlagen mit verbesserten Prognosen anzureichern.[46]

## II. Anforderungen an die Programmierung von Algorithmen

Aus den epistemischen Besonderheiten von Algorithmen lassen sich rechtliche Anforderungen an ihre Programmierung ableiten. Da die Programmierung eines Algorithmus je nach technischer Ausgestaltung für seine spätere Funktionsweise richtungsweisend ist, muss dieser technische Prozess in behördeninterne Prozesse integriert werden (unter 1.). Auch ist schon bei der Programmierung zu klären, inwieweit ein Algorithmus nachvollziehbar und überprüfbar sein muss, da dies gewisse technische Ausgestaltungen von vornherein ausschließen könnte (unter 2.).

### 1. Einbettung in behördeninterne Prozesse

Die Einbettung des Programmierungsprozesses von Algorithmen in behördeninterne Prozesse ist je nach Ausgestaltung des Algorithmus aus unterschiedlichen Gründen erforderlich. Bei überwacht lernenden Algorithmen ist die Programmierung für die spätere Funktionsweise besonders ausschlaggebend, da hier Zielmerkmale sowie gepaarte In- und Output-Daten vorgeben werden.[47] Jene Vorgaben stellen die Weichen dafür, nach welchen Kriterien die Lernprozesse des Algorithmus vonstattengehen, sodass ihnen ein normativer Gehalt zukommt.[48]

---

Algorithmen im Regelfall noch nicht gänzlich Entscheidungen selbst übernehmen. Aus dem Zivilrecht auch *Teubner* AcP 2018 (218), 155, 163: Der Trend gehe nicht in Richtung frei und autonom agierender Algorithmen, sondern es würden sich Mensch-Maschine-Verbünde herausbilden; so auch für das breitere Einsatzfeld des LegalTech: *Buchholtz*, in: Wischmeyer/Rademacher (Hrsg.): Regulating artificial intelligence 2020, 175, 181 (Rn. 12); *Thapa/Parycek*, in: Kompetenzzentrum Öffentliche IT (Hrsg.): (Un)berechenbar? Algorithmen und Automatisierung in Staat und Gesellschaft, 40, 55, allenfalls unterstützende Funktionen von Data Analytics wären innerhalb der öffentlichen Verwaltung denkbar, während die politische Entscheidung stets bei den Mandats- bzw. Amtsträgern zu verbleiben habe.

[46] *Hermstrüwer*, in: Wischmeyer/Rademacher (Hrsg.): Regulating artificial intelligence 2020, 199, 205 (Rn. 19), beschreibt dieses Einsatzgebiet von Algorithmen bei Ermessensentscheidung als eine komplementierende Mikro-Direktive bei der Entscheidungsfindung, während ein substituierendes „algorithmisches Ermessen" nur innerhalb der Grenzen des Datenschutzrechts und Verfassungsrechts denkbar wäre und bei besonders starken Eingriffen in Persönlichkeitsrechte im Sinne der Wesentlichkeitstheorie nicht in Betracht käme.

[47] Vgl. *BaFin*, Studie – Big Data trifft auf künstliche Intelligenz, 27; *Molina/Garip* Annual Review of Sociology vol. 45, 2019, 27, 28.

[48] *Mayntz* MPIfG Discussion Paper (Nr. 17/12) Juli 2012, 10: Technisch anmutende Prozesse hätten normative Implikationen, vgl. auch *Groß* VerwArch 2004 (95), 400, 410; *Voßkuhle*, in: Leipold/Würtenberger (Hrsg.): Rechtsfragen des Internet und der Informationsgesellschaft 2002, 97, 105; *Hermstrüwer*, in: Wischmeyer/Rademacher (Hrsg.): Regulating artificial intelligence 2020, 199, 200 (Rn. 3). Nach *Mohr*, Wissen – Prinzip und Ressource

Vor diesem Hintergrund muss auch die Zurechnung des Programmierungsvorgangs zu dem demokratisch legitimierten Entscheidungsträger abgesichert sein.[49] Die grundrechtlichen Anforderungen an die demokratische Legitimation verbieten es, dass die Programmierung vollständig Privaten überantwortet wird.[50] Entscheidungsprobleme, die Regulierungsfragen betreffen, für die der Algorithmus eingesetzt wird, verlagern sich auf die Programmierung jener Algorithmen vor[51] und die Behörde muss schon im Zuge der Programmierung strategische Untersuchungsziele festlegen, für die ein Algorithmus Mehrwert bringen soll.[52] Dagegen wird bei unüberwacht lernenden und neuronalen Algorithmen im Wege der Programmierung kein konkretes Zielmerkmal kodiert.[53] Dennoch ist auch bei ihnen das spätere Verhalten durch die Programmierung insoweit „synthetisch determiniert", als die Instruktionen dem Algorithmus komplexe Lernprozesse vorgeben und sich dieser anhand jener Instruktionen auf komplexe Weise weiterentwickelt.[54] Entscheidungsträger sollten auch bei jenen Algorithmen die Programmierung eng begleiten, um Expertise im Umgang mit dem Algorithmus aufzubauen und zu verstehen, wie sie die sich stetig weiterentwickelnden Algorithmen zu interpretieren sowie zu überprüfen haben.[55]

---

1999, 51: sei „die ‚richtige' Modellbildung der eigentlich kreative und verantwortungsvolle Schritt". Unter dem Stichwort „code is law" wird die nahegelegene Debatte vor allem im Bereich automatisierter Verwaltungsentscheidungen geführt, inwieweit Recht in Computercodes überführt werden könne. Zu den Unterschieden zwischen „Law" und „Code" instruktiv *Buchholtz*, in: Wischmeyer/Rademacher (Hrsg.): Regulating artificial intelligence 2020, 175, 182 (Rn. 13 ff.), kritisch zu einer Überführbarkeit rechtlicher Regelungen in die Programmiersprache komplexer Computersysteme *Kotsoglou* JZ 2014, 451 ff.; optimistischer *Engel* JZ 2014, 1096 ff.

[49] Auf weitere Probleme im Hinblick auf die demokratische Legitimation und Verantwortungszurechnung in dem breiteren Kontext der Etablierung eines „E-Government" hinweisend *Schliesky*, in: Hill/Schliesky (Hrsg.): Herausforderung e-Government 2009, 21 ff.

[50] Ebenso im allgemeineren Kontext *Groß* VerwArch 2004 (95), 400, 410: Die Programmierung eines Algorithmus, der im Zuge von Verwaltungsverfahren Einsatz finden soll, habe normativen Charakter und sei meist als Erlass einer Verwaltungsvorschrift zu bewerten, sodass nicht delegierbare, hoheitliche Kernfunktionen berührt seien. Für eine Beteiligung von Behörden in der Programmierung auch *Hermstrüwer*, in: Wischmeyer/Rademacher (Hrsg.): Regulating artificial intelligence 2020, 199, 200 (Rn. 3): Damit keine Fehlschlüsse aus den Outputs gezogen werden, müssten die Funktionsweise des Algorithmus und dessen implizite normative Entscheidungen verstanden werden, was nur denkbar sei, wenn Behörden auch die technische Gestaltung des Algorithmus aktiv begleiten.

[51] *Fehling*, in: Hill/Schliesky (Hrsg.): Management von Unsicherheit und Nichtwissen 2016, 203, 234; vgl. auch *Heckmann*, in: Hill/Schliesky (Hrsg.): Herausforderung e-Government 2009, 131, 135, der insoweit ein „antizipiertes Verwaltungsverfahren", vorgelagert auf den Prozess der Programmierung für notwendig erachtet.

[52] Ebenso *Hill* DÖV 2014 (67), 213, 222: Die Behörde müsse strategische Ziele für die Auswertung von Big Data festlegen.

[53] Vgl. *BaFin*, Studie – Big Data trifft auf künstliche Intelligenz, 28 f., 195.

[54] *Esposito* Constructivist Foundations vol. 16, no. 3, 2021, 377, 378.

[55] Zu den Anforderungen an die Überprüfung noch eingehend unter IV. Im Kontext der Sozialwissenschaften betonen *Radford/Joseph* Front. Big Data May 2020, dass es notwendig

Zentralbanken und Finanzaufsichtsbehörden haben bereits zahlreiche Bemühungen unternommen, um eigene Expertise für den Umgang mit Big Data und Algorithmen aufzubauen.[56] Allerdings muss auch konkret die für die materiell-rechtliche Entscheidung kompetente Behörde an der Programmierung beteiligt sein.[57] Im Kontext einer Systemrisikoprognose obliegt es auf unionaler Ebene dem ESRB und auf nationaler Ebene dem AFS, Systemrisiken zu analysieren, zu bewerten und ggf. Warnungen und Empfehlungen auszusprechen.[58] Aber auch die EBA, die mit der Durchführung von EU-weiten Stresstests betraut ist,[59] bzw. die EZB, die ebenfalls Stresstests durchführt,[60] um Systemrisiken zu evaluieren, müssten Programmierungsprozesse übernehmen, wenn sie ihre wissensgenerierenden Prozesse mit einem Einsatz von Algorithmen anreichern wollen.

## 2. Transparenz und Kontrollfähigkeit

Mit der Programmierung eines Algorithmus ist ebenfalls klärungsbedürftig, inwieweit die technische Funktionsweise und die Entscheidungsprozesse eines Algorithmus transparent und überprüfbar sein müssen.[61] Um demokratischen Le-

---

sei, sowohl die Programmierung als auch den Output von Algorithmen in den Kontext sozialwissenschaftlicher Theorien zu stellen, da Algorithmen allein soziale Verhaltensweisen nicht erklären könnten.

[56] Einen Überblick über die aktuellen Entwicklungstendenzen in Zentralbanken liefern *Doerr/Gambacorta/Maria Serena* BIS Working Papers (Nr. 930) März 2021. Mit dem 2019 etablierten *Data Science Team* hat die EZB einen wichtigen Schritt getan, um behördeninterne Expertise zu erweitern und sich als kognitive Organisation stärker und digitaler zu positionieren. Zur Entwicklung der EZB hin zu einer „cognitive organization" im Zeitdiagramm *Trzeciok/Alberto Sánchez*, Big data and Machine Learning initiatives at the ECB, 3. Die EZB hat zudem die Datenanalyseplattform (*Statistical Production and Compilation Environment*, SPACE) und eine Infrastruktur für Daten und Analysen (*Data Intelligence Service Center*, DISC) in Kooperation mit Privaten aufgebaut, um die technischen Rahmenbedingungen für behördliche Big-Data-Analysen zu schaffen (siehe *T-Systems*, Datenanalyse »Made in Europe« für die Europäische Zentralbank 2020).

[57] Zu Spannungsverhältnissen eines E-Government mit demokratischen Legitimationsanforderungen und Verantwortlichkeiten sowie den Aufgaben des Rechts, Kompetenzgefüge abzusichern *Schliesky*, in: Hill/Schliesky (Hrsg.): Herausforderung e-Government 2009, 11, 21 ff.

[58] Zu den Aufgaben des ESRB und AFS schon in Teil 2, Kapitel § 4, Abschnitt B., III.

[59] Zu den Aufgaben der EBA: Teil 2, Kapitel § 4, Abschnitt B., II., und Abschnitt C., I., 2.

[60] Zu den Aufgaben der EZB und makroprudenziellen Stresstests: Teil 2, Kapitel § 4, Abschnitt B., I., IV., und Abschnitt C., I., 3.–5.

[61] Zur „legal protection by design" als Regulierungsstrategie im Umgang mit LegalTech: *Buchholtz*, in: Wischmeyer/Rademacher (Hrsg.): Regulating artificial intelligence 2020, 175, 191 ff. Die technische Programmierung ist dabei allerdings, wie *Wischmeyer*, in: Wischmeyer/Rademacher (Hrsg.): Regulating artificial intelligence 2020, 75, 95 ff. (Rn. 43 ff.) ausführt, keinesfalls allein ausschlaggebend für die Transparenz und Nachvollziehbarkeit, sondern nur ein Faktor neben der übergreifenden Einbettung algorithmischer Anwendungen in transparenzsichernde Architekturen, die daneben eine Offenlegung und Mitteilung des Einsatzes von

## B. Rechtliche Funktionsbedingungen für den Einsatz von Big Data und Algorithmen

gitimationsanforderungen und dem Rechtsstaatsprinzip zu genügen, müssen hoheitliche Entscheidungen grundsätzlich nachvollziehbar, kontrollfähig[62] und für die Öffentlichkeit verständlich sein.[63] Eine Nachvollziehbarkeit von Entscheidungen ist auch erforderlich, damit Entscheidungen rechtsstaatlichen Begründungserfordernissen standhalten können.[64] Im Kontext von Algorithmen plädiert *Wischmeyer* für eine funktionale Interpretation der Transparenzmaßstäbe,[65] wonach Algorithmen für die verschiedenen Interessengruppen von Regulatoren, Justiz und Individuen soweit nachvollziehbar sein sollten, wie dies für ihre Entscheidungsprozesse, für Verantwortungszuschreibungen oder zur Herstellung von Vertrauen erforderlich ist.[66]

Zu klären bleibt indes, wie diese Nachvollziehbarkeit in Anbetracht der vielfältigen technischen Ausgestaltungen und ihrer variierenden technischen Komplexität und Opazität konkret hergestellt werden könnte. Angesichts ihrer epistemischen Funktionslogik ist es bei korrelationsbasierten Algorithmen schon prinzipiell unmöglich, kausale Erklärungen für einen Output anhand eines konkreten Inputs herzustellen.[67] Während bei überwacht lernenden Algorithmen zumindest die Prozesse anhand der kodierten Zielmerkmale sowie der vorgegebenen In- und Outputdaten plausibilisiert werden können, stellt sich die Erklärbarkeit vor allem dort besonders schwierig dar, wo sich Algorithmen im unüberwachten oder neuronalen Lernen rekursiv anhand unstrukturierter Daten-

---

Algorithmen, ein Erklärungsrecht der von Entscheidungen betroffenen Individuen, individuelle Informationsrechte und eine Aufsicht über die Algorithmen und Dokumentationen voraussetzen.

[62] *Wischmeyer*, in: Wischmeyer/Rademacher (Hrsg.): Regulating artificial intelligence 2020, 75, 78 (Rn. 4).

[63] So BVerfG, Urt. v. 12.10.1993 – 2 BvR 2134/92, 2 BvR 2159/92, BVerfGE 89, 155, 185: „Demokratie, soll sie nicht lediglich formales Zurechnungsprinzip bleiben, ist vom Vorhandensein bestimmter vorrechtlicher Voraussetzungen abhängig, wie einer ständigen freien Auseinandersetzung zwischen sich begegnenden sozialen Kräften, Interessen und Ideen, in der sich auch politische Ziele klären und wandeln (vgl. BVerfGE 5, 85; 69, 315) und aus der heraus eine öffentliche Meinung den politischen Willen vorformt. Dazu gehört auch, daß die Entscheidungsverfahren der Hoheitsgewalt ausübenden Organe und die jeweils verfolgten politischen Zielvorstellungen allgemein sichtbar und verstehbar sind, und ebenso, daß der wahlberechtigte Bürger mit der Hoheitsgewalt, der er unterworfen ist, in seiner Sprache kommunizieren kann."

[64] Eingehend zu dem Problem der Begründung von Verwaltungsentscheidungen unter einem Einsatz von KI: *Wischmeyer*, in: Eifert/Hoffmann-Riem (Hrsg.): Digitale Disruption und Recht 2020, 73 ff. Zu den Grenzen des Art. 22 Abs. 1 DSGVO, der Personen das Recht einräumt, keiner ausschließlich automatisierten Datenverarbeitung unterworfen zu werden: *Spiecker gen. Döhmann* Spektrum der Wissenschaft Spezial 2017, 56, 61.

[65] Vgl. *Wischmeyer*, in: Wischmeyer/Rademacher (Hrsg.): Regulating artificial intelligence 2020, 75, 76 (Rn. 2).

[66] *Wischmeyer*, in: Wischmeyer/Rademacher (Hrsg.): Regulating artificial intelligence 2020, 75, 78 (Rn. 6).

[67] S. o. unter I., sowie *Wischmeyer*, in: Wischmeyer/Rademacher (Hrsg.): Regulating artificial intelligence 2020, 75, 81 (Rn. 13).

sätze oder eigener Beobachtungen fortentwickeln.[68] Für die Bekämpfung von Systemrisiken sind letztere jedoch, wie gesehen, besonders vielversprechend, da sie neue, von bisherigen Erkenntnissen in der Systemrisikoforschung abweichende, Perspektiven in Aussicht stellen.[69] Eine behördliche Ergebniskontrolle sollte für sie noch stärker in den Vordergrund rücken, um die Komplexität und begrenzte Nachvollziehbarkeit ihrer rekursiven Lernprozesse zu kompensieren.[70] Der Einsatz von Kontrollalgorithmen wäre nur eine der noch unter IV. näher darzustellenden Möglichkeiten, um die Ergebnisse von Algorithmen zu kontrollieren und Entscheidungen zu begründen. Dafür spricht letztlich auch, dass betroffenen Individuen die technischen Details womöglich weniger verständlich sind, als eine fundierte Entscheidungsbegründung seitens der Behörde.[71] Anstatt gewisse technische Ausgestaltungen der Algorithmen per se auszuschließen, sollten die rechtlichen Maßstäbe mithin variabel interpretiert werden, sodass die Anforderungen an die nachgelagerten behördlichen Überprüfungs- und Entscheidungsprozesse umso höher sein sollten, je komplexer und undurchsichtiger die technische Funktionsweise des Algorithmus ist.

### III. Anforderungen an die zugrundeliegenden Daten (Big Data)

Daten bilden das entscheidende Arbeitsmaterial von Algorithmen. Da Algorithmen stets nur so genau sein können, wie die ihnen zugrundeliegenden Daten und eine dem Datenmaterial anhaftende Perspektive auch auf den Algorithmus abfärbt, sollten die Daten bestimmte Anforderungen erfüllen und behördlichen Kontrollen unterliegen.[72] Ein entscheidender Faktor ist hierbei die Qualität und der repräsentative Gehalt der eingespeisten Daten.[73] Grundlegende Schwierigkeiten bei der Beurteilung der Datenqualität schafft im Umgang mit Big Data allerdings nicht nur die schiere Menge der Daten, die allenfalls schematische oder stichprobenartige Überprüfungen zulässt und eine Evaluation jedes einzelnen

---

[68] Vgl. *Martini*, Blackbox Algorithmus – Grundfragen einer Regulierung Künstlicher Intelligenz 2019, 42: Bei selbstlernenden Algorithmen bestimme nicht eine menschlich vorgegebene Problemlösungsstruktur, sondern die bei der Programmierung implementierte Lernarchitektur mit, wie ein Algorithmus selbstständig Probleme und Muster erkennt sowie Lösungen entwickelt.
[69] Siehe schon unter Abschnitt A.
[70] *Molina/Garip* Annual Review of Sociology vol. 45, 2019, 27, 36.
[71] So auch *Wischmeyer*, in: Wischmeyer/Rademacher (Hrsg.): Regulating artificial intelligence 2020, 75, 89 (Rn. 29); *Kroll et al.* University of Pennsylvania Law Review vol. 165, 2017, 663.
[72] Ebenso *Broemel/Trute* Berliner Debatte Initial 2016 (27), 50, 54; im Kontext von Diskriminierungsproblemen bei Algorithmen *Tischbirek*, in: Wischmeyer/Rademacher (Hrsg.): Regulating artificial intelligence 2020, 103, 106 (Rn. 7 f.).
[73] Nach *Guckelberger* VVDStRL 2019 (78), 235, 276, könnten bei lernenden Algorithmen Qualitätsvorgaben an die Lerndaten zur Gesetzmäßigkeit des algorithmischen Outputs beitragen.

Datums nahezu unmöglich macht, sondern auch die Tatsache, dass das einzelne Datum bei Big-Data-Anwendungen erst in Relation zu anderen Daten einen Sinngehalt erlangt.[74] Im Anwendungskontext der Systemrisikoprognose stehen Daten verschiedenster Herkunft und Erhebungsweisen zur Verfügung, für die Fragen nach ihrer Qualität und Representativität differenziert zu beantworten sind. Um die Representativität der Daten zu beurteilen, könnten Kategorisierungen nach der Erhebungsart der Daten aus dem Datenschutzrecht als Orientierungshilfe genutzt werden.[75]

Als direkt erhobene Daten stehen zunächst die in Aufsichtsprozessen von Instituten verfügbar gemachten Daten ebenso wie die von Instituten offengelegten Informationen zur Verfügung.[76] Direkt erhobene Daten, die auch die von Instituten im Zuge der Aufsichtsprozesse übermittelten Daten einschließen, haben den Vorteil, dass ihr repräsentativer Gehalt durch aufsichtsbehördliche Überprüfungsverfahren abgesichert ist.[77] Allerdings sind sie stark vergangenheitsbasiert und selten in Echtzeit verfügbar.[78] Das *Statistical Data Warehouse*[79] der EZB, einschließlich einer *Macroprudential Data Base* (MPDB),[80] dient als Datenquelle für abgeleitete und rechnerisch erzeugte Daten, deren Berechnungsgrundlagen von der EZB eigens festgesetzt und damit ebenfalls abgesichert sind.

Charakteristisch für Big Data ist aber, dass neben den direkt erhobenen Daten auch Beobachtungsdaten eingespeist werden. Konkret könnten Daten aus dem Internet, wie von Social-Media-Plattformen ebenso wie maschinengenerierte Daten, Prozessdaten von Transaktionen und Informationen aus den Medien für die Aufsicht über Systemrisiken fruchtbar gemacht werden.[81] Über regulierte Akteure hinaus würden so auch Daten über nicht-regulierte Akteure wie *FinTechs*, *BigTechs* und IKT-Dienstleister generiert, was der Aufsicht ein umfassendes Bild von der Marktlage vermitteln könnte.[82] Online-Daten sind zudem quasi

---

[74] *Broemel/Trute* Berliner Debatte Initial 2016 (27), 50, 51: Die Representativität von Daten sei angesichts ihrer Bedeutungszuschreibung im Kontext von Big Data zweifelhaft.
[75] Orientiert an ICO 2014 differenzieren *Broemel/Trute* Berliner Debatte Initial 2016 (27), 50, 52, zwischen (1) direkt erhobenen Daten, (2) Beobachtungsdaten, (3) nach der Logik abgeleiteten Daten und (4) über Wahrscheinlichkeitsberechnungen erzeugten Daten.
[76] Zu diesen von Instituten verfügbar gemachten Daten bereits Teil 2, Kapitel § 4, Abschnitt A.
[77] So auch *Doerr/Gambacorta/Maria Serena* BIS Working Papers (Nr. 930) März 2021, 5.
[78] Verwaltungsinterne Daten sind nach *Mergel*, in: Kompetenzzentrum Öffentliche IT (Hrsg.): (Un)berechenbar? Algorithmen und Automatisierung in Staat und Gesellschaft, 76, 80, meist historisch und daher für Zukunftsereignisse nur bedingt aussagekräftig.
[79] *EZB*, Statistical Data Warehouse.
[80] Zur Funktion der MPDB *Boh et al.* ECB Statistics Paper Series (Nr. No. 32) December 2019.
[81] Vgl. zur Relevanz dieser Daten für Zentralbanken bei der Verwendung von Big Data *Irving Fisher Committee on Central Bank Statistics*, IFC Report 3: Central banks' use of and interest in "big data", 4.
[82] Zu den Wissenslücken der Aufsicht im Bereich unbeaufsichtigter Geschäftstätigkeiten: Teil 2, Kapitel § 3, Abschnitt A., III. Auf unzureichende Datengrundlagen der Finanzaufsicht

in Echtzeit verfügbar und können bei hoher Unsicherheit der Marktentwicklungen Vorteile gegenüber der Datenerhebung von Instituten haben.[83] Die Unstrukturiertheit von Beobachtungsdaten limitiert indes die Möglichkeiten der Behörde, die Datensätze auf ihre Repräsentativität bzw. Verlässlichkeit zu überprüfen.[84] Zugleich ist es gerade die Quantität der Daten, welche die Aussagekraft von Big-Data-Analysen stärkt und qualitative Standards durch die schiere Masse zu einem bislang ungewissen und kontroversen Grad relativieren kann.[85] Inwieweit die Quantität von Big Data qualitative Anforderungen in den Hintergrund drängen darf, ist neben datenschutzrechtlichen Fragen bei personenbezogenen Daten[86] auch eine disziplinenspezifische Frage, bei der die konkreten Erkenntnisinteressen und die in diesem Kontext bestehende Aussagekraft von Massendaten berücksichtigt werden sollten.[87] Wenn Big Data bei hoch unsicherheitsbehafteten Entscheidungen im Bereich der Systemrisikobekämpfung eingesetzt werden, können auch qualitativ unabgesicherte Massendaten bessere Erkenntnisse zu Systemrisiken erzeugen, als dies angesichts der enormen Unsicherheit über Systemrisiken ohne sie möglich wäre. Hinzu kommt, dass sie nur für die Anreicherung von Entscheidungen genutzt würden und ihre nachgeschaltete Plausibilisierung die Outputs absichern könnte. All dies spricht dafür, keine zu hohen Qualitätsanforderungen an jene Massendaten zu stellen, die zu Zwecken der Systemrisikoprognose erhoben würden.

---

vor der Finanzkrise von 2008 im Hinblick auf den Schattenbankensektor hinweisend auch *Mayntz* MPIfG Discussion Paper (Nr. 17/12) Juli 2012, 11. Auch innerhalb von Zentralbanken wird der Mehrwert von Big Data gerade in der Inklusion „nicht-traditioneller" Beobachtungsdaten aus den Medien und dem Internet gesehen, siehe *Doerr/Gambacorta/Maria Serena* BIS Working Papers (Nr. 930) März 2021, 4.

[83] *Cœuré*, Policy analysis with big data.

[84] Vgl. *Thapa/Parycek*, in: Kompetenzzentrum Öffentliche IT (Hrsg.): (Un)berechenbar? Algorithmen und Automatisierung in Staat und Gesellschaft, 40, 47.

[85] *Nassehi*, Muster 2019, 34 weist auf die Komplexität der Zusammenhänge zwischen Qualität und Quantität hin. Aus der Sozialforschung zudem *Venturini/Latour/Meunier*, in: Süssenguth (Hrsg.): Die Gesellschaft der Daten 2015, 17, 21: Die schiere Masse und die gleichmäßige Sammlung von Daten über mannigfaltige kollektive Phänomene breche Konflikte zwischen Qualität und Quantität auf.

[86] Auch wenn ErwG (31) der DSGVO Behörden grundsätzlich von den Regelungen freistellt, gilt dies nur, wenn Daten der Behörde „übermittelt" werden, nicht jedoch, wenn diese selbst Massendaten zu Zwecken der Marktbeobachtung erheben. Sofern allerdings die Datenerhebung nicht auf personenbezogene, sondern unternehmensbezogene Daten bezogen ist, ist die DSGVO nicht anwendbar. Zu datenschutzrechtlichen Anforderungen an die Qualität von Big Data *Hoeren* MMR 2016, 8 ff.; *ders.* International Journal of Law and Information Technology vol. 25, 2017, 26 ff.; *Bitter*, in: Hoeren/Sieber/Holznagel (Hrsg.): Handbuch Multimedia-Recht 2020, Teil 15.4, Rn. 55 ff.

[87] So komme es für die Mustererkennung in der Sozialforschung beispielsweise weniger auf die Qualität als auf die Bandbreite der Abbildung kollektiver Verhaltensweisen in Big Data an, die für die Sozialforschung gewinnbringend sei, *Venturini/Latour/Meunier*, in: Süssenguth (Hrsg.): Die Gesellschaft der Daten 2015, 17, 21 f.

Neben der Absicherung der Datenqualität ist ein sorgfältiges behördliches Datenmanagement erforderlich, um die Daten abrufen und verwenden zu können.[88] Im Hinblick auf die Finanzmarktregulierung ist dies schon angesichts der Vielzahl der involvierten Behörden notwendig.[89] Um Daten innerhalb des behördlichen „Wissensnetzwerks" – soweit unter datenschutzrechtlichen Aspekten und Vertraulichkeit der Daten zulässig – zusammenführen zu können, sind zentralisierte digitale Infrastrukturen erforderlich. Die EZB hat eine Plattform eingerichtet (sog. *Data Intelligence Service Center*, DISC), auf der Daten der EZB, nationaler Aufsichtsbehörden, aber auch aus anderen Quellen gesammelt und in eine multidimensionale Datenmatrix („data cube") zu einer Masterdatei integriert werden sollen.[90] Avisiert ist damit ein europäischer Finanzdatenraum.[91] Als Grundlage für algorithmische Analysen ist ein derartiger Raum zu befürworten, da sich erst bei einer Bündelung des Datenschatzes auf unionaler Ebene übergreifende Systemkontexte erschließen.

### IV. Behördliche Überprüfung und Auswertung von Algorithmen

Die auch bei einem Einsatz von Big Data und Algorithmen verbleibende Zukunftsunsicherheit sowie die der Technik selbst anhaftenden Risiken und Komplexitäten aktivieren auch im Umgang mit ihnen die Methoden des Risikoverwaltungsrechts.[92] Im Kern bedeutet dies, dass sich Behörden nicht blind auf Big Data und Algorithmen verlassen dürfen, sondern die Anwendungen selbst zu überprüfen und in reflexive Prozesse einzubetten haben.

Dabei muss zum einen in technischer Hinsicht die Funktionsweise von Big Data und Algorithmen überprüft werden. Die Überprüfungen sind in regelmäßigen Intervallen durchzuführen, da sich lernende Algorithmen dynamisch weiterentwickeln und verändern.[93] Kontrollmechanismen und Qualitätsprüfungen sollten dabei die technische Sicherheit und die Funktionsfähigkeit der Algorithmen auf den Prüfstand stellen.[94] Während bei unüberwacht lernenden Algorithmen mangels kodierter Zielmerkmale von vornherein nur stichprobenartige Ergebniskontrollen denkbar wären, könnte die technische Funktionsfähigkeit überwacht lernender Algorithmen prinzipiell auch anhand ihrer zugrunde geleg-

---

[88] So allgemein im Kontext von Big Data *Spiecker gen. Döhmann* Spektrum der Wissenschaft Spezial 2017, 56.
[89] Zu dem behördlichen „Wissensnetzwerk" schon in Teil 2, Kapitel §4, Abschnitt B.
[90] Nähere Informationen bei *Witt/Blaschke*, ECB data for analysis and decision-making: data governance and technology, 4f.
[91] *Europäische Kommission*, Strategie für ein digitales Finanzwesen in der EU (COM (2020) 591 final) 2020, 5.
[92] Siehe schon unter I.
[93] *Guckelberger*, Öffentliche Verwaltung im Zeitalter der Digitalisierung 2019, Rn. 587.
[94] Vgl. *Heckmann*, in: Hill/Schliesky (Hrsg.): Herausforderung e-Government 2009, 131, 132ff., der die Notwendigkeit der Überprüfung der IT-Sicherheit aus dem Rechtsstaatsprinzip ableitet.

ten In- und Output-Paare verifiziert werden.[95] Allerdings wäre letzteres nicht aussagekräftig für die Generalisierungs- und Anpassungsfähigkeit des Algorithmus, d. h. inwieweit dieser auch mit neuen Datensätzen adäquat umgehen kann.[96] Potenziell verzerrende theoretische Vorannahmen (sog. *bias*) in den Trainingsdaten überwacht lernender Algorithmen können zur Folge haben, dass der Algorithmus andere Merkmale übersieht (sog. *underfitting*), oder sich selbst durch eine zu starke Anpassung an die zugrundeliegenden Trainingsdaten (sog. *overfitting*) in Pfadabhängigkeiten hineinversetzt.[97] Überwacht lernende Algorithmen sollten daher ebenfalls stichprobenartigen Ergebniskontrollen unterliegen, um derartige Fehlerquellen zu detektieren.

Bei der Durchführung von Ergebniskontrollen könnten Kontrollalgorithmen unterstützen, indem sie die Inputdaten ermitteln und in sog. Input-Output-Analysen mit dem Output vergleichen, um besonders gewichtige Kriterien auszumachen und anhand dieser etwaige Verzerrungen oder Diskriminierungstendenzen des Algorithmus zu erkennen.[98] Ferner könnte ein paralleler Einsatz mehrerer Algorithmen basierend auf unterschiedlichen Trainingsdaten und Lernmethoden eine stärkere Diversität erzeugen und etwaige Voreingenommenheiten der Algorithmen durch einen Vergleich ihrer Outputs sichtbarer machen.[99]

Sofern der Algorithmus jenen Qualitätsprüfungen standhält, sollten die Aufsichtsbehörden aus seinen Outputs allerdings auch keine voreiligen Rückschlüsse ziehen, sondern diese stets kritisch auswerten und hinterfragen. Ihre Outputs sind

---

[95] *Molina/Garip* Annual Review of Sociology vol. 45, 2019, 27, 35.

[96] Zu der Generalisierungsfähigkeit als zentrales Charakteristikum des maschinellen Lernens *Mackenzie* European Journal of Cultural Studies vol. 18, no. 4–5, 2015, 429 ff., und *Esposito*, Future and uncertainty in the digital society, 50 Min.: Für die Leistungsfähigkeit eines Algorithmus sei entscheidend, inwieweit dieser ausgehend von seinen Trainingsdaten mit neuen, zuvor unbekannten Daten umgehen kann.

[97] Zu den Phänomenen des *underfitting* und *overfitting Mackenzie* European Journal of Cultural Studies vol. 18, no. 4–5, 2015, 429, 439. Die Gefahren von Verzerrungen erläutert auch *Broemel/Trute* Berliner Debatte Initial 2016 (27), 50, 54. *Nassehi*, Muster 2019, 154 f., weist darauf hin, dass Algorithmen in ihren Lernprozessen eigene Pfade und Pfadabhängigkeiten etablieren, die sodann ihre Folgeoperationen prägen; zu Pfadabhängigkeiten durch Trainingsdaten auch *Martini*, Blackbox Algorithmus – Grundfragen einer Regulierung Künstlicher Intelligenz 2019, 50; Pfadabhängigkeiten als Problem im Umgang mit Algorithmen identifiziert ebenso *Rademacher*, in: Eifert/Hoffmann-Riem (Hrsg.): Digitale Disruption und Recht 2020, 45, 47, angesichts der vergangenheitsbezogenen Lernmethodik von Algorithmen.

[98] Den Einsatz von Kontrollalgorithmen befürworten *Martini/Nink* NVwZ 2017, 681, 682; *Guckelberger*, Öffentliche Verwaltung im Zeitalter der Digitalisierung 2019, Rn. 591; *Martini*, Blackbox Algorithmus – Grundfragen einer Regulierung Künstlicher Intelligenz 2019, 351: Mithilfe eines Kontrollalgorithmus könne bei lernenden Algorithmen eine Input-Output-Kontrolle erfolgen und so sichergestellt werden, dass sich die künstliche Intelligenz, welche sich über die Anwendungszeit wie ein „Chamäleon" verändern könne, fehlerfrei und aussagekräftig bleibe.

[99] Zu dem Mehrwert einer hohen Diversität der Risikoeinschätzungen und einer reflexiven Aufsicht bereits in theoretischem Kontext unter Teil 1, Kapitel § 2, Abschnitt C., I., 1., b), c).

für künftige Entwicklungen womöglich nicht aussagekräftig, da Algorithmen stets anhand von Gegenwarts- und Vergangenheitsdaten operieren und angesichts der Entwicklungsoffenheit der Finanzmärkte unentwegt neue Variablen hinzutreten können.[100] Dieses Problem können selbst Kontrollalgorithmen nicht überwinden, da sie ebenfalls stets auf Daten der Vergangenheit oder Gegenwart angewiesen sind. Regulierer sollten sich vor diesem Hintergrund für die verbleibenden Zukunftsunsicherheiten sensibilisieren und kritisch reflektieren, welches Nichtwissen den algorithmischen Outputs im Hinblick auf die Zukunft anhaftet und welche anderen Zukunftsszenarien noch denkbar wären.[101] Bei Algorithmen, die anhand von Korrelationen individualisierte Prognosen abgeben, ist zudem zu beachten, dass sich die Prognosen im Einzelfall nicht bestätigen müssen, da sie das künftige Entscheidungsverhalten der Individuen unberücksichtigt lassen.[102] Individualisierte Prognosen sollten die rechtliche Begründung im Einzelfall daher nicht ersetzen bzw. vollkommen über diese bestimmen.[103] Des Weiteren gelingt es Algorithmen nicht, die Folgen ihrer eigenen Intervention in ihre Prognosen einzustellen, sodass Regulierer reflektieren sollten, welche Auswirkungen ihre Handlungen basierend auf den algorithmischen Outputs auf die Zukunftsentwicklungen der Finanzmärkte haben könnten.[104]

Eine Einbindung wissenschaftlicher Sachverständiger in hoheitliche Entscheidungsprozesse könnte schließlich dabei unterstützen, die algorithmischen Outputs theoretisch zu hinterfragen und die Folgeeffekte der algorithmischen Prognosen aufzuarbeiten. Als Strategie im Umgang mit Wissensproblemen ist

---

[100] Vgl. zur Entwicklungsoffenheit der Finanzmärkte schon Teil 1, Kapitel § 2, Abschnitt C., I., 2., a), sowie zu der Tatsache, dass auch Algorithmen die Zukunft nur aus gegenwärtiger Perspektive vorhersagen können oben unter § 6, B., I. (insb. Fn. 42).

[101] So *Esposito* Constructivist Foundations vol. 16, no. 3, 2021, 377, 380: Das „methodologische Rezept" für die Analyse der sozialen Realität läge angelehnt an *Luhmann* darin, nach Theorien zu suchen, die das auf der anderen Seite Liegende erforschen und das „Normale" als unwahrscheinlich erklären, um blinde Flecken in der Beobachtungsperspektive sichtbar zu machen.

[102] Zu den Möglichkeiten individualisierter Prognosen des *machine learnings* anhand von Versicherungen, aber auch den damit einhergehenden Gefahren sog. „preemptive policies" *Cevolini/Esposito* Big Data & Society vol. 7, no. 2, 2020, 1 ff.: Personalisierte Prognosen würden die Entwicklungsoffenheit der Zukunft sowie die Entscheidungsmöglichkeiten der Individuen unberücksichtigt lassen und könnten stattdessen Verzerrungen und Diskriminierungen begünstigen.

[103] Das grundsätzliche Problem bei der Verwendung von Algorithmen, Eigenschaften bestimmten Personen zuzuschreiben, und den daraus resultierenden Transparenz- und Rechtsschutzschwierigkeiten thematisiert *Broemel*, Interaktionszentrierte Grundrechtstheorie 2020, 103; vgl. auch *Broemel/Trute* Berliner Debatte Initial 2016 (27), 50, 52; Die Konditionen einzelner Risikoentscheidungen seien angesichts des über Klassifizierungen und Clusterungen arbeitenden Konstruktionsprozesses von Big-Data-Anwendungen für den Einzelnen nicht mehr nachvollziehbar.

[104] Vgl. *Esposito*, Future and uncertainty in the digital society, 45:34 Min: „about the future they produce, algorithms are blind."

der Einsatz von Sachverständigen im Risikoverwaltungsrecht bereits etabliert.[105] Befürchtungen von einem „Ende der Theorie" könnten durch die Einbindung wissenschaftlicher Expertengremien ebenfalls entschärft werden.[106] Bei der Auswertung algorithmischer Verhaltensmuster und ermittelter Vernetzungen zu Zwecken der Systemrisikoprognose wäre konkret die Einbindung soziologischer Expertise vielversprechend, da diese die Aufsicht dabei unterstützen könnte, Ursachen und Begründungen für die beobachteten sozialen Phänomene auszumachen.[107]

## C. Fazit: Zukunftsperspektiven für eine kognitive Strategie

Big Data und Algorithmen stellen für die Aufsicht neue Möglichkeiten der Informationsverarbeitung in Aussicht. Ihr Einsatz seitens der Aufsichtsbehörden wäre allerdings an hohe Voraussetzungen gebunden. Algorithmen können die Entwicklungsoffenheit von Finanzmärkten und die damit verbundene Zukunftsunsicherheit nicht ausräumen und erzeugen sogar für sich genommen neue Wissensprobleme. Big Data und Algorithmen müssen daher in reflexive Prozesse eingebettet werden, um zu verhindern, dass sie neue Fehlsteuerungsrisiken bergen. Eine höhere Diversität algorithmischer Anwendungen, aufsichtsinterne Kontroll- und Reflexionsprozesse sowie die institutionalisierte Einbindung interdisziplinärer Expertengruppen könnten gewährleisten, dass Regulierungsentscheidungen auf Grundlage algorithmischer Resultate kritisch hinterfragt werden, damit diese nicht ihrerseits neue Systemrisiken auslösen.

---

[105] Teil 1, Kapitel § 2, Abschnitt C., II., 2., b).
[106] Zu dieser Befürchtung *Anderson*, The End of Theory: The Data Deluge Makes the Scientific Method Obsolete; *Mainzer* Berliner Debatte Initial 2016 (27), 22 ff.
[107] Zu dem Mehrwert der algorithmischen Mustererkennung für die Sozialforschung etwa *Venturini/Latour/Meunier*, in: Süssenguth (Hrsg.): Die Gesellschaft der Daten 2015, 17, 21 f.; *Nassehi*, Muster 2019, 54 ff.

# Forschungsergebnisse in Thesen

Ziel der vorliegenden Forschungsarbeit war es, eine kognitive Strategie für den Umgang mit Systemrisiken auf Finanzmärkten zu entwickeln. Der Untersuchung lag dabei als Prämisse zugrunde, dass Systemrisiken die Kehrseite der marktimmanenten Interaktionen und Komplexitäten auf Finanzmärkten darstellen. Darauf aufbauend sollte eine alternative Strategie für die Regulierung von Systemrisiken entwickelt werden, die sich gerade auf die soziale Entstehungsdimension von Systemrisiken und die daraus resultierenden Wissensprobleme fokussiert und für die Systemrisikobewältigung sowohl die Aufsicht als auch das dezentrale Wissen der Marktteilnehmer nutzbar macht. Die wichtigsten Aussagen der Arbeit werden abschließend zusammengefasst:

*Teil 1: Theoretische Grundlagen einer kognitiven Strategie*

1. Eine kognitive Strategie baut auf dem systemischen Regulierungsziel der Funktionsfähigkeit und Stabilität der Finanzmärkte auf. Die Bewältigung von Systemrisiken erwächst vor diesem Hintergrund zur Hauptaufgabe der zu entwickelnden Strategie. Mikro- und makroprudenzielle Vorschriften tragen gleichermaßen zur Verwirklichung der Systemziele bei, weshalb die Untersuchung diese ganzheitlich umschließt.

2. In der Ökonomie und Rechtswissenschaft werden Systemrisiken bisher fast überwiegend als Störung eines an sich funktionierenden Marktes unter Prämissen der Markteffizienzhypothese begriffen. Entsprechend konzentrieren sich heuristische Beschreibungen von Systemrisiken darauf, Ursachen vornehmlich in negativen Externalitäten und Informationsasymmetrien auszumachen und Entwicklungsszenarien anhand von Erfahrungswerten zu beschreiben. Ein solches Vorgehen droht jedoch, Pfadabhängigkeiten bei der Systemrisikoregulierung anzustoßen und mit neuen, unbekannten Phänomenen überfordert zu sein.

3. Der Gesetzgeber hat sich mit seiner Zielsetzung indes nicht auf ein bestimmtes Marktbild festgelegt. Die Arbeit kontestiert vor diesem Hintergrund die Prämissen eines heuristischen Systemrisikobegriffs und interpretiert Systemrisiken stattdessen als den Finanzmärkten unweigerlich anhaftendes soziales Phänomen. Über die Aktivierung interdisziplinärer Schlüsselbegriffe, insbesondere soziologischer Beschreibungsangebote von Interaktionen und Komplexitäten auf Finanzmärkten, gelangt sie zu der Erkenntnis, dass Systemrisiken kollektive Wissensprobleme sind. Sie gehen daraus hervor, dass die Marktteilnehmer ihre Risikoentscheidungen in Interaktionskontexten treffen und darin ihr Wissen und

Nichtwissen in Austausch bringen. In Interaktionen können sich die Verhaltensweisen der Akteure und ihr (Nicht-)Wissen homogenisieren, woraus Systemrisiken hervorgehen. Künftige Marktdynamiken sind dabei enorm unsicher, da in spontanen Ordnungen wie auf Finanzmärkten das Wissen dezentral verteilt ist und eine Vielzahl von Einzelentscheidungen in Interaktionen entwicklungsoffen die Marktentwicklungen beeinflussen.

4. Für eine Systemregulierung folgt aus jener Lesart von Systemrisiken, dass diese nicht vollständig ausgeräumt werden können, ohne die spontane Ordnung der Märkte selbst abzuschaffen. Eine Bewältigung von Systemrisiken kann sich daher lediglich auf den adäquaten Umgang mit jenen Unsicherheiten und Komplexitäten der Finanzmärkte konzentrieren.

5. Mit einer kognitiven Strategie präsentiert die Arbeit einen darauf aufbauenden alternativen Lösungsansatz für die Bewältigung von Systemrisiken, der auf zwei Pfeilern basieren soll. Er will zum einen das dezentrale Wissen der Marktakteure für die Verminderung von Systemrisiken aktivieren, indem den Marktakteuren Rahmenbedingungen dafür vorgegeben werden, wie sie besser mit Unsicherheitsproblemen umgehen können. Soll die Bewältigung der Wissensprobleme um Systemrisiken aber nicht vollständig den Marktakteuren überlassen werden, so müssen zum anderen auch die Regulierer und Aufsichtsbehörden kognitive Mechanismen adaptieren.

6. Da Steuerungsversuche angesichts der Entwicklungsdynamik der Finanzmärkte womöglich neue Systemrisiken befeuern können, übernimmt die Strategie aus den Dogmatiken des Risikoverwaltungsrechts Mechanismen, wie Fehlsteuerungsrisiken adressiert werden können. Die Aufsicht erlangt dabei die Rolle eines dynamischen Marktbeobachters, der nicht nur die Finanzmärkte fortlaufend beobachtet, um die Funktionsweise ihrer Marktdynamiken zu verstehen, sondern auch die Folgen eigener Steuerungsentscheidungen stetig im Lichte der Marktentwicklungen reflektiert, um zu verhindern, dass sie selbst Systemrisiken hervorbringen. Auch eine kooperative Einbindung der Marktakteure und von Expertengremien nimmt in einer kognitiven Strategie einen wichtigen Stellenwert ein. Diese verfügen über Wissen, das bei der Aufsicht nicht vorhanden und auch nicht zentralisierbar ist. Schließlich können Notfallmechanismen und eine Transparenz der Risikoentscheidung die hoheitliche Regulierungsentscheidung auch für den Fall des Eintritts von Systemrisiken besser absichern.

*Teil 2: Instrumente der Bankenregulierung aus Perspektive einer kognitiven Strategie*

7. Der zweite Teil wendet die kognitive Strategie auf das existierende Rahmenwerk der Bankenregulierung an, um Optimierungspotenziale in den vorhandenen Regelungen auszuloten. Der personelle Bezug der Bankenregulierung auf „Institute" steht hierbei zunächst im Fokus. Durch die normativen Katalogtatbestände, die das Einfallstor für die bankenaufsichtsrechtliche Regulierung bilden, können bedrohliche Wissenslücken entstehen, soweit auch nicht-regulierte

Akteure und nicht-personale Umstände wie Regeln, Erwartungsstrukturen und Konventionen auf die Entstehung von Systemrisiken einwirken. Die Aufsicht muss daher fortlaufend reflektieren, ob die Reichweite der Institutsdefinitionen noch adäquat ist und ihre kognitiven Instrumente ggf. anpassen, um die Interaktionsgefüge auf Finanzmärkten vollständig zu überblicken.

8. Die quantitativen Eigenmittel- und Liquiditätsinstrumente erfordern, dass eine adäquate Notfallvorsorge in Instituten vorhanden ist, womit diese auch für Systemkrisen resilienter werden. Normativ vorgegebene Standardansätze bergen dabei allerdings stets die Gefahr, dass sie durch das ihnen anhaftende Nichtwissen und eine Homogenisierung des Risikoumgangs in Instituten Systemrisiken befördern. Reflexive Prozesse der Aufsicht müssen dieses Nichtwissen fortlaufend aufarbeiten, um etwaigen Systemrisiken entgegenzutreten. Zugleich ermöglichen Bewertungsspielräume der Institute einen heterogeneren Risikoumgang. Institute sind hierbei aber stets zu einer vorsichtigen Bewertung anzuhalten sowie für die Unsicherheiten ihrer Prognosen zu sensibilisieren, um ein arbiträres Verhalten zu unterbinden.

9. Die organisatorischen Anforderungen an das Risikomanagement schulen Institute im Umgang mit Nichtwissen. Im Zusammenhang mit Systemrisiken kann von den einzelnen Instituten zwar nicht erwartet werden, dass sie diese zutreffend vorhersagen. Jedoch kann eine möglichst hohe Diversität ihrer Prognosen sie besser auf die Zukunftsunsicherheiten vorbereiten und die dezentrale Koordination unterstützen. Vornehmlich interne Stresstests und sog. *Backtestings* regen einen stetigen Prozess des Hinterfragens an, der dazu beiträgt, dass Institute für die Unsicherheitsimmanenz ihrer Geschäfte sensibilisiert werden. Die Anforderungen an ICAAP und ILAAP stellen schließlich sicher, dass auch die quantitativen Berechnungsmodelle fortlaufend vom Institut überprüft und mit kognitiven Prozessen verzahnt werden.

10. Neben der Aktivierung der Institute ist auch die Aufsicht in die Aufarbeitung der Wissensprobleme um Systemrisiken einzubinden. Eine kognitive Strategie will den Aufsichtsbehörden hierfür geeignete Instrumente an die Hand geben. Sie sollen zum einen im Wege des Informationsaustauschs mit Instituten eine Wissensgrundlage aufbauen. Dabei darf es jedoch nicht auf den Datenaustausch allein ankommen. Wichtiger ist vielmehr, dass Informationen über Beziehungen zu anderen Akteuren und Netzwerken in den Vordergrund rücken und die Aufsicht über geeignete Instrumente verfügt, um diese auszuwerten. In einem regelrechten „Wissensnetzwerk" wirken Aufsichtsbehörden zusammen und bereichern ihr Wissen zudem gegenseitig. Mit eigenen kognitiven Instrumenten wie Stresstests können die Aufsichtsbehörden schließlich eigenes Wissen über die Interaktionsstrukturen auf Finanzmärkten generieren. Auch kognitive Aufsichtsinstrumente müssen allerdings Lernprozessen unterliegen und ggf. durch komplementierende Instrumente ergänzt werden, um zu vermeiden, dass sich Wissenslücken auftun und Systemrisiken unentdeckt bleiben.

*Teil 3: Kognitive Strategie im Lichte einer Digitalisierung von Markt und Aufsicht*

11. Anhand der Digitalisierung der Finanzmärkte sollte schließlich die Leistungsfähigkeit einer kognitiven Strategie auf die Probe gestellt werden. Informations- und Kommunikationstechnologien verändern die Art und Weise der Wissensentstehung auf Finanzmärkten, worauf sich auch wissensgenerierende Instrumente einstellen müssen. Anhand beispielhafter Entwicklungsphänomene im Zuge der Digitalisierung wurde aufgezeigt, wie die kognitiven Instrumente angepasst werden könnten, um die mit den Entwicklungsprozessen verbundenen Systemrisiken noch besser aufzuarbeiten.

12. Der Einsatz von Algorithmen im Risikomanagement der Institute geht mit hohen Komplexitäten und Unsicherheiten einher und könnte neue Systemrisiken hervorbringen. Institute sollten mithilfe organisatorischer Vorgaben zu einer Aufarbeitung jener Komplexitäten angeregt und gerade dafür sensibilisiert werden, wie Algorithmen auf systemische Veränderungen reagieren und ob diese auch in Systemkrisen aussagekräftig sind. Die Aufsicht sollte gerade die sozialen Komplexitäten der Algorithmen erforschen und mithilfe kognitiver Instrumente wie *Sandboxes* untersuchen, wie Algorithmen sich in sozialen Umgebungen verhalten und inwieweit sie dort Systemrisiken erzeugen könnten.

13. Zahlreiche digitale Geschäftsmodelle steigern ebenfalls die Komplexität auf Finanzmärkten und könnten neue Systemrisikopotenziale bergen. Die Aufsicht hilft sich im Umgang mit ihnen bislang mit einer technikneutralen Auslegung ab, womit sie aber auch Gefahr läuft, die spezifischen Risiken und Komplexitäten der digitalen Geschäftsmodelle auszublenden. Sie sollte daher fortlaufend die Aufarbeitung bestehenden Nichtwissens vorantreiben. Mit sog. *Sandboxes* und im Wege eines multilateralen Austauschs könnten Institute und nichtregulierte Akteure in die kooperative Aufarbeitung der Unsicherheiten eingebunden somit ihr vielfältiges Wissen nutzbar gemacht werden.

14. Neue Systemrisiken könnten sich schließlich durch Akteure der Digitalökonomie ergeben, die mit ihren wissensintensiven Geschäften zunehmend auf den Finanzmarkt eintreten. Sie gehen neue Interaktionsbeziehungen untereinander und mit regulierten Instituten ein. Plattformunternehmen und Mehrmandantendienstleister sind als „Wissensintermediäre" besonders prädestiniert dafür, auf Finanzmärkten systemrelevant zu werden, sodass die Finanzmarktregulierung jenen Akteuren besondere Organisationsanforderungen auferlegen und sie zu der Aufarbeitung ihrer besonderen Risikopotenziale anhalten sollte. Die Aufsicht sollte aber auch die systemischen Veränderungen durch den Eintritt der neuen Akteure insgesamt beobachten, um zu vermeiden, dass sich neue Systeme und Vernetzungen herausbilden, für die die Aufsicht blind ist. Der Einsatz von Big Data und Algorithmen verspricht in dieser Hinsicht große Chancen, um systemische Beobachtungen der Aufsicht zu verbessern.

15. Ein Einsatz von Big Data und Algorithmen seitens der Aufsicht müsste indes an strenge Funktionsvoraussetzungen geknüpft werden. Neben der fortbestehenden Zukunftsunsicherheit über künftige Marktentwicklungen, die Al-

gorithmen nicht ausräumen können, macht es die der Technik selbst anhaftende Komplexität erforderlich, Big Data und Algorithmen in reflexive Aufsichtsprozesse einzubetten. Aufsichtsbehörden sollten die Programmierung der Algorithmen eng begleiten und die Qualität der Daten sowie der Algorithmen fortlaufend überprüfen. Behördliche Reflexionsprozesse sollten schließlich das den algorithmischen Outputs anhaftende Nichtwissen hinterfragen, um Fehlsteuerungsrisiken einzudämmen und zu vermeiden, dass der Einsatz von Algorithmen womöglich nur neue Systemrisiken hervorbringt oder befördert.

# Literaturverzeichnis

*Acemoglu, Daron/Ozdaglar, Asuman/Tahbaz-Salehi, Alireza*, Networks, Shocks, and Systemic Risk, in: NBER Working Paper (Nr. 20931) Februar 2015 (online verfügbar unter https://www.nber.org/papers/w20931, zuletzt geprüft am 20.03.2023).

*Acharya, Viral V./Cooley, Thomas/Richardson, Matthew/Walter, Ingo*, Manufacturing Tail Risk: A Perspective on the Financial Crisis of 2007–2009, in: Foundations and Trends in Finance vol. 4, no. 4, 2009, S. 247–325.

*Acharya, Viral V./Philippon, Thomas/Richardson, Matthew*, 5. Measuring Systemic Risk for Insurance Companies, in: Hufeld/Koijen/Thimann (Hrsg.): The economics, regulation, and systemic risk of insurance markets, Oxford 2016, S. 100–123.

*Akerlof, George A.*, The Market for "Lemons": Quality Uncertainty and the Market Mechanism, in: Quarterly Journal of Economics vol. 84, no. 3, 1970, S. 488–500.

*Albers, Marion*, Information als Neue Dimension im Recht, in: Rechtstheorie 2002, S. 61–90.

*dies.*, Risikoregulierung im Bio-, Gesundheits- und Medizinrecht, in: Albers (Hrsg.): Risikoregulierung im Bio-, Gesundheits- und Medizinrecht, Baden-Baden 2011, S. 9–34.

*Allen, Franklin/Carletti, Elena*, What Is Systemic Risk?, in: Journal of Money, Credit and Banking vol. 45, no. 1, 2013, S. 121–127.

*Allen, Franklin/Gale, Douglas*, Optimal Financial Crises, in: The Journal of Finance vol. LIII, no. 4, 1998, S. 1245–1284.

*dies.*, Contagion, in: Journal of Political Economy vol. 108, no. 1, 2000, S. 1–33.

*Almhofer, Martina*, Die Haftung der Europäischen Zentralbank für rechtswidrige Bankenaufsicht, zugl. Diss., Tübingen 2018.

*Anderson, Chris*, The End of Theory: The Data Deluge Makes the Scientific Method Obsolete (online verfügbar unter https://www.wired.com/2008/06/pb-theory/, zuletzt geprüft am 20.03.2023).

*Andrae, Silvio; Hellmich, Martin; Schmaltz, Christian*, Bankaufsichtliches Risikomanagement: Grundlagen und Anwendung regulatorischer Anforderungen, Stuttgart 2018.

*Appel, Ivo*, Stufen der Risikoabwehr – Zur Neuorientierung der umweltrechtlichen Sicherheitsdogmatik im Gentechnikrecht, in: NuR 1996, S. 227–235.

*ders.*, Bedeutung außerrechtlicher Wissensbestände für das Management von Unsicherheit und Nichtwissen, in: Hill/Schliesky (Hrsg.): Management von Unsicherheit und Nichtwissen, Baden-Baden 2016, S. 113–146.

*Athey, Susan*, Beyond prediction: Using big data for policy problems, in: Science vol. 355, no. 6324, 2017, S. 483–485.

*Augsberg, Ino*, Extrajuridisches Wissen im Verwaltungsrecht – Analysen und Perspektiven, Tübingen 2013.

*ders.*, Ungewissheitsabsorption und Ignoranzderivate im Verwaltungsrecht, in: Hill/Schliesky (Hrsg.): Management von Unsicherheit und Nichtwissen, Baden-Baden 2016, S. 71–88.

*Baecker, Dirk*, Womit handeln Banken? – Eine Untersuchung zur Risikoverarbeitung in der Wirtschaft, Frankfurt am Main 1991.

*BaFin*, FG MaRisk: Protokoll der Sondersitzung vom 15. März 2018 (online verfügbar unter https://www.bafin.de/SharedDocs/Downloads/DE/Protokoll/dl_protokoll_FG_MaRisk_180315.html, zuletzt geprüft am 20.03.2023).

*dies.*, Generelle Billigung von Algorithmen durch die Aufsicht? Nein, aber es gibt Ausnahmen, in: BaFin Journal 03/2020, S. 32–33.

*dies.*, Studie – Big Data trifft auf künstliche Intelligenz – Herausforderungen und Implikationen für Aufsicht und Regulierung von Finanzdienstleistungen, 15.06.2018 (online verfügbar unter https://www.bafin.de/SharedDocs/Downloads/DE/dl_bdai_studie.html;jsessionid=FC37146BB9D0AF57DF1701F0840B86AB.1_cid363, zuletzt geprüft am 20.03.2023).

*dies.*, Antizyklischer Kapitalpuffer, zuletzt aktualisiert am 28.09.2019 (online verfügbar unter https://www.bafin.de/DE/Aufsicht/BankenFinanzdienstleister/Eigenmittelanforderungen/Kapitalpuffer/antizyklischer_kapitalpuffer_node.html, zuletzt geprüft am 20.03.2023).

*dies.*, Robo-Advice – Automatisierte Anlageberatung und Finanzportfolioverwaltung, zuletzt aktualisiert am 19.02.2020 (online verfügbar unter https://www.bafin.de/DE/Verbraucher/Finanzwissen/Fintech/RoboAdvice/robo_advice_node.html, zuletzt geprüft am 20.03.2023).

*BaFin/Deutsche Bundesbank*, Aufsichtliche Beurteilung bankinterner Risikotragfähigkeitskonzepte und deren prozessualer Einbindung in die Gesamtbanksteuerung („ICAAP") – Neuausrichtung, 24.05.2018 (online verfügbar unter https://www.bundesbank.de/de/aufgaben/bankenaufsicht/einzelaspekte/risikomanagement/icaap-ilaap/risikotragfaehigkeit-598768, zuletzt geprüft am 20.03.2023).

*dies.*, Grundzüge der Methode zur Bestimmung anderweitig systemrelevanter Institute (A-SRI) (online verfügbar unter https://www.bafin.de/SharedDocs/Downloads/DE/Eigenmittel_BA/dl_190822_Methode_Bestimmung_ASRI.pdf?__blob=publicationFile&v=3#:~:text=Der%20Ansatz%20zur%20Bestimmung%20der,vergleichbar%20und%20transparent%20ermittelt%20werden., zuletzt geprüft am 20.03.2023).

*Banh, Minh*, Expected Shortfall – Definition, In: Gabler Banklexikon (online verfügbar unter https://www.gabler-banklexikon.de/definition/expected-shortfall-81576, zuletzt geprüft am 20.03.2023).

*Bank of England Prudential Regulation Authority*, Consultation Paper CP30/19: Outsourcing and third party risk management (online verfügbar unter https://www.bankofengland.co.uk/-/media/boe/files/prudential-regulation/consultation-paper/2019/cp3019.pdf, zuletzt geprüft am 20.03.2023).

*Bankenverband*, Die Regulierung des Schattenbankensektors, Berlin (online verfügbar unter https://www.yumpu.com/de/document/read/39637423/die-regulierung-des-schattenbankensektors/23, zuletzt geprüft am 20.03.2023).

*Bartle, Ian/Laperrouza, Marc*, Systemic risk in the network industries: is there a governance gap? 2009 (online verfügbar unter http://infoscience.epfl.ch/record/142565, zuletzt geprüft am 20.03.2023).

*Bauerschmidt, Jonathan*, Finanzstabilität als Ziel der Bankenunion, in: ZHR 2019 (183), S. 476–502.

*BCBS*, OPE (Calculation of RWA for operational risk), OPE25 (Standardised approach) – Version effective as of 01 Jan 2022 (online verfügbar unter https://www.bis.org/basel_framework/chapter/OPE/25.htm?inforce=20220101, zuletzt geprüft am 20.03.2023).

*dass.*, Basel III – Ein globaler Regulierungsrahmen für widerstandsfähigere Banken und Bankensysteme (online verfügbar unter https://www.bis.org/publ/bcbs189_de.pdf, zuletzt geprüft am 20.03.2023).

*dass.*, Principles for effective risk data aggregation and risk reporting, Basel (online verfügbar unter https://www.bis.org/publ/bcbs239.pdf, zuletzt geprüft am 20.03.2023).

*dass.*, Consultative Document: Fundamental review of the trading book: A revised market risk framework (online verfügbar unter https://www.bis.org/publ/bcbs265.pdf, zuletzt geprüft am 20.03.2023).

*dass.*, Basel III: Rahmenregelung für die Höchstverschuldungsquote und Offenlegungsanforderungen, Januar 2014 (online verfügbar unter https://www.bis.org/publ/bcbs270_de.pdf, zuletzt geprüft am 21.03.2023).

*dass.*, Consultative Document: Standardised Measurement Approach for operational risk (online verfügbar unter https://www.bis.org/bcbs/publ/d355.pdf, zuletzt geprüft am 21.03.2023).

*dass.*, Explanatory note on the minimum capital requirements for market risk (online verfügbar unter https://www.bis.org/bcbs/publ/d457_note.pdf, zuletzt geprüft am 20.03.2023).

*dass.*, Minimum capital requirements for market risk (online verfügbar unter https://www.bis.org/bcbs/publ/d457.pdf, zuletzt geprüft am 20.03.2023).

*dass.*, Basel Framework – Leverage Ratio (online verfügbar unter https://www.bis.org/basel_framework/standard/LEV.htm, zuletzt geprüft am 20.03.2023).

*dass.*, Consultative Document: Principles for operational resilience (online verfügbar unter https://www.bis.org/bcbs/publ/d509.pdf, zuletzt geprüft am 20.03.2023).

*Beale, Nicholas/Rand, David G./Battey, Heather/Croxson, Karen May, Robert M./Nowak, Martin A.*, Individual versus systemic risk and the Regulator's Dilemma, in: Proceedings of the National Academy of Sciences vol. 108, no. 31, 2011, S. 12647–12652.

*Beck, Ulrich*, Risikogesellschaft – Auf dem Weg in eine andere Moderne, Frankfurt am Main 1986.

*Beckert, Jens*, What is Sociological about Economic Sociology? Uncertainty and the Embeddedness of Economic Action, in: Theory and Society vol. 25, 1996, S. 803–840.

*ders.*, Die soziale Ordnung von Märkten, in: MPIfG Discussion Paper (Nr. 07/6) Mai 2007 (online verfügbar unter https://www.ssoar.info/ssoar/bitstream/handle/document/36331/ssoar-2007-beckert-Die_soziale_Ordnung_von_Markten.pdf;sequence=1, zuletzt geprüft am 21.03.2023).

*ders.*, The social order of markets, in: Theory and Society vol. 38, 2009, S. 245–269.

*ders.*, Imagined futures: fictional expectations in the economy, in: Theory and Society vol. 42, 2013, S. 219–240.

*Benzler, Marc/Krieger, Kai*, § 11 Organisatorische Anforderungen, in: Binder/Glos/Riepe (Hrsg.): Handbuch Bankenaufsichtsrecht, Köln 2018.

*Berger, Ariane*, Der automatisierte Verwaltungsakt – Zu den Anforderungen an eine automatisierte Verwaltungsentscheidung am Beispiel des § 35a VwVfG, in: NVwZ 2018, S. 1260–1264.

*Bergk, Vincenz*, Makroprudentielle Aufsicht, zugl. Diss., Baden-Baden 2018.

*Bernanke, Ben/Gertler, Mark*, Financial Fragility and Economic Performance, in: The Quarterly Journal of Economics vol. 105, no. 1, 1990, S. 87–114.

*Beunza, Daniel/Stark, David*, Reflexivity and Systemic Risk in Quantitative Finance (online verfügbar unter https://www.wiwiss.fu-berlin.de/forschung/pfadkolleg/downloads/summer_school_2009/Davi_Stark_reflexive_modeling.pdf, zuletzt geprüft am 20.03.2023).

*dies.*, From dissonance to resonance: cognitive interdependence in quantitative finance, in: Economy and Society vol. 41, no. 3, 2012, S. 383–417.

*dies.*, Seeing Through The Eyes Of Others: Dissonance Within And Across Trading Rooms, in: Knorr Cetina/Preda (Hrsg.): The Oxford handbook of the sociology of finance, Oxford 2014, S. 203–220.

*Beutin, Andreas*, Die Rationalität der Risikoentscheidung – Zur Verwendung ökonomischer Kriterien im Risikoverwaltungsrecht, zugl. Diss., Baden-Baden 2007.

*Bhattacharya, Sudipto/Boot, Arnoud W.A./Thakor, Anjan V.*, The Economics of Bank Regulation, in: Journal of Money, Credit and Banking vol. 30, no. 4, 1998, S. 745–770.

*Bhattacharya, Sudipto/Thakor, Anjan V.*, Contemporary Banking Theory, in: Journal of Financial Intermediation vol. 3, no. 1, 1993, S. 2–50.

*Bieback, Karl-Jürgen*, Beobachtungs- und Evaluationsaufträge an den Gesetzgeber in der Rechtsprechung des Bundesverfassungsgerichts, in: Zeitschrift für Rechtssoziologie 2018, S. 60–68.

*Biggart, Nicole Woolsey/Beamish, Thomas D.*, The Economic Sociology of Conventions: Habit, Custom, Practice, and Routine in Market Order, in: Annual Review of Sociology vol. 29, 2003, S. 443–464.

*Binder, Jens-Hinrich*, Regulierungsinstrumente und Regulierungsstrategien im Kapitalgesellschaftsrecht, Habilitationsschrift, Tübingen 2012.

*ders.*, § 3 Erlaubnispflicht, Zulassungsvoraussetzungen und Zulassungsverfahren, in: Binder/Glos/Riepe (Hrsg.): Handbuch Bankenaufsichtsrecht, Köln 2018.

*BIS/BCBS*, Guidance for national authorities operating the countercyclical capital buffer (online verfügbar unter https://www.bis.org/publ/bcbs187.pdf, zuletzt geprüft am 20.03.2023).

*Bitter, Philip*, Teil 15.4 Big Data im Finanz- und Versicherungswesen, in: Hoeren/Sieber/Holznagel (Hrsg.): Handbuch Multimedia-Recht. Rechtsfragen des elektronischen Geschäftsverkehrs, 54. EL, München 2020.

*Bizer, Kilian/Führ, Martin*, Responsive Regulierung – Anforderungen an die interdisziplinäre Gesetzesfolgenforschung, in: Bizer/Führ/Hüttig (Hrsg.): Responsive Regulierung. Beiträge zur interdisziplinären Institutionenanalyse und Gesetzesfolgenabschätzung, Tübingen 2002, S. 1–19.

*Blankart, Charles B.*, Öffentliche Finanzen in der Demokratie – Eine Einführung in die Finanzwissenschaft, 9. Auflage, München 2017.

*Blaurock, Uwe*, Regelbildung und Grenzen des Rechts – Das Beispiel der Finanzkrise, in: JZ 2012, S. 226–234.

*BMWi*, Freiräume für Innovationen – Das Handbuch für Reallabore (online verfügbar unter https://www.bmwi.de/Redaktion/DE/Publikationen/Digitale-Welt/handbuch-fuer-reallabore.pdf?__blob=publicationFile, zuletzt geprüft am 21.03.2023).

*dass.*, Ein neuer Wettbewerbsrahmen für die Digitalwirtschaft – Bericht der Kommission Wettbewerbsrecht 4.0 (online verfügbar unter https://www.bmwi.de/Redaktion/DE/Publikationen/Wirtschaft/bericht-der-kommission-wettbewerbsrecht-4-0.pdf?__blob=publicationFile&v=4, zuletzt geprüft am 20.03.2023).

*dass.*, Neue Räume, um Innovation zu erproben – Konzept für ein Reallabore-Gesetz (online verfügbar unter https://www.bmwi.de/Redaktion/DE/Publikationen/Digitale-Welt/konzept-fur-ein-reallabore-gesetz.html, zuletzt geprüft am 20.03.2023).

*Boh, Samo/Borgioli, Stefano/Coman, Andra/Chiriacescu, Bogdan/Koban, Anne/Kusmierczyk, Piotr et al.*, European macroprudential database, in: ECB Statistics Paper Series (Nr. No. 32) December 2019 (online verfügbar unter https://www.ecb.europa.eu/pub/pdf/scpsps/ecb.sps32~08c68f95ed.en.pdf?e91f31494e774a10175496562411474c, zuletzt geprüft am 20.03.2023).

*Boissay, Frederic/Cappiello, Lorenzo*, C Micro- versus Macro-Prudential Supervision: Potential Differences, Tensions and Complementarities, in: ECB Financial Stability Review Mai 2014, 135–140 (online verfügbar unter https://www.ecb.europa.eu/pub/pdf/fsr/art/ecb.fsrart201405_03.en.pdf?0ee45487b0d8552eb4ec32396d2702c7, zuletzt geprüft am 20.03.2023).

*Bonn, Joachim K.*, Bankenkrisen und Bankenregulierung, Wiesbaden 1998.

*Bontrup, Heinz J.*, Volkswirtschaftslehre – Grundlagen der Mikro- und Makroökonomie, 2. Auflage, Berlin/Boston 2004.

*Bookstaber, Richard*, The End of Theory – Financial Crises, the Failure of Economics, and the Sweep of Human Interaction, Princeton 2017.

*Borio, Claudio*, Towards a macroprudential framework for financial supervision and regulation?, in: BIS Working Papers (Nr. 128) Februar 2003 (online verfügbar unter https://www.bis.org/publ/work128.pdf, zuletzt geprüft am 20.03.2023).

*ders.*, Implementing the macroprudential approach to financial regulation and supervision, in: Banque de France, Financial Stability Review (Nr. 13) September 2009, S. 31–41.

*Borio, Claudio/Drehmann, Mathias*, Towards an operational framework for financial stability: "fuzzy" measurements and its consequences, in: BIS Working Papers (Nr. 284) Juni 2009 (online verfügbar unter https://www.bis.org/publ/work284.pdf, zuletzt geprüft am 20.03.2023).

*Borio, Claudio/Furfine, Craig/Lowe, Philip*, Procyclicality of the financial system and financial stability: issues and policy options (online verfügbar unter https://www.bis.org/publ/bppdf/bispap01a.pdf, zuletzt geprüft am 20.03.2023).

*Brandt, Olivier de/Hartmann, Philipp*, Systemic Risk: A Survey, in: ECB Working Paper (Nr. 35) November 2000.

*dies.*, Systemic Risk in Banking: A Survey, in: Goodhart/Illing (Hrsg.): Financial crises, contagion, and the lender of last resort. A reader, Oxford 2003, S. 249–297.

*Braun, Ulrich*, § 25a KWG, in: Boos/Fischer/Schulte-Mattler (Hrsg.): KWG, CRR-VO. Kommentar zu Kreditwesengesetz, VO (EU) Nr. 575/2013 (CRR) und Ausführungsvorschriften, 5. Auflage, München 2016.

*Breger, Marshall J./Stewart, Richard B./Elliott, E. Donald/Hawkins, David*, Providing Economic Incentives in Envionmental Regulation, in: Yale Journal on Regulation vol. 8, 1991, S. 463–496.

*Brings, Frank*, Makroprudenzielle Aufsicht: Neues Gefüge auf globaler, europäischer und nationaler Ebene, in: BaFinJournal 06/2013, S. 13–16.

*Britz, Gabriele*, § 26 Elektronische Verwaltung, in: Hoffmann-Riem/Schmidt-Aßmann/Voßkuhle (Hrsg.): Grundlagen des Verwaltungsrechts (Bd. II). Informationsordnung – Verwaltungsverfahren – Handlungsformen, 2. Auflage, München 2012.

*Brock, Ditmar*, Die Risikogesellschaft und das Risiko soziologischer Zuspitzung, in: Zeitschrift für Soziologie 1991, S. 12–24.

*Broemel, Roland*, Strategisches Verhalten in der Regulierung – Zur Herausbildung eines Marktgewährleistungsrechts in den Netzwirtschaften, zugl. Diss., Tübingen 2010.

*ders.*, Wissensgenerierung im Regulierungsverfahren, in: Münkler (Hrsg.): Dimensionen des Wissens im Recht, Tübingen 2019, S. 139–173.

*ders.*, Interaktionszentrierte Grundrechtstheorie, Habilitationsschrift, Tübingen 2020.

*Broemel, Roland/Trute, Hans-Heinrich*, Alles nur Datenschutz? – Zur rechtlichen Regulierung algorithmenbasierter Wissensgenerierung, in: Berliner Debatte Initial 2016 (27), S. 50–65.

*Brühl, Volker*, Big Data, Data Mining, Machine Learning und Predictive Analytics: Ein konzeptioneller Überblick, in: CFS Working Paper Series (Nr. 617) 2019 (online verfügbar unter https://www.econstor.eu/bitstream/10419/191736/1/1047269953.pdf, zuletzt geprüft am 20.03.2023).

*Brunnermeier, Markus/Gorton, Gary/Krishnamurthy, Arvind*, 7. Liquidity Mismatch Measurement, in: Brunnermeier/Krishnamurthy (Hrsg.): Risk Topography. Systemic Risk and Macro Modeling, Chicago 2014, S. 99–112.

*Buchholtz, Gabriele*, Artificial Intelligence and Legal Tech: Challenges to the Rule of Law, in: Wischmeyer/Rademacher (Hrsg.): Regulating artificial intelligence, Cham/AnnArbor 2020, S. 175–198.

*Buchmüller, Patrik*, § 7 Eigenmittelregulierung, in: Binder/Glos/Riepe (Hrsg.): Handbuch Bankenaufsichtsrecht, Köln 2018.

*Buchmüller, Patrik/Engelbach, Sascha/Elbracht, Hans Christian/Beekmann, Frank/Puppe, Inka*, § 7 Eigenmittelregulierung, in: Binder/Glos/Riepe (Hrsg.): Handbuch Bankenaufsichtsrecht, Köln 2018.

*Buckley, Ross/Arner, Douglas W./Zetzsche, Dirk/Selga, Eriks*, The Dark Side of Digital Financial Transformation – The New Risks of FinTech and the Rise of TechRisk, in: EBI Working Paper Series (Nr. 54) 2019.

*Bundesregierung*, Antwort auf eine Kleine Anfrage der Fraktionen der SPD und FDP v. 09.07.79 (BT-Drs. 8/3047) (online verfügbar unter https://dserver.bundestag.de/btd/08/030/0803047.pdf, zuletzt geprüft am 21.03.2023).

*Calliess, Christian*, Finanzkrisen als Herausforderung der internationalen, europäischen und nationalen Rechtssetzung, in: VVDStRL 2012 (71), S. 113–182.

*Callon, Michel*, Introduction: the embeddedness of economic markets in economics, in: The Sociological Review vol. 46, 1998, S. 1–57.

*Campbell-Verduyn, Malcom/Goguen, Marcel/Porter, Tony*, Big Data and algorithmic governance: the case of financial practices, in: New Political Economy vol. 22, no. 2, 2017 (2), S. 219–236.

*Carstens, Augustín*, Public policy for big techs in finance – Asia School of Business Conversations on Central Banking webinar, "Finance as information", 21.01.2021 (online verfügbar unter https://www.bis.org/speeches/sp210121.pdf, zuletzt geprüft am 21.03.2023).

*Caruana, Jaime*, Financial regulation, complexity and innovation – Speech at the Promontory Annual Lecture, 04.06.2014 (online verfügbar unter https://www.bis.org/speeches/sp140604.pdf, zuletzt geprüft am 20.03.2023).

*Cassola, Nuno/Kok, Christoffer/Mongelli, Francesco Paolo*, The ECB after the crisis: existing synergies among monetary policy, macroprudential policies and banking supervision, in: ECB Occasional Paper Series (Nr. 237) November 2019 (online verfügbar unter https://www.ecb.europa.eu/pub/pdf/scpops/ecb.op237~2e791cea97.en.pdf, zuletzt geprüft am 20.03.2023).

*Cevolini, Alberto/Esposito, Elena*, From pool to profile: Social consequences of algorithmic prediction in insurance, in: Big Data & Society vol. 7, no. 2, 2020, S. 1–11.

*Clement, Piet*, The term "macroprudential": origins and evolution, in: BIS Quarterly Review März 2010, S. 59–67 (online verfügbar unter https://www.bis.org/publ/qtrpdf/r_qt1003h.pdf, zuletzt geprüft am 20.03.2023).

*Cœuré, Benoît*, Policy analysis with big data. Banque de France conference on Economic and Financial Regulation in the Era of Big Data, Paris, 24.11.2017 (online verfügbar unter https://www.ecb.europa.eu/press/key/date/2017/html/ecb.sp171124.en.html, zuletzt geprüft am 20.03.2023).

*Coombs, Nathan*, What is an algorithm? Financial regulation in the era of high-frequency trading, in: Economy and Society vol. 45, no. 2, 2016, S. 278–302.

*Cremer, Hans-Joachim*, § 5 Regulierung und Freiheit, in: Fehling/Ruffert (Hrsg.): Regulierungsrecht, Tübingen 2010.

*Cristanto, Juan Carlos/Ehrentraud, Johannes/Fabian, Marcos*, Big techs in finance: regulatory approaches and policy options, in: FSI Briefs (Nr. 12) März 2021 (online verfügbar unter https://www.bis.org/fsi/fsibriefs12.htm, zuletzt geprüft am 21.03.2023).

*Crockett, Andrew*, Market liquidity and financial stability, in: Banque de France, Financial Stability Review – Special issue on liquidity Februar 2008, S. 13–17.

*Czada, Roland*, Disziplinäre Identität als Voraussetzung von Interdisziplinarität?, in: Bizer/Führ/Hüttig (Hrsg.): Responsive Regulierung. Beiträge zur interdisziplinären Institutionenanalyse und Gesetzesfolgenabschätzung, Tübingen 2002, S. 23–54.

*Danielsson, Jon/Macrae, Robert*, Systemic consequences of outsourcing to the cloud (online verfügbar unter https://voxeu.org/article/systemic-consequences-outsourcing-cloud-0, zuletzt geprüft am 20.03.2023).

*Dempfle, Eugen*, Risiken ausgewählter Finanzinnovationen, in: ÖBA 1988, S. 135–146.

*Denahy, Michael*, Hayek, the Limits of Knowledge and Regulating the Global Financial System, in: Griffith Law Review vol. 24, no. 2, 2015, S. 266–287.

*Deutsche Bundesbank*, Finanzstabilitätsbericht 2020 – Auswirkung der Corona-Pandemie auf das Bankensystem (online verfügbar unter https://www.bundesbank.de/de/presse/pressenotizen/finanzstabilitaetsbericht-2020-der-deutschen-bundesbank-847058, zuletzt geprüft am 20.03.2023).

*dies.*, FinTech (online verfügbar unter https://www.bundesbank.de/de/aufgaben/bankenaufsicht/einzelaspekte/fintechs/fintech-598228, zuletzt geprüft am 20.03.2023).

*dies.*, Kreditrisiko (online verfügbar unter https://www.bundesbank.de/de/aufgaben/bankenaufsicht/einzelaspekte/eigenmittelanforderungen/kreditrisiko/kreditrisiko-598424, zuletzt geprüft am 20.03.2023).

*dies.*, Leverage Ratio (online verfügbar unter https://www.bundesbank.de/de/aufgaben/bankenaufsicht/einzelaspekte/leverage-ratio/leverage-ratio-598484, zuletzt geprüft am 20.03.2023).

*dies.*, Makroprudenzielle Maßnahmen (online verfügbar unter https://www.bundesbank.de/de/aufgaben/bankenaufsicht/einzelaspekte/makroprudenzielle-massnahmen/makroprudenzielle-massnahmen-598540, zuletzt geprüft am 20.03.2023).

*dies.*, Makroprudenzielle Überwachung durch den Ausschuss für Finanzstabilität (online verfügbar unter https://www.bundesbank.de/de/aufgaben/finanz-und-waehrungssystem/finanz-und-waehrungsstabilitaet/makroprudenzielle-ueberwachung-afs-/makroprudenzielle-ueberwachung-durch-den-ausschuss-fuer-finanzstabilitaet-601988, zuletzt geprüft am 20.03.2023).

*dies.*, Makroprudenzielle Überwachung in Deutschland: Grundlagen, Institutionen, Instrumente, Monatsbericht April 2013, S. 41–57.

*dies.*, TIBER-DE: Threat Intelligence-based Ethical Red Teaming in Deutschland (online verfügbar unter https://www.bundesbank.de/de/aufgaben/unbarer-zahlungsverkehr/tiber-de/tiber-de-816986, zuletzt geprüft am 20.03.2023).

*dies.*, Der antizyklische Kapitalpuffer in Deutschland – Analytischer Rahmen zur Bestimmung einer angemessenen inländischen Pufferquote, zuletzt aktualisiert am November 2015 (online verfügbar unter https://www.bundesbank.de/resource/blob/598690/e627e8ef7407a27adf5d001bfafb4e92/mL/der-antizyklische-kapitalpuffer-data.pdf, zuletzt geprüft am 20.03.2023).

*dies.*, Bedeutung und Wirkung des Hochfrequenzhandels am deutschen Kapitalmarkt, in: Monatsbericht Oktober 2016, S. 37–61.

*dies.*, IFRS 9 aus Perspektive der Bankenaufsicht, in: Monatsbericht Januar 2019, S. 81–98.

*dies.*, Implementierung von TIBER-DE (online verfügbar unter https://www.bundesbank.de/resource/blob/842288/3fa3530b3fccc8ebf648a964605b7a5c/mL/tiber-implementierung-data.pdf, zuletzt geprüft am 20.03.2023).

*Dewatripont, Mathias/Rochet, Jean-Charles/Tirole, Jean*, Chapter 1: Introduction, in: Dewatripont/Rochet/Tirole (Hrsg.): Balancing the banks. Global lessons from the financial crisis, Princeton 2010, S. 1–9.

*Di Fabio, Udo*, Risikoentscheidungen im Rechtsstaat – Zum Wandel der Dogmatik im öffentlichen Recht, insbesondere am Beispiel der Arzneimittelüberwachung, Habilitationsschrift, Tübingen 1994.

*ders.*, Gefahr, Vorsorge, Risiko: Die Gefahrenabwehr unter dem Einfluß des Vorsorgeprinzips, in: JURA 1996, S. 566–574.

*Diamond, Douglas W.*, Financial Intermediation and Delegated Monitoring, in: The Review of Economic Studies vol. 51, no. 3, 1984, S. 393–414.

*Diamond, Douglas W./Dybvig, Philip H.*, Bank Runs, Deposit Insturance, and Liquidity, in: The Journal of Political Economy vol. 91, no. 3, 1983, S. 401–419.

*Diaz-Bone, Rainer*, Die „Économie des conventions" – Ein neuer institutionalistischer Ansatz in der Wirtschaftssoziologie, in: Universität Luzern, Soziologisches Seminar (Nr. WP 02/09) (online verfügbar unter https://www.unilu.ch/fileadmin/fakultaeten/ksf/institute/sozsem/dok/working_papers/WP02-2009-Rainer-Diaz-bone_Die-Economie-Des-Conventions.pdf, zuletzt geprüft am 20.03.2023).

*Doerr, Sebastian/Gambacorta, Leonardo/Maria Serena, Jose*, Big data and machine learning in central banking, in: BIS Working Papers (Nr. 930) März 2021 (online verfügbar unter https://www.bis.org/publ/work930.pdf, zuletzt geprüft am 20.03.2023).

*Dowd, Kevin*, Moral Hazard and the Financial Crisis, in: Cato Journal vol. 29, no. 1, 2013, S. 141–166.

*Dreyer, Stephan*, Predictive Analytics aus der Perspektive von Menschenwürde und Autonomie, in: Hoffmann-Riem (Hrsg.): Big Data – Regulative Herausforderungen, Baden-Baden 2018, S. 135–143.

*EBA*, Final Report Guidelines on internal Governance under Directive 2013/36/EU (EBA/GL/2017/11), 26. September 2017 (online verfügbar unter https://eba.europa.eu/documents/10180/1972987/Final+Guidelines+on+Internal+Governance+%28EBA-GL-2017-11%29.pdf, zuletzt geprüft am 20.03.2023).

*dies.*, Leitlinien EBA/GL/2014/10 – für die Kriterien zur Festlegung der Anwendungsvoraussetzungen für Artikel 131 Absatz 3 der Richtlinie 2013/36/EU (CRD) in Bezug auf die Bewertung von anderen systemrelevanten Instituten (A-SRI) v. 16.12.2014 (online verfügbar unter https://www.eba.europa.eu/regulation-and-policy/own-funds/guidelines-on-criteria-to-to-assess-other-systemically-important-institutions-o-siis-, zuletzt geprüft am 21.03.2023).

*dies.*, Leitlinien zu Auslagerungen (EBA/GL/2019/02) v. 25.02.2019 (online verfügbar unter https://eba.europa.eu/sites/default/documents/files/documents/10180/2761380/5546a705-bff2-43eb-b382-e5c7bed3a2bc/EBA%20revised%20Guidelines%20on%20outsourcing_DE.pdf, zuletzt geprüft am 20.03.2023).

*dies.*, Leitlinien zu den Stresstests der Institute (EBA/GL/2018/04) v. 19. Juli 2018 (online verfügbar unter https://eba.europa.eu/sites/default/documents/files/documents/10180/2537426/23bc3fd6-8e20-4745-8978-ef84927b9394/Guidelines%20on%20institutions%2 *dies.*, 0stress%20testing%20(EBA-GL-2018-04)_COR_DE.pdf, zuletzt geprüft am 21.03.2023).

*dies.*, Policy Advice on the Basel III Reforms: Operational Risk (EBA–Op–2019–09b), 2 August 2019 (online verfügbar unter https://eba.europa.eu/sites/default/documents/files/documents/10180/2886865/5db69327-7d3f-4e6c-9ac9-fc54430781eb/Policy%20Advice%20on%20Basel%20III%20reforms%20–%20Operational%20Risk.pdf?retry=1, zuletzt geprüft am 20.03.2023).

*dies.*, Überarbeitete Leitlinien (EBA/GL/2018/03) v. 19. Juli 2018 – zu gemeinsamen Verfahren und Methoden für den aufsichtlichen Überprüfungs- und Bewertungsprozess (Supervisory Review and Evaluation Process, SREP) sowie für die aufsichtlichen Stresstests, zur Änderung der EBA/GL/2014/13 vom 19. Dezember 2013 (online verfügbar unter https://www.eba.europa.eu/sites/default/documents/files/documents/10180/2535561/9ad309c8-e45c-469d-b293-e11267176bb3/Revised%20Guidelines%20on%20SREP%20%28EBA-GL-2018-03%29_DE.pdf?retry=1, zuletzt geprüft am 20.03.2023).

*dies.*, Consultation Paper – Draft Guidelines on institution's stress testing (EBA/CP/2017/17), 31.10.2017 (online verfügbar unter https://eba.europa.eu/sites/default/documents/files/documents/10180/2006781/0c4ac326-1330-4799-850c-632510f26ed1/Consultation%20Paper%20on%20Guidelines%20on%20institution%27s%20stress%20testing%20%28EBA-CP-2017-17%29.pdf?retry=1, zuletzt geprüft am 20.03.2023).

*dies.*, Final Report on EBA Guidelines on outsourcing arrangements (EBA/GL/2019/02) (online verfügbar unter https://www.eba.europa.eu/sites/default/documents/files/documents/10180/2551996/38c80601-f5d7-4855-8ba3-702423665479/EBA%20revised%20Guidelines%20on%20outsourcing%20arrangements.pdf?retry=1, zuletzt geprüft am 20.03.2023).

*dies.*, Report on Big Data and Advanced Analytics (EBA/REP/2020/01) (online verfügbar unter https://www.eba.europa.eu/sites/default/documents/files/document_library/Final%20Report%20on%20Big%20Data%20and%20Advanced%20Analytics.pdf, zuletzt geprüft am 20.03.2023).

*dies.*, Discussion paper (EBA/DP/2020/01) – On the future changes to the EU-wide stress test (online verfügbar unter https://www.eba.europa.eu/calendar/discussion-paper-future-changes-eu-wide-stress-test, zuletzt geprüft am 20.03.2023).

*dies.*, Statement on the application of the prudential framework regarding Default, Forbearance and IFRS9 in light of COVID-19 measures, 25.03.2020 (online verfügbar unter https://www.eba.europa.eu/sites/default/documents/files/document_library/News%20and%20Press/Press%20Room/Press%20Releases/2020/EBA%20provides%20clarity%20to%20banks%20and%20consumers%20on%20the%20application%20of%20the%20prudential%20framework%20in%20light%20of%20COVID-19%20measures/Statement%20on%20the%20application%20of%20the%20prudential%20framework%20regarding%20Default%2C%20Forbearance%20and%20IFRS9%20in%20light%20of%20COVID-19%20measures.pdf, zuletzt geprüft am 20.03.2023).

*dies.*, 2021 EU-Wide Stress Tests: Methodological Note (online verfügbar unter https://www.eba.europa.eu/sites/default/documents/files/document_library/Risk%20Analysis%20and%20Data/EU-wide%20Stress%20Testing/2021/Launch%20of%20the%20ST/962559/2021%20EU-wide%20stress%20test%20–%20Methodological%20Note.pdf, zuletzt geprüft am 20.03.2023).

*Egidy, Stefanie*, Finanzkrise und Verfassung – Demokratisches Krisenmanagement in Deutschland und den USA, zugl. Diss., Tübingen 2019.

*Eifert, Martin*, Electronic government – Das Recht der elektronischen Verwaltung, Habilitationsschrift, Baden-Baden 2006.

*Eilert, Hergen*, Anmerkungen zur Debatte über prinzipienbasiertes Aufsichtsrecht, besonders zum aufsichtsrechtlichen Prinzipienbegriff, in: ZVersWiss 2012 (101), S. 621–628.

*Elbracht, Hans Christian*, § 7 Eigenmittelregulierung, in: Binder/Glos/Riepe (Hrsg.): Handbuch Bankenaufsichtsrecht, Köln 2018.

*Elragal, Ahmed/Klischewski, Ralf*, Theory-driven or process-driven prediction? Epistemological challenges of big data analytics, in: Journal of Big Data (Nr. 19) vol. 4, no. 19, 2017.

*Engel, Christoph; Morlok, Martin*, Öffentliches Recht als ein Gegenstand ökonomischer Forschung – Die Begegnung der deutschen Staatsrechtslehre mit der Konstitutionellen Politischen Ökonomie, Tübingen 1998.

*Engel, Martin*, Erwiderung: Algorithmisierte Rechtsfindung als juristische Arbeitshilfe – Zu Kyriakos N. Kotsoglou JZ 2014, 451–457, in: JZ 2014, S. 1096–1100.

*Engel, Tim*, Systemrisikovorsorge – Durch Bankaufsicht, Bankgesellschaft und Bankvorstand, zugl. Diss., Tübingen 2020.

*Enriques, Luca/Romano, Alessandro/Wetzer, Thom*, Network-Sensitive Financial Regulation, in: ecgi Law Working Paper (Nr. 451/2019) Mai 2019.

*ESMA*, Public Statement ESMA32–63–951 of 25 March 2020 – Accounting implications of the COVID-19 outbreak on the calculation of expected credit losses in accordance with IFRS 9 (online verfügbar unter https://www.esma.europa.eu/sites/default/files/library/esma32-63-951_statement_on_ifrs_9_implications_of_covid-19_related_support_measures.pdf, zuletzt geprüft am 20.03.2023).

*Esposito, Elena*, Artificial Communication? The Production of Contingency by Algorithms, in: Zeitschrift für Soziologie 2017, S. 249–265.

*dies.*, Future and uncertainty in the digital society. Alexander von Humboldt Institut für Gesellschaft und Internet, 12.03.2018 (online verfügbar unter https://www.hiig.de/en/events/elena-esposito-digital-society/, zuletzt geprüft am 20.03.2023).

*dies.*, Author's response: Opacity and Complexity of Learning Black Boxes, in: Constructivist Foundations vol. 16, no. 3, 2021, S. 377–380.

*ESRB*, The ESRB Handbook on Operationalising Macroprudential Policy in the Banking Sector (online verfügbar unter https://www.esrb.europa.eu/pub/pdf/other/140303_esrb_handbook_mp.en.pdf, zuletzt geprüft am 20.03.2023).

*ESRB Secreteriat*, Organisational Chart, zuletzt aktualisiert am 09.04.2021 (online verfügbar unter https://www.esrb.europa.eu/shared/pdf/Organisational-Chart.pdf?4329d5b18a497947ef43a775f5b5e69e, zuletzt geprüft am 20.03.2023).

*Europäische Kommission*, FinTech-Aktionsplan: Für einen wettbewerbsfähigeren und innovativeren EU-Finanzsektor (COM(2018) 109 final) – Mitteilung der Kommission an das Europäische Parlament, den Rat, die Europäische Zentralbank, den Europäischen Wirtschafts- und Sozialausschuss und den Ausschuss der Regionen, 08.03.2019 (online verfügbar unter https://eur-lex.europa.eu/resource.html?uri=cellar:6793c578-22e6-11e8-ac73-01aa75ed71a1.0003.02/DOC_1&format=PDF, zuletzt geprüft am 20.03.2023).

*dies.*, Strategie für ein digitales Finanzwesen in der EU (COM (2020) 591 final) – Mitteilung der Kommission an das Europäische Parlament, den Rat, den Europäischen Wirtschafts- und Sozialausschuss und den Ausschuss der Regionen, 24.09.2020 (online verfügbar unter https://eur-lex.europa.eu/legal-content/DE/TXT/PDF/?uri=CELEX:52020DC0591&from=EN, zuletzt geprüft am 20.03.2023).

*dies.*, Vorschlag COM (2020) 595 final – für eine Verordnung des Europäischen Parlaments und des Rates über die Betriebsstabilität digitaler Systeme des Finanzsektors und zur Änderung der Verordnungen (EG) Nr. 1060/2009, (EU) Nr. 648/2012, (EU)

Nr. 600/2014 und (EU) Nr. 909/2014 (online verfügbar unter https://eur-lex.europa.eu/legal-content/DE/TXT/PDF/?uri=CELEX:52020PC0595&from=DE, zuletzt geprüft am 20.03.2023).

*dies.*, Vorschlag COM (2020) 825 final [Digital Services Act] – für eine Verordnung des Europäischen Parlaments und des Rates über einen Binnenmarkt für digitale Dienste (Gesetz über digitale Dienste) und zur Änderung der Richtlinie 2000/31/EG (online verfügbar unter https://eur-lex.europa.eu/legal-content/DE/TXT/PDF/?uri=CELEX:52020PC0825&from=de, zuletzt geprüft am 20.03.2023).

*dies.*, Vorschlag COM (2020) 842 final [Digital Markets Act] – für eine Verordnung des Europäischen Parlaments und des Rates über bestreitbare und faire Märkte im digitalen Sektor (Gesetz über digitale Märkte) (online verfügbar unter https://eur-lex.europa.eu/legal-content/DE/TXT/PDF/?uri=CELEX:52020PC0842&from=en, zuletzt geprüft am 20.03.2023).

*dies.*, Vorschlag COM (2021) 206 final [Artificial Intelligence Act] – für eine Verordnung des Europäischen Parlaments und des Rates zur Festlegung harmonisierter Vorschriften für künstliche Intelligenz (Gesetz über künstliche Intelligenz) und zur Änderung bestimmter Rechtsakte der Union (online verfügbar unter https://eur-lex.europa.eu/resource.html?uri=cellar:e0649735-a372-11eb-9585-01aa75ed71a1.0019.02/DOC_1&format=PDF, zuletzt geprüft am 20.03.2023).

*Expertenkommission Zimmerli*, Integrierte Finanzmarktaufsicht, I. Teilbericht der vom Bundesrat eingesetzten Expertenkommission (online verfügbar unter https://stephan-fuhrer.ch/assets/files/Materialien/VVG/2007%20-%20Aenderung%2014%20-%20FINMAG/2003%20Bericht%20Zimmerli%20I.pdf, zuletzt geprüft am 20.03.2023).

*EZB*, Comprehensive Assessments (online verfügbar unter https://www.bankingsupervision.europa.eu/banking/tasks/comprehensive_assessment/html/index.en.html, zuletzt geprüft am 20.03.2023).

*dies.*, IFRS 9 im Zusammenhang mit der Coronavirus-Pandemie (COVID-19) v. 1. April 2020 (SSM–2020–0154) (online verfügbar unter https://www.bankingsupervision.europa.eu/press/letterstobanks/shared/pdf/2020/ssm.2020_letter_IFRS_9_in_the_context_of_the_coronavirus_COVID-19_pandemic~4cab8e5650.de.pdf, zuletzt geprüft am 20.03.2023).

*dies.*, Pressemitteilung: EZB-Bankenaufsicht führt Sensitivitätsanalyse zum Liquiditätsrisiko als Stresstest 2019 durch, 06.02.2019 (online verfügbar unter https://www.bundesbank.de/resource/blob/776244/fe840acaef3b5f11b3abbb7f164101d5/mL/2019-02-01-stresstest-2019-download.pdf, zuletzt geprüft am 07.07.2021).

*dies.*, Pressemittleilung: Zinsrisikomanagement der meisten europäischen Banken gut, 09.10.2017 (online verfügbar unter https://www.bankingsupervision.europa.eu/press/pr/date/2017/html/ssm.pr171009.de.html, zuletzt geprüft am 07.07.2021).

*dies.*, Statistical Data Warehouse (online verfügbar unter https://sdw.ecb.europa.eu/home.do, zuletzt geprüft am 20.03.2023).

*dies.*, The Eurosystem Integrated Reporting Framework: an overview (online verfügbar unter https://www.ecb.europa.eu/pub/pdf/other/ecb.escbirefoverview202011~ebb404b7b6.en.pdf, zuletzt geprüft am 20.03.2023).

*dies.*, B. The Concept of Systemic Risk, in: ECB Financial Stability Review Dezember 2009, S. 134–142 (online verfügbar unter https://www.ecb.europa.eu/pub/pdf/fsr/art/ecb.fsrart200912_02.en.pdf?39462a69bb594e9a7f14091c0085c132, zuletzt geprüft am 20.03.2023).

*dies.*, Macro-Prudential Policy Objectives and Tools, in: ECB Financial Stability Review Juni 2010, S. 129–137.

*dies.*, Liquidity regulation as a prudential tool: a research perspective, in: ECB Financial Stability Review Juni 2012, S. 116–124.

*dies.*, Comprehensive Assessment Stress Test Manual (online verfügbar unter https://www.ecb.europa.eu/pub/pdf/other/castmanual201408en.pdf, zuletzt geprüft am 21.03.2023).

*dies.*, Aggregate Report on the Comprehensive Assessment (online verfügbar unter https://www.ecb.europa.eu/pub/pdf/other/aggregatereportonthecomprehensiveassessment201410.en.pdf, zuletzt geprüft am 21.03.2023).

*dies.*, TIBER-EU Framework – How to implement the European framework for Threat Intelligence-based Ethical Red Teaming (online verfügbar unter https://www.ecb.europa.eu/pub/pdf/other/ecb.tiber_eu_framework.en.pdf, zuletzt geprüft am 20.03.2023).

*dies.*, Leitfaden der EZB für den bankinternen Prozess zur Sicherstellung einer angemessenen Kapitalausstattung (Internal Capital Adequacy Asessment Process – ICAAP), November 2018 (online verfügbar unter https://www.bankingsupervision.europa.eu/ecb/pub/pdf/ssm.icaap_guide_201811.de.pdf, zuletzt geprüft am 20.03.2023).

*dies.*, Leitfaden der EZB für den bankinternen Prozess zur Sicherstellung einer angemessenen Liquiditätsausstattung (Internal Liquidity Adequacy Assessment Process – ILAAP) (online verfügbar unter https://www.bankingsupervision.europa.eu/ecb/pub/pdf/ssm.ilaap_guide_201811.de.pdf, zuletzt geprüft am 20.03.2023).

*dies.*, Leitfaden zu Klima- und Umweltrisiken – Erwartungen der Aufsicht in Bezug auf Risikomanagement und Offenlegungen (online verfügbar unter https://www.bankingsupervision.europa.eu/ecb/pub/pdf/ssm.202011finalguideonclimate-relatedandenvironmentalrisks~58213f6564.de.pdf?86a1d9d72ccd52cbb3d72f2a12d7c743, zuletzt geprüft am 20.03.2023).

*dies.*, ECB report on banks' ICAAP practices (online verfügbar unter https://www.bankingsupervision.europa.eu/ecb/pub/pdf/ssm.reportbanksicaappractices202007~fc93bf05d9.en.pdf, zuletzt geprüft am 20.03.2023).

*dies.*, Shining a light on climate risks: the ECB's economy-wide climate stress test – Blogpost by Luis de Guindos, Vice-President of the ECB, Frankfurt am Main (online verfügbar unter https://www.ecb.europa.eu/press/blog/date/2021/html/ecb.blog210318~3bbc68ffc5.en.html, zuletzt geprüft am 20.03.2023).

*Favara, Giovanni/Ratnovski, Lev*, Externalities: An economic rationale for macroprudential policy, in: Schoenmaker (Hrsg.): Macroprudentialism, London 2014, S. 137–142.

*Fehling, Michael*, Der Umgang mit Unsicherheit in der ökonomischen Analyse des (Öffentlichen) Rechts, in: Hill/Schliesky (Hrsg.): Management von Unsicherheit und Nichtwissen, Baden-Baden 2016, S. 203–238.

*Fehling, Michael/Brinkschmidt, Johannes*, Effizienz im Spannungsfeld mit Grundrechten: Zur ökonomischen Analyse des Öffentlichen (Wirtschafts-)Rechts, in: JURA 2020, S. 110–121.

*Fiedler, Antonia/Schneider, Johannes/Thöne, Tobias*, Bessere Abwicklungsfähigkeit, in: BaFin Journal Februar 2019 (1), S. 9–12.

*Fischer, Reinfrid/Boegl, Martin*, § 125. Grundlagen, in: Schimansky/Bunte/Lwowski (Hrsg.): Bankrechts-Handbuch, 5. Auflage, München 2017.

*Frické, Martin*, Big Data and Its Epistemology, in: Journal of the Association for Information Science and Technology (66) 2015 (4), S. 651–661.

*Friedman, Milton*, Capitalism and freedom, 40th anniversary ed., Chicago/London 2002.

*FSB*, Artificial intelligence and machine learning in financial services – Market developments and financial stability implications, November 2017.

*dass.*, COVID-19 pandemic: Financial stability implications and policy measures taken, 15.04.2020 (online verfügbar unter https://www.fsb.org/wp-content/uploads/P150420.pdf, zuletzt geprüft am 21.03.2023).

*dass.*, Regulatory and Supervisory Issues Relating to Outsourcing and Third-Party Relationships – Discussion paper, 09.11.2020 (online verfügbar unter https://www.fsb.org/w p-content/uploads/P091120.pdf, zuletzt geprüft am 20.03.2023).

*FSB/IMF/BIS*, Guidance to Assess the Systemic Importance of Financial Institutions, Markets and Instruments: Initial Considerations – Report to the G-20 Finance Ministers and Central Bank Governors (online verfügbar unter https://www.imf.org/external/ np/g20/pdf/100109.pdf, zuletzt geprüft am 20.03.2023).

*Gale, Douglas*, Standard Securities, in: Review of Economic Studies vol. 59, no. 4, 1992, S. 731–755.

*Gemeinsames Komitee der ESA's*, Joint Committee Final Report on Big Data (JC/2018/04), zuletzt aktualisiert am 15.03.2018 (online verfügbar unter https://www.es ma.europa.eu/sites/default/files/library/jc-2018-04_joint_committee_final_report_on _big_data.pdf, zuletzt geprüft am 21.03.2023).

Gesetzesentwurf der Bundesregierung zur Umsetzung der Änderungsrichtlinie zur Vierten EU-Geldwäscherichtlinie vom 08.10.2019 (Drs. 19/13827) (online verfügbar unter http s://dip21.bundestag.de/dip21/btd/19/138/1913827.pdf, zuletzt geprüft am 20.03.2023).

*Gilardi, Fabrizio/Braun, Dietmar*, Delegation aus der Sicht der Prinzipal-Agent-Theorie, in: Politische Vierteljahreszeitschrift 2002 (43), S. 147–161.

*Gläßner, Anne*, Die Beschränkung des Vertriebs von Finanzprodukten – Eine verhaltensökonomische und regulierungstheoretische Analyse des Kleinanlegerschutzgesetzes, zugl. Diss., Baden-Baden 2017.

*Goldhammer, Michael*, Zwischen Prophetie und Prognose – zur Eigenlogik der hoheitlichen Vorhersage, in: Münkler (Hrsg.): Dimensionen des Wissens im Recht, Tübingen 2019, S. 217–232.

*Goodhart, Charles Albert Eric; Hartmann, Philipp; Llewellyn, David T.; Rojas-Suárez, Liliana; Weisbrod, Steven*, Financial regulation – Why, how, and where now?, London 2001.

*Gören, Erol*, Der Einheitliche Aufsichtsmechanismus bei der Europäischen Zentralbank (Single Supervisory Mechanism) – zugl. Diss., Baden-Baden 2019.

*Graham, John David/Wiener, Jonathan Baert*, 1 Confronting Risk Tradeoffs, in: Graham/ Wiener (Hrsg.): Risk versus risk. Tradeoffs in protecting health and the environment, Cambridge, Mass. 1995, S. 1–41.

*Granovetter, Mark*, Economic Action and Social Structure: The Problem of Embeddedness, in: American Journal of Sociology vol. 91, no. 3, 1985, S. 481–510.

*Gröpl, Christoph*, Ökonomisierung von Verwaltung und Verwaltungsrecht, in: VerwArch 2002 (93), S. 459–484.

*Gröschner, Rolf*, Das Überwachungsrechtsverhältnis – Wirtschaftsüberwachung in gewerbepolizeirechtlicher Tradition und wirtschaftsverwaltungsrechtlichem Wandel, Habilitationsschrift, Tübingen 1992.

*Groß, Thomas*, Die Informatisierung der Verwaltung – Eine Zwischenbilanz auf dem Weg von der Verwaltungsautomation zum E-Government, in: VerwArch 2004 (95), S. 400–417.

*Guckelberger, Annette*, Erschließung extrajuridischen Fachwissens durch die Verwaltungsgerichte und Verbesserung der verwaltungsgerichtlichen Wissenspotenziale, in: VerwArch 2017 (108), S. 143–174.

*dies.*, Dritter Beratungsgegenstand: E-Government: Ein Paradigmenwechsel in Verwaltung und Verwaltungsrecht? – 1. Referat, in: VVDStRL 2019 (78), 235–288.

*dies.*, Öffentliche Verwaltung im Zeitalter der Digitalisierung – Analysen und Strategien zur Verbesserung des E-Governments aus rechtlicher Sicht, Baden-Baden 2019.

*Guindos, Louis de*, Macroprudential Stress Testing under Great Uncertainty, in: Financial Stability Review March 2021, S. 17–28.
*Günther, Marcus*, Systemrelevanz von Finanzinstituten, in: WM 2010, S. 825–831.
*Ha, Seungwoong/Jeong, Hawoong*, Unraveling hidden interactions in complex systems with deep learning, in: Scientific Reports (Nr. 12804) 2021.
*Haldane, Andrew G.*, Why banks failed the stress test – The basis for a speech given at the Marcus-Evans Conference on Stress-Testing, 09.02.2009.
ders., Rethinking the financial network. Speech at the Financial Student Association, Amsterdam, 28.04.2009 (online verfügbar unter https://www.bis.org/review/r090505e.pdf, zuletzt geprüft am 20.03.2023).
*Haldane, Andrew G./May, Robert M.*, Systemic risk in banking ecosystems, in: Nature vol. 469, 2011, S. 351–355.
*Hanson, Samuel G./Kashyap, Anil K./Stein, Jeremy C.*, A Macroprudential Approach to Financial Regulation, in: Journal of Economic Perspectives vol. 25, no. 1, 2011, S. 3–28.
*Harth, Jonathan/Lorenz, Caspar-Fridolin*, „Hello World" – Systemtheoretische Überlegungen zu einer Soziologie des Algorithmus, in: kommunikation@gesellschaft (18) Mai 2017 (2), S. 1–21.
*Hartmann-Wendels, Thomas; Pfingsten, Andreas; Weber, Martin*, Bankbetriebslehre, 7. Auflage, Berlin 2019.
*Haselmann, Rainer/Krahnen, Jan/Wahrenburg, Mark*, Evaluierung gesamt- und finanzwirtschaftlicher Effekte der Reformen europäischer Finanzmarktregulierung im deutschen Finanzsektor seit der Finanzkrise, in: SAFE Policy Report No. 1 März 2019 (online verfügbar unter https://safe-frankfurt.de/fileadmin/user_upload/SAFE_Studie_Finanzmarktregulierung.pdf, zuletzt geprüft am 20.03.2023).
*Hausman, Daniel M.*, Economic Methodology in a Nutshell, in: Journal of Economic Perspectives (3) 1989 (2), S. 115–127.
*Hayek, Friedrich A. von*, Economics and Knowledge, in: Economica vol. 4, no. 13, 1937, S. 33–54.
ders., The Use of Knowledge in Society, in: The American Economic Review vol. 35, no. 4, 1945 (4), S. 519–530.
ders., Individualismus und wirtschaftliche Ordnung, 2. Auflage, Salzburg 1976.
ders., 13. Die Theorie komplexer Systeme (1961), in: Vanberg (Hrsg.): Friedrich A. von Hayek: Wirtschaftstheorie und Wissen. Aufsätze zur Erkenntnis- und Wissenschaftslehre, Tübingen 2007, S. 188–212.
ders., Zur Bewältigung von Unwissenheit (1978), in: Vanberg (Hrsg.): Friedrich A. von Hayek: Wirtschaftstheorie und Wissen. Aufsätze zur Erkenntnis- und Wissenschaftslehre, Tübingen 2007, S. 99–108.
*Hecker, Jan*, Marktoptimierende Wirtschaftsaufsicht – Öffentlich-rechtliche Probleme staatlicher Wirtschaftsinterventionen zur Steigerung der Funktionsfähigkeit des Marktes, Tübingen 2012.
*Heckmann, Dirk*, Die elektronische Verwaltung zwischen IT-Sicherheit und Rechtssicherheit, in: Hill/Schliesky (Hrsg.): Herausforderung e-Government. E-Volution des Rechts- und Verwaltungssystems, Baden-Baden 2009, S. 131–147.
*Heine, Michael; Herr, Hansjörg*, Volkswirtschaftslehre, 3. Auflage, München 2013.
*Hellgardt, Alexander*, Regulierung und Privatrecht – Staatliche Verhaltenssteuerung mittels Privatrecht und ihre Bedeutung für Rechtswissenschaft, Gesetzgebung und Rechtsanwendung, Habilitationsschrift, Tübingen 2016.
*Hellwig, Jan F.*, Verlustausgleich und Risikotragung – Schuldrechtliches Risikokapital und der bankaufsichtsrechtliche Eigenmittelbegriff, Tübingen 2019.

*Hellwig, Martin*, Systemische Risiken im Finanzsektor, in: Duwendag (Hrsg.): Finanzmärkte im Spannungsfeld von Globalisierung, Regulierung und Geldpolitik. Johann-Heinrich-von-Thünen-Vorlesung. Werner Hildenbrand: Zur Relevanz mikroökonomischer Verhaltenshypothesen für die Modellierung der zeitlichen Entwicklung von Aggregaten. Jahrestagung des Vereins für Socialpolitik, Gesellschaft für Wirtschafts- und Sozialwissenschaften, in Bern 1997, Berlin 1998, S. 123–151.

*ders.*, Finanzmarktregulierung: Welche Regelungen empfehlen sich für den deutschen und europäischen Finanzsektor? – Gutachten E zum 68. Deutschen Juristentag, in: Hellwig/Höfling/Zimmer (Hrsg.): Finanzmarktregulierung. Welche Regelungen empfehlen sich für den deutschen und europäischen Finanzsektor?, München 2010.

*Henry, Jérôme/Kok, Christoffer*, A Macro Stress Testing Framework for Assessing Systemic Risks in the Banking Sector, in: ECB Occasional Paper Series (Nr. 152) Oktober 2013 (online verfügbar unter https://www.ecb.europa.eu/pub/pdf/scpops/ecbocp152.pdf, zuletzt geprüft am 20.03.2023).

*Hermstrüwer, Yoan*, Artificial Intelligence and Administrative Decisions Under Uncertainty, in: Wischmeyer/Rademacher (Hrsg.): Regulating artificial intelligence, Cham/AnnArbor 2020, S. 199–224.

*Heun, Werner*, Finanzaufsicht im Wandel, in: JZ 2012, S. 235–242.

*High-Level Group on Financial Supervision in the EU, chaired by Jacques de Larosière*, Report („De Larosière Bericht"), Brüssel, 25.02.2009 (online verfügbar unter https://www.esrb.europa.eu/shared/pdf/de_larosiere_report_de.pdf?27ac25e3e0132be567ddc3fa2590d579, zuletzt geprüft am 20.03.2023).

*Hilbert, Patrick*, Informationsaustausch und Wissensmanagement im Europäischen Verwaltungsverbund – Dogmatische, theoretische und praktische Perspektiven auf die Informationsbeziehung europäischer Verwaltung, in: Münkler (Hrsg.): Dimensionen des Wissens im Recht, Tübingen 2019, S. 111–138.

*Hill, Hermann*, Aus Daten Sinn machen: Analyse- und Deutungskompetenzen in der Datenflut, in: DÖV 2014 (67), S. 213–222.

*Hoeren, Thomas*, Thesen zum Verhältnis von Big Data und Datenqualität – Erste Raster zum Erstellen juristischer Standards, in: MMR 2016, S. 8–11.

*ders.*, Big Data and the legal framework for data quality, in: International Journal of Law and Information Technology vol. 25, 2017, S. 26–37.

*Hoffmann-Riem, Wolfgang*, Risiko- und Innovationsrecht im Verbund, in: DV 2005 (38), S. 145–176.

*ders.*, Innovation und Recht, Recht und Innovation – Recht im Ensemble seiner Kontexte, Tübingen 2016.

*ders.*, Selbstregelung, Selbstregulierung und regulierte Selbstregulierung im digitalen Kontext, in: Fehling/Schliesky (Hrsg.): Neue Macht- und Verantwortungsstrukturen in der digitalen Welt, Baden-Baden 2016, S. 27–52.

*ders.*, Artificial Intelligence as a Challenge for Law and Regulation, in: Wischmeyer/Rademacher (Hrsg.): Regulating artificial intelligence, Cham/AnnArbor 2020, S. 1–29.

*ders.*, Digitale Disruption und Transformation. Herausforderungen für Recht und Rechtswissenschaft, in: Eifert/Hoffmann-Riem (Hrsg.): Digitale Disruption und Recht. Workshop zu Ehren des 80. Geburtstags von Wolfgang Hoffmann-Riem, Baden-Baden 2020, S. 143–195.

*Höfling, Wolfram*, Welche Regelungen empfehlen sich für den deutschen und europäischen Finanzsektor? – Gutachten F, in: Hellwig/Höfling/Zimmer (Hrsg.): Finanzmarktregulierung. Welche Regelungen empfehlen sich für den deutschen und europäischen Finanzsektor?, München 2010.

*Hufeld, Felix*, 9. A Regulatory Framework for Systemic Risk in the Insurance Industry, in: Hufeld/Koijen/Thimann (Hrsg.): The economics, regulation, and systemic risk of insurance markets, Oxford 2016, S. 193–207.

*Hufeld, Ulrich*, § 2 Europäische Wirtschafts- und Währungsunion: Das System, in: Hufeld/Ohler (Hrsg.): Enzyklopädie Europarecht (Bd. 9): Europäische Wirtschafts- und Währungsunion, 2. Auflage, Baden-Baden 2022.

*IDW*, Auswirkungen der Coronavirus-Pandemie auf Wertminderungen von Finanzinstrumenten nach IFRS 9 im Quartalsabschluss von Banken zum 31.03.2020 – Fachlicher Hinweis des IDW Bankenfachausschusses (BFA), 27.03.2020 (online verfügbar unter https://www.idw.de/blob/122896/0118a3c78fb65d6f6c1c4aa339c2f157/down-corona-bfa-fachlhinw-ifrs9-data.pdf, zuletzt geprüft am 20.03.2023).

*Introna, Lucas D.*, Algorithms, Governance, and Governmentality: On Governing Academic Writing, in: Science, Technology, & Human Values vol. 41, no. 1, 2016, S. 17–49.

*Irving Fisher Committee on Central Bank Statistics*, IFC Report 3: Central banks' use of and interest in „big data" (online verfügbar unter https://www.bis.org/ifc/publ/ifc-report-bigdata.pdf, zuletzt geprüft am 21.03.2023).

*Isensee, Josef*, § 71 Gemeinwohl im Verfassungsstaat, in: Isensee/Kirchhof (Hrsg.): Handbuch des Staatsrechts (Bd. IV). Aufgaben des Staates, 3. Auflage, Heidelberg 2006.

*ders.*, § 191 Das Grundrecht als Abwehrrecht und als staatliche Schutzpflicht, in: Isensee/Kirchhof (Hrsg.): Handbuch des Staatsrechts (Bd. IX). Allgemeine Grundrechtslehren, 3. Auflage, Heidelberg/München/Landsberg/Frechen/Hamburg 2011.

*ders.*, § 268 Verfassungsrecht als „politisches Recht", in: Isensee/Kirchhof (Hrsg.): Handbuch des Staatsrechts (Bd. XII). Normativität und Schutz der Verfassung, 3. Auflage, Heidelberg/Hamburg 2014.

*Jaeckel, Liv*, Gefahrenabwehrrecht und Risikodogmatik – Moderne Technologien im Spiegel des Verwaltungsrechts, Tübingen 2012.

*dies.*, Risiko und Katastrophe als Herausforderung für die Verwaltung, in: Pünder/Klafki (Hrsg.): Risiko und Katastrophe als Herausforderung für die Verwaltung, Baden-Baden 2016, S. 11–28.

*Jolls, Christine/Sunstein, Cass R.*, Debiasing through Law, in: The Journal of Legal Studies vol. 35, no. 1, 2006, S. 199–242.

*Jöstingmeier, Marco*, Governance der Finanzmärkte – Zur strukturellen Kopplung von Wirtschaft und Politik, Wiesbaden 2019.

*Kaiser, Anna-Bettina*, Multidisziplinäre Begriffsverwendungen – Zum verwaltungsrechtswissenschaftlichen Umgang mit sozialwissenschaftlichen Konzepten, in: Augsberg (Hrsg.): Extrajuridisches Wissen im Verwaltungsrecht. Analysen und Perspektiven, Tübingen 2013, S. 99–117.

*Kalthoff, Herbert/Vormbusch, Uwe*, Einleitung: Perspektiven der Wirtschafts- und Finanzsoziologie, in: Vormbusch/Kalthoff (Hrsg.): Soziologie der Finanzmärkte, Bielefeld 2014, S. 9–28.

*Kashyap, Anil K./Tsomocos, Dimitrios P./Vardoulakis, Alexandros P.*, A programme for improving macroprudential regulation, in: Schoenmaker (Hrsg.): Macroprudentialism, London 2014, S. 21–28.

*Katz, Daniel Martin*, Quantitative legal prediction – or – How I learned to stop worrying and start preparing for the data-driven future of the legal services industry, in: Emory Law Journal vol. 62, 2013, S. 909–966.

*Kaufhold, Ann-Katrin*, Makroaufsicht über das Finanzsystem – Nationale und europäische Gremien im Strukturvergleich, in: WM 2013, S. 1877–1884.

*dies.*, Systemaufsicht – Der Europäische Ausschuss für Systemrisiken im Finanzsystem als Ausprägung einer neuen Aufsichtsform, in: Die Verwaltung 2013 (46), S. 21–57.

*dies.*, Transfer und Transformation ökonomischen Wissens im Recht der Bankenaufsicht, in: Augsberg (Hrsg.): Extrajuridisches Wissen im Verwaltungsrecht. Analysen und Perspektiven, Tübingen 2013, S. 151–175.

*dies.*, Instrumente und gerichtliche Kontrolle der Finanzaufsicht, in: Die Verwaltung 2016 (49), S. 339–368.

*dies.*, Systemaufsicht – Anforderungen an die Ausgestaltung einer Aufsicht zur Abwehr systemischer Risiken – entwickelt am Beispiel der Finanzaufsicht, Habilitationsschrift, Tübingen 2016.

*dies.*, Finanzaufsicht als Aufsicht über Beziehungen, in: ZVglRWiss 2017 (116), S. 151–161.

*dies.*, Schmetterlinge und das Verwaltungsrecht: Kann Aufsicht die Antwort auf systemische Risiken sein?, in: Osaka University Law Review vol. 65, 2018, S. 47–68 (online verfügbar unter https://ir.library.osaka-u.ac.jp/repo/ouka/all/67741/oulr065-047.pdf, zuletzt geprüft am 20.03.2023).

*dies.*, § 17 Der einheitliche Aufsichtsmechanismus für Banken (SSM), in: Hufeld/Ohler (Hrsg.): Enzyklopädie Europarecht (Bd. 9): Europäische Wirtschafts- und Währungsunion, 2. Auflage, Baden-Baden 2022.

*Kaufman, George G.*, Bank Failures, Systemic Risk, and Bank Regulation, in: Cato Journal vol. 16, no. 1, 1996, S. 17–46.

*Kenç, Turalay*, Macroprudential regulation: history, theory and policy, in: BIS Papers (Nr. 86) September 2016 (online verfügbar unter https://www.bis.org/publ/bppdf/bispap86c.pdf, zuletzt geprüft am 20.03.2023).

*Kerber, Wolfgang*, Wettbewerbspolitik, in: Apolte/Erlei/Göcke/Menges/Ott/Schmidt (Hrsg.): Kompendium der Wirtschaftstheorie und Wirtschaftspolitik III. Wirtschaftspolitik, Wiesbaden 2019, S. 115–187.

*Keßler, Jürgen*, Finanzaufsicht und Finanzmarktwächter – Verbraucherpolitische Reformpotenziale im Finanzmarkt, Gutachten im Auftrag der Abteilung Wirtschafts- und Sozialpolitik der Friedrich-Ebert-Stiftung, Bonn 2013.

*Kessler, Oliver*, Sleeping with the enemy? On Hayek, constructivist thought, and the current economic crisis, in: Review of International Studies vol. 38, 2012, S. 275–299.

*ders.*, Die Krise als System? Die diskursive Konstruktion von „Risiko" und „Unsicherheit", in: Maeße (Hrsg.): Ökonomie, Diskurs, Regierung. Interdisziplinäre Perspektiven, Wiesbaden 2013, S. 57–76.

*Kette, Sven*, Bankenregulierung als Cognitive Governance – Eine Studie zur gesellschaftlichen Verarbeitung von Komplexität und Nichtwissen, zugl. Diss., Wiesbaden 2009.

*Keynes, John M.*, General theory of employment, interest and money, London 2017.

*Kindleberger, Charles Poor; Aliber, Robert Z.*, Manias, Panics and Crashes – A History of Financial Crises, 5. Auflage, Basingstoke/New York 2005.

*Kirchgässner, Gebhard*, Es gibt keinen Gegensatz zwischen dem Menschenbild des Grundgesetzes und dem homo oeconomicus!, in: Engel/Morlok (Hrsg.): Öffentliches Recht als ein Gegenstand ökonomischer Forschung. Die Begegnung der deutschen Staatsrechtslehre mit der Konstitutionellen Politischen Ökonomie, Tübingen 1998, S. 49–60.

*Kirchhof, Paul*, in: Maunz/Düring (Hrsg.): Grundgesetz Kommentar (Bd. I), 89. EL Oktober 2019.

*ders.*, § 169 Erwerbsstreben und Maß des Rechts, in: Isensee/Kirchhof (Hrsg.): Handbuch des Staatsrechts (Bd. VIII). Grundrechte: Wirtschaft, Verfahren, Gleichheit, 3. Auflage, Heidelberg 2010.

*Kirchner, Stefan/Beyer, Jürgen*, Die Plattformlogik als digitale Marktordnung – Wie die Digitalisierung Kopplungen von Unternehmen löst und Märkte transformiert, in: Zeitschrift für Soziologie 2016, S. 324–339.

*Kiszka, Sabrina*, Die Steuerung Operationeller Risiken in Kreditinstituten – Eine Kritische Analyse des Neuen Standardansatzes, Wiesbaden 2017.

*Kitchin, Rob*, Big Data, new epistemologies and paradigm shifts, in: Big Data & Society April 2014, S. 1–12.

*ders.*, Thinking critically about and researching algorithms, in: Information, Communication & Society vol. 20, no. 1, 2017, S. 14–29.

*Klafki, Anika*, Risiko und Recht, zugl. Diss., Tübingen 2016.

*Klingenbrunn, Daniel*, Produktverbote zur Gewährleistung von Finanzmarktstabilität, zugl. Diss., Tübingen 2017.

*Knieps, Günter*, Wettbewerbsökonomie – Regulierungstheorie, Industrieökonomie, Wettbewerbspolitik, Dritte, durchgesehene und aktualisierte Auflage, Berlin/Heidelberg 2008.

*Knight, Frank H.*, Risk, Uncertainty and Profit, Boston/New York 1921.

*Knorr Cetina, Karin*, Chapter 6: What is a Financial Market? Global Markets as Microconstitutional and Post-Traditional Social Forms, in: Knorr Cetina/Preda (Hrsg.): The Oxford handbook of the sociology of finance, Oxford 2014, S. 115–133.

*dies.*, Von Netzwerken zu skopischen Medien – Die Flussarchitektur von Finanzmärkten, in: Vormbusch/Kalthoff (Hrsg.): Soziologie der Finanzmärkte, Bielefeld 2014, S. 31–62.

*Knorr Cetina, Karin/Bruegger, Urs*, Global Microstructures: The Virtual Societies of Financial Markets, in: American Journal of Sociology vol. 107, no. 4, 2002, S. 905–950.

*Kohtamäki, Natalia*, Die Reform der Bankenaufsicht in der Europäischen Union, zugl. Diss., Tübingen 2012.

*Konesny/Glaser*, KWG § 10, in: Boos/Fischer/Schulte-Mattler (Hrsg.): KWG, CRR-VO. Kommentar zu Kreditwesengesetz, VO (EU) Nr. 575/2013 (CRR) und Ausführungsvorschriften, 5. Auflage, München 2016.

Kooperationsvereinbarung zwischen Bundesnetzagentur und dem Bundeskartellamt über die einvernehmliche Wahrnehmung der Aufgaben der Markttransparenzstelle für den Großhandel mit Strom und Gas (online verfügbar unter https://www.markttransparenzstelle.de/SharedDocs_MTS/Downloads/DE/MTS/Kooperationsvereinbarung.pdf?__blob=publicationFile&v=2, zuletzt geprüft am 20.03.2023).

*Kotsoglou, Kyriakos N.*, Subsumptionsautomat 2.0 – Über die (Un-)Möglichkeit einer Algorithmisierung der Rechtserzeugung, in: JZ 2014, S. 451–457.

*Kozma, Norbert*, Principles of Proportionality in Credit Institutions' Operational Risk Management, in: Financial and Economic Review vol. 19, no. 3, 2020, S. 78–101.

*KPMG*, Umsetzung des Expected Credit Loss-Modells für Forderungen – Fallstudie zum IFRS 9 (online verfügbar unter https://kpmg.com/de/en/home/insights/2018/06/expected-credit-loss-receivables.html, zuletzt geprüft am 20.03.2023).

*Kraemer, Klaus; Nessel, Sebastian*, Entfesselte Finanzmärkte – Soziologische Analysen des modernen Kapitalismus, Frankfurt am Main 2012.

*Kreft, Theresa*, Bankenstrukturreformen in Deutschland und dem Vereinigten Königreich, zugl. Diss., Tübingen 2019.

*Kroll, Joshua A./Huey, Joanna/Barocas, Solon/Felten, Edward W./Reidenberg, Joel R./Robinson, David G./Yu, Harlan*, Accountable Algorithms, in: University of Pennsylvania Law Review vol. 165, 2017, 663–703.

*Krönke, Christoph*, Öffentliches Digitalwirtschaftsrecht – Grundlagen – Herausforderungen und Konzepte – Perspektiven, Habilitationsschrift, Tübingen 2020.

*Kube, Hanno*, Dritter Beratungsgegenstand: E-Government: Ein Paradigmenwechsel in Verwaltung und Verwaltungsrecht? – 2. Referat, in: VVDStRL 2019 (78), S. 289–332.

*Kumpan, Christoph*, Die Regulierung außerbörslicher Wertpapierhandelssysteme im deutschen, europäischen und US-amerikanischen Recht, Berlin 2006.

*Ladeur, Karl-Heinz*, Risikowissen und Risikoentscheidung – Kommentar zu Gotthard Bechmann, in: KritV 1991 (74), S. 241–256.

ders., Gefahrenabwehr und Risikovorsorge bei der Freisetzung von gentechnisch veränderten Organismen nach dem Gentechnikgesetz, in: NuR 1992, S. 254–262.

ders., Von der Gefahrenabwehr zum Risikomanagement im stoffbezogenen Umweltrecht, in: Hijikata/Nassehi (Hrsg.): Riskante Strategien. Beiträge zur Soziologie des Risikos, Wiesbaden 1997, S. 201–222.

ders., § 21 Die Kommunikationsinfrastruktur der Verwaltung, in: Hoffmann-Riem/Schmidt-Aßmann/Voßkuhle (Hrsg.): Grundlagen des Verwaltungsrechts (Bd. II). Informationsordnung – Verwaltungsverfahren – Handlungsformen, 2. Auflage, München 2012.

ders., Die Gesellschaft der Netzwerke und ihre Wissensordnung – Big Data, Datenschutz und die »relationale Persönlichkeit«, in: Süssenguth (Hrsg.): Die Gesellschaft der Daten, Bielefeld 2015, S. 225–251.

ders., Prozeduralisierung zweiter Ordnung – Am Anfang war das Verfahren – Überlegungen zur Bedeutung der prozeduralen Rationalität des Rechts vom griechischen Recht bis zur Postmoderne, in: Sheplyakova (Hrsg.): Prozeduralisierung des Rechts, Tübingen 2018, S. 73–99.

*Lange, Markus*, Entstehung und Zweck der Markttransparenzstelle für den Großhandel mit Strom und Gas aus kartellrechtlicher Sicht, in: EnWZ 2013, S. 104–108.

*Langenohl, Andreas/Wetzel, Dietmar J.*, Die Entgrenzung von Nicht-Simm: Zur Konzipierung entfesselter Finanzmärkte, in: Kraemer/Nessel (Hrsg.): Entfesselte Finanzmärkte. Soziologische Analysen des modernen Kapitalismus, Frankfurt am Main 2012, S. 63–81.

*Latour, Bruno*, On actor-network theory: A few clarifications, in: Soziale Welt 1996 (47), S. 369–381.

*Laufenberg, Steffen*, § 9 Liquiditätsanforderungen, in: Binder/Glos/Riepe (Hrsg.): Handbuch Bankenaufsichtsrecht, Köln 2018.

*Lee, Sang Hoon/Kim, Pan-Jun/Jeong, Hawoong*, Statistical properties of sampled networks, in: Physical Review (Nr. 016102) vol. 73, 2006.

*Leisner, Walter*, § 173 Eigentum, in: Isensee/Kirchhof (Hrsg.): Handbuch des Staatsrechts (Bd. VIII). Grundrechte: Wirtschaft, Verfahren, Gleichheit, 3. Auflage, Heidelberg 2010.

*Lepsius, Oliver*, Die Ökonomik als neue Referenzwissenschaft für die Staatsrechtslehre?, in: DV 1999 (32), S. 429–444.

ders., Steuerungsdiskussion, Systemtheorie und Parlamentarismuskritik, Tübingen 1999.

ders., Dritter Beratungsgegenstand: Risikosteuerung durch Verwaltungsrecht: Ermöglichung oder Begrenzung von Innovationen?, in: VVDStRL 2004 (63), S. 264–315.

ders., § 1 Regulierungsrecht in den USA: Vorläufer und Modell, in: Fehling/Ruffert (Hrsg.): Regulierungsrecht, Tübingen 2010.

ders., § 19 Ziele der Regulierung, in: Fehling/Ruffert (Hrsg.): Regulierungsrecht, Tübingen 2010.

ders., § 4 Verfassungsrechtlicher Rahmen der Regulierung, in: Fehling/Ruffert (Hrsg.): Regulierungsrecht, Tübingen 2010.

*Leschke, Martin*, § 6 Regulierungstheorie aus ökonomischer Sicht, in: Fehling/Ruffert (Hrsg.): Regulierungsrecht, Tübingen 2010.

*Levitin, Adam J.*, In Defense of Bailouts, in: The George Washington Law Review vol. 99, no. 2, 2011, S. 435–514.

*Lockwood, Erin*, Predicting the unpredictable: Value-at-risk, performativity, and the politics of financial uncertainty, in: Review of International Political Economy vol. 22, no. 4, 2015, S. 719–756.

*Lorenz, Georg*, Die finanzaufsichtsrechtliche Einordnung von digitalen Zahlungstoken, in: ZIP 2019, S. 1699–1709.

*LSE/SRC*, Artificial Intelligence and Systemic Risk – Videoaufnahme einer Diskussionsrunde (online verfügbar unter http://www.systemicrisk.ac.uk/events/artificial-intellige nce-and-systemic-risk-public-lecture, zuletzt geprüft am 20.03.2023).

*Lüde, Rolf von*, Rationalität und Anlageverhalten auf Finanzmärkten, in: Engels/Knoll (Hrsg.): Wirtschaftliche Rationalität. Soziologische Perspektiven, Wiesbaden 2012, S. 129–162.

*Lüdemann, Jörn*, Netzwerke, Öffentliches Recht und Rezeptionstheorie, in: Preprints of the Max Planck Institute for Research on Collective Goods 2007/07 (online verfügbar unter https://homepage.coll.mpg.de/pdf_dat/2007_07online.pdf, zuletzt geprüft am 20.03.2023).

*ders.*, Öffentliches Wirtschaftsrecht und ökonomisches Wissen, in: Augsberg (Hrsg.): Extrajuridisches Wissen im Verwaltungsrecht. Analysen und Perspektiven, Tübingen 2013, S. 121–149.

*Luhmann, Niklas*, Einige Probleme mit „reflexivem Recht", in: Zeitschrift für Rechtssoziologie 1985, S. 7–13.

*ders.*, Vorwort, in: Baecker (Hrsg.): Womit handeln Banken? Eine Untersuchung zur Risikoverarbeitung in der Wirtschaft, Frankfurt am Main 1991, S. 7–13.

*ders.*, Vertrauen, 5. Auflage, Stuttgart 2014.

*Mackenzie, Adrian*, The production of prediction: What does machine learning want?, in: European Journal of Cultural Studies vol. 18, no. 4–5, 2015, S. 429–445.

*MacKenzie, Donald*, Opening the Black Boxes of Global Finance, in: Review of International Political Economy vol. 12, no. 4, 2005, S. 555–576.

*ders.*, Is Economics Performative? Option Theory and the Construction of Derivatives Market, in: Journal of the History of Economic Thought vol. 28, no. 1, 2006, S. 29–55.

*ders.*, ‚Making', ‚taking' and the material political economy of algorithmic trading, in: Economy and Society vol. 48, no. 4, 2018, S. 501–523.

*MacKenzie, Donald/Millo, Yuval*, Constructing a Market, Performing Theory: The Historical Sociology of a Financial Derivatives Exchange, in: American Journal of Sociology vol. 109, no. 1, 2003, S. 107–145.

*Magen, Stefan*, Konjunkturen der Rechtsökonomie als öffentlich-rechtlicher Grundlagenforschung, in: Preprints of the Max Planck Institute for Research on Collective Goods 2014/12.

*Mainzer, Klaus*, Zur Veränderung des Theoriebegriffs im Zeitalter von Big Data und effizienten Algorithmen, in: Berliner Debatte Initial 2016 (27), S. 22–34.

*Mankiw, Nicholas Gregory; Taylor, Mark P.*, Grundzüge der Volkswirtschaftslehre, 7., überarbeitete Auflage, Stuttgart 2018.

*Markovitz, Harry*, Portfolio Selection, in: The Journal of Finance vol. 7, no. 1, 1952, S. 77–91.

*Martínez-Jaramillo, Serafin/Pérez Pérez, Omar/Avila Embriz, Fernando/López Gallo Dey, Fabrizio*, Systemic risk, financial contagion and financial fragility, in: Journal of Economic Dynamics & Control vol. 34, 2010, S. 2358–2374.

*Martini, Mario*, Blackbox Algorithmus – Grundfragen einer Regulierung Künstlicher Intelligenz, Berlin 2019.

*Martini, Mario/Nink, David*, Wenn Maschinen entscheiden … – Persönlichkeitsschutz in vollautomatisierten Verwaltungsverfahren, in: NVwZ 2017, S. 681–682.

*Maume, Philipp; Maute, Lena*, Rechtshandbuch Kryptowerte – Blockchain, Tokenisierung, Initial Coin Offerings, München 2020.

*Mayntz, Renate*, Sozialwissenschaftliches Erklären – Probleme der Theoriebildung und Methodologie, Frankfurt am Main 2009.

*dies.*, Die transnationale Ordnung globalisierter Finanzmärkte: Was lehrt uns die Krise?, in: MPIfG Discussion Paper (Nr. 10/8) 2010 (online verfügbar unter https://pure.mpg.de/rest/items/item_1232200_8/component/file_1232198/content, zuletzt geprüft am 20.03.2023).

*dies.*, Zählen – Messen – Entscheiden – Wissen im politischen Prozess, in: MPIfG Discussion Paper (Nr. 17/12) Juli 2012 (online verfügbar unter https://www.econstor.eu/handle/10419/162867, zuletzt geprüft am 20.03.2023).

*dies.*, Erkennen, was die Welt zusammenhält – Die Finanzmarktkrise als Herausforderung für die soziologische Systemtheorie, in: MPIfG Discussion Paper (Nr. 13/2) Februar 2013 (online verfügbar unter https://pure.mpg.de/rest/items/item_1662309_4/component/file_1662307/content, zuletzt geprüft am 20.03.2023).

*dies.*, Die Finanzmarktkrise im Licht einer Theorie funktioneller Differenzierung, in: Kölner Zeitschrift für Soziologie und Sozialpsychologie 2014 (66), S. 1–19.

*Meier, Nicola/Kotovskaia, Anastasia*, Das Machtpotenzial der Kryptowährungen von Big-Techs – Finanzmarktregulatorische, währungs- und wettbewerbsrechtliche Problemstellungen, in: BKR 2021, S. 348–354.

*dies.*, BigTech Cryptocurrencies – European regulatory solutions in sight, in: SAFE Policy Letter (Nr. 79) Juli 2022 (online verfügbar unter https://safe-frankfurt.de/fileadmin/user_upload/editor_common/Policy_Center/SAFE_Policy_Letter_97.pdf, zuletzt geprüft am 23.03.2023).

*Mendelsohn, Juliane K.*, Systemrisiko und Wirtschaftsordnung im Bankensektor, zugl. Diss., Baden-Baden 2018.

*Mergel, Ines*, Big Data und Data-Science-Ansätze in der öffentlichen Verwaltung, in: Kompetenzzentrum Öffentliche IT (Hrsg.): (Un)berechenbar? Algorithmen und Automatisierung in Staat und Gesellschaft, S. 76–96.

*Mikl-Horke, Gertraude*, Finanzmärkte und ihre Krisen aus soziologischer Sicht, in: Mikl-Horke (Hrsg.): Historische Soziologie – Sozioökonomie – Wirtschaftssoziologie, Wiesbaden 2011, S. 210–229.

*Minsky, Hyman*, Instabilität und Kapitalismus – aus dem Engl. „The Financial Instability Hypothesis: Capitalist Processes and the Behaviour of the Economy" und „Financial Instability Revisited: The Economics of Disaster", Zürich 2011.

*Minsky, Hyman P.*, The Financial Instability Hypothesis: Capitalist Processes and the Behaviour of Economy, in: Hyman P. Minsky Archive (Nr. Paper 282) 1982 (online verfügbar unter http://digitalcommons.bard.edu/hm_archive/282?utm_source=digitalcommons.bard.edu%2Fhm_archive%2F282&utm_medium=PDF&utm_campaign=PDFCoverPages, zuletzt geprüft am 20.03.2023).

*Mohabbat Kar, Resa/Parycek, Peter*, 1 Berechnen, ermöglichen, verhindern: Algorithmen als Ordnungs- und Steuerungsinstrumente in der digitalen Gesellschaft, in: Kompetenzzentrum Öffentliche IT (Hrsg.): (Un)berechenbar? Algorithmen und Automatisierung in Staat und Gesellschaft, S. 7–39.

*Mohr, Hans*, Wissen – Prinzip und Ressource, Berlin/Heidelberg 1999.
*Molina, Mario/Garip, Filiz*, Machine Learning for Sociology, in: Annual Review of Sociology vol. 45, 2019, S. 27–45.
*Morlok, Martin*, Vom Reiz und vom Nutzen, von den Schwierigkeiten und den Gefahren der Ökonomischen Theorie für das Öffentliche Recht, in: Engel/Morlok (Hrsg.): Öffentliches Recht als ein Gegenstand ökonomischer Forschung. Die Begegnung der deutschen Staatsrechtslehre mit der Konstitutionellen Politischen Ökonomie, Tübingen 1998, S. 1–29.
*Möslein, Florian; Omlor, Sebastian*, FinTech-Handbuch – Digitalisierung, Recht, Finanzen, München 2018.
*Mülbert, Peter O.*, Anlegerschutz und Finanzmarktregulierung – Grundlagen, in: ZHR 2013 (177), S. 160–211.
*Mülbert, Peter O./Sajnovits, Alexander*, Vertrauen und Finanzmarktrecht, in: ZfPW 2016, S. 1–51.
*Müller, Thomas*, Wettbewerb und Unionsverfassung – Begründung und Begrenzung des Wettbewerbsprinzips in der europäischen Verfassung, Tübingen 2014.
*Nassehi, Armin*, Muster – Theorie der digitalen Gesellschaft, München 2019.
*Nelson, Stephen C./Katzenstein, Peter J.*, Uncertainty, Risk, and the Financial Crisis of 2008, in: International Organization vol. 68, 2014, S. 361–392.
*Neus, Werner/Riepe, Jan*, § 6 Regulierung der Finanzverfassung: Ökonomische Grundlagen, in: Binder/Glos/Riepe (Hrsg.): Handbuch Bankenaufsichtsrecht, Köln 2018.
*Nicolò, Gianni de/Favara, Giovanni/Ratnovski, Lev*, Externalities and Macroprudential Policy – IMF Staff Discussion Note (SDN/12/05), 07. Juni 2017 (online verfügbar unter https://www.imf.org/external/pubs/ft/sdn/2012/sdn1205.pdf, zuletzt geprüft am 20.03.2023).
*Niethammer, Thomas*, Die Ziele der Bankenaufsicht in der Bundesrepublik Deutschland – Das Verhältnis zwischen „Gläubigerschutz" und „Sicherung der Funktionsfähigkeit des Kreditwesens", zugl. Diss., Berlin 1990.
*Ogden, Tessa*, Foreword, in: Schoenmaker (Hrsg.): Macroprudentialism, London 2014.
*Ohler, Christoph*, § 10 Finanzmarktregulierung und -aufsicht, in: Ruffert (Hrsg.): Enzyklopädie Europarecht (Bd. 5): Europäisches sektorales Wirtschaftsrecht, Baden-Baden 2013.
ders., § 7 Schutz vor systemischen Risiken, in: Kirchhof/Korte/Magen (Hrsg.): Öffentliches Wettbewerbsrecht. Neuvermessung eines Rechtsgebiets, Heidelberg/Hamburg 2014.
ders., § 32 Bankenaufsichtsrecht, in: Ehlers/Fehling/Pünder/Achterberg/Augsberg (Hrsg.): Besonderes Verwaltungsrecht (Band 1). Öffentliches Wirtschaftsrecht, 4. Auflage, Heidelberg/Hamburg 2019.
ders., § 3 Gemeinwohlfunktionen der Wirtschafts- und Währungsunion, in: Hufeld/Ohler (Hrsg.): Enzyklopädie Europarecht (Bd. 9): Europäische Wirtschafts- und Währungsunion, 2. Auflage, Baden-Baden 2022.
*Ortgies, Jörg*, KWG § 10c, in: Boos/Fischer/Schulte-Mattler (Hrsg.): KWG, CRR-VO. Kommentar zu Kreditwesengesetz, VO (EU) Nr. 575/2013 (CRR) und Ausführungsvorschriften, 5. Auflage, München 2016.
ders., KWG § 10d, in: Boos/Fischer/Schulte-Mattler (Hrsg.): KWG, CRR-VO. Kommentar zu Kreditwesengesetz, VO (EU) Nr. 575/2013 (CRR) und Ausführungsvorschriften, 5. Auflage, München 2016.
ders., KWG § 10e, in: Boos/Fischer/Schulte-Mattler (Hrsg.): KWG, CRR-VO. Kommentar zu Kreditwesengesetz, VO (EU) Nr. 575/2013 (CRR) und Ausführungsvorschriften, 5. Auflage, München 2016.

*Ostendorf, Ralf Jürgen*, VO (EU) 575/2013 Art. 92, in: Boos/Fischer/Schulte-Mattler (Hrsg.): KWG, CRR-VO. Kommentar zu Kreditwesengesetz, VO (EU) Nr. 575/2013 (CRR) und Ausführungsvorschriften, 5. Auflage, München 2016.

*Padilla, Jorge/La Mano, Muguel de*, Big Tech Banking, in: Journal of Competition Law & Economics vol. 14, no. 4, 2018, S. 494–526.

*Padoa-Schioppa, Tommaso*, Regulating Finance – Balancing Freedom and Risk, Oxford 2004.

*Paraschiakos, Christos*, Bankenaufsicht zwischen Risikoverwaltung und Marktbegleitung, zugl. Diss., Tübingen 2017.

*Pearl, Judea; Mackenzie, Dana*, The Book of Why – The new science of cause and effect, London 2019.

*Periškić, Elma Sefer*, § 8 Verschuldungsquote, in: Binder/Glos/Riepe (Hrsg.): Handbuch Bankenaufsichtsrecht, Köln 2018.

*Petersen, Niels; Towfigh, Emanuel V.*, Ökonomische Methoden im Recht – Eine Einführung für Juristen, Tübingen 2012.

*Peuker, Enrico*, Verfassungswandel durch Digitalisierung – Digitale Souveränität als verfassungsrechtliches Leitbild, Tübingen 2020.

*Plosser, Charles I.*, Redesigning Financial System Regulation – For the New York University Conference, „Restoring Financial Stability: Ho to Repair a Failed System", 06.03.2009 (online verfügbar unter https://www.philadelphiafed.org/-/media/frbp/assets/institutional/speeches/plosser/2009/03-06-09_nyu-restoring-financial-stability.pdf, zuletzt geprüft am 20.03.2023).

*Polanyi, Karl*, The Great Transformation – Politische und ökonomische Ursprünge von Gesellschaften und Wirtschaftssystemen, Frankfurt am Main 1978.

*Polinsky, A. Mitchell/Shavell, Steven*, Economic Analysis of Law, in: SIEPR Discussion Paper (Nr. 05–05) November 2005.

*Posner, Richard A.*, Economic Approach to Law, in: Texas Law Review vol. 53, no. 4, 1975, S. 757–782.

*Preda, Alex*, The Sociological Approach to Financial Markets, in: Journal of Economic Surveys vol. 21, no. 3, 2007, S. 506–533.

*Quagliariello, Mario*, Are Stress Tests Beauty Contests?, in: EBA Staff Paper Series (Nr. Nr. 4) July 2019 (online verfügbar unter https://www.eba.europa.eu/sites/default/documents/files/documents/10180/2259345/1d6e18eb-ce17-45e5-be17-c0d7105b675f/Are%20stress%20tests%20beauty%20contests.pdf?retry=1, zuletzt geprüft am 20.03.2023).

*Rademacher, Timo*, Predictive Policing im deutschen Polizeirecht, in: AöR 2017 (142), S. 366–416.

*ders.*, Künstliche Intelligenz und neue Verantwortungsarchitektur, in: Eifert/Hoffmann-Riem (Hrsg.): Digitale Disruption und Recht. Workshop zu Ehren des 80. Geburtstags von Wolfgang Hoffmann-Riem, Baden-Baden 2020, S. 45–72.

*Radford, Jason/Joseph, Kenneth*, Theory In, Theory Out: The Uses of Social Theory in Machine Learning for Social Science, in: Front. Big Data May 2020 (online verfügbar unter https://www.frontiersin.org/articles/10.3389/fdata.2020.00018/full#B113, zuletzt geprüft am 20.03.2023).

*Reiling, Katharina*, Der Hybride – Administrative Wissensorganisation im privaten Bereich, zugl. Diss., Tübingen 2016.

*Reischauer, Friedrich; Kleinhans, Joachim*, Kreditwesengesetz – Loseblattkommentar für die Praxis nebst sonstigen bank- und sparkassenrechtlichen Aufsichtsgesetzen sowie ergänzenden Vorschriften, Berlin 2019.

*Remsperger, Hermann*, Der makroprudenzielle Komplex: der Prozess, das Schloss, das Urteil, in: IMFS Working Paper Series (Nr. 80) 2014.

*Renn, Ortwin*, Das Risikoparadox – Warum wir uns vor dem Falschen fürchten, 3. Auflage, Frankfurt am Main 2014.

*Renn, Ortwin/Dreyer, Marion/Klinke, Andreas/Schweizer, Pia-Johanna*, Systemische Risiken: Charakterisierung, Management und Integration in eine aktive Nachhaltigkeitspolitik, in: Beckenbach/Hampicke/Leipert/Meran/Minsch/Nutzinger et al. (Hrsg.): Soziale Nachhaltigkeit, Marburg 2007, S. 157–187.

*Rennig, Christopher*, KWG goes Krypto – Die Aufnahme von Kryptowerten und des Kryptoverwahrgeschäfts in das KWG, in: BKR 2020, S. 23–29.

*Rieder, Gernot/Simon, Judith*, Vertrauen in Daten oder: Die politische Suche nach numerischen Beweisen und die Erkenntnisversprechen von Big Data, in: Kompetenzzentrum Öffentliche IT (Hrsg.): (Un)berechenbar? Algorithmen und Automatisierung in Staat und Gesellschaft, S. 159–178.

*Ringe, Wolf-Georg/Enriques, Luca*, Bank-fintech partnerships, outsourcing arrangements and the case for a mentorship regime, in: Capital Markets Law Journal vol. 15, no. 4, 2020, S. 374–397.

*Ringe, Wolf-Georg/Ruof, Christopher*, A Regulatory Sandbox for Robo Advice, in: EBI Working Paper Series (Nr. 26) 2018.

*Rochet, Jean-Charles*, Chapter 3: The Future of Banking Regulation, in: Dewatripont/ Rochet/Tirole (Hrsg.): Balancing the banks. Global lessons from the financial crisis, Princeton 2010, S. 78–106.

*Rochet, Jean-Charles/Tirole, Jean*, Interbank Lending and Systemic Risk, in: Journal of Money, Credit and Banking (28) vol. 28, no. 4(2), 1996, S. 733–762.

*dies.*, Platform Competition in Two-Sided Markets, in: Journal of the European Economic Association vol. 1, no. 4, 2003, S. 990–1029.

*Rodi, Michael*, Ökonomische Analyse des Öffentlichen Rechts, Berlin 2014.

*Röhl, Hans-Christian*, § 18, in: Fehling/Ruffert (Hrsg.): Regulierungsrecht, Tübingen 2010.

*Romano, Roberta*, Against Financial Harmonization: A Comment, in: Yale Law & Economics Research Paper (Nr. 414) Oktober 2010.

*Romeike, Frank/Erben, Roland Franz*, Was ist Risiko?, in: Risknews 2004 (01), S. 44–45.

*Rosengren, Eric S.*, Defining Financial Stability, and Some Policy Implications of Applying the DefinitionFederal Reserve Bank of Boston (online verfügbar unter https://www.bostonfed.org/news-and-events/speeches/defining-financial-stability-and-some-policy-implications-of-applying-the-definition.aspx, zuletzt geprüft am 20.03.2023).

*Rostásy, Carla; Becker, Eva; Willke, Helmut*, Systemic Risk – The Myth of Rational Finance and the Crisis of Democracy, Frankfurt am Main 2013.

*Rudkowski, Lena*, Transparenzpflichten zur Kontrolle von Finanzdienstleistungsunternehmen – Unter besonderer Berücksichtigung des Schutzes von Geschäftsgeheimnissen, Tübingen 2016.

*Ruf, Simone*, Die legislative Prognose, zugl. Diss., Tübingen 2020.

*Sachverständigenrat Wirtschaft*, Jahresgutachten 2014/2015: Kapitel 5 – Der weite Weg zu mehr Finanzstabilität in Deutschland und Europa (online verfügbar unter https://www.sachverstaendigenrat-wirtschaft.de/fileadmin/dateiablage/gutachten/jg201415/JG14_05.pdf, zuletzt geprüft am 20.03.2023).

*Salou, Gérard*, ECB Data Intelligence Service Centre (DISC). OECD SIS-CC 2016 Workshop, 11.04.2016 (online verfügbar unter https://community.oecd.org/docs/DOC-99268, zuletzt geprüft am 20.03.2023).

*Sanio, Jochen*, Bankenaufsicht und Systemrisiko, in: Schäfer (Hrsg.): Risikomanagement und kapitalmarktorientierte Finanzierung. Festschrift zum 65. Geburtstag von Bernd Rudolph, Frankfurt am Main 2009, 15–32.

*Schaefer, Jan Philipp*, Die Umgestaltung des Verwaltungsrechts – Kontroversen reformorientierter Verwaltungsrechtswissenschaft, Tübingen 2016.

*Schäfer, Dorothea*, Banken: Leverage Ratio ist das bessere Risikomaß, in: DIW Wochenbericht 2011 (46), S. 11–17.

*Schäfer, Klaus*, § 1, in: Boos/Fischer/Schulte-Mattler (Hrsg.): KWG, CRR-VO. Kommentar zu Kreditwesengesetz, VO (EU) Nr. 575/2013 (CRR) und Ausführungsvorschriften, 5. Auflage, München 2016.

*Scherzberg, Arno*, Dritter Beratungsgegenstand: Risikosteuerung durch Verwaltungsrecht: Ermöglichung oder Begrenzung von Innovationen?, in: VVDStRL 2004 (63), S. 214–263.

*ders.*, Grundlagen staatlicher Risikosteuerung, in: Albers (Hrsg.): Risikoregulierung im Bio-, Gesundheits- und Medizinrecht, Baden-Baden 2011, S. 35–55.

*ders.*, Strategien staatlicher Risikobewältigung, in: Hill/Schliesky (Hrsg.): Management von Unsicherheit und Nichtwissen, Baden-Baden 2016, S. 31–70.

*Schimank, Uwe*, Die „Hyperkomplexität" des Finanzmarkts und die Hilflosigkeit der Kleinanleger, in: Leviathan 2011, S. 499–517.

*Schliesky, Utz*, Legitimation und Verantwortung im komplexen, arbeitsteiligen Staat – eine Einführung, in: Hill/Schliesky (Hrsg.): Herausforderung e-Government. E-Volution des Rechts- und Verwaltungssystems, Baden-Baden 2009, S. 11–38.

*Schmeling, Maik*, What is Libra? Understanding Facebook's Currency, in: SAFE Policy Letter (Nr. 76) September 2019 (online verfügbar unter https://safe-frankfurt.de/fileadmin/user_upload/editor_common/Policy_Center/SAFE_Policy_Letter_76.pdf, zuletzt geprüft am 23.03.2023).

*Schmidt-Aßmann, Eberhard*, Das allgemeine Verwaltungsrecht als Ordnungsidee – Grundlagen und Aufgaben der verwaltungsrechtlichen Systembildung, Dordrecht 2006.

*Schneider, Jens-Peter*, Verantwortungszurechnung bei vernetzten Verwaltungsverfahren nach deutschem und europäischem Recht, in: Hill/Schliesky (Hrsg.): Herausforderung e-Government. E-Volution des Rechts- und Verwaltungssystems, Baden-Baden 2009, S. 89–111.

*Schoenmaker, Dirk*, Introduction, in: Schoenmaker (Hrsg.): Macroprudentialism, London 2014, S. 1–8.

*Schuppert, Gunnar Folke*, Wissen, Governance, Recht – Von der kognitiven Dimension des Rechts zur rechtlichen Dimension des Wissens, Baden-Baden 2019.

*Schwarcz, Steven L.*, Systemic Risk, in: The George Washington Law Review vol. 97, no. 1, 2008, S. 193–250.

*ders.*, Regulating Complexity in Financial Markets, in: Washington University Law Review vol. 87, no. 2, 2009, S. 211–268.

*ders.*, Systematic Regulation of Systemic Risk, in: Wisconsin Law Review no. 1, 2019, S. 1–54.

*Scott, Hal S.*, The Reduction of Systemic Risk in the united States Financial System, in: Harvard Journal of Law & Public Policy vol. 33, no. 2, 2011, S. 671–734.

*Senge, Konstanze/Beyer, Jürgen*, Finanzmarkt und Geldordnung. Soziologische Perspektiven nach der Wirtschafts- und Finanzkrise, in: Beyer/Senge (Hrsg.): Finanzmarktsoziologie. Entscheidungen, Ungewissheit und Geldordnung, Wiesbaden 2018, S. 3–46.

*Sethe, Rolf/Gurlit, Elke*, § 26 Einlagensicherung und Anlegerentschädigung, in: Assmann/Schütze/Buck-Heeb (Hrsg.): Handbuch des Kapitalanlagerechts, 5. Auflage, München 2020.

*Sheldon, George/Maurer, Martin*, Interbank Lending and Systemic Risk: An Empirical Analysis for Switzerland, in: Swiss Journal of Economics and Statistics vol. 134, no. 4 (2), 1998, S. 685–704.

*Shleifer, Andrei/Vishny, Robert W.*, Fire Sales in Finance and Macroeconomics, in: NBER Working Paper (Nr. 16642) Dezember 2010 (online verfügbar unter https://www.nber.org/papers/w16642.pdf, zuletzt geprüft am 20.03.2023).

*Siekmann, Helmut*, Die Finanzmarktaufsicht in der Krise, in: IMFS Working Paper Series (Nr. 41) 2010 (online verfügbar unter https://www.imfs-frankfurt.de/fileadmin/user_upload/IMFS_WP/IMFS_WP_41.pdf, zuletzt geprüft am 20.03.2023).

*Singelnstein, Tobias*, Predictive Policing: Algorithmenbasierte Strafprognosen zur vorausschauenden Kriminalintervention, in: NStZ 2018, S. 1–9.

*Smith, Adam*, The wealth of nations – An inquiry into the nature and causes of the wealth of nations, Ware/Hertfordshire 2012.

*Söbbing, Thomas*, Der algorithmisch gesteuerte Wertpapierhandel und die gesetzlichen Schranken für künstliche Intelligenz im digitalen Banking, in: ZIP 2019, S. 1603–1609.

*Spiecker gen. Döhmann, Indra*, Staatliche Instrumente zur Bewältigung von Nicht-Wissens-Szenarien und Selbst-Regulierung, in: Darnaculleta i Gardella/Esteve Pardo/Spiecker gen. Döhmann (Hrsg.): Strategien des Rechts im Angesicht von Ungewissheit und Globalisierung, Baden-Baden 2015, S. 43–63.

*dies.*, Verantwortung bei begrenztem Wissen in der vernetzten Welt, in: Fehling/Schliesky (Hrsg.): Neue Macht- und Verantwortungsstrukturen in der digitalen Welt, Baden-Baden 2016, S. 53–72.

*dies.*, Big und Smart Data – Zweckbindung zwecklos?, in: Spektrum der Wissenschaft Spezial 2017, S. 56–61.

*Spinner, Helmut F.*, Die Wissensordnung – Ein Leitkonzept für die dritte Grundordnung des Informationszeitalters, Opladen 1994.

*Stalder, Felix*, Kultur der Digitalität, Berlin 2016.

*Stavroglou, Stavros K./Pantelous, Athanasios A./Stanley, H. Eugene/Zuev, Konstantin M.*, Unveiling causal interactions in complex systems, in: Proceedings of the National Academy of Sciences vol. 117, no. 14, 2020, S. 7599–7605.

*Steffen, Sascha/Steinruecke, Lea*, Funktionsweise und Einschätzung des Comprehensive Assessment, in: zfbf Dezember 2015, S. 418–443.

*Stern, Gary H.; Feldman, Ron J.*, Too Big to Fail – The Hazards of Bank Bailouts, Washington 2004.

*Surden, Harry*, Machine Learning and Law, in: Washington Law Review vol. 89, 2014, S. 87–115.

*Svetlova, Ekaterina*, On the performative power of financial models, in: Economy and Society vol. 41, no. 3, 2012, S. 418–434.

*Taleb, Nassim Nicholas*, The black swan – The impact of the highly improbable, New York 2007.

*Taleb, Nassim Nicholas/Tapiero, Charles S.*, Risk externalities and too big to fail, in: Physica A vol. 389, no. 17, 2010, S. 3503–3507.

*Tarullo, Daniel K.*, Regulating Systemic Risk – Remarks at the 2011 Credit Markets Symposium Charlotte, 31.03.2011 (online verfügbar unter https://www.federalreserve.gov/newsevents/speech/files/tarullo20110331a.pdf, zuletzt geprüft am 20.03.2023).

*Taylor, Michael*, „Twin peaks" revisited – A second chance for regulatory reform, London 2009.

*Teubner, Gunther*, Reflexives Recht – Entwicklungsmodelle des Rechts in vergleichender Perspektive, in: Maihofer (Hrsg.): Moi si mura. Selected Working Paprs of the European University Institute, Florence 1986, S. 290–340.

*ders.*, Digitale Rechtssubjekte? – Zum privatrechtlichen Status autonomer Softwareagenten, in: AcP 2018 (218), S. 155–205.
*Teubner, Gunther/Willke, Helmut*, Kontext und Autonomie: Gesellschaftliche Selbststeuerung durch reflexives Recht, in: Zeitschrift für Rechtssoziologie 1984, S. 4–35.
*Thapa, Basanta/Parycek, Peter*, Data Analytics in Politik und Verwaltung, in: Kompetenzzentrum Öffentliche IT (Hrsg.): (Un)berechenbar? Algorithmen und Automatisierung in Staat und Gesellschaft, S. 40–75.
*Thiele, Alexander*, Divergierende Risikomodelle und der Gesetzgeber – Anforderungen an das Recht am Beispiel des >>Weltrisikos<< Finanzmarkt, in: ZG 2010, S. 127–150.
*ders.*, Bachelier, Black & Scholes oder Mandelbrot? – Anforderungen an das Recht im Falle divergierender Risikomodelle am Beispiel des „Weltrisikos" Finanzmarkt –, in: Scharrer/Dalibor/Rodi/Fröhlich/Schächterle (Hrsg.): Risiko im Recht – Recht im Risiko. 50. Assistententagung Öffentliches Recht, Baden-Baden 2011, S. 225–248.
*ders.*, Finanzaufsicht – Der Staat und die Finanzmärkte, Habilitationsschrift, Tübingen 2014.
*ders.*, Informelles Handeln der BaFin – Erscheinungsformen, Gelingensbedingungen und Probleme, in: Paal/Poelzig (Hrsg.): Effizienz durch Verständigung, Baden-Baden 2015.
*ders.*, § 16 Die Europäische Bankenunion, in: Hufeld/Ohler (Hrsg.): Enzyklopädie Europarecht (Bd. 9): Europäische Wirtschafts- und Währungsunion, 2. Auflage, Baden-Baden 2022.
*Thiemann, Matthias/Aldegwy, Mohamed*, Von mikro- zu makroprudenzieller Regulierung – Eine Diskursanalyse zum Wandel von Regulierungskonzepten, in: Maeße/Pahl/Sparsam (Hrsg.): Die Innenwelt der Ökonomie. Wissen, Macht und Performativität in der Wirtschaftswissenschaft, Wiesbaden 2017, S. 449–475.
*Tieben, Mirja*, Das Drei-Säulen-System des Bankenmarktes als regulierungsrechtliche Steuerungsressource, zugl. Diss., Tübingen 2012.
*Tietenberg, Thomas H.*, Economic Instruments for Environmental Regulation, in: Oxford Review of Economic Policy vol. 6, no. 1, 1990, S. 17–33.
*Tischbirek, Alexander*, Artificial Intelligence and Discrimination: Discriminating Against Discriminatory Systems, in: Wischmeyer/Rademacher (Hrsg.): Regulating artificial intelligence, Cham/AnnArbor 2020, S. 103–121.
*Tönningsen, Gerrit*, Grenzüberschreitende Bankenaufsicht in der Europäischen Union, zugl. Diss., Tübingen 2018.
*Tontrup, Stephan*, Ökonomik in der dogmatischen Jurisprudenz, in: Engel (Hrsg.): Methodische Zugänge zu einem Recht der Gemeinschaftsgüter, Baden-Baden 1998, S. 41–120.
*Tröger, Tobias H.*, How Special Are They? – Targeting Systemic Risk by Regulating Shadow Banking, in: SAFE Working Paper Series (Nr. 68).
*Tröger, Tobias H./Friedrich, Alexander*, § 18 Der Einheitliche Abwicklungsmechanismus (Single Resolution Mechanism, SRM), in: Hufeld/Ohler (Hrsg.): Enzyklopädie Europarecht (Bd. 9): Europäische Wirtschafts- und Währungsunion, 2. Auflage, Baden-Baden 2022.
*Trzeciok, Markus/Alberto Sánchez, Juan*, Big data and Machine Learning initiatives at the ECB – Bank of Italy and BIS Workshop on "Computing Platforms for Big Data and Machine Learning", Rom (online verfügbar unter https://www.bis.org/ifc/events/boibis_jan19/session2A.pdf, zuletzt geprüft am 20.03.2023).
*T-Systems*, Datenanalyse „Made in Europe" für die Europäische Zentralbank, 02.04.2020 (online verfügbar unter https://www.t-systems.com/at/de/newsroom/presse/datenanalyse-made-in-europe-fuer-die-europaeische-zentralbank-106832, zuletzt geprüft am 14.04.2021).

*Turner, Adair*, The Financial Crisis and the Future of Financial Regulation – Harvard Law School Forum on Corporate Governance and Financial Regulation (online verfügbar unter https://corpgov.law.harvard.edu/2009/02/04/the-financial-crisis-and-the-future-of-financial-regulation/, zuletzt geprüft am 20.03.2023).

*Udehn, Lars*, The Changing Face of Methodological Individualism, in: Annual Review of Sociology vol. 28, 2002, S. 479–507.

*Unger, Sebastian*, Demokratische Herrschaft und künstliche Intelligenz, in: Unger/Ungern-Sternberg (Hrsg.): Demokratie und künstliche Intelligenz, Tübingen 2019, S. 113–128.

*VanderWeele, Tyler*, Explanation in Causal Inference, Oxford 2015.

*Veljanovski, Cento G.*, The economics of law, 2. Auflage, London 2006.

*Venturini, Tommaso/Latour, Bruno/Meunier, Axel*, Eine unerwartete Reise, in: Süssenguth (Hrsg.): Die Gesellschaft der Daten, Bielefeld 2015, S. 17–40.

*Vesting, Thomas*, § 20 Die Bedeutung von Information und Kommunikation für die verwaltungsrechtliche Systembildung, in: Hoffmann-Riem/Schmidt-Aßmann/Voßkuhle (Hrsg.): Grundlagen des Verwaltungsrechts (Bd. II). Informationsordnung – Verwaltungsverfahren – Handlungsformen, 2. Auflage, München 2012.

*ders.*, Medienwechsel und seine Folgen für das Recht und die rechtswissenschaftliche Methode, in: Eifert/Hoffmann-Riem (Hrsg.): Digitale Disruption und Recht. Workshop zu Ehren des 80. Geburtstags von Wolfgang Hoffmann-Riem, Baden-Baden 2020, S. 9–27.

*Volk, Matthias/Staegemann, Daniel/Turowski, Klaus*, Big Data, in: Kollmann (Hrsg.): Handbuch Digitale Wirtschaft, Wiesbaden 2020, S. 1037–1053.

*Vormbusch, Uwe*, Wirtschafts- und Finanzsoziologie – Eine kritische Einführung, Wiesbaden 2019.

*Voß, Henning*, Unternehmenswissen als Regulierungsressource – Der aufsichtsrechtliche Zugriff auf bankinterne Strukturen, zugl. Diss., Tübingen 2019.

*Voßkuhle, Andreas*, „Ökonomisierung" des Verwaltungsverfahrens, in: DV 2001 (34), S. 347–369.

*ders.*, Die Verwaltung in der Informationsgesellschaft – Informationelles Verwaltungsorganisationsrecht, in: Leipold/Würtenberger (Hrsg.): Rechtsfragen des Internet und der Informationsgesellschaft. Symposon der Rechtswissenschaftlichen Fakultäten der Albert-Ludwigs-Universität Freiburg und der Städtischen Universität Osaka, Heidelberg 2002, S. 97–115.

*ders.*, § 1 Neue Verwaltungsrechtswissenschaft, in: Hoffmann-Riem/Schmidt-Aßmann/Voßkuhle (Hrsg.): Grundlagen des Verwaltungsrechts (Bd. I). Methoden, Maßstäbe, Aufgaben, Organisation, München 2012.

*Waschbusch, Gerd*, Bankenaufsicht – Die Überwachung der Kreditinstitute und Finanzdienstleistungsinstitute nach dem Gesetz über das Kreditwesen, Habilitationsschrift, Berlin/Boston 2000.

*Weber, Axel A.*, Bankenaufsicht und die Sorge für die Stabilität des Finanzsystems – zwei komplementäre Perspektiven, in: ZfgK 2007, S. 402–404.

*White, Harrison C.*, Where Do Markets Come From?, in: American Journal of Sociology vol. 87, no. 3, 1981, S. 517–547.

*Willke, Helmut*, Dystopia – Studien zur Krisis des Wissens in der modernen Gesellschaft, Frankfurt am Main 2001.

*ders.*, Systemic Risk in Global Finance, in: TATuP 2011 (20), S. 33–40.

*Windolf, Paul*, Was ist Finanzmarkt-Kapitalismus?, in: Windolf (Hrsg.): Finanzmarkt-Kapitalismus. Analysen zum Wandel von Produktionsregimen. Kölner Zeitschrift für Soziologie und Sozialpsychologie, Sonderheft 45/2005, Opladen 2005, S. 20–57.

*Winter, Gerd*, Vom Nutzen der Effizienz im öffentlichen Recht, in: Kritische Justiz 2001, S. 300–322.

*Winterfeld, Jörn/Rümker, Dietrich*, § 124a Finanzmarktstabilisierungsgesetze, in: Schimansky/Bunte/Lwowski (Hrsg.): Bankrechts-Handbuch, 5. Auflage, München 2017.

*Wirtschaftsausschuss des Bundestages (16. Ausschuss)*, Schriftlicher Bericht zu Drs. 2563 über den von der Bundesregierung eingebrachten Entwurf eines Gesetzes über das Kreditwesen (Drs. 1114, 2563) und den vom Bundesrat eingebrachten Entwurf eines Gesetzes über Zinsen, sonstige Entgelte und Werbung der Kreditinstitute (Drs. 884, 2563) (online verfügbar unter http://dipbt.bundestag.de/doc/btd/03/025/0302563zu.pdf, zuletzt geprüft am 20.03.2023).

*Wischmeyer, Thomas*, Artificial Intelligence and Transparency: Opening the Black Box, in: Wischmeyer/Rademacher (Hrsg.): Regulating artificial intelligence, Cham/AnnArbor 2020, S. 75–101.

*ders.*, Künstliche Intelligenz und neue Begründungsarchitektur, in: Eifert/Hoffmann-Riem (Hrsg.): Digitale Disruption und Recht. Workshop zu Ehren des 80. Geburtstags von Wolfgang Hoffmann-Riem, Baden-Baden 2020, S. 73–92.

*ders.*, Predictive Policing – Nebenfolgen der Automatisierung von Prognosen im Sicherheitsrecht, in: Kulick/Goldhammer (Hrsg.): Der Terrorist als Feind? Personalisierung im Polizei- und Völkerrecht, Tübingen 2020, S. 193–213.

*Witt, Emily/Blaschke, Jannick*, ECB data for analysis and decision-making: data governance and technology. Ivring Fisher Committee on Central Bank Statistics, Ninth IFC Conference on "Are post-crisis statistical initiatives completed?", 30.08.2018 (online verfügbar unter https://www.bis.org/ifc/publ/ifcb49_36.pdf, zuletzt geprüft am 20.03.2023).

*Wittig, Petra*, Ökonomisierung des Rechts, in: Boulanger/Rosenstock/Singelnstein (Hrsg.): Interdisziplinäre Rechtsforschung. Eine Einführung in die geistes- und sozialwissenschaftliche Befassung mit dem Recht und seiner Praxis, Wiesbaden 2019, S. 275–290.

*Wolf, Rainer*, Zur Antiquiertheit des Rechts in der Risikogesellschaft, in: Leviathan 1987, S. 357–391.

*Wolff, Franziska/Gsell, Martin*, Ökonomisierung der Umwelt und ihres Schutzes – Unterschiedliche Praktiken, ihre theoretische Bewertung und empirische Wirkungen, Zwischenbericht (TEXTE 71/2018) Umweltforschungsplan des Bundesministeriums für Umwelt, Naturschutz und nukleare Sicherheit (online verfügbar unter https://www.umweltbundesamt.de/sites/default/files/medien/1410/publikationen/2018-09-12_texte_71-2018_umweltpolitik-19-jhd.pdf, zuletzt geprüft am 20.03.2023).

*Wollenschläger, Burkard*, Wissensgenerierung im Verfahren, zugl. Diss., Tübingen 2009.

*Wundenberg, Malte*, Compliance und die prinzipiengeleitete Aufsicht über Bankengruppen, zugl. Diss., Tübingen 2012.

*Zech, Herbert*, Digitalisierung – Potential und Grenzen der Analogie zum Analogen, in: Eifert/Hoffmann-Riem (Hrsg.): Digitale Disruption und Recht. Workshop zu Ehren des 80. Geburtstags von Wolfgang Hoffmann-Riem, Baden-Baden 2020, S. 29–44.

*Zetzsche, Dirk/Buckley, Ross/Arner, Douglas W.*, Regulating LIBRA: The Transformative Potential of Facebook's Cryptocurrency and Possible Regulatory Responses, in: University of Hong Kong Faculty of Law Research Paper (Nr. 2019/042) Juli 2019.

*dies.*, Decentralized Finance, in: Journal of Financial Regulation no. 6, 2020, S. 172–203.

*Zetzsche, Dirk/Buckley, Ross/Arner, Douglas W./Barberis, Janos N.*, From FinTech to TechFin: The Regulatory Challenges of Data-Driven Finance, in: NYU Journal of Law & Business (14) 2018 (2), S. 393–446.

# Register

Aktanten, Akteure 6, 77 ff., 148, 158, *siehe auch* Aufsichtsadressaten; Digitalökonomie
Algorithmen 120, 144 ff.
- als Aufsichtsinstrument 175 ff.
- aufsichtliche Anforderungen 151, *siehe auch* BAIT; Gesetz über künstliche Intelligenz
- epistemische Herausforderungen 178–182
- Funktionsbedingungen für aufsichtliche 178 ff.
- institutsinterne Verwendung 149 f.
- Kontrollalgorithmen 186, 190
- Programmierung 182–184, *siehe auch machine learning*; *supervised learning*; *unsupervised learning*
- Risikomanagement 144 ff.
- Transparenz, Überprüfbarkeit 178, 184 ff., 189

Aufsichtsadressaten 76 ff., *siehe auch* Akteure; systemrelevante Institute
Aufsichtsbehörden 121 ff.
- Ausschuss für Systemrisiken (AFS) 125 f., 136–138, 184
- BaFin 126 f.
- Beobachtungsinstrumente 128 ff., *siehe auch* reflexive Aufsicht; SREP; Stresstests
- Bundesbank 126 f.
- Einheitlicher Aufsichtsmechanismus 123
- Europäische Aufsichtsbehörden (ESA) 123
- Europäische Bankenaufsichtsbehörde (EBA) 123 f., 129 f., 138, 184
- Europäischer Abwicklungsmechanismus (SRM) 41
- Europäischer Ausschuss für Systemrisiken (ESRB) 121, 125 f., 136, 184
- Europäisches System der Zentralbanken (ESZB) 126 ff.
- Europäische Zentralbank (EZB) 122, 126 ff., 131, 184, 187

Auslagerungen *siehe* Mehrmandantendienstleister

*Backtestings* 87, 144
BAIT 149
*bank run* 40, 108
Berechnungsmodelle 39, 55 f., 86 ff., 103, *siehe auch* Eigenmittelanforderungen
Big Data 99, 127, 146, 175 ff.
- Anforderungen an die Datenqualität 186 ff.
- für Aufsichtszwecke 178 ff.
*BigTechs* 6, 80, 158 ff., 165, 187

Cloud-Dienste 158 f.
*Collateralized Debt Obligations (CDOs)* 55
Corona-Pandemie 91, 131, 134
*Crowdlending* 153
Cyberrisiken 132 f., 152, 165

Datenmanagement 110, 189
Datenreporting 120, 189
*deep learning* 146, *siehe auch* Algorithmen
Digitalisierung 80, 141 ff., 173 ff., *siehe auch* Algorithmen; Big Data
- der Aufsicht 173 ff.
- der Finanzmärkte 143 ff.
- Risikopotenzial 9, *siehe auch* Cyberrisiken

Digital Markets Act (DMA) 160
Digitalökonomie 8, 80, 135, 158 ff., 160, siehe auch Plattformunternehmen
- digitale Geschäftsmodelle 78, 153 ff., siehe auch *BigTechs*; Cloud-Dienste; *Crowdlending*; *FinTechs*; *Robo Advice*
- Wissensentstehung und -technologien 9, 158 f., 166
Digital Operational Resilience Act (DORA) 167
Digital Services Act (DSA) 160
Disintermediation 158, 169–171
Dissonanz, dissonante Verhaltensstrategien 51

Eigenmittelanforderungen 85 ff., siehe auch Kreditrisiko; Marktrisiko; operationelles Risiko
- interne Bewertungsansätze 87
- interne Prozesse zur Sicherstellung angemessener Eigenmittelausstattung (ICAAP) 113–116
- Standardansätze 86
Einheitlicher Abwicklungsfonds (SRF) 42, 69
Entfesselung von Finanzmärkten, Entgrenzung 54, 149
*Essential Facility* 163, siehe auch Plattformunternehmen
Europäischer Stabilitätsmechanismus (ESM) 69
*Expected Credit Losses* (ECL) 90–92, siehe auch Kreditrisiko

Fehlanreize, *moral hazard* 7, 41 f., 51 f., 106, 190
Fehlsteuerungsrisiken, Risiko zweiter Ordnung 5, 56, 61 f., 62 ff.
FinTechs 6, 135, 153, 158 ff., 187
*fire drills* 121, siehe auch Datenreporting
*fire sale* 40, 108

Gesetz über künstliche Intelligenz, Al-Act 150, 157

Gewährleistungsverantwortung, staatliche 15 f. *siehe auch* Regulierungsziele
grundrechtliche Freiheitsverwirklichung 3, 18

Heuristiken 36 ff., 42 ff., *siehe auch* Komplexitätsreduktion; Ökonomisierung
- heuristischer Systemrisikobegriff 36 ff.
- Leistungsgrenzen 42–44
Hochfrequenzhandel 145 f., 151
Hochrisiko-KI-Systeme 150

idiosynkratisches Risiko 26, 37 f.
IFRS 9 90
IKT-Dienste 158 f., 166 ff.
Informations- und Kommunikationstechnologien (IKT) 143, 167 ff.
Innovationen 50, 53, 78, 141
Institute *siehe* Aufsichtsadressaten
Interaktionen 45 ff., 147 f.
- Entstehungsfaktor für Systemrisiken 47
- Interaktionsordnung, soziale Interaktionskontexte 6, 46, 53
- Unabdingbarkeit 46 f.
- von Algorithmen 147 f.
- Wissensentstehung in Interaktionen 1, 47 ff.
Interdisziplinarität 11, 28–30, 42, *siehe auch* Ökonomisierung; Schlüsselbegriffe

Kapitalpuffer 97 ff.
- antizyklischer Kapitalpuffer 98
- A-SRI- und G-SRI-Puffer 100, *siehe auch* systemrelevante Institute
- Kapitalerhaltungspuffer 69, 97
- Systemrisikopuffer 99
kognitive Strategie 13 ff., 24 ff., 70, 117 ff.
- Aufsicht 117 ff.
- Bezugsproblem 25 f., *siehe auch* Systemrisiko

- Chancen der Digitalisierung 173 ff., 192
- Herleitung 44 ff., 70
- theoretische Grundlagen 13 ff., 24 ff.
- Untersuchungsrahmen 24 ff.

Komplexität 52 ff., 147, *siehe auch* Komplexitätsreduktion
- Finanzprodukte 54
- gesellschaftliche 2, 52 f.
- technische 147, 174

Komplexitätsreduktion 27, 55 f.
kooperativer Steuerungsmodus 5, 67, siehe auch *Sandboxes*
Kreditrisiko 88 ff., *siehe auch* Eigenmittelanforderungen
Kyptowerte 155

Liquidität(-sanforderungen) 102 f.
- interne Prozesse zur Sicherstellung angemessener Liquiditätsausstattung (ILAAP) 113–116
- Liquiditätsdeckungsanforderung, *Liquidity Coverage Ratio* (LCR) 102
- stabile Refinanzierung, *Net Stable Funding Ratio* (NSFR) 102

*machine learning* 146, *siehe auch* Algorithmen
makroprudenzielle Instrumente 26 ff.
MaRisk 104–107, 110 ff., 149, 156
Marktkoordination, dezentrale 6, 51 f., 56–58, *siehe auch* Wettbewerbsprozesse
Marktrisiko 94, *siehe auch* Eigenmittelanforderungen
Mehrmandantendienstleister 165 ff.
- systemisches Einflusspotenzial 166
- regulatorische Anforderungen 167
mikroprudenzielle Instrumente 26ff.

negative Externalitäten 38
Neue Verwaltungswissenschaft 44

Ökonomisierung 3, 15, 35 ff., *siehe auch* Interdisziplinarität

Ökonomische Wettbewerbsleitbilder 18–21, 30, 36 f.
- Markteffizienzhypothese, Marktunvollkommenheiten 37
- neue Institutionenökonomik 82
- neoklassische Theorie 26
operationelles Risiko 94 ff., *siehe auch* Eigenmittelanforderungen
organisatorische Anforderungen *siehe* Risikomanagement

Pfadabhängigkeiten 3, 10 f., 113, 190, *siehe auch* Heuristiken; Komplexitätsreduktion
Plattformunternehmen 80, 159 ff., 187, *siehe auch Essential Facility*
- systemisches Einflusspotenzial 160, 163
- wettbewerbsrechtliche Anforderungen 160
*Predictive Policing* 173
Proportionalitätsprinzip 105, 154
Prozyklizität, Zeitdimension 38 f., 99, *siehe auch* Kapitalpuffer

Querschnittsdimension 38 f., *siehe auch* Stresstests

Ratingagenturen 88 f.
REACH-VO 70
reflexive Aufsicht 5 f., 63 ff., 121 ff., 136 ff.
- behördliches Wissensnetzwerk 121 ff., *siehe auch* Aufsichtsbehörden
- Chancen der Digitalisierung 175 ff., *siehe auch* Digitalisierung der Aufsicht
- Funktion der Exekutive 63–66
- Wissensgenerierung der Aufsicht 65, 118 ff.
Regulierungsinstrumente 73 ff.
Regulierungsziele 15 ff.
- Anlegerschutz 23 f.
- „dienende" Funktion, Gemeinwohl 16 f.
- Funktionsfähigkeit 1, 16 ff.

- Optimierungsgebot 21
- Marktfunktionsschutz 21–23
- Systemstabilität 1, 16

Risikokommunikation, Transparenz 70

Risikomanagement, institutsinternes 104 ff., 150
- Eigeninteressen 106, *siehe auch* Fehlanreize
- institutsinterne Unsicherheitsverarbeitung 6, 105
- interne Stresstests 111–113
- Risikoprognose 109
- Risikosteuerungs- und -controllingprozesse 105 f.
- Umgang mit Systemrisiken 107

Risikomodelle 47, *siehe auch* Berechnungsmodelle

Risikoverwaltungsrecht 59 ff.
- Instrumente 62 ff.
- Notfallmechanismen 68, 102

Risikovorsorge, Vorsorgeprinzip 59–62

*Robo Advice* 153, 155

Sachverständige, Expertenwissen 66 f., 126, 157 f., 191 f.

*Sandboxes*, KI-Reallabore 9, 135, 151 f., 156 f., 170

Schlüsselbegriffe, Scharnierbegriffe 44 ff., *siehe auch* Interaktionen; Komplexität

soziale Konventionen, Erwartungen 47 f., 83, 92

Soziologie 46 f., 54, 147 f., *siehe auch* Interdisziplinarität

spontane Ordnung 5, 45 f., 53 f., 58, *siehe auch* Wettbewerbsprozesse

Stresstests 111 ff., 128 ff.
- Comprehensive Assessments 130 f.
- EBA-Stresstests 129 f.
- interne 111–113, *siehe auch* Risikomanagement
- Klimastresstests 134
- LSI-Stresstests 129
- makroprudenzielle 131
- qualitative 132, 134, *siehe auch* TIBER-EU

- SREP-Stresstests 129
- thematische Stresstests, Sensitivitätsanalysen 131

*subprime*-Krise 1, 170

*supervised learning* 147, *siehe auch* Algorithmen

*Supervisory Review and Evaluation Process* (SREP) 107, 129, 136 f., *siehe auch* Stresstests

systemrelevante Institute 79–81, 100

Systemrelevanz 9, 79, 153, 169

Systemrisiko 1 ff., 33 ff.
- allgemeingültiger Begriff 33 ff.
- Ansteckungsszenarien 39–41
- außerhalb von Finanzmärkten 34
- Bezugsproblem 1, 25
- epistemische Herausforderung 33 ff.
- marktinhärentes Phänomen 27, 58
- ökonomischer Begriff 3, 36 ff.
- soziale Entstehensdimension 1, 44 ff.
- Verhältnis zu Regulierungszielen 16

Systemwissen 8, 136 ff., *siehe auch* reflexive Aufsicht

*tail risks* 93

*TIBER-EU*, TIBER-Tests 132 f.

*too big to fail* 41, *siehe auch* systemrelevante Institute

Unsicherheit(-sverarbeitung) 2 f., 43, 105 f., 111, *siehe auch* Wissen, Nichtwissen

*unsupervised learning* 146, *siehe auch* Algorithmen

*Value at Risk* (VaR) 93 f.

Verschuldungsquote, *Leverage Ratio* 69, 101 ff.

Warnungen, Empfehlungen 137 f., 184

Wettbewerbsprozesse 3, 51 f.

Wettbewerbsrecht 160, 169

Wissen(-sentstehung) auf Finanzmärkten 4, 48 ff., 104 ff., *siehe auch* Interaktionen
- Dezentralität, Ubiquität 4, 76, 104

- Heterogenität 6, 51
- institutsinternes 104 ff.
- Nichtwissen 2, 48–52, 56
- Wissensprobleme 1, 35, 48, 52 ff., 179
- Zeitalter der Digitalisierung 143

# Neue Staatswissenschaften

herausgegeben von
Hermann-Josef Blanke †, Werner Jann und Holger Mühlenkamp

Die Schriftenreihe *Neue Staatswissenschaften* (NStW) trägt dem Wandel der Staatswissenschaften Rechnung. Die frühere deutsche Staatswissenschaft war nicht vorstellbar ohne die Überzeugung von der Funktion des Staates als *Sinnganzes*. Die wissenschaftliche Reflexion darüber war auf das Erfassen der *Gesamtheit* des Wesens des Staates gerichtet. Längst ist diese Sicht von der umfassenden Rolle des Staates überholt, ein Anspruch auf *Gesamtheit* einer Wissenschaft im Sinne einer den Staat als Ganzes erfassenden Lehre nicht mehr einlösbar. Im Zeitalter der Globalisierung und Privatisierung stellt sich vielmehr die Frage, ob es überhaupt noch hoheitlicher Herrschaft bedarf. Der Staat hat wichtige Monopolstellungen an internationale und lokale öffentliche sowie an private Organisationen und Verbände abgetreten. Er verliert an Regelungsmacht und Schutzfunktion, an Wertsetzungs- und Durchsetzungskompetenz. Doch hat die *Entsouveränisierung* nur einen Funktionswechsel des Staates, nicht jedoch seinen Untergang zur Folge. Mit der Erklärung des Wandels der Staatlichkeit wäre eine einzige wissenschaftliche Disziplin überfordert. Nur im dialogisierenden Verbund Ökonomie, Politologie, Rechtswissenschaft und Soziologie, aber auch der Finanzwissenschaft, der Geschichtswissenschaft und der Organisationslehre läßt sich der komplexe Vorgang deuten. Eine so geläuterte Staatswissenschaft löst sich von der staatszentrierten Kanonisierung der ehedem beteiligten Wissenschaftszweige und versucht, den Staat als universelles Phänomen der Gegenwart zu verstehen.

ISSN: 1860-2339
Zitiervorschlag: NStW

Alle lieferbaren Bände finden Sie unter *www.mohrsiebeck.com/nstw*

Mohr Siebeck
www.mohrsiebeck.com